Action in Perception

지은이 **알바 노에** Alva Noë

미국 캘리포니아 대학교 버클리 캠퍼스의 철학과 교수이자 철학과 학과장으로 재직 중이며, 뉴미디어 센터(Center for New Media)와 인지 및 뇌과학 연구소(Institute for Cognitive and Brain Sciences)의 일원이기도 하다. 2012년에 구겐하임 펠로우십(Guggenheim Fellowship)을, 2018년에는 고등 시각연구 분야의 저드 휴엄 상(Judd Hume Prize)을 수상했다. 2024년 말까지 베를린 자유대학교(Free University in Berlin)의 아인슈타인 방문 펠로(Einstein Visiting Fellow)로 활동했다. 저서로는 *Action in Perception*(2004), *Out of Our Heads: Why You Are Not Your Brain and Other Lessons from the Biology of Consciousness*(2009), *Varieties of Presence*(2012), *Strange Tools: Art and Human Nature*(2015), *Infinite Baseball: Notes from a Philosopher at the Ballpark*(2019), *Learning To Look: Dispatches from the Art World*(2022), *The Entanglement: How Art and Philosophy Make Us What We Are*(2023)가 있다.

옮긴이 **정혜윤**

서울대학교에서 음악 이론으로 학사 학위를, 미학으로 석사 학위를 받은 후 미국 미시건 대학교(앤아버)에서 음악의 정서 표현성에 대한 분석철학적 연구로 박사 학위를 받았다. 분석미학으로부터 출발해 인지언어학과 신경미학으로 관심의 영역을 확장해 왔으며 최근에는 체화 인지의 관점에서 미와 예술 현상을 분석하고 인간의 본성을 해명하는 데 전념하고 있다. 현재 한국예술종합학교 음악학과 교수로 있다. 저서로 『피터 키비』(2024), 공저로 『마음이란 무엇인가』(2024), 『체화된 마음과 뇌』(2024), 『포스트휴먼으로 살아가기』(2024), 『음악 비평, 분석, 해석』(2020), 『미학이 재현을 논하다』(2019), 『몸과 인지』(2015), 『예술철학』(2011) 등이 있고, 번역서로 『새로운 마음 과학』(2024)이 있다. 주요 논문으로 "타인에 대한 이해—행화주의적 틀짓기"(2024), "감정을 느끼지 못하는 인공지능의 예술도 진정한 예술이 될 수 있을까?"(2023), "마음의 음악적 확장"(2021), "음악의 정서표현성에 대한 현대분석철학의 논의와 그 한계"(2021), "음악의 행위성: 발제주의에 의한 해명"(2018), "개념적 혼성의 음악적 적용"(2017), "신경미학, 무엇이 문제인가?"(2016) 등이 있다.

지각
행위

감각을
넘어
행위로

알바 노에 지음 정혜윤 옮김

Action
in Perception

그린비

ACTION IN PERCEPTION

by Alva Noë
Copyright © 2004 by Alva Noë
All rights reserved.
This Korean edition was published by Greenbee Publishing Co. in 2025 by arrangement with The MIT Press through KCC(Korea Copyright Center Inc.), Seoul.

서문

이 책은 지각(perception)과 의식(consciousness)에 관한 책이다. 그리고 철학자와 인지과학자뿐 아니라 예술가, 그리고 우리가 주변 세계와 감각적으로 접촉하거나 접촉하지 못하는 방식에 관심 있는 모든 사람을 위한 책이다. 이 책에서 나는 지각과 지각적 의식이 행위 및 사고 역량에 의존하며, 지각은 사고로 가득 찬 활동이라고 주장한다.

철학은 과학연구 속에서 번성하는데, 이는 철학의 문제가 상당히 실증적이기 때문일 뿐만 아니라 과학의 문제 역시 상당히 철학적이기 때문이다. 이 책은 마음에 관한 학제적 **자연철학**에 기여하고자 한다.

이 책 『**지각행위**』는 에탄 톰슨(Evan Thompson), 커빈 오레건(Kevin O'Regan), 수전 헐리(Susan Hurley)와 계속 진행 중인 공동 작업(및 우정)을 배경으로 집필됐다. 이들과의 협업이 없었다면 이 책을 쓰지 못했을 것이라는 점에서 이들에게 빚지고 있음을 밝힌다.

나는 1980년대 후반 옥스퍼드 대학교의 철학 석사 과정생일 때 처음으로 지각에 관심을 갖게 되었다. 내 관심을 불러일으킨 것은 옥스퍼드에서 내가 저작을 읽고 접촉했던 세 명의 철학자, 즉 피터 스트로슨(Peter Strawson), 존 하이먼(John Hyman), 피터 해커(Peter Hacker)의 연구였다. 이 책의 제목은 스트로슨의 논문 「지각 인과」에서 따온 것이다.

내가 지각에 관한 연구를 시작한 것은 그 몇 년 후로, 하버드 대학교의 대학원생일 때였다. 이 책은 하버드 대학교에서 힐러리 퍼트남(Hilary Putnam)의 지도 아래 쓴 논문과는 거리가 있지만, 그의 통찰력 있는 비판과 열정적인 모범은 나의 연구를 지속적으로 이끌고 있으므로 이 서문에서 그에게 감사를 표하는 것이 적절할 것 같다.

1995~1996년에 박사 후 과정을 보냈던 터프츠 대학교의 인지연구센터 소장인 더니얼 데닛(Daniel Dennet)에게도 감사의 빚을 지고 있다. 지각에 대한 제임스 깁슨(James J. Gibson)의 '생태학적' 접근 등 이 책의 일부 주제는 우리 대화의 주제였다. 데닛은 인지과학에서 이러한 문제들이 갖는 의의를 명확히 할 것을 거듭 요청했다. 나는 이 책에서 그의 도전에 부응하려고 노력했다.

그 외에도 많은 사람들이 이 책을 집필하는 데 직간접적으로 도움을 주었다.

나의 생각을 형성해 준 비판적 토론(또는 서신)에 대해 아드리안 커신스(Adrian Cussins), 휴버트 드레퓌스(Hubert Dreyfus), 션 켈리(Sean Kelly), 필립 페팃(Philip Pettit), 고(故) 프란시스코 바렐라(Francisco Varela)에게 감사의 말을 전한다.

이 책의 이전 버전들의 내용에 대해 유용한 비평을 해 주거나 관련 문제에 대해 비판적 의견을 교환해 준 조너선 콜(Jonathan Cole), 에드워드 하코트(Edward Harcourt), 매튜 헨켄(Matthew Henken), 피에르 제이콥(Pierre Jacob), 토리 맥기어(Tori McGeer), 도미닉 머피(Dominic Murphy), 에릭 마인(Erik Myin), 주디스 볼드윈 노에(Judith Baldwin Noë), 루이스 페소아(Luiz Pesoa), 장 미셸 로이(Jean Michel Roy), 카일 샌포드(Kyle Sanford), 에릭 슈비츠게벨(Erik Schwitzgebel), 존 설(John

Searle), 스티븐 화이트(Stephen White)에게 감사의 말을 전한다. 벤스 나네이(Bence Nanay)는 책 전체에 대해 유용하고 상세한 비평을 해 주었다. 2003년 가을 캘리포니아 버클리 대학교에서 열린 의식과 생명에 관한 나의 세미나에 참석한 분들께도 감사드린다.

나는 스탠리 카벨(Stanley Cavell), 데이티드 차머스(David Chalmers), 고(故) 버튼 드레벤(Burton Dreben), 워렌 골드파브(Warren Goldfarb), 데이비드 호이(David Hoi), 히데 이시구로(Hidé Ishiguro), 로버트 메이(Robert May), 찰스 파슨스(Charles Parsons) 등 여러 옛 스승과 동료들에게 특별한 빚을 지고 있다. 철학자이자 작가인 나는 이들과 정기적으로 상상의 대화를 나누고 있다.

이 책은 캘리포니아 대학교 총장 인문학 펠로우쉽의 재정 지원과 찰스 A. 라이스캠프/ACLS 연구 펠로우쉽의 도움, 그리고 캘리포니아 대학교의 교수 연구비 지원으로 집필되었다.

2002~2003년 가을과 겨울에 나를 환영해 주고 이 책을 작업할 수 있는 고무적인 환경을 만들어 준 파리의 장 니코드 연구소 일원들에게도 감사를 표한다.

미리엄 딤(Miriam Dym)이 없었다면 이 책을 집필할 수 없었을 것이다.

이 책을 아버지 한스 노에(Hans Noë)에게 바친다.

알바 노에
버클리에서
2004년 5월

감사의 말

일부 내용들을 이 책에서 복제할 수 있도록 허락해 주신 다음 논문들의 저작권 소유자들에게 감사드린다.

Thought and experience. *American Philosophical Quarterly* 36, no. 3 Quly(1999): 257~265.

Is perspectival self-consciousness nonconceptual? *The Philosophical Quarterly* 52, no. 207(April 2002): 185~194.

On what we see. *Pacific Philosophical Quarterly* 83, no. 1(2002): 57~80.

Is the visual world a grand illusion? *Journal of Consciousness Studies* 9, no. 5/6: 1~12.

Perception and causation: The puzzle unraveled. *Analysis* 63, no. 2(April 2003): 93~100.

Experience without the head. Forthcoming in *Perceptual Experience*, ed. T. S. Gendler and J. Hawthorne. Oxford: Oxford University, 2005.

그림 2.6을 복제할 수 있게 해 준 대니얼 사이먼스(Daniel Simons)와 학술지 『지각』의 발행인에게 감사드린다. 이 이미지는 원래 아래의 논문에 게재되었다.

Simons, D.J., and C. F. Chabris. 1999. Gorillas in our midst: Sustained inattentional blindness for dynamic events. *Perception* 28: 1059~1074.

일러두기

1. 이 책은 Alva Noë, *Action in Perception*, The MIT Press, 2004를 완역한 것이다.
2. 단행본이나 정기간행물 등은 겹낫표(『 』)로, 논문이나 단편 등은 낫표(「 」)로 표기했다.
3. 외국어 고유명사는 2002년 국립국어원에서 펴낸 외래어 표기법을 따라 표기하되, 국내에서 통용되는 관례를 고려하여 예외를 두기도 했다.
4. 옮긴이 주석은 '옮긴이'를 붙여 표시했다.

차례

서문　5
감사의 말　9

1　지각에 대한 행위 기반 접근: 서론

　　1.1　기본적인 생각　17
　　1.2　지각에 대한 퍼즐: 경험맹　21
　　1.3　보는 것에 눈멀기　27
　　1.4　보기의 즐거움　33
　　1.5　인지과학에서 지각행위　42
　　1.6　인격과 몸　54
　　1.7　인격적 수준의 심리학?　59
　　1.8　행동주의게 대한 재고?　65
　　1.9　이 책의 개요　67

2　마음속 그림

　　2.1　스냅샷 개념　71
　　2.2　그림 오류와 호문쿨루스 오류　76
　　2.3　시각 경험은 마흐식인가?　93
　　2.4　시각 세계는 거대한 착각인가?　103
　　2.5　지각적 현존 문제　110
　　2.6　마음의 고-잉 지성화: 드레퓌스에 대한 답　118
　　2.7　가상적 내용과 거대한 착각　120
　　2.8　맹점에 대한 재조명　121
　　2.9　시야　126
　　2.10　활동적 지각　130

3 행위에 의해 내용 생성하기

3.1 공간적 내용　131

3.2 우리가 보는 것　131

3.3 외관의 실재　137

3.4 외관 경험의 가능성 조건　144

3.5 겉모습 경험하기　149

3.6 반전 안경, 다시 생각하기　155

3.7 버클리, 그리고 보기의 촉각적 특성　163

3.8 몰리뉴의 질문　169

3.9 깁슨, 행위유도성, 그리고 광배열　173

3.10 감각양상이란 무엇인가?　178

3.11 감각과 지각　188

3.12 감각운동 지식에 대한 주석　193

4 행위에 의해 생성되는 색

4.1 색 문제　201

4.2 색에는 풍부한 감각운동 윤곽이 있다　203

4.3 빨간색으로 보이다　214

4.4 사물이 보이는 방식을 행위에 의해 생성하기　222

4.5 현상적 객관주의　227

4.6 색은 환경에 속한다　231

4.7 색은 물리적인가?　241

4.8 색, 생태학, 그리고 현상적 세계　247

4.9 새로운 색상?　249

4.10 소리 및 다른 특질: 확장된 설명　255

5 내용의 관점

5.1 내용의 이중성　259

5.2 외관의 발견　261

5.3 내용의 두 국면 266

5.4 지각의 인과관계 269

5.5 현상학, 예술, 그리고 경험의 투명성 278

6 경험 속 사고

6.1 경험은 개념적인가? 285

6.2 동물과 유아를 근거로 하는 반론 290

6.3 경험은 판단이 아니다 295

6.4 볼 수 있는 모든 것에 대한 개념이 우리에게 있는가? 298

6.5 개념적 사고 안에서 행위에 의해 세계 생성하기 304

6.6 특질에 대한 감각운동적 이해 310

6.7 감각운동 기술은 정말로 개념적인가? 313

6.8 맥락 의존성: 켈리에 대한 답 316

6.9 활동 궤조 318

6.10 자연세계 속 이해 321

7 마음속 뇌: 결론

7.1 설명의 공백 327

7.2 경험은 머릿속에 있는가? 첫 번째 패스 330

7.3 가상적 내용 336

7.4 경험은 머릿속에 있는가? 339

7.5 설의 반론 342

7.6 수반과 시간 347

7.7 지각에 대한 행위 기반 신경과학을 향하여 351

7.8 설명의 한계: 에필로그 355

참고문헌 363

옮긴이 후기 383

색인 399

어떤 것의 본성을 표현하는 것은 정말 헛된 일이다. 우리는 결과를 알아차리는데,
이 결과에 대한 완전한 설명은 아마도 그 사물의 본성을 포함할 것이다.
우리는 사람의 성즈을 기술하려고 헛되이 시도하지만,
그의 행위와 행등에 대한 기술이야말로 그의 스격을 그려 줄 것이다.
─괴테, 『색채론』

1 지각에 대한 행위 기반 접근: 서론

몸 이론은 이미 지각 이론이다. — M. 메를로-퐁티

1.1 기본적인 생각

이 책의 주된 생각은 지각하기란 행위하기의 한 방식이라는 것이다. 지각은 우리에게 혹은 우리 안에서 일어나는 일이 아니다. 지각은 우리가 하는 일이다. 맹인이 어수선한 주변 공간을 두드리면서 한 번이 아니라 시간을 두고 숙련된 탐색과 움직임을 거쳐 촉각으로 그 공간을 지각하는 것을 생각해 보자. 이것이 지각에 대한 우리의 패러다임이다. 아니면 적어도 그래야 마땅하다. 세계는 신체적 움직임 및 상호작용 덕분에 지각자에게 활용 가능해진다. 이 책에서는 모든 지각이 이러한 방식으로 촉각과 유사하다고 주장한다. 즉 지각 경험이 그 내용을 획득하는 것은 우리에게 신체 기술이 있는 덕분이라고 주장한다. **우리가 지각하는 것**은 **우리가 하는 일**(또는 할 줄 아는 일)이 결정하며, 우리가 할 **준비가 되어 있는** 일이 결정한다. 정확하게 표현하자면, 우리는 지각 경험을 **행한다**(enact). 즉 지각 경험을 행함으로써 생성한다(act out).

    지각자가 된다는 것은 움직임이 감각 자극에 미치는 영향을 암묵적으로 이해하는 것이다. 그 예들은 가까이 있다. 우리가 물체에 접근하면 시야에서 물체가 더 크게 보이고, 물체 주위로 돌면 윤곽(profile)이 변형된다. 소리의 근원에 가깝게 이동할수록 소리는 더 커진다. 물체의 표면 위로 손을 움직이면 감각의 변화가 일어난다. 지각자로서 우리는 이런 종류의 감각운동 의존 패턴의 달인이다. 이러한 숙달된 행동은 우리 주변의 것들을 향해 눈과 머리, 몸을 아무 생각 없이 자동적으로 움직일 때 잘 드러난다. 우리는 더 잘 보기 위해 (또는 관심 끄는 대상을 더 잘 다루거나, 그것의 냄새를 맡거나, 핥거나, 듣기 위해) 자연스럽게 목을 길게 빼거나, 자세히 들여다보거나, 눈을 가늘게 뜨고 보거나, 안경을 찾거나, 그것을 향해 가까이 다가간다. 내가 **행위 기반 접근**(the enactive approach)이라고 부르는 이론의 핵심 주장은 우리의 지각 능력이 이러한 감각운동 지식의 보유에 의존할 뿐 아니라 이 지식으로 구성된다는 것이다.[1]

    행위 기반적 접근은 특정 종류의 신체 기술, 가령 눈이나 손 움직임의 감각적 효과에 대한 기본적인 친숙함을 갖춘 생명체만이 지각자

---

[1] 내가 여기에서 행위 기반 접근이라고 부르는 것은 오레건과 노에(O'Regan and Noë 2001a, b)에서 처음 완전히 제시되었다. 우리는 이 관점을 감각운동 상호의존성 이론이라고 부른다. 헐리와 나는 공동 연구에서 역동적 감각운동 설명이라는 또 다른 용어를 사용했다. 나는 "행위 기반"이라는 용어를 프란시스코 바렐라와 에반 톰슨(Varela, Thompson, Rosch 1991)에게서 빌려 왔지만, 이 용어를 그들과 정확히 같은 의미로 사용하지는 않는다. 나는 이 용어가 적절하기 때문에, 그리고 우리의 견해와 그들의 견해가 유사하다는 점에 주의를 환기하기 위해 이 용어를 사용한다. 그들은 (1) 심적 상태의 주체를 체화되고 특정한 환경에 놓여 있는 동물로 간주하고, (2) 동물과 환경을 본질적으로 쌍결합되어(coupled) 상호 결정적인 관계에 있는 한 쌍으로 간주하며, (3) 지각 및 기타 인지 상태를 동물의 활동 측면에서 생각하고 비표상적인 것으로 여기며, (4) 생명체의 심적 삶을, 현상학으로 알려진 철학적 운동에서 추구하는 고찰을 위한 자율적 영역으로 간주하는 마음에 관한 사고방식을 "행위 기반"이라고 부른다. 나는 이 용어를 본문에서 정의된 뜻으로 사용한다.

가 될 수 있음을 함축한다.² 지각하기가 일종의 숙련된 신체 활동이기 때문이다. 또한 최소한 원시적인 형식의 지각이 가능한 생명체단이 스스로 움직일 수 있을지도 모른다. 특히, 자가 움직임은 가령 고유수용감각 및 "관점에 기초한(perspectival) 자의식"(즉 자신을 둘러싼 세계와의 관계를 추적하는 능력) 같은 자기 인식의 지각 양상에 의존한다.³

행위 기반 접근의 두 번째 특징은 지각이란 지각 체계가 세계에 대한 **내부 표상**을 구축하는 **뇌 안의** 과정이라는 철학과 과학 모두에 널리 퍼져 있는 관념의 거부다. 지각은 뇌 안의 활동에 의존하며, 또 뇌 안에 내부 표상(가령 내용을 담고 있는 내부 상태)이 존재할 가능성이 매우 높다는 데에는 의심의 여지가 없다. 그러나 지각은 뇌 안에서 일어나는 과정이 아니라 동물이 몸 전체로 수행하는 일종의 숙련된 활동이다. 행위 기반 관점은 신경과학이 지각과 의식의 신경적 기초를 이해하는 새로운 방법을 제시하도록 자극한다.⁴ 이 논란 많은 주제는 7장에서 다시 다룰 것이다.

지각이 숙련된 신체 활동의 한 종류라는 이러한 관념은 매우 반직

---

2 이러한 기술은 존 설이 '배경'이라 부르는 것, 즉 우리가 지금 하는 일을 계속할 수 있게 해주는 기술과 역량에 속한다. Searle 1992, 특히 8장 참조.
3 관점에 기초한 자의식은 헐리(Hurley 1998)가 사용한 용어다. 자가작동(self-actuated) 운동에서 고유수용감각이 담당하는 역할은 브라이언 오쇼너시의 연구에서 중요한 주제다. 그의 『의식과 세계』(Consciousness and the World, 2000)를 참조하라. 고유수용감각을 몸에 대한 **지각적 알아차림**의 한 양상으로 생각해야 하는지는 아직 해결되지 않은 문제다. 오쇼너시(1980)와 버뮤데즈(1998)는 그래야 한다고 주장한다. 갤러거(2003)는 슈메이커(1968)와 카삼(1995)의 말을 인용하여 그렇게 생각하지 말아야 한다고 주장한다.
4 인지 및 의식에 관한 행위 기반 신경과학을 개발하는 방향에 대한 단계에 대해서는 가령 Hurley and Noë 2003a, b, Noë and Hurley 2003, Thompson and Varela 2001, Noë and Thompson 2004a, b 참조. 그리고 O'Regan and Noë 2001a와 Noë and O'Regan 2002에 실린, 경험의 신경적 기반에 대한 감각운동적 접근에 대한 짧은 논의를 참조하라.

관적이다. 이는 지각의 본성에 대한 우리의 선입견에 반하는 것이다. 우리는 촉각이 아닌 시각을 지각의 전형으로 삼는 경향이 있으며, 또한 사진을 모델로 시각을 생각하는 경향이 있다. 눈을 뜨기만 하면 현존하는 세계에 대한 감각적 인상이, 그 모든 세부 사항에 이르기까지 선명하게 한꺼번에 주어진다고 생각한다. 이러한 관점에서 보면, 움직이기와 지각하기의 관계는 단지 수단적일 뿐이다. 마치 카메라를 이리저리 움직이는 행위와 그 결과물인 사진 사이의 관계와 같다. 이리저리 움직이는 것은 예비적인 동작이며 사진 자체와는 무관하다. 지각도 마찬가지다. 몸을 움직이면 목표를 더 잘 볼 수 있는 유리한 지점을 차지할 수 있다. 그리고 이렇게 목표를 확인한 후에는 무엇을 해야 할지 더 잘 결정할 수 있다. 하지만 보는 것과 움직이는 것 사이의 관계는 사진과 카메라 운반하기, 또는 권투선수의 왼쪽 훅과 그에 앞선 훈련과 마찬가지로 서로 직접적 관련이 없다. 다시 말해서 이들은 서로 관련이 있기는 하지만, 그 관계는 비구성적이다. 펀치의 효과는 엄밀히 말해서 권투 선수가 펀치를 배웠던 훈련 과정에 독립적이며, 사진의 질은 카메라가 그 위치에 도달한 과정과 무관하다.

수전 헐리(1998)는 지각과 행동에 대한 이와 같이 단순한 관점을 입력-출력 모델이라고 불렀다. 이 모델에서 지각은 세계에서 마음으로 들어오는 입력 과정이고, 행동은 마음에서 세계로 나가는 출력 과정이며, 사고는 이 둘을 이어 주는 매개 과정이다. 이러한 입력-출력 모델이 옳다면 적어도 원칙적으로는 지각과 행동, 사고 역량을 분리할 수 있어야 한다. 이 책의 주요 주장은 이렇게 분리할 수 없다는 것이다. 나는 그러한 분리란 상상조차 할 수 없다고 생각한다. 모든 지각은 본질적으로 활동적이다. 지각 경험이 내용을 획득하는 것은 지각자의 숙련된 활동 덕분이다. 나는 또한 모든 지각이 본질적으로 사고로 가득 찬 활동이라고 주장하지만, 책의 후반부(6장)에 이르러서야 이 주제를 다룰 것이다. 볼 수 없는 생명체는 생각할 수 있을지 모르지만, 생각이 없는 생명체는 결코 볼 수 없으며, 내용을 담고 있는 진정한 지각 경험도 할 수 없다.[5] 지각 및 지각적 의식은 사고로 가득 찬, 지식 있는 활동의 유형들이다.

이 첫 장에서 나는 이 책의 중심 주제를 제시할 것이다.

1.2 지각에 대한 퍼즐: 경험명

앞을 볼 수 있는 사람은 눈이 먼다는 것이 어둠 속에 있는 것과 같다고 생각하는 경향이 있다. 실명을 이런 식으로 생각할 때 우리는 실명을 암흑, 부재, 그리고 박탈의 상태로 상상한다. 우리는 맹인의 의식에 거대한 구멍이 있고, 영구적인 불완전함의 느낌이 있다고 가정한다. 빛이 있을 수 있는 곳에 빛이 없다는 것이다.

이것은 실명의 본성을 잘못 이해한 것이다. 맹인은 실명을 혼란이나 부재로 경험하지 않는다. 전통적인 설명처럼 후각, 촉각, 청각이 시각장애를 보완하기 위해 더 발달하기 때문이 아니다(어느 정도는 사실일 수 있지만 말이다. Kaufman, Theoret, Pascual-Leone 2002 참조). 맹인이 시각장애를 전혀 경험하지 않는 방법이 있기 때문이다. 우리는 옆방에서 어떤 일이 일어나는지 시각적으로 식별할 수 없지만, 그렇다고 이

---

[5] 파리는 물론 볼 수 있다. (이상하게 들릴지 모르지만) 파리가 이해하는 것이 파리가 보는 것을 제약한다. 동물의 문제는 6장에서 다룰 것이다.

를 시각적 인식에 커다란 구멍이 뚫린 것으로 경험하지는 않는다. 마찬가지로 우리는 블러드하운드처럼 뛰어난 후각 정보가 우리에게 없다는 이유로 우리의 후각을 무언가가 결여된 것으로 느끼지 않는다. 또한 망막의 '맹점'에 해당하는 부분을 시각 정보의 부재로서 경험하지 않는다. 마찬가지로 맹인은 자신의 실명을 부재로 인식하지 않는다.

어둠 속에 있는 것과 전혀 다른 종류의 실명이 존재하거나 존재할 수 있다는 사실을 증명하기는 쉽다. 너무 짙은 안개 속에 있으면 아무리 고개를 이리저리 돌려도, 아무리 안간힘을 써도 균일하게 흰색만 보인다. 심리학자들은 이를 **간츠펠트**(Ganzfeld)라고 부른다(Metzger 1930, Gibson 1979, 150~151에서 설명). 양쪽 눈 위에 반쪽짜리 탁구공을 각각 올려놓으면 간츠펠트 경험을 재현할 수 있다(Hochberg, Triebel, Seaman 1951; Gibson and Wadell 1952; Block 2001). 깁슨은 빛이 망막을 자극하는 것만으로는 시각에 충분하지 않다는 것을 주장하기 위해 이 방법을 사용했다. 이 경우 (우리가 간츠펠트를 본다는 점에서) 시각 자극 패턴이 주어지지만 우리는 사실상 아무것도 보지 못하기 때문이다. 이 경우 시각적 인상이 있지만, 그 내용은 표백되어 있다.

행위주의(enactivism)에서는 크게 두 가지 종류의 실명이 있다고 본다. 첫째, 감각 기관의 손상이나 장애로 인한 실명이다. 이것은 널리 알려진 종류의 실명이다. 여기에는 백내장, 망막 질환이나 손상, 시각 피질의 뇌 병변으로 인한 실명이 포함된다. 둘째, 감각이나 민감성의 부재가 아니라 사람(또는 동물)이 감각 자극을 움직임 및 사고의 패턴과 통합하지 못해서 일어나는 실명이다. 이 두 번째 유형의 실명은 정상적인 시각적 감각이 있음에도 발생한다. 이러한 점에서 이를 **경험맹**(experiential blindness)이라고 부르기로 하자.

경험맹은 실지로 발생할까? 만약 그렇다면 우리는 입력-출력 모델을 거부해야 한다. 본다는 것은 단순히 시각적 감각이 있는 것이 아니다. 신체 기술과 올바른 방식으로 통합된 시각적 감각이 있는 것이다. 경험맹은 지각에 대한 행위 기반 접근을 지지하는 증거가 될 수 있다.

경험맹이 실지로 발생한다고 믿을 만한 충분한 이유가 있다. 예를 들어, 백내장으로 실명한 선천성 맹인의 시력 회복에 대해 생각해 보자. 백내장은 빛이 망막에 이르는 경로를 방해하여 눈의 민감성을 손상시킨다. 입력-출력 모델의 관점에서 보면 백내장을 치료하기 위해서는 망막의 표면을 깨끗하게 닦아 내어 빛이 들어오게 하는 것으로 충분하다. 그럼으로써 정상적인 시력을 회복해야 한다. 그러나 백내장에 관한 의학 문헌에 따르면 그렇지 않다.[6] 그러한 수술이 시각적 **감각**은 상당 부분 회복시키지만 시력은 회복시키지 않음을 보여 주는 사례 연구들이 많다. 수술 직후 환자는 시각적 감각이 풍부한데도 실명을 겪는다. 즉 경험맹을 겪는다.

몇 가지 예를 살펴보자. 그레고리(Gregory)와 월리스(Wallace)는 백내장 수술 환자 S.B.에 대해 아래와 같이 기술한다.

붕대를 풀고 S.B.가 시각적으로 처음 경험한 것은 외과의사의 얼굴이었다. 그는 그 경험을 다음과 같이 설명했다: 그는 자신의 앞과 한쪽에서 들려오는 목소리를 들었고, 소리의 근원을 향해 고개를 돌리자 "흐릿한 것"이 보였다. 그는 이것이 얼굴임에 틀림없다고 짐작했

---

6 이 의료 절차의 기록된 가장 초기 사례는 1020년 아라비아에서 일어났다. 관련 의학 및 철학 문헌에 대한 역사적 검토는 von Senden [1932] 1960 참조.

다. 그의 경험에 대해 몇몇 심층적 질문을 하였더니, 그는 만약 이전에 목소리를 들은 적이 없고 또 목소리가 얼굴에서 나온다는 사실을 알지 못했다면 이것이 얼굴이라는 것을 알지 못했을 것이라고 생각하고 있었다. (1963, 366)

색스(Sacks)는 환자 버질에 대해 비슷한 기술을 한다.

그는 붕대를 여전히 감은 상태로 자기 앞에 서 있는 외과의사에게 초점을 맞추지 못하고 멍하니 당황해서 바라보는 듯이 보였다. 의사가 "어때요?"라고 질문했을 때 비로소 버질의 얼굴에 알아본다는 표정이 나타났다.
나중에 버질은 이 첫 순간 자신이 무엇을 보고 있는지 전혀 몰랐다고 말했다. 빛, 움직임, 색이 모두 뒤섞인 채 의미 없이 흐릿한 상태였다고 한다. 그러다가 그런 흐릿함 속에서 "어때요?"라는 목소리가 들렸다. 그리고 나서야 비로소 그는 이 빛과 그림자의 혼돈이 얼굴, 즉 자신의 외과의사의 얼굴이라는 것을 깨달았다고 말했다. (1995, 114)

마지막으로 발보(Valvo)의 환자는 일기에 다음과 같이 기록했다.

수술 후, 나는 의사가 비추는 탐침의 빛이 검은색 배경에서 원자 폭발처럼 나타나는 것을 보았다. 그런 다음 의사의 손, 그리고 분명히 그의 손가락이라는 것을 나중에 알게 된 무언가를 보았는데, 그것들은 작고 붉게 보였다(그리고 그것은 악마의 손처럼 보였다). … 한

달쯤 후에는 이전에 내가 블랙홀들이라고 여겼던 것이 병원을 마주 보고 있는 집들의 창문이라는 사실을 알게 되었다. (Valvo 1971, 9)

나는 이 환자들이 경험맹을 겪고 있었다고 생각한다. 이들의 시각적 민감성은 확실히 회복되었다. 이들 모두 수술의 즉각적인 결과로 극적이고 강력한 시각적 인상이나 감각을 경험한다. 그러나 이들 중 누구도 이러한 감각을 가졌다고 해서 시력을 획득한 것은 아니다. 적어도 시력의 일반적인 의미에서는 말이다. 이때 이들이 받는 시각적 인상은 마치 외국어로 된 말처럼 혼란스럽고 정보가 없는 상태로 남아 있다. 감각은 있지만 그 감각이 표상 내용에 대한 경험으로 이어지지는 않는다.

경험맹의 존재는 매우 중요하다. 경험맹은 단순히 시각적 인상을 받는 것만으로는 아직 보게 되는 것이 아니라는 사실을 보여 준다. 시각적 인상을 **이해하는** 경우에단 볼 수 있다. 이러한 사실은 그레고리와 월리스의 환자 S.B.와 관련하여 강력하게 드러난다. 그들은 수술 약 한 달 후 S.B.의 상태에 대해 이렇게 썼다.

첫인상으로 그는 정상적인 시력을 갖춘 사람처럼 보였지만 곧 차이가 분명해졌다. 자리에 앉았을 때 그는 눈으로 주위를 둘러보거나 방을 훑어보지 않았고, 실제로 그는 주의를 환기시키지 않는 한 시각 대상에 주의를 기울이지 않았으며, 극도로 집중하여 무엇이든 들여다보곤 했다. (Gregory and Wallace 1963, 364)

S.B.는 시각적 인상은 있지만, 움직임 및 생각의 의의에 대한 실용적인 이해는 적어도 부분적으로 부족하다. 자신의 인상을 활용하여 움

직임을 인도하는 능력이 부족하다는 것뿐만이 아니다. 정상적인 지각자의 경우 감각은 사고 및 움직임의 능력과 매끄럽게 통합된다. 예를 들어 우리는 관심 있는 물체를 향해 자연스럽게 눈을 돌리고, 사고 및 상황에 반응하는 방식으로 감각을 움직임으로 조정한다. 날카로운 소리가 들리면 소리 나는 방향으로 고개를 돌리고, 공이 우리에게 날아오면 반사적으로 몸을 피한다. 누군가 우리에게 말을 걸면 그 사람을 향해 고개를 돌린다. 이런 방식으로, 그리고 이와 비슷한 무수히 많은 방식으로 감각적 인상은 자발적인 움직임과 쌍결합된다. S.B.와 다른 환자들에게는 이러한 쌍결합이 없다. 그러나 S.B.의 결핍은 이보다 더 광범위하다. S.B.가 시각을 활용하여 움직임을 인도하지 못하는 것은 사실상 그가 볼 수 없기(경험맹) 때문이다. S.B.는 자신의 인상의 감각운동적 의의를 이해하지 못하며, 자신이 움직이거나 움직이려 할 때 자극이 변화하는 방식을 알지 못한다. 그 결과 그의 인상에는 내용이 없으며 그는 상당 정도 실명 상태라고 나는 주장한다.

입력-출력 모델을 옹호하는 사람들은 이러한 나의 주장에 대해 회의적일 수 있다. 그들은 수술 직후 환자가 **경험적으로** 실명이라는 사실을 거부하면서도 그가 실명이라는 사실을 인정할 수 있다고 주장할 수 있다. 환자의 어려움은 비정상적인 감각운동 통합이 아니라 비정상적인 **감각**에서 비롯되었다는 증거를 제시할 수도 있으리라. 이들 환자들이 자신의 경험을 어떻게 기술하는지 보자. 색스의 환자 버질은 "모두 의미 없이 흐릿흐릿한" 움직임과 색을 경험했다고 보고했고, 발보의 환자는 어두운 배경에서 원자 폭발이 일어난 것 같은 인상을 받았다고 기술했다. 이러한 감각은 분명 모두 비정상적이다. 이런 식의 반론은 망막과 시각 피질의 비활성화가 성숙한 성인 시력에 필요한 신경 연결의 발달을 어느 정도 저하할 수 있다는 점을 고려할 때 더욱 힘을 얻을 수 있다. 이러한 가능성이 제거될 때까지 회의론자는 이러한 환자들의 상태를 **경험**맹(즉 지각적 민감성의 부족이 아닌 감각운동 지식의 부족으로 인한 실명)으로 간주할 수 없다고 주장할 수 있다. 이러한 환자들의 상태가 진정으로 경험맹임을 밝히려면 우리는 시각적 인상 자체의 특질의 변화를 통제해야 할 것이다. 그러기 전까지는 행위 기반 접근이든 입력-출력 모델에 대한 반박이든 어느 것도 유효하지 않을 것이다.

이러한 반론은 어느 정도 설득력이 있다. 3절에서는 이러한 반론에 취약하지 않은, 경험맹으로 추정되는 사례를 살펴보겠다. 이 두 가지 사례를 종합하면 경험맹, 그리고 행위 기반 접근을 지지하는 강력한 근거가 된다.

1.3 보는 것에 눈멀기

안경은 일상적인 흔한 지각 도구다. 안경 또는 교정 렌즈 가운데 흔한 한 가지는 근시를 위한 것이다. 근시의 경우 먼 물체에서 평행 광선으로 눈에 들어오는 빛의 초점이 망막이 아니라 망막 앞에 맺힌다. 가까운 물체에서 들어오는 빛은 평행 광선으로 구성되지 않으며 그 초점이 망막에 맺힌다. 근시용 안경은 멀리 있는 물체에서 들어오는 빛을 굴절시켜 가까운 물체에서 들어오는 빛과 같은 각도로 눈에 들어오도록 하여 그 초점이 망막에 맺히게 해 준다.

안경이 눈에 들어오는 빛을 낯설고 부자연스러운 방식으로 왜곡하거나 편향시키는 프리즘이라면 어떻게 될까? 왼쪽 물체에서 들어오는 빛이, 렌즈를 착용하지 않은 상태에서 오른쪽 물체에서 들어오는 빛이 눈에 들어오는 방식대로 눈에 들어오는 렌즈를 만들었다고 가정해 보자. 이 경우 왼쪽에 있는 물체는 오른쪽 망막과 오른쪽 뇌(즉 보통 오른쪽에 있는 물체가 자극하는 망막과 뇌의 부분)를 자극할 것이다. 이와 같은 경우 우리는 물체가 오른쪽에 있다고 경험할 것이라고 가정하는 것이 타당하다.

그러나 스트래튼(Stratton 1897), 콜러(Kohler 1951, 1964), 그리고 이후 테일러(Taylor 1962)의 실험이 입증하듯 실제로는 그렇지 않거나 적어도 당장 그런 일이 일어나지는 않는다. 이런 종류의 반전(inverting) 안경을 쓸 때 초기 효과는 경험 내용을 반전(보이는 것의 반전)시키는 것이 아니라 보는 것 자체를 부분적으로 방해하는 데 있다. 반전 렌즈는 경험맹을 초래한다. 사물들의 위치를 바꾸어 놓는 구면 프리즘 안경을 착용하는 콜러의 실험에서 피험자 K가 자신이 초기에 경험한 것에 대해 쓴 글을 생각해 보자.

시각을 고정한 동안 머리를 움직일 때마다 시야에 있는 물체에서는 가장 예상치 못한 특이한 변형이 일어난다. 가장 익숙한 형태들이 이전에는 볼 수 없었던 방식으로 해체되고 다시 통합되는 것처럼 보인다. 때로는 형상들의 일부가 함께 움직이고 그 사이의 공간이 시야에서 사라지기도 하며, 때로는 관찰자를 속이려는 듯 서로 분리되기도 한다. 예를 들어 벽이 갑자기 도로 쪽으로 기울어진 것처럼 보이거나, 내가 눈으로 따라가던 트럭이 휘어지기 시작하거나, 도로가 파도처럼 아치형으로 휘어지기 시작하거나, 집과 나무들이 쓰러지는 것처럼 보였다. 나는 이러한 극단적인 왜곡에 속아 깜짝 놀란 적이 한두 번이 아니었다. 마치 집이 무너져 내리고, 도로가 들썩거리고, 사람들이 젤리처럼 움직이는 온통 뒤죽박죽인 세계에 살고 있는 것처럼 느껴졌다. (Kohler[1951] 1964)

K가 완전히 앞을 보지 못하는 것은 분명 아니다. 그는 트럭과 나무 등을 알아볼 수 있다. 그러나 완전히 앞을 볼 수 있는 것도 아니다. 그의 시각 세계는 뒤틀리고 예측 불가능하며 뒤죽박죽이 되었다. K는 이 정도만큼의 실명을 겪고 있다. 결정적으로, K가 겪는 종류의 실명을 야기한 것은 감각의 결함이 아니다. K는 정상적인 자극을 받는다. 그의 눈에 도달하는 빛은 초점이 선명하게 맞춰져 있으며 완전한 정보를 담고 있다. 그는 만약 그가 다른 공간적 위치에서 반전 렌즈를 착용하지 않고 대상을 본다면 받게 될 자극과 정확하게 같은 자극을 받는다. 보지 못하는 것은 보통 자극의 특성이 아니라 자극에 대한 지각자의 이해(또는 이해의 실패)에서 비롯된다.

이것은 오레건과 내가 주장한 대로 바로 행위 기반 접근이 예견한 결과다(O'Regan and Noë 2001a, b; Noë 2002a; Hurley and Noë 2003a 참조). 행위 기반의 감각운동적 접근에서 지각의 기초는 움직임이 자극에 변화를 초래하는 방식에 대한 암묵적이며 실용적인 지식에 있다. 왜곡 렌즈를 착용하면 움직임과 자극 사이의 의존성 패턴이 달라진다. 이러한 변화는 자극의 본질적인 특성에는 변화가 없더라도 감각운동 지식이나 기술을 무효화하는 효과를 낳는다. 결과적으로 눈과 머리의 움직임은 감각 자극에 놀랍고 예상치 못한 변화를 일으킨다. 그 결과는 **다르게 보는 것**이 아니라 보지 못하는 것이다.

엄밀히 말하면, 이러한 실험용 안경이 **완전한** 경험맹을 초래하지는 않는다. 실험용 안경은 공간적 내용의 국면과 관련된 감각운동 의존성에만 영향을 주기 때문이다. 예를 들어 좌우 반전 프리즘은 (가령 눈을 움직일 때 시각 세계가 '흔들리는' 속도에 대한 감각에는 영향을 미치지만) 상하에 대한 감각에는 영향을 주지 않는다. 더욱이 좌우 반전 안경은 명암, 색 등의 감각에는 영향을 미치지 않는다. 좌우 반전 안경을 착용해도 **어떤** 종류의 지각 경험은 정상이다. 예를 들어 점등의 여부는 식별할 수 있다. 안경이 감각운동 의존의 **모든** 패턴들을 변화시키는 것이 아니라 공간적 정향과 관련된 패턴들만 변화시킨다는 사실을 고려하면 이는 놀라운 일이 아니다.

행위 기반 관점에 따르면 감각운동 의존의 새로운 패턴을 이해하게 되면 시력을 회복할 것이라고 예상할 수 있다. 실험 결과들이 이를 뒷받침한다. 콜러의 보고에 따르면 새로운 패턴에 대한 적응은 단계적이다. 첫 번째 단계는 반전된 내용을 경험하는 것이다. 이때 왼쪽에 있는 물체는 실제로 오른쪽에 있는 것처럼 보인다. 시각 경험이 반전된 내용을 획득한 것이다. 그러나 이러한 부분적 적응 상태는 매우 불안정하다. 왼손은 오른쪽에 있는 것처럼 보이지만 계속 왼쪽에 있는 것처럼 **느껴진다**(Hurley and Noë 2003a). 그리고 손가락을 꺾을 때 "오른쪽 손"의 소리가 왼쪽에서 나는 것처럼 느껴진다. 적응의 다음 단계에서 시각 경험은 청각 및 고유수용감각 경험을 "포착"함으로써 이러한 감각 양상의 충돌을 시각에 이로운 방식으로 해결한다. 이 단계에서는 왼쪽에 있는 물체가 오른쪽에 있는 것처럼 보일 뿐만 아니라, 오른쪽에 있는 것처럼 들리고 느껴진다. 피험자가 적극적으로 환경에 관여하고 환경을 탐색할 수 있도록 허용된다면(사실 그래야만 한다), 세 번째 적응 단계로 이동하게 된다. 경험이 "바로잡히고" 진실성이 회복되는 것이다. 이제 왼쪽에 있는 물체는 마치 왼쪽에 있는 것처럼 보이지만, 이전과 마찬가지로 오른쪽에 자리 한 자극과 관련된 망막과 뇌 영역이 계속 활성화된다. 이것이 적응의 마지막 단계이다(자세한 내용은 Hurley and Noë 2003a 참조).

행위 기반 관점에서 이러한 현상은 매우 중요한데, 지각 경험이 감각운동 지식 덕분에 올바른 내용을 습득한다는 사실을 강력하게 증언한다는 점에서 그렇다. 이에 대해서는 3장에서 다시 다룰 것이다. 지금 중요한 것은 일단 적응이 완전히 이루어지면 렌즈를 **벗었을** 때의 결과가 렌즈를 처음 착용했을 때의 결과와 비슷하다는 것이다. 안경을 벗으면 처음에 안경을 썼을 때와 똑같은 이유로 똑같은 종류의 경험맹이 일어난다. 안경(또는 안경의 부재)이 감각과 움직임의 의존 패턴을 갑자기 무효화하는 것이다. 콜러의 피험자는 렌즈를 벗었을 때의 결과를 다음과 같이 기술한다.

내가 움직이고 걸어 다니기 시작하자 방도 움직이기 시작한다. 나는 주변 물체들의 움직임으로 보이는 것을 경험한다. 그중 하나에 다가가자 오른쪽으로 움직이는 것 같다. 손을 뻗어 그것을 만지니 허공이다. 내 팔은 물체를 완전히 놓치고 왼쪽으로 지나쳤다. 방 안의 상대적인 변화들은 더욱 특이하다. 머리를 (수직 또는 수평으로) 움직일 때 다른 지점과 관련하여 고정된 지점은 하나도 없다. 특정 지점이 시야에서 나와 함께 움직이면 다른 지점은 틀림없이 반대 방향으로 움직이는데, 이는 마치 그 지점이 그때 다른 지점들이 하는 듯이 보이는 일에 조금도 구속되지 않음을 확실하게 알려 주는 것처럼 보인다.

내가 있는 세계는 거리, 방향, 움직임, 게슈탈트가 끊임없이 변화하는 총체적인 혼돈의 세계가 된 것 같다. 안정된 것은 아무것도 없고, 어떤 법칙에 따라 변화가 일어나는지 감지할 수 없을 정도로 경험은 혼란스럽다. … 어떤 것에도 리듬이나 이유가 없다. **하나의 고정된 크기**나 **하나의 안정된** 움직임 같은 것은 없다. 내가 몸이나 머리를 움직이면 물체들은 작아지거나 커지거나, 정지해 있거나 움직인다. (Kohler[1951] 1964, 65)

렌즈를 벗으면, 현재 생성되는 시각적 감각의 패턴이 렌즈를 착용하기 전과 똑같음에도 불구하고 진실하지 않은, 왜곡되고 혼란스러운 시각적 인상이 산출된다. 왼쪽에 있는 물체들은 항상 왼쪽의 감각적 경험을 지원하던 눈과 뇌의 부분들을 자극한다. 정상적으로 지각하지 못하는 것은 감각 자극의 본질적인 특성이나 위치가 변한 결과가 아니라 움직임에 따라 감각 자극이 변화하는 방식에 대한 숙달 또는 통제력이 무너진 결과다.

요약하자면 경험맹은 존재하며 이는 두 가지 이유로 중요하다. 첫째, 경험맹은 행위 기반 관점을 지지한다. 진정한 지각 경험은 자극의 특성과 특질뿐 아니라 감각운동 지식의 발휘에 의존한다. 이러한 지식이 붕괴될 때 우리는 경험을 활용할 수 없는 것이 아니다. 아예 아무런 경험도 할 수 없다. 단순한 감각 자극이 지각 경험을 구성하려면, 즉 그것이 세계를 제시하는 진정한 내용을 지니려면 지각자가 **감각운동 지식**을 소유하고 활용해야 한다.

둘째, 경험맹은 보다 전통적인 입력-출력 모델의 반례다. 잘 알려져 있듯 칸트([1781~1787] 1929)는 개념 없는 직관은 맹목적이라고 말했다. 여기에서 요점은 직관, 즉 자극의 패턴의 감각운동적 중요성에 대한 지식이 없는 직각은 맹목적이라는 것이다. 이러한 지식은 실용적 지식, 즉 방법적 지식(know-how)이다.[7] 지각하려면 **감각운동적 신체 기술**이 있어야 한다.

1.4 보기의 즐거움

행위 기반 접근에 대한 자연스러운 반론은 다음과 같이 전개된다. 우리의 지각 능력이 신체 기술 및 행위와 깊은 관련이 있는 것은 사실이다. 우리는 움직임을 조정하고 행위를 가능하게 하고자 눈을 사용한다. 하지만 언제나 그렇지는 않다. 때때로 우리는 행위하고자 해서가 아니라 단지 알려고, 또는 보는 경험 자체를 즐기려고 본다. 누워서 지나가는 구름을 바라보거나 미술관을 방문하거나 TV를 시청할 때, 우리는 행위하려는 목적으로 시각을 사용하는 것이 아니다. 필리신(Pylyshyn 2001)은 이 점을 지적하면서 "우리가 보는 것의 대부분은 우리가 믿는 것과 아마도 우리가 원하는 것을 변화시킴으로써 간접적으로만 우리의 행동을 인도한다"(999)라고 덧붙였다.

시각 신경계 장애에 관한 연구는 행위 기반 관점에 대한 이러한 반박을 지지하는 것 같다. (후두정엽 피질의 병변으로 발생하는) 시신경 운동실조증(optic ataxia) 환자는 시각을 활용하여 움직임을 이끌어 갈 수

---

[7] 최근 Stanley and Williamson(2001)은 실용적 지식과 명제적 지식 사이의 이러한 구별에 이의를 제기했다. 3장 12절에서 이들의 비판을 간략하게 논의할 것이다.

없다. 밀너(Milner)와 구데일(Goodale)은 "이 환자들은 손의 방향을 잡거나, 손으로 쥐는 규모를 적절하게 조절하거나, 올바른 위치를 향해 손을 뻗지는 못하지만, 잡는 데 실패한 바로 그 물체의 방향과 위치를 지각하는 데는 상대적으로 어려움을 겪지 않는다"([1998] 2002, 520)라고 말한다. 밀너와 구데일은 대체로 자율적인 두 가지 시각 체계가 있다고 주장한다. 줄무늬 피질에서 후두정엽 피질까지의 등쪽 경로(dorsal stream)의 손상은 시력이나 시각적 인식 자체는 손상시키지 않지만 시각운동 기술은 손상시킨다. 반면 줄무늬 피질에서 하측두엽 피질까지의 배쪽 경로(ventral stream)의 손상은 시각운동 기술은 거의 다치게 하지 않으면서 물체 인식과 크기, 방향, 위치 판단에 장애를 일으켜 시각실인증(visual agnosia)을 초래할 수 있다. 예를 들어, 피험자 D.F.는 시각적으로 유도된 잡기, 손 뻗기, 손 동작을 대체적으로 잘 조절했다. 밀너와 구데일에 따르면, "하지만 별도의 실험에서 손가락과 엄지를 사용하여 물체의 너비를 지각적으로 판단하라는 요청을 받았을 때, D.F.의 반응은 손가락과 엄지의 실제 자극과 관련이 없었고 실험마다 높은 편차를 보였다"([1998] 2002, 520~522). 이러한 신경학적 증거는 시각의 일부 측면은 시각운동 기술과 밀접하게 관련되지만, 시각 전체가 그렇지는 않음을 보여 준다. 그렇다면 행위 기반 접근은 지각에서 행위가 갖는 중요성을 과장하는 것처럼 보일지도 모른다.

이러한 비판은 행위 기반 접근에 대한 오해에서 비롯된다. 행위 기반 접근의 기본 주장은 지각자의 지각 능력이 (부분적으로) 감각운동 지식(즉, 지각자의 움직임에 따라 감각 자극이 변화하는 방식에 대한 실용적인 파악)으로 구성된다는 것이다. 행위 기반 접근은 지각이 행위를 **위한** 것이라거나 행위를 인도하기 위한 것이라고 주장하지 않는다. 어떤 환자가 시신경 운동실조증을 겪고 있다는 사실이 곧 그 환자에게 관련 감각운동 지식이 부족하다는 결론으로 이어지지는 않기 때문에 시신경 운동실조증의 사례는 행위 기반 관점을 약화시키지 않는다. 만약 신체 기술과 감각운동 지식이 부재하는데도 지각이 가능한 경우가 있다면, 이때 행위 기반 접근은 약화될 수 있다. 행위 기반 접근에서는 신체 기술과 감각운동 지식이 지각 능력의 구성요소라고 주장하기 때문이다. 어떤 활동도 하지 않는 **비활성**의 지각자가 존재할 수 있을까?

이 질문으로 넘어가기 전에 좀 더 간단한 비판을 생각해 보자. 마비는 분명 실명의 한 형식이 아니다. 하지만 행위 기반 주장에 따르면 마비된 사람은 경험적으로 실명이어야 하지 않은가? 그렇지 않다. 행위 기반 관점은 지각자가 일련의 관련 감각운동 기술을 보유하고 있어야 한다고 주장한다. 사지마비 환자들에게는 분명 그러한 기술이 있다. 사지마비 환자들은 눈과 머리를 움직일 수 있고, 기술의 도움을 받는다면 (가령 휠체어를 사용함으로써) 어느 정도는 환경에 따라 몸을 움직일 수도 있다. 더 중요한 사실은 마비가 움직임과 감각 자극이 서로 의존하는 방식에 대한 마비 혼자의 실용적 이해를 훼손하지 않는다는 점이다. 움직임의 범위가 제한된 마비 환자들도 자극에 대한 움직임의 의의를 암묵적으로, 그리고 실용적으로 이해한다. 그들은 눈을 왼쪽으로 움직이면 시야를 오른쪽으로 가로지르는 움직임이 산출된다는 사실 등을 비장애인 못지않게 잘 알고 있다. 마비 환자는 마비되지 않은 사람만큼은 아니지만 많은 일을 할 수 있다. 그들이 제한되는 범위가 어떻든 간에 그들에게 정보를 제공하여 지각할 수 있게 해 주는 풍성한 감각운동 기술을 활용하기 때문이다.

움직임은 물론이고 감각도 없는 사지마비 환자들도 매우 활동적인 삶을 산다. 임상 신경생리학자인 조너선 콜은 "목부터 아래까지 아무런 감각이 없는 채로 의자에 앉아 균형을 잡아 보라"라고 말한다(개인적인 대화, 그러나 Cole 2004 참조). 사지마비 환자는 주변 세계 및 중력과 관련하여 자신의 방향을 잡는 작업을 지속적으로 수행한다(Cole 2004에서 논의).[8]

실제로 마비가 더욱 심해지면, 예를 들어 눈의 마비가 악화되면 실명이 초래될 수 있다는 강력한 실증적 증거가 있다. 정상적인 지각자의 경우, 눈은 1초에 여러 번 단속적 안구운동(saccade, 날카로운 탄도운동)과 단속적 미세안구운동(microsaccade)을 하며 거의 일정하게 움직인다. 움직임을 멈추면, 눈은 수용력을 잃는다. 특히 망막에 정확하게 맺힌 이미지가 시야에서 희미해지기 시작한다(Ditchburn and Ginsborg 1952; Riggs et al. 1953; Krauskopf 1963; Yarbus 1967). 이것은 아마도 우리가 피부에 닿는 옷, 콧등에 걸친 안경, 손가락에 낀 반지 등을 지속적으로 느끼지 못하는 **감각 피로**라는 보다 일반적인 현상의 한 예일 것이다. 이는 지각적 감각을 하려면 최소한의 눈 및 몸의 움직임이 필요함을 시사한다.

또한 정상적 시력은 환경에 관련된 몸의 움직임뿐 아니라 **스스로 작동하는** 움직임에 의존한다는 발달심리학적 증거도 있다. 헬트와 하인(Held and Hein 1963)은 새끼 고양이 두 마리를 회전목마에 묶는 실험을 수행했다. 그중 한 마리는 바닥에 단단히 서 있도록 묶고 다른 한 마리는 공중에 매달았다. 한 마리의 새끼 고양이가 바닥에서 걸으면 두 마

---

8 케이 툼스(1992, 특히 65~68, 82~83)는 휠체어에 묶여 있는 것이 공간과 행위주체성에 대한 감각을 어떻게 변화시키는지 고찰했다.

리가 함께 원을 그리며 움직였다.⁹ 결과적으로 두 마리에게 동일한 시각 자극이 주어졌지만, 바닥에서 걸었던 한 마리만이 스스로 움직인 결과 그 자극을 받았다. (행위 기반 관점에서 보면 놀랍지 않지만) 놀랍게도 스스로 움직인 새끼 고양이만이 (정상적인 발-눈의 협응은 말할 것도 없고) 정상적인 거리 감각을 발달시켰다. 행위 기반 관점에서 해석하자면, 이 실험은 오직 **스스로 행한** 움직임을 통해서만 감각운동 의존의 관련 패턴을 시험해 보고, 그럼으로써 그러한 패턴을 배울 수 있다는 사실을 보여 준다.¹⁰

그런데 진정으로 수동적이면서 비활성적인 지각자가 존재할 수 없다는 더욱 설득력 있는 사례연구들이 있다. 이 책의 주요 목표 중 하나는 이를 입증하는 것이다. 몇 가지 예비적 언급을 통해 이제 그 길로 나아갈 수 있다.

조너선 콜(1991)이 기록한 이안 워터맨(Ian Waterman)의 특별한 사례가 그 예다. 워터맨은 젊었을 때 극단적이면서 심각하게 신경장애를 일으키는 바이러스에 감염되었다. 운동 신경은 영향받지 않았지만, 고통(가령 찌르는 듯한 통증)과 체온에 대한 감각을 제외하고 목 아래쪽은 모든 감각을 잃었다. 특히 그는 "제6의 감각"이라고 불리는 감각, 즉

---

9 [옮긴이] 이 실험에서 공중에 매달린 고양이는 스스로 움직일 수 없었고 움직임이 자유로운 고양이와 연결된 장치로만 움직였다.
10 이 예는 다소 오해의 소지가 있다. 수동적인 새끼 고양이의 시각 경험은 비정상적인데, 이러한 사실은 수동적인 새끼 고양이의 경우 묶여 있었고 따라서 특정 감각운동 지식을 습득할 수 없었다는 점으로 설명된다. 그러나 이 수동적인 새끼 고양이가 눈이 먼 상태가 아니었다는 점은 주목할 만하다. 이것은 놀라운 일이 아니다. 가령 눈과 머리 움직임의 효과를 능숙하게 파악하는 등 상당한 수준의 감각운동 지식이 이 고양이에게 있다고 믿을 만한 충분한 이유가 있다.

고유수용감각과 운동감각으로 알려진 움직임과 위치에 대한 감각을 잃었다. 처음에 워터맨은 사실상 마비 상태였다. 정상적으로 작동하는 운동 체계를 갖고 있었음에도 팔다리와 몸을 제어할 수 없었다. 고유수용 피드백이 없었기 때문에 움직일 수도 없었다. 나중에 그는 근육의 감각을 시각으로 대체하는 방법을 배움으로써 운동 능력을 상당 정도 회복했다. 그는 시각에 강렬히 집중함으로써 몸의 움직임을 제어할 수 있었던 것이다. 하지만 (가령 소파에 기대는 등) 자신의 몸을 볼 수 없는 자세에 놓이거나 불이 꺼지면 움직이지 못하고 바닥에 쓰러졌다. 콜의 말처럼, 이안 워터맨의 경우 몸이 눈에서 멀어지면, 말 그대로 마음에서 멀어졌다.

만약 이안 워터맨이 실명하기까지 했다면 어떻게 했을까? 가상의 경우를 생각해 보자. 우리가 워터맨과 같은 신경장애를 겪는 상태, 즉 움직임, 위치, 자세에 대한 모든 감각을 잃은 상태에 놓여 있는데, 심지어 귀도 들리지 않고 눈도 보이지 않는다고 상상해 보자. 그렇지만 목부터 아래까지는 **정상적인** 감각을 가지고 있다고 상상해 보자. 엄밀히 말하면, 이 마지막 조건은 모든 고유수용감각의 완벽한 결여라는 초기의 가정과 일치하지 않는데, 고유수용감각은 부분적으로 (근방추들muscle spindles과 힘줄 수용체들의 활성화 외에도) 피부 민감성에 의존하기 때문이다. 하지만 이러한 복잡한 세부 사항은 제쳐 두고 우리가 촉각은 정상이지만 움직임, 위치, 자세에 대한 감각이 부족하고 또한 듣지도 보지도 못한다고 상상해 보자. 우리가 비활성 상태이며 몸으로 전혀 행위할 수 없는 상태에 있다고 상상해 보자는 것이다. 이것은 살아 움직이는 일부로서 몸이 상실되었다고 상상하는 것이다.

우리가 접촉을 통해 지각할 수 있을까? 우리 주변 세계에 대한 촉각적 경험을 누릴 수 있을까? 우리의 피부 감각 수용체가 온전하다면, 우리가 촉각적 감각을 느끼고 가질 수 있다는 데에는 의문의 여지가 없다. 문제는 촉각적 감각만으로 우리가 주변 물체를 지각할 수 있느냐는 것이다.

일반적으로 촉각적 감각만으로는 촉각적인 지각을 할 수 없다고 의심할 이유가 있다. 예를 들어, 손에 쥐고 있는 것의 직사각형성(rectangularity) 또는 방 안 가구의 배치를 (맹인이 움직이고 손을 뻗어 만짐으로써 그렇게 하듯) 접촉을 통해 지각하는 것은 단순히 어떤 느낌이나 감각의 차원이 아니다. 직사각형성은 특정 감각으로 포착되지 않는다. 직사각형에 대한 단일한 감각이나 느낌은 존재하지 않는다. 직사각형성은 손으로 (거듭고, 찌르고, 쓰다듬고, 문지르고, 쥐어짜면서) 활동적으로 만질 때 비로소 촉각적으로 지각할 수 있다. 느끼거나 쥐고 있는 것의 모양을 알려 주는 것은 감각의 본질적인 특성이 아니라 감각의 조직이나 구조에 대한 우리의 암묵적인 이해다. 사물의 모양을 알 수 있는 것은 감각이 실제 또는 가능한 움직임과 더불어 변하거나 변할 수 있는 방식 덕분이다. 사물을 직사각형으로 지각할 때, 우리는 가령 손을 **이렇게** 움직이면 서로 일정한 관계에 있는 모서리들을 접하게 된다는 것을 암묵적으로 이해한다. 방 안의 가구 배치에 대한 촉각적 지각도 마찬가지다. 물건들이 이렇게 저렇게 배치되어 있다는 촉각적 인상은 손과 발의 감각으로 이루어지지 않는다. 공간 안에서 이루어지는 주의 깊은 움직임에서 이러한 감각이 귀결되는 방식으로 이루어진다. 여기에서는 발이 부딪히고 저기에서는 앞으로 나아갈 수 없다는 사실 등이 정보가 된다. 공간에서 일어나는 움직임의 함수로서 감각이 확정되는 방식을 이해할 때 가구 배치를 지각할 수 있다. 이러한 방식으로 감각과 감각운동 지식이 함께 작용하여 방의 공간 배치를 지각하게 된다.

　이러한 이유로, 감각만으로는 주변 사물이나 배치의 속성을 알기에 충분하지 않은 듯 보인다. 내가 상상하는 완전한 비활성 지각의 경우, 감각에 반응하여 탐색할 수 없기 때문에, 그리고 따라서 심지어 생각으로도 감각을 조정할 수 없기 때문에, 주변 사물이 어떠한지 알 수 있을지는 전혀 불분명하다. 물체를 몸 표면에 대고 움직이거나 몸 표면을 물체에 대고 움직이지 않고서 물체를 어떻게 **직사각형으로** 지각할 수 있을까?

　적어도 **열**, 또는 **질감**은 지각할 수 있다고 대답할 수 있다. 이처럼 단순한 촉각적 특질의 경우, 느낌만으로 촉각적 지각에 충분한 것처럼 보일 수 있다. 이는 그럴듯하지만 주의가 필요하다. 감각이 있을 수는 있지만, 이 감각이 사물이 어떠한지에 대한 지각이라고 할 수 있을까? 열이나 질감에 대해서도 마찬가지다. 완전히 비활성 상태라면 우리는 몸의 어느 지점에 감각이 있는지 파악하지 못할 수도 있다. 예를 들어 누군가 따뜻한 숟가락을 우리 허벅지에 대고 누른다고 가정해 보자. 우리는 과연 무엇을 경험할까? 온기를 허벅지에서 느낄까? 아니면 그저 온기를 느낄까? 이 두 가지 경우 우리의 경험은 우리 자신의 감각의 특성에 국한될 것이다. 어떤 사물의 온기에 대한 것이어야 할 지각이 (아마도 그 감각의 근원이 외부에 있을 것이라는 추론과 결합되어) 어딘가에서 느껴지는 온기의 단순한 감각으로 와해될 것이다. 이러한 감각과 추측 작업의 결합은 (적어도 정상적인 종류의) 내용이 있는 지각 경험을 구성하기에는 부족하다. 기껏해야 내용이 있는 지각 경험의 원시적인 선행 단계에 지나지 않을 것이다.

　여기에서 우리가 논의하는 것은 완전히 비활성 상태인 사람의 경험이라는 점을 기억하자. 이안 워터맨을 비롯해서 그와 비슷한 조건에 놓인 사람들은 완전한 비활성 상태에 있지 않다. 그들은 열감이 다리에서 느껴지는 것을 알 수 **있다**. 다만 고유수용감각(또는 시각)이 없기 때문에 다리의 위치는 파악할 수 없다. 움직임의 패턴에 대한 감각의 의존에 익숙하지 않은 사람에게는 자신의 몸의 표면에서 그러한 감각의 위치를 파악하는 것조차 불가능할 것이다.

때때로 단순한 접촉만으로도 지각이 가능하다는 반론이 있을 수 있다. 예를 들어 접촉의 감은 파리나 다른 물체가 있음을 알리는 신호다. 그렇지만 이 신호는 맞기도 하고 그렇지 않기도 하다. 우리는 피부의 단순한 접촉감만으로도 파리의 현존과 위치를 경험**하지만**, 그러기 위해서는 그러한 접촉을 공간적 움직임이나 위치를 가리키는 것으로 해석하기 위한 감각운동 기술이 있어야만 한다. 가령 접촉된다는 느낌이 들면 우리는 자신도 모르게 팔을 움츠리게 된다. 그런데 이러한 팔의 움직임이 파리와의 접촉 지점에서 **멀어지는** 움직임이라는 사실을 모른다면 그러한 동작을 취하지 않을 것이다. 우리가 공간 내 접촉 지점과 우리 팔의 움직임 사이의 관계가 변화하는 방식을 이해하지 못한다면 우리는 그러한 접촉을 파리와의 접촉으로 경험하지 못할 것이다.

행위 기반 관점에서 볼 때 단순한 느낌만으로는 지각 경험(즉 세계를 표상하는 내용이 있는 경험)이 되기에 충분하지 않다.[11] 오쇼너시

---

11 험프리(1992)는 감각과 단순한 지각 사이의 날카로운 구분을 기본으로 삼는 지각적 의식에 대한 설명을 발전시켰다. 감각은 (우리 몸 안팎에서) 우리에게 무슨 일이 일어나고 있는지를 알려 주는 반면, 지각은 세계를 향해 있다고 험프리는 주장한다. 험프리가 설명하듯이 이런 식으로 감각과 지각 사이를 구분하는 것은 라이드([1785] 1969)에게서 영향받은 결과다. 결정적으로 험프리의 견해에 따르면 단순한 감각 혹은 느낌만으로는 지각이 될 수 없다. 나도 그렇게 생각한다.

(2000)는 심지어 지각 경험에는 감각이 필요하지도 않다고 주장하기도 했다.[12] 마비된 손을 뻗어 벽을 누르면 벽이 있다는 것을 지각할 수 있다. 그렇게 지각할 수 있는 능력은 몸의 다른 부위에서 발생하는 느낌에 의존할 것이다. 오쇼너시는 그러한 느낌은 경험의 일부가 아니라고 주장한다. 접촉함으로써 벽을 지각할 때 그러한 느낌은 우리가 주의하는 범위에 속하지 않기 때문이다. 지팡이로 지각하는 맹인의 사례는 이 점을 잘 설명한다. 지팡이 끝에는 아무런 느낌이 없지만 맹인은 지팡이 끝으로 세계와 접촉한다. 이렇게 지각할 수 있는 능력은 감각 (가령 지팡이를 쥔 손의 감각) 능력에 의존한다. 그러나 손의 감각은 지팡이에 기반하는 세계 지각 경험의 구성 요소가 **아니다**. 이 점이 중요하다.

행위 기반 관점에서 보면 모든 지각은 접촉과 마찬가지다. 단순한 감각, 단순한 자극은 지각적 인식에 이르지 못한다. 앞서 언급했듯이 지각적 감각이 경험을 구성하기 위해서는, 즉 진정한 표상 내용을 갖기 위해서는 지각자가 **감각운동** 지식을 소유하고 활용해야 한다. 진정으로 비활성 상태인 지각자를 상상한다는 것은 지각 내용을 행위에 의해 생성하는 데 필요한 감각운동 지식이 없는 사람을 상상하는 것이다.

1.5 인지과학에서 지각행위

지각에 대한 행위 기반 접근은 철학, 심리학, 인지과학의 다양한 전통

---

[12] 소위 맹시—로렌스 바이스크랜츠(1978)가 발견한 임상 증후군—를 흔히 감각 없는 지각의 한 예라고들 한다. 이에 대한 논의는 Humphrey 1992, 86~93 참조.

을 바탕으로 한다. 접촉과 유사한 시각의 특성은 메를로-퐁티(Merleau-Ponty)의 저술([1948] 1973, [1945] 1962)과 다른 현상학자들의 저술(가령 Jonas 1966)에서 중요한 역할을 한다. 버클리(Berkeley[1709] 1975), 푸앵카레(Poincare[1902] 1952, [1905] 1958), 후설(Husserl[1907] 1997), 에반스(Evans 1982)는 행위 기반 접근의 요소들을 예견하는 지각 경험의 공간적 내용에 대한 설명을 제시한다(이 주제는 3장에서 다룬다). 인지과학에서 지각의 운동 이론(Berthoz[1997] 2000; Jeannerod 1997)과 지각에 대한 깁슨의 생태학적 접근(Gibson 1979)은 모두 지각이 활동이라는 사실을 대우 강조한다. 그 외에도 여러 영향력 있는 사상가들, 예를 들어 맥케이(MacKay 1967, 1973), 아르비브(Arbib 1989), 쾬더링크(Koenderink 1984a,b), 바렐라(Varela, Thompson, Rosch 1991; Maturana and Varela 1987)와 오레건(O'Regan 1992)이 지각의 감각운동적 기초를 다양한 방식으로 강조하고 발전시켰다. 또한 최근 인지과학에서는 지각과 행동의 관계에 대해 많은 관심이 있어 왔는데, 발라드(Ballard 1991, 1996, 2002), 톰슨(Thompson 1995; Thompson, Palacios, Varela 1992), 험프리(Humphrey 1992), 처치랜드(Churchland), 라마찬드란(Ramachandran) 세노윅시(Sejnowksi 1994), 켈소(Kelso 1995), 코테릴(Cotteril 1995, 2001), 클라크(Clark 1997, 1999), 헐리(Hurly 1998), 자빌레토(Järvilehto 1998a,b, 1999, 2000), 오레건과 노에(O'Regan and Noë 2001a,b,c), 노에(2002a,b) 등이 그 예다.[13] 이 새로운 연구의 특징은 지각과 행위 사이의 관계가 전통적인 접근 방식에서 가정했던 것보다 더 복

---

[13] 헐리의 1998년 저서 『행위하는 의식』(Consciousness in Action)은 이 분야의 중요한 이정표다. 행위 기반 접근의 주요 개요는 헐리와 별개로 나와 오레건이 개발했다. 그녀가 우리의 작업을 얼마나 크게 예견했는지 깨달았을 때 기쁘기도 했고 상당히 놀라기도 했다.

잡하다는 관념이다.

이 절에서는 행위 기반 접근으로 수렴되는 몇몇 사고 유형을 간략하게 소개하겠다. 모두 망라해서 소개하려는 것은 아니다.[14] 행위 기반 관점은 이러한 다양한 연구들에서 간접적인 지지를 얻는다. 그런데 행위 기반 접근을 이러한 이질적인 연구들과 동일시하기 전에 주의할 점이 있다. 지각과 행위의 관계에 대한 일련의 최근 연구는 행위 기반 관점의 특징인 구성적 주장에는 미치지 못한다는 점이다. 지각을 일종의 행위나 숙련된 활동(또는 일종의 감각운동적 지식에 의존하는 것)으로 다루지 않고, (상당 부분) 행위를 인도하기 **위한** 것으로 다룬다.

지각과 행위가 입력-출력 모델보다 훨씬 긴밀하게 연결되어 있음을 보여 주는 중요한 근거 중 하나는 지각에 대한 비교 및 진화론적 연구다. 예를 들어 시각은 운동 제어 메커니즘으로 진화했을 가능성이 높다. 단순한 유기체에서는 빛의 흡수가 직접적인 생화학적 연결 덕분에 운동성을 조절하는 데 영향을 미칠 수 있다는 점은 분명하다(Bruce and Green [1985] 1990; Humphrey 1992). 주광성(phototactic) 물방개를 생각해 보자(이 예는 Milner and Goodale 1998, 6에서 논의되었다. 또한 Schone 1962 참조). 빛의 흡수는 유영 행동을 직접적으로 조절함으로써 유기체를 빛 쪽으로 이끈다. 일반적인 수중 환경에서 이는 생존에 필요한 공기가 있는 위쪽으로 물방개를 이끄는 경향이 있다. 하지만 만약 광원이 바닥에 있다면 동물은 바닥으로 헤엄쳐 내려가 결국 죽게 된다. 잘 알려진 예로 개구리의 시각 체계를 들 수 있는데, 자극의 특정 패턴이 '파리 감

---

14 최근의 인지과학 관련 조사에 대해서는 Clark 1997, 1999; Thompson and Varela 2001; Varela, Thompson and Rosch 1991 참조.

지 반응'을 활성화함으로써 개구리가 자극을 향해 혀를 내민다고 생각된다(Lettvin et al. 1959). 우리의 정교한 시각 능력은 이러한 소박한 감각운동의 시작에서 발전했을 가능성이 있다.

두 번째로 중요한 출처는 기능적으로 분리 가능한 뇌의 두 가지 시각 체계에 관한 것으로, 하나는 시각 기능을, 다른 하나는 시각이 이끈 행동의 제어를 보조하는 기능을 한다는 신경학 및 심리학의 연구다. 앞서 언급했듯 신경학적 증거는 참으로 경이롭다. 시각실인증 환자는 정상적인 지각이 일어나지 않는 상태에서도 정상적인 시각운동 능력을 가질 수 있으며, 시신경 운동실조증 환자는 정상적인 시각운동 능력이 없는 상태에서도 정상적인 지각 판단을 내릴 수 있다(Milner and Goodale 1995; 그러나 Rossetti, Pisella, Vighetta 2003 참조). 두 가지 체계를 기반으로 하는 이러한 접근 방식을 뒷받침하는 심리학적 증거도 있다. 특히 시각이 무의식적(또는 암묵적)으로 (가령 가리키기와 같은) 운동 행동을 인도할 수 있다는 증거가 있다. 시각 정보가 피실험자의 움직임을 인도하지만 그는 자신이 무엇을 보고 있는지 **말할** 수 없다는 점에서 시각 정보에는 접근하지 못한다고 할 수 있다. 예를 들어 브리지먼(Bridgeman)과 동료들은 피험자들에게 표적을 보여 준 다음 표적의 자리를 옮겼다가 나중에는 시야에서 완전히 제거한 다음에 피실험자들에게 표적의 위치를 말하도록 하는 과제를 내주었다(Bridgeman et al. 1979). 이때 피험자들은 표적의 자리가 이동했는지 알아차리든 그렇지 않든 표적을 정확하게 가리키는 경향이 있었다. 이후 연구에서는 표적이 제시되는 배경틀을 움직임으로써 표적이 마치 점프한 것 같은 착각을 일으켰다. 그런데 이들이 표적을 가리키는 정확도는 그와 같은 착시 효과의 영향을 받지 않았다(Bridgeman, Kirch, Sperling 1981). 겉으로 보이는 목표물의 자리 이동은 지각에만 영향을 미쳤을 뿐 손으로 가리키는 움직임에는 영향을 주지 않았다. 두 번째 조건에서는 피험자들이 표적의 (지각에 따른 움직임이 아닌) 실제 움직임을 조정하여 표적이 틀과 같은 속도로 움직이며 정지해 보이도록 할 수 있게 했다. 이 경우 자리 이동에 대한 지각이 없었음에도 불구하고 피험자들은 실제 대상의 자리 이동을 성공적으로 가리켰다. 실제 자리 이동은 지각되지 않았지만 운동 체계에 영향을 미친 것이다. 이러한 방식으로 브리지먼과 동료들은 지각과 운동 기능이 성공적으로 분리된다는 것을 입증했다(이 연구와 두 가지 체계 가설에 대한 다른 연구를 검토하려면 Bridgeman 1992 및 Bridgeman et al. 2000 참조).

지각, 그리고 지각에 따른 행위의 인도 사이의 이러한 분리가 행위 기반 접근에서 갖는 의의는 미묘하다. 시각으로 행위를 안내하는 일을 전담하는 "어떻게"(등쪽) 경로의 존재는 지각과 행위 사이에 강력한 구성적 연계가 있다는 주장을 추가적으로 뒷받침하기 때문에 행위 기반 접근을 어느 정도 지지하는 것 같다. 그러나 지각 표상, 경험 및 식별을 전담하는 "무엇"(배쪽) 경로의 존재는 적어도 지각의 일부 측면은 운동 체계와 무관함을 나타내는 것 같다.

사실 밀너와 구데일의 두 가지 시각 체계 가설은 행위 기반 접근의 기본 주장과 기껏해야 직교하는 정도에 불과하다. 행위 기반 접근은 시각이 행위를 인도하기 위한 것이라는 주장을 거부하기 때문에 어떤 특정한 시각 과정이 행위를 인도**한다**는 사실이나 **그렇지 않다**는 사실은 모두 행위 기반 접근과 직접 관련이 없다. 행위 기반 접근의 관점에서 볼 때, 모든 지각적 표상은 등쪽 경로의 활동 결과이든 배쪽 경로의 활동 결과이든 감각운동 기술에 대한 지각자의 활용에 의존한다.

지각의 활동적 특성에 대한 연구를 이끄는 한 가지 공통된 특징이 있다. 그것은 전통적인 지각 이론이 직면한 가장 어려운 문제의 일부는 지각에서 행위가 담당하는 역할을 충분히 고려하지 않은 데서 비롯되었다는 인식이다. 예를 들어 시각에 대한 전통적인 접근에서는 시각의 문제를 "역광학"의 문제, 즉 3차원의 환경이 2차원의 망막에 투사되어 어떻게 다시 3차원의 버치를 갖게 되는지를 설명하는 문제라고 가정한다(Marr 1982). 그러나 잘 알려져 있듯 이 문제는 잘못 설정되었다. 가까이 있는 작은 물체가 멀리 있는 큰 물체와 동일한 이미지를 생성할 수 있다는 사실을 생각해 보자. 우리는 망막 이미지 정보만 가지고 실제 장면을 "읽어 낼" 수 없다. 문제를 이런 식으로 접근하다 보면, 뇌의 임무는 근접한 자극을 생성한 원인이 되는 원거리 대상에 대한 가설을 세우는 작업으로(가령 최선의 설명에 대한 추론)으로 간주되기 쉽다(가령 Fodor 1975).

그런데 왜 우리는 시각 자료가 망막 이미지의 내용이라고 가정해야 하는가? 지각자를 뇌-광수용체 체계가 아니라 환경 안에 있는, 자유롭게 움직이고 탐색하는 전체로서의 동물로 간주할 때, 우리는 시각 자료가 (광수용체를 위한 자료와 구별되는 것으로서) 정적인 스냅샷 같은 망막 이미지의 내용과 다를 가능성을 진지하게 고려하게 된다. 최소한, 동물 또는 뇌는 지속적으로 변화하는 망막 정보의 "동적 흐름"에 접근할 수 있다. 광학 흐름은 단일 망막 이미지에서는 얻을 수 없는 정보를 포함한다(Gibson 1979). 예를 들어 시야의 흐름이 확장되는 것은 관찰자가 고정된 지점에 접근하고 있음을 나타내고, 시야의 흐름이 수축되는 것은 관찰자가 고정된 지점에서 멀어지고 있음을 나타낸다(Gibson 1979, 227).

이것은 시각의 계산 문제를 어려운 문제로 만든 부분적 요인이 이 문제의 틀을 인위적으로 제한한 데 있음을 시사한다. 지각자는 전통적 이론가들이 생각했던 방식으로 망막 이미지에 국한되지 않는다.

깁슨은 이러한 점을 더 발전시켰다. 그는 동물이 광학 흐름에 포함된 정보뿐 아니라 움직임에 따라 광학 흐름이 변화하는 방식에 대한 정보에도 접근할 수 있다고 주장했다. 우리가 가령 어수선한 환경에서 이동할 때 한 물체가 다른 물체를 가릴 수 있다. 그러나 깁슨이 주목하듯 가림은 가역적이다(1979, 5장). 즉 움직임을 역추적하여 가려진 표면을 다시 볼 수 있다. 따라서 지각 활동에서 지각자는 단순한 가림과 소멸을 구별할 수 있다. 이것은 동물이 감각적 변화의 흐름의 구조를 탐색하고 이 구조 안에서 환경의 **불변** 속성들을 식별할 수 있는 방식의 한 예다. 깁슨은 또한 자신의 "생태학적" 접근이 앞서 언급한 역광학 문제를 해결할 수 있다고 주장했다. 이 문제는 시각 자료가 망막 이미지에 국한된다는 선택적 가정의 결과로 드러난다. 활동적인 동물의 경우 크지만 멀리 있는 물체를 가깝고 큰 물체로부터 구별하는 것은 쉽다.

그러나 깁슨은 여기에서 더 나아갔다. 깁슨은 동물과 동물이 서식하는 환경 니치(niche)의 공진화 덕분에 이들 사이에 적합성(fit)이 존재하는 것처럼 동물과 환경 사이에 긴밀한 **지각적 조율**(perceptual attunement)이 존재한다고 주장했다. 이러한 조율로 동물은 (광수용체에 부착된 뇌 체계가 아닌 체화된 전체로서) 동물에게 행위할 수 있는 기회(Gibson 1979, 8장에서 "행위유도성"affordance[15]이라고 부르는 것)를 제

---

15 [옮긴이] 'affordance'는 '행위유도성'으로 'afford'는 '유도한다'로 일관되게 번역하였다. '유도하는'은 'afford'를 문장성분에 맞게 고친 것이다.

공하는 세계의 특징에 직접적으로 민감하다. 활동적인 동물에게 땅은 그 위를 걸어 다닐 수 있는 것으로, 그리고 나무 그루터기는 앉을 수 있는 것으로 직접적으로 지각된다. 깁슨의 보다 일반적인 직접 지각 이론과 마찬가지로 행위유도성 이론은 논란의 여지가 매우 많다. 울만(Ullman 1980), 포도르와 필리신(Fodor and Pylyshyn 1981) 등은 깁슨을 대대적으로 비판했다. 나는 깁슨의 견해 전반을 지지하지는 않는다. 하지만 깁슨에 대한 비판 중 많은 것들은 꽤 쉽게 해소될 수 있다. 사실 가장 논란이 되는 깁슨의 몇몇 주장(가령 행위유도성 이론과 소위 주변 광배열에 대한 깁슨의 설명)은 행위 기반 접근 방식의 관점에서 재구성될 수 있다.

이러한 주제는 3장과 4장에서 다시 다룰 것이다. 여기에서 핵심은 다음과 같다. 즉 활동적인 동물이 이용할 수 있는 정보는 정적인 강막이 이용할 수 있는 정보를 크게 능가하며 동물이 시각적으로 지각할 때 사용하는 정보가 망막 이미지의 내용에 국한된다고 가정하는 것은 실수라는 공감대가 인지과학에서 점점 확고해지고 있다는 것이다.

지각에 대한 행위 기반 접근을 채택하고 활동적인 동물을 지각의 주체로 간주하면, 우리는 시각이란 뇌가 (보이는 것으로 이루어진) 세계의 내부 표상을 생성하는 과정이라는 가정(마Marr와 계산학파의 대부분의 이론가들이 지지한 가정)에 의문을 제기하게 된다. 처칠랜드, 라마찬드란, 세즈노프스키(1994)는 이를 순수 시각 이론이라고 부르는데, 이 교리에서는 시각을 망막에서 이용 가능한 정보의 토대 위에서 시각적 세계에 대한 상세한 내부 표상을 생성하는 문제로 본다. 생물이 적대적인 환경에서 살아남기 위한 목적으로 (가령 잘 알려진 네 가지 F[16] 등을 용이하게 하기 위해) 진화했다면, 시각을 그렇게 정의함으로써 시각이 상세한 내부 표상의 구축을 요구한다고 가정하는 이유는 무엇인가? 이는 아마도 실증적인 문제일 것이다(Noë, Pessoa, Thompson 2000).

지각에 대한 행위 기반 접근은 더 중요한 문제를 제기한다. 동물이 세계 **안**에 현존하며 움직임으로써 환경의 세부 사항에 접근할 수 있다면, 즉 활동적이며, 체화되어 있고, 환경 안에 자리 잡고 있다면, 왜 굳이 내부 표상을 생성하는 번거로움을 감수해야 할까? 다시 말해 왜 세계가 바로 앞에 현존하지 않는 것처럼 행위해야 할까? 물론 우리는 때때로 세계가 부재중인 상태일 때(가령 어두울 때나 앞이 보이지 않을 때, 또는 우리가 관심 있는 위치에 있지 않을 때) 세계에 대해 생각할 필요가 있다. 이런 경우에는 (어떤 의미에서) 세계를 사고 안에 표상해야 한다. 하지만 이것이 표준적인 지각의 맥락에서 일어나는 상황이라고 생각할 만한 이유가 있는가? 많은 상황에서 우리는 눈이나 고개를 움직이거나 몸을 돌리기만 하면 환경에 대해 필요한 정보를 무엇이건 얻을 수 있다. 방에 책꽂이가 몇 개나 있는가? 이 질문에 답하기 위해 내부적 표상을 가질 필요는 없다. 뒤돌아서서 살펴볼 수 있기만 하면 된다. 오레건(1992)이 주장한 것처럼 세계를 외부 기억으로 사용하거나, 브룩스(1991)의 표현대로 세계를 그 자체의 모델로 삼아 보면 어떨까?[17] 표상

---

16 [옮긴이] "네 가지 F"란 먹기(feeding), 도망치기(fleeing), 싸우기(fighting), 번식하기(fornicating)를 뜻한다.

17 세계의 존재를 활용함으로써 표상 없이 지낼 수 있다는 생각은 아마도 드레퓌스([1972] 1999), 그리고 이와 별도로 민스키(Minsky 1985)가 처음 제안했다. 최근의 논의에서는 〈세계가 외부 기억 저장소 역할을 하도록 하자고 제안한〉 케빈 오레건(Kevin O'Regan 1992)과 〈세계야말로 그 자체의 최고의 모델 역할을 할 수 있다고 제안한〉 로드니 브룩스(Rodney Brooks 1991)가 이러한

의 부담을 **떠맡기는**(off-load) 것은 진화론적으로나 공학적으로나 합리적인 일이다. 우리는 세계에 대해 필요한 정보를 필요할 때 얻을 수 있는 방식으로 만들어졌다.

시각에 표상이 없다고 주장하는 것이 아니다. 이는 대부분의 인지과학자들이 거부할 만한 강력한 주장이다. 여기에서 주장은 지각 이론에서 표상의 역할을 재고할 필요가 있다는 것이다(Noë, Pessoa, Thompson 2000; Noë 2001; O'Regan and Noë 2001a 참조). 시각을 단지 세계의 내부 모델이 구축되는 과정이라고 가정하는 것은 잘못이다. 또한 시각을 과제 수준에서 특성화(마가 시각의 계산이론이라고 부르는 것[1982, 23~31])하려면 시각을 세계에 대한 통일된 내부 모델을 생성하는 과정으로 간주해야 한다고 가정하는 것도 잘못이다. 이러한 주장은 뇌에 다양한 종류의 표상이 있다는 것과 양립 가능하며, 지각에 필수적인 표상들이 실제로 있다는 것과 양립 가능하다.[18] 마는 깁슨이 시각의 정보 처리 문제의 "엄청난 어려움을 지나치게 과소평가했다"라고 주장한 것으로 잘 알려져 있다(1982, 30). 그러나 시각과학자 나카야마(Nakayama)가 반박했듯이(1994), 이와 반대로 마와 그의 추종자들이 작업 또는 계산 수준에서 시각이 무엇인지 정확하게 나타내는 것이 얼마나 어려운지를 과소평가했다고 생각할 만한 이유가 있다. 시각은 뇌가 세계에 대한 세부적인 내부 표상을 구축하는 과정이 아니다. 이 사실을

생각을 제시했다.
18 몇몇 사상가들은 뇌 간의 표상이라는 개념이 정말 말이 되는 개념인지 의문을 제기한다(가령 Searle 1992, 2004). 다른 사람들(가령 Dennet 1981)은 뇌 안의 표상에 대해 말하는 것이 형이상학적으로 무해한 동시에 과학적으로 유용하다는 것을 보이고자 노력했다. 이 책에서는 다루지 않겠지만 이것은 중요한 문제다.

인정하면 "세계에 대한 세부적인 내부 표상"은 이론적 자부심의 지위에서 물러날 수 있다.

나는 지각 이론에서 표상이 담당하는 역할을 재고해야 한다고 주장했다(Noë, Pessoa, and Thompson 2000; Noë 2001a; O'Regan and Noë 2001a. 참조). 이것이 바로 다나 발라드(Dana Ballard)의 살아 있는 시각(animate vision) 프로그램(Ballard 1991, 1996, 2002)이 개척한 경로다. 그의 접근 방식을 이해하기 위해, 우리가 낯선 도시에 있고 우리의 임무는 도시 중심부의 언덕에 있는 성에 도달하는 것이라고 가정해 보자. 두 가지 가능한 전략을 비교해 보자. 첫 번째 전략은 지도를 사용하는 것이다. 지도 위에 우리의 위치와 성의 위치를 표시하고 두 지점을 연결하는 경로를 파악한다. 이제 이동할 준비가 되었다. 우리는 이동하면서 진행 상황을 지도 위에서 추적한다. 지도가 좋은 지도라면, 즉 공간 내 지점들과 지도 위 지점들 사이에 일대일 대응이 있다면, 그리고 우리가 하고 있는 일에 대해 혼동하지 않는다면 목표 지점에 도달할 것이다.

두 번째 전략은 더 간단하고 다소 투박하다. 주위를 둘러보다가 언덕 위에 성이 보임을 알아차린다. 마을 반대편 산등성이 위로 성이 솟아 있는 것을 볼 수 있다. 그래서 지도 없이 성이 있는 방향으로 향한다. 성을 시야 속에 계속 두기만 하면 된다. 이 두 번째 전략은 투박할지 모르지만 분명한 장점이 있다. 우선, 이 전략에는 지도가 필요 없다. 지도는 비싸고 사용하기 쉽지 않다. 지도를 조사하고, 자신의 위치와 목표물의 위치를 정확히 파악하는 등 시간이 걸린다. 하지만 단점도 있다. 이 전략은 실제로 목표물을 볼 수 있지만, (눈이 좋거나 밤이 아니어서) 목표물을 향해 나아갈 때 목표물로 이어지는 길이 보이는 경우에만 효과가 있다. 많은 길들이 막다른 길이고, 또 다른 많은 길들은 산 위가 아니라

산 주변으로 이어지는 미로 같은 도시에서라면 두 번째 전략은 효과가 없을 것이다. 이 전략의 성공 여부는 환경과 우리의 기술, 그리고 우리가 그 환경에 착근되어(embedded) 있는 방식에 달려 있다.

로봇공학 및 인공지능 분야에서 일하는 밸러드는 우리 환경의 본성과 우리가 그 안에 착근된 방식을 고려할 때, 시각은 두 번째 전략을 활용할 수 있는 위치에 있다고 제안했다. 시각에 대한 전통적인 접근에서는 우리가 첫 번째 전략을 채택한다고 언제나 가정했다. 그러나 밸러드는 커피 잔을 집는 것이 목표라면 공간 안에 있는 컵에 대한 상세한 내부 표상을 **먼저** 구축할 필요가 없다고 주장했다(Ballard 1996). 그저 시선을 컵에 고정하고—응시는 컵을 가리키는 한 가지 방식, 즉 **지시적**(deictic) 행위다—컵이 우리 손을 컵으로 인도하는 역할을 하도록 놔두면 된다는 것이다. 내부 지도를 통해 행동방책을 계획하는 대신 보는 것에 따라 행동하고 우리가 관심 갖는 것이 눈앞에 있다는 사실이 길잡이 역할을 하게 내버려두면 된다. 이 제안의 중요한 결과는 우리의 신체 기술을 적극적으로 활용함으로써 체계에서 표상의 부담을 줄인다는 점이다. 공간 내 지점의 표상을 마음속에 구축하는 순전한 인지로 우리 자신을 정초하는 대신, 우리는 다음과 같은 사실을 활용한다. 즉 우리는 처음부터 세계 안에 존재하므로 세계와 좀 더 직접적으로 연계된다는 사실, 그리고 이러한 연계를 이용하는 신체 기술을 갖고 있다는 사실을 활용한다.[19]

---

[19] 이 제안은 "대규모 중복"(massive reduplication)에 대한 스트로슨의 접근을 떠올리게 한다(Strawson 1959, 20~25). 그의 문제는 시공간 영역의 대규모 중복 때문에 기술(記述)적 지식이 대상을 고유하게 가려내지 못할 때 지칭을 확보하는 문제였다. 그의 해결책은 지시적 지칭(demonstrative reference)을 통해 지칭을 확정하는 우리의 능력에 호소하는 것이었다

1.6 인격과 몸

시각의 계산이론은 마가 인지적 현상에 대한 알고리즘 수준의 설명이라고 부르는 것이 구현 수준과 관련하여 자율적이라는 주장에 기반을 둔다. 뇌 및 신경계에 관한 낮은 수준의 구체적 사실들은 더 높은 수준에서 전개되는 과정들을 제약할 수 있다. 하지만 결정적으로 상위 수준의 처리는 하위 수준에서 일어나는 일에 독립적이며 이는 형이상학적인 의미와 인식론적인 의미 모두에서 그렇다. 형이상학적으로, 상위 수준의 처리는 구현 수준에서 일어나는 일로 구성되지 않는다는 점에서 독립적이다. 예를 들어 하나의 동일한 알고리즘 체계가 서로 다른 물리적 체계들로 구현될 수 있다. 인식론적으로, 알고리즘 과정이 어떻게 구현되는지 이해하지 못하더라도 알고리즘 과정을 완전히 이해할 수 있다는 점에서 양자는 독립적이다. 방법론적 고려 역시 이러한 형이상학적, 인식론적 요소를 뒷받침한다. 마는 아래에서 위로 올라가는 방식으로는 건전한 시각 이론을 개발할 수 없다고 보았다. 그는 "뉴런만을 연구해서 시각을 이해하려는 것은 깃털만을 연구해서 새의 비행을 이해하려는 것과 같다. 이것은 불가능하다"라고 썼다(Marr 1982, 27). 지침이 되는 은유는 익숙한 것이다. 프로그래머가 기계의 하드웨어에서 실현되는 것보다 더 추상적 수준에서 계산 과정을 연구하는 것처럼 심리학은 생물학적 실현보다 더 추상적 수준에서 인지 과정을 연구한다.

이러한 수준의 자율성에는 많은 것이 달려 있다. 우선, 이는 어떻게 유물론자가 심리학에는 뇌과학과는 별개의 고유한 탐구 영역이 있다고 주장할 수 있는지 설명해 준다(Fodor 1975, Dennet[1981] 1987). 심리학은 뇌가 하는 일에 관심이 있지만, 신경과학이 관심 갖는 수준보다 더 높은 추상적 수준에서 그렇다. 바로 이러한 수준들의 자율성 덕분에 촘스키(가령 1965, 1980)는 다음과 같은 주장, 즉 언어 이론은 언어를 타고난 생물학적 자질의 일부로서 탐구하지만, 언어적 수행에 대한 연구나 뇌 안에서 이루어지는 생물학적 실현에 대한 연구와는 완전히 분리된 방식으로 언어를 탐구한다는 주장을 할 수 있었다.

행위 기반 관점은 자율성 논제에 도전한다. 내가 이 책에서 주장하듯 지각이 우리가 신체 기술을 소유하고 발휘하는 것으로 부분적으로 구성된다면, 지각은 그러한 기술을 감당할 수 있는 종류의 몸을 갖고 있는지 여부에 따라 갈라질 수 있다. 그러한 몸이 있는 생물에게만 그러한 기술이 있을 수 있기 때문이다. 우리처럼 지각하려면 우리 같은 몸이 있어야 한다는 결론이 나온다. 일반적으로, 고도로 추상적인 알고리즘 수준에서 일어나는 시각 처리를 구체적인 구현 수준에서 일어나는 처리와 명확하게 구별할 수 있다고 생각하는 것은 잘못이다. 구현이 알고리즘을 제약하는 것은 사실이지만 요점은 이것이 아니다. 요점은 실제로 알고리즘이 적어도 부분적으로는 구현 수준에서 일어나는 항목들의 **측면에서** 공식화된다는 것이다. 실제로 알고리즘에서 손과 눈을 언급해야 할 수도 있다!

행위 기반 접근에 따르면, 시각은 가령 눈을 오른쪽으로 움직이면 망막 이미지가 왼쪽으로 이동하는 것 같은, 눈 움직임의 감각적 효과에 대한 지식에 의존한다. 위에서 살펴보았듯이 밸러드는 우리 앞에 있는 테이블 위의 컵 같은 물체의 지각적 위치가 눈의 시선 고정 메커니즘에 의존하는 것 같다고 제안한다. 알고리즘은 "컵이 공간의 이런저런 지점에 있으니 손을 거기로 움직여라"와 같이 말하는 대신 "지금 보고 있는 곳으로 손을 뻗어라" 또는 "지금 여기에 손을 두라"라고 말한다. 공간은

1 지각에 대한 행위 기반 접근: 서론

절대적으로 표상되는 것이 아니라 바로 움직임의 측면에서 표상되는 것 같다. 이러한 방식으로, 눈, 손, 그리고 눈과 손의 움직임을 가능하게 하는 신경 체계는 단순히 공간 지각 및 행위 알고리즘을 구현하는 방식이 아니라 계산 그 자체의 요소다.

우리 몸이 어떻게 우리의 경험에 들어설 수 있는지 설명하는 데 현상학적 사례가 도움이 될 수 있다. 비행기를 타고 있다고 가정해 보자. 이륙할 때 비행기의 앞부분이 시야에서 떠오르거나 위로 들리는 것처럼 보일 것이다. 그런데 사실은 그렇지 않다. 우리가 비행기와 함께 움직이기 때문에 비행기의 앞부분은 우리에 비해 올라가지 않는다. 엄밀히 말해, 우리가 앉아 있는 곳에서는 비행기가 올라가는 것을 볼 수 없다. 비행기의 앞부분이 올라가는 것처럼 보이는 착각을 어떻게 설명할 수 있을까? 비행기가 상승하면 우리의 전정기관이 중력 방향에 관련하여 우리의 움직임을 감지한다. 이 때문에 비행기 앞부분이 올라가는 것처럼 보이게 된다.[20] 우리에게는 마치 비행기 앞부분이 정말 올라가는 것처럼 보인다. 하지만 시각적인 이유 때문이 아니다. 이 현상은 첫째, 순수 시각(Pure Vision) 개념에 내포된 한 가지 오류를 보여 준다. 사물이 **시각적으로** 경험되는 방식은 단순한 광학적 과정 이상의 것에 의존한다. 이러한 측면에서 시각 경험의 내용은 사진의 내용과 다르다. 둘째, 이 예는 시각 경험의 특성이 우리의 체화, 즉 우리의 감각적 구현의 독특한 국면에 의존하는 방식을 보여 준다.

---

20 이것은 루이스가 "수직적 환각"(Lewis 1980)이라고 불렀던 것의 실제세계 사례일지도 모른다. 앞부분이 올라갈 때에는 앞부분이 올라가고 있기 때문에 앞부분이 마치 올라가는 것처럼 보인다. 그럼에도 불구하고 앞부분이 올라가는 것을 실제로 볼 수는 없다. 이 예에 주목하게 된 것은 스티븐 화이트(Stephen White) 덕분이다.

나는 우리 몸과 같은 몸이 있는 생물만이 우리와 같은 경험을 할 수 있다고 말했다. 하지만 이제 우리는 물을 수 있다. **지각적**, 또는 가령 **시각적**이라고 간주될 수 있을 만큼 우리의 경험과 비슷한 경험을 하려면 생명체는 우리 몸과 **정확히** 똑같은 몸을 가져야만 하는가? 이는 감각 체계의 매우 약한 다중 실현 가능성조차 배제하는 바람직하지 않은 결과가 될 것이다.[21] 클라크와 토르비오(2001; Clark 2002)는 행위 기반 접근 방식이 이러한 결과를 초래하며, 따라서 행위 기반 견해는 일종의 '감각운동적 쇼비니즘'이라는 잘못을 범한다고 말했다.

이에 대응하기 위해 촉각-시각 대체 체계(이하 TVSS)로 알려진 바흐-이-리타(Bach-y-Rita)의 인공(prosthetic) 시각 체계를 고려해 보자 (1972, 1983, 1984, 1996). 머리에 장착된 카메라로 받은 시각 자극이 변환되어 맹인 피험자의 허벅지 위에 있는 다수의 진동기를 활성화한다. 피험자가 자유롭게 움직여 촉각-운동 의존성을 조절할 수 있다면, 얼마 후 피험자는 3차원 공간에 배열된 물체를 경험한다고 보고한다. 피험자는 환경에 있는 물체의 수, 상대적 크기, 위치에 대해 판단할 수 있다. 이것은 인공 지각의 한 양상이다. 인공 지각에서 피험자는 피부의 감각 수용체의 활성화와 체성감각 피질에서 일어나는 신경 과정 덕분에 지각할 수 있지만, 그럼에도 불구하고 이것은 접촉에 의한 지각 양상이 아니다. 접촉은 사물을 몸에 대고 피부에 닿게 하여 지각하는 방식이

---

21 이는 또한 적절하게 프로그램된 컴퓨터는 **우리와 같은 지능**을 가진다고 말할 수 있다고 주장하는 더 강력한 다중 실현 가능성 논제를 배제할지도 **모른다**. 자율성 논제의 실패는 원칙적으로는 아니더라도 실제로는 더 강력한 다중 실현 가능성 논제를 확실히 배제할 수 있다. 이것은 다른 곳에서 다루어야 할 중요한 주제다. 다중 실현 가능성 논제에 대한 가치 있는 비판적 논의는 Shapiro 2000 참조.

기 때문이다. 그 결과 나타나는 경험은 완전히 시각적이지는 않더라도 어느 정도 시각과 유사하다고 인정하는 것이 타당하다. 예를 들어 TVSS를 사용할 때 피험자는 불투명한 물체가 끼어들면 물체가 시야로부터 가려진다고 기술한다. 또한 조명이 꺼지면 TVSS를 사용하여 지각할 수 없다. 그렇다면 우리는 TVSS가 일종의 촉각 시각을 가능하게 한다고 말할 수 있을 것이다. 이것은 가령 눈 및 시각 피질 같은, 통상 시각을 담당하는 몸 및 뇌의 일부분을 사용하지 않은 채 보는 것(또는 보기에 준하는 것)이다. 이는 다중 실현과 신경 가소성의 놀라운 예다. 체성감각적 신경 활동이 시각 경험을 실현하는 것이다.[22]

촉각적 시각과 감각 대체의 관련 형식들의 존재는 행위 기반 관점을 강력하게 뒷받침한다. 오레건과 내가 주장했듯이, 그것들은 지각 경험이 감각운동 지식의 발휘에 구성적으로 의존한다는 것을 보여 주기 때문에 행위 기반 관점을 뒷받침하는 증거가 된다(O'Regan and Noë 2001a, b, Noë 2002a, Hurley and Noë 2003a, b 참조). 감각운동 수준에서 촉각적 시각과 정상 시각 사이에 구조동형성이 있기 때문에 (또는 구조동형성이 있는 정도만큼) 촉각적 시각은 시각과 비슷하다. 촉각적 시각에서 환경에 관련된 움직임은 정상 시력에서 발생하는 것과 유사한 패턴의 자극 변화를 일으킨다. 두 경우 모두에서 동일한 감각운동 기술의 저장소가 활용된다.

행위 기반 관점은 경험의 유사성을 달성하기 위해 몸의 유사성이

---

22 TVSS 경험은 정말 **시각적**일까? 블록은 이 질문을 던졌다(Block 2003). 이 문제는 3장 10절과 11절에서 다룬다. TVSS 경험이 어떤 것이든 간에, 그것은 피부의 간지럼을 느끼는 경험과는 다르다. (Bach-y-Rita[1996]에서 지적하듯) 촉각적 시각에 동반하는 피부의 간지럼에 주의를 집중할 수 있는데도 그렇다.

어느 정도 요구되는지에 제약을 두는 일종의 치화 원칙을 보여 준다. 촉각적 시각은 시각과 촉각적 시각 사이에 감각운동적 구조동형성이 존재하는 정도만큼 시각과 유사하다. 반면 촉각적 시각은 이러한 감각운동적 구조동형성을 얻지 못하는 바로 그 정도만큼 시각과 달라진다. 두 개의 후보 실현 체계가 감각운동 다중성으로 간주될 만한 것(즉 감각운동 의존의 패턴을 보좌하는 능력)에서 차이를 보일 때마다 구조동형성은 성립되지 못한다 TVSS와 인간의 시각 체계는 감각운동 다중성의 측면에서 매우 다르다. TVSS의 진동자 배열의 조잡함과 단순함을 망막의 정교함과 복잡함과 비교해 보라. 망막의 기능적 다중성을 갖춘 진동기 배열만이 진정한 (완전한, 정상적인) 시각을 지원할 수 있다. 촉각적 시각을 시각적으로 **좀 더** 완전하게 만들려면 촉각적 시각이 의존하는 물리적 체계를 인간의 시각 체계와 좀 더 비슷하게 만들어야 한다.

이런 식으로 감각운동 쇼비니즘에 대한 혐의에 답할 수 있다. 행위 기반 접근 방식이 TVSS를 준-시각으로 간주하는 한, 쇼비니즘이라는 혐의는 받아들여지기 힘들다. 그럼에도 불구하고 몸의 차이는 감각운동 능력과 경험의 차이를 만들어 낸다. TVSS와 시각에는 이것들이 체화되는 상이한 방식 때문에 질적 차이가 있다는 사실을 인식하는 것은 쇼비니즘이 아니다.

1.7 인격적 수준의 심리학?

마음에 관한 컴퓨터 모델에 대한 또 다른 행위 기반 도전이 있다. 예를 들어 계산적 시각 이론은 시각을 뇌에서 구현되는 계산으로 모델링한다. 이러한 이론은 단지 "구문 엔진"에 불과한 뇌가 어떻게 "의미론적 엔진"으로 기능할 수 있는지, 즉 뇌가 어떻게 가령 신경 말단에 닿는 의미 없는 빛의 패턴에 기초하여 장면의 상세한 표상을 생성할 수 있는지를 시각의 영역에서 설명하고자 한다(Dennett[1981] 1987). 데닛([1978] 1981)이 주장한 바와 같이 마음에 대한 철학적, 실증적 고찰을 위한 틀로서 계산적 접근이 가져온 주요 결실 중 하나는 뇌가 어떻게 이러한 계산 기능을 수행하는지를 설명해 주거나, 적어도 설명해 주는 것 같다는 것이다. 계산적 접근은 두 가지 양립 불가능해 보이는 요구사항들을 만족시키는 방식으로 그렇게 한다. 첫째, 계산적 접근은 뇌가 어떻게 지각을 일으키는지 설명하되 신경과학의 관용어(가령 활동 전위 등) 대신 지향적 귀속의 명백히 인격적인 수준의 관용어(가령 신호, 표상, 추론, 추측 등)를 사용하여 그렇게 한다. 둘째, 계산적 접근은 호문쿨루스 오류[23]를 범하지 **않고도** 첫 번째 요구사항을 충족할 수 있다(Kenny[1971] 1984, 1989; Searle 1992; Bennett and Hacker 2001). 계산적 접근은 어떻게 이를 달성할 수 있을까?

첫 번째 요구사항의 요점은 분명하다. 뇌가 하는 일을 설명하기 위해 고도로 지향적인 관용어를 채택하는 데 대한 대안은, 데닛의 말을 빌리자면, "심리학이 아니라 기껏해야 추상적인 신경생리학, 즉 의미론적 해석에 대한 희망이 없는 순수한 내부 구문에 불과하다. 이런 식으로 신경생리학으로 '환원된' 심리학은 심리학이 아닐 것이다. 왜냐하면 그것은 심리학이 특별히 설명해야 하는 규칙성들, 즉 '지능적인' 유기체가

---

23 [옮긴이] '머릿속 작은 사람의 오류'로 흔히 알려져 있다. 이에 대해서는 2장에서 자세히 논의될 것이다.

자신의 환경에 잘 대처하고 그럼으로써 생명을 연장할 수 있도록 해 주는 신뢰성을 설명할 수 없을 것이기 때문이다"([1978] 1987, 64). 두 번째 요구사항의 요점도 마찬가지로 명확하다. 뇌를 지향적 관용어로 기술하면서 만약 우리가 설명하고자 하는 바로 그 인지적 힘이 뇌의 하위체계들에 있다고 암묵적으로 가정한다면 우리는 어떤 것도 설명할 수 없을 것이라는 것이다. 데닛에 따르면 해결책은 우리가 설명하고자 하는 힘이 내부 하위체계들에 있다고 가정하지 않는 것이다. 대신 하위체계들에도 우리와 같은 힘이 있되, 더 단순한 힘이 있다고 가정해야 한다. 여기에서 직관은 체계를 호문쿨루스들로 분해할 수 있으며, 호문쿨루스들의 힘은 뉴런들 그 자체의 힘이라고 할 수 있을 정도로 단순하다는 것이다.

설은 계산이론의 토대에 대한 이러한 설명을 비판했는데, 이러한 설명은 가장 낮은 수준의 호문쿨루스가 **매우 간단한** 기능을 수행한다는 주장을 그것이 **의미론적으로 순수한** 기능을 수행한다는 주장과 혼동한다는 이유에서였다(Searle 1992). 이 극도로 단순한 호문쿨루스가 상징적 의미의 기능을 수행한다고 간주하는 한 호문쿨루스에 관련하여 의미론적으로 순수한 것은 없다.

설의 비판이 타당하다고 생각하든 그렇지 않든, (설의 입장이 아닌) 적어도 행위 기반 관점의 견지에서 보면 데닛이 제안한 해결책은 유용하지 않을 수 있다. 데닛은 해소 불가능한 의미론적 힘을 뇌의 하위체계로 돌리지 않고도 뇌의 의미론적 힘을 설명할 수 있다고 주장한다. 그러나 행위 기반 관점에 따르면, **뇌를 정보 처리 용어로 설명하건 신경 생리학 용어로 설명하건 간에** 지각은 뇌 안에서 전개되지 않는다. 보는 것은 뇌가 아니라 동물(또는 사람)이다. 의미론적 힘은 뇌가 아니라 사람에게 있다. 어떤 의미에서 호문쿨루스적 분해는 가장 큰 전인격적 호문쿨루스, 즉 뇌 자체를 성공적으로 해소하지 못한다. 계산적 접근은 우리가 뇌의 의미론적 힘을 분석한다는 생각을 해소할 수 없게, 혹은 우리가 그러한 생각에서 벗어날 수 없게 하기 때문이다.

나는 이것이 시각의 계산 문제에 대한 마의 지나친 단순화와 관련하여 앞서 언급한 나카야마(1994)의 발언이 갖는 의미라고 생각한다. 시각을 망막으로 들어오는 입력에 대해 뇌가 수행하는 계산으로 생각해서는 안 된다. 시각이란 무엇인가? 시각의 특성은 계산적으로 어떻게 기술되어야 할까? 이 책은 이에 대한 답의 윤곽을 제시한다. **시각은 감각운동 규칙성에 대한 암묵적인 이해에 의존하여 환경을 탐색하는 양상이다** (O'Regan and Noë 2001a, b). 따라서 시각을 올바르게 모델링하려면 시각을 동물의 뇌 내부에서만 이루어지는 것으로 모델링해서는 안 된다. 뇌뿐만 아니라 움직이는 몸 및 세계와 직접적으로 관여되는 것으로 모델링해야 한다.

나는 데닛의 인격과 전인격 사이의 구분(Dennett 1969)을 활용해왔다. 그러나 이제 우리는 맥도웰(McDowell 1994b)과 다른 사람들이 제안한 이 구분을 똑같이 사용할 수 없는 것 같다. 맥도웰은 시각에 대한 깁슨식 접근과 계산적 접근을 조화시키려 했는데, 깁슨식 접근은 시각 이론을 **인격적 수준에서** 다루는 반면, 마와 계산주의자들은 전인격적 과정, 즉 사람이 보는 것을 인과적으로 뒷받침하고 가능하게 하는 과정을 모델링하는 데 관심이 있다고 제안함으로써 그렇게 했다. 이런 방식으로 제안된 화해의 결점은 다음과 같다. 지각의 주체가 환경을 활동적으로 탐색하는 전체로서의 동물이라는 깁슨의 주장이 옳다면, 마가 시각의 특성을 전인격적 수준에서 기술한 것은 잘못임에 틀림없다. 왜냐하면 깁슨은 전인격적 과정이 보는 것을 가능하게 하는 더 단순히 기여하는 것이 아니라 보는 것 자체를 구성한다고 설명하기 때문이다.

이러한 성찰의 결론은 인격적 수준의 지각 이론이 필요하다는 것이 아니다. 데닛은 그렇게 할 수 없다고 주장한다. 그는 라일(Ryle), 비트겐슈타인(Wittgenstein), 깁슨이 결국 **반과학적**이라고 주장한다. 왜냐하면 그들은 유일하게 만족스러운 설명은 인격적 수준에서 이루어져야 한다고 주장하기 때문이다. 데닛이 옳든 아니든, 나는 포도르의 주장에 동의하는 편인데, 포도르는 인격과 심적 삶을 가능하게 하는 전인격적 인과적 과정 사이의 구분이 인지과학에서는 중요하지 않거나 또는 맥도웰과 다른 사람들이 생각했던 것만큼 중요하지는 않을 수 있다는 견해를 보였다. "유기체의 상태와 유기체의 신경계의 상태 사이의 구분이 **어떤** 목적에 대해 어떤 관련성을 갖든 간에 그러한 구분이 인지 심리학의 목적과 관련 있다고 가정할 만한 특별한 이유는 없다"(Fodor 1975, 52). 그 이유는 사람 또는 동물이 하는 일과 전인격적 체계가 하는 일 사이에 날카로운 선을 그을 수 없다는 사실이 밝혀졌기 때문이다. 간단명료한 경우가 없다는 말은 아니다. 나는 내 심장이 두근거리는 것을 안다. **내가** 심장을 두근거리게 하는 것은 아니다. 반면에 내 눈이 움직일 때, 눈을 움직이는 것은 나이며, 비록 내가 눈의 움직임을 지시하는 것은 아니더라도 매우 자주 나는 눈의 움직임을 이용해 내 주변에서 무슨 일이 일어나고 있는지 추적한다. 내 눈이 움직일 때, 그것이 의지의 결과로 움직이든 아니든, 그것은 변화를 일으킨다. 나는 그중 어떤 변화(사물이 보이는 방식의 변화)는 알아차리고, 다른 어떤 변화(망막 활동 패턴의 변화)는 알아차리지 못한다. 하지만 심지어 무의식적인 (전인격적이기 때문에 무의식적인) 변화도 나에게 중요할 수 있고 나의 의식에 영향을 미칠 수 있다. 지각자로서 나는 변화를 조정하는 방법을 암묵적으로 이해하고 있다. 가령 더 잘 듣기 위해 두 손을 동그랗게 모아 귀를 감싸는 경우, 직접 접근할 수 없는 수용체 수준의 사건을 조정할 수 있다. 귀를 감싸는 것은 귀에 가해지는 자극의 강도를 높이기 위한 것이다. 심장의 두근거림을 다시 생각해 보자. 내가 만약 장거리 달리기 선수라면 나는 두근거림의 어떤 증가된 수준에 익숙할 것이다. 하지만 쉬고 있을 때 심장이 그렇게 두근거린다면 놀랄 것이다. 요점은 달리기 선수로서 나는 내 안에서 일어나는 전인격적 과정에 어느 정도 접근할 수 있고 이를 제어할 수 있다는 것이다. 달리기 선수로서 나의 기술은 내 몸이 이런저런 일을 하게 하는 능력으로 어느 정도 구성되어 있다. 일반적으로 나는 나의 전인격적 부분에 그저 인과적으로가 아니라 구성적으로 의존한다. 나는, 그리고 우리는, 실용적 기술의 복잡한 위계로 마음이 형성되는 존재자들이기 때문이다. 우리의 의식은 종종 우리 몸에서 일어나고 있는 일로 확장되지 않는다. 우리의 의식은 행위, 즉 우리가 몸으로 하는 행동에 의해 생성된다.

    이는 인격적인 것과 전인격적인 것을 구분할 수 있다는 것을 부정하는 것이 아니다. 다만 내가 당신에게 어떤 심리 상태를 부여할 때, 나는 합리성과 심적인 것의 전체론(holism)이 당신을 규준적으로 제약한다고 보는 것이 타당하다는 말이다. 약간의 합리성과 풍부한 배경 지식이 있는 사람만이 가령 부자가 되고 싶다는 생각을 할 수 있다. 반면 내가 (가령 기능적 자기 공명 영상fMRI 스캔을 기반으로) 당신의 뇌에서 특정 수준의 활동을 확인할 때, 나는 그러한 규준적 제약을 고려하지 않는다. 당신이 무엇을 믿고 원하고 기대하는지는 fMRI에 기반하여 당신의 뇌에서 측정된 혈류 활동을 기술하는 데 전혀 영향을 미치지 않는다.

개념 이해는 일반적으로 인격적 수준에서 이루어지는 성취의 전형으로 간주된다. 하지만 인격적인 것과 전인격적인 것 사이에 뚜렷한 구분이 없는 것처럼 개념적인 것과 비개념적인 것 사이에도 분명한 구분이 없을 수 있다. 실제로 감각운동 기술은 비록 종종 전인격적이지만 원시적인 개념적 기술로 간주될 만하다. 이에 대해서는 6장에서 다시 다룰 것이다.

이러한 이유로 지각 이론은 의식적인 것과 무의식적인 것, 그리고 개념적인 것과 비개념적인 것 사이의 구분을 넘나드는 것처럼 인격적인 것과 전인격적인 것 사이의 구분을 넘나드는 것은 틀림없는 것 같다. 그런 이론은 어떤 모습일까? 이 책은 그 답을 향한 한 걸음으로서 기획되었다.

1.8 행동주의에 대한 재고?

독자들이 제기할 수 있는 한 가지 반론을 고려하는 것으로 이 장을 마무리하고자 한다. 반론은 다음과 같다. 이 책에서 이루어지는 종류의 지각과 행동의 동일시는 행동주의의 한 형식이 아닌가? 경험은 우리가 하는 일이 아니라 겪는 일이며, 우리 안에서 일어나는 일이다! 예를 들어 블록(Block 2001)은 오레건과 내가 경험을 입력-출력 관계의 특정 패턴에 참여하는 것이라고 주장한다는 이유로 우리가 행동주의자라고 주장했다.

이러한 비난에 답하기 위해 다른 종류의 예를 생각해 보자.

내가 이렇게 말하는 것을 들었다고 가정해 보자. "나인(Nein)!" 당신은 내 말을 어떻게 경험할까? 만약 당신이 독일어를 알고 있고 맥락이 맞다면, 내가 "아니오"를 뜻하는 독일어 단어를 말하는 것으로 경험할 수 있다. 독일어를 모르고 영어만 할 수 있고 맥락이 다르다면 내가 숫자 9에 대한 영어 단어를 말한다고 이해할 수 있다. 아는 것에 따라, 그리고 맥락에 따라 똑같은 청각적 현상도 매우 다른 경험으로 이어진다. 당신이 내 말을 어떻게 경험하느냐는 당신이 무엇을 하느냐가 아니라 자극을 "의미 있게" 만들고자 어떤 지식을 적용하느냐에 달려 있다. 물론 당신이 무엇을 알고 있고 어떤 지식을 활용하느냐에 따라, 나를 이해하는 당신의 경험은 당신을 다양한 방식으로 행위하게 할 것이다. 가령 당신은 이런저런 방식으로 답하려 할 것이고 이때 이러한 성향의 특성은 당신의 경험에 따라 달라질 것이다. 하지만 당신이 그 단어를 이런저런 방식으로 경험하는 것이 단순히 당신의 다른 성향의 문제라고 말하는 것은 잘못이다. 이것이 행동주의가 범한 잘못이다.

지각 경험에 대한 행위 기반 접근에 따르면 꽃의 붉은색이나 조각품의 모양을 경험하는 것과 단순히 행동 성향이 있는 것 사이에는 커다란 차이가 있다. 꽃이나 조각품을 어떻게 경험하느냐는 지각적 지식과 이 지식을 사물에 적용하는 기술에 따라 달라진다. 앞서 설명한 언어의 사례가 보여 주듯 (다른 것들이 동일한 경우) 경험의 차이에는 그에 상응하는 행동 성향의 차이가 존재한다는 행동주의의 관점은 옳다. 하지만 이로부터 경험이 없다는 결론에 이르지는 않는다. 행위 기반 관점은 경험에 대한 행동주의의 부정을 수용하지 않는다. 그것과는 거리가 멀다. 앞으로 살펴보겠지만, 이 책의 핵심 목표 중 하나는 지각 경험의 현상학을 고찰하는 것이다.

오레건과 내가 블록에 대한 답(2001b)에서 강조했듯, 우리 이론의 핵심은 지각이 특정 종류의 실용적 지식의 소유와 발휘에 의존한다는 생각이다. 이것은 행동주의의 주장이 아니다.[24]

1.9 이 책의 개요

나는 지각은 단순히 감각을 갖거나 감각적 인상을 받는 것이 아니라, 이해하는 감각을 갖는 것이라고 제안한다. 이 책의 목적은 이러한 이해가 취할 수 있는 형식들을 살펴보는 것이다. 여기에는 두 가지 주요 종류가 있지만, 앞서 언급했듯 이 둘 사이에 뚜렷한 선을 긋는 것은 불가능할 수도 있다. 첫째, 감각운동적 이해가 있다. 그리고 둘째, 개념적 이해가 있다. 지금까지 두 번째 종류에 대해서는 거의 언급하지 않았다. 이에 대해서는 6장에서 논의할 것이다.

주요 논증은 지각의 현상학을 주제로 하는 2장에서 시작된다. 현상학적 토대 위에서 나는 지각의 내용은 그림의 내용과 같지 않다고 주장한다. 특히 세부적인 세계는 그림에 세부 사항이 담겨 있는 방식으로 의식에 한꺼번에 주어지지 않는다. 접촉과 마찬가지로 시각에서도 우리는 활동적인 탐구와 탐색을 통해 지각의 내용을 얻는다. 가령 우리는 볼 때 전체 장면의 모든 세부 사항을 한꺼번에 인식하지 못한다. 우리는

---

[24] 헐리는 행동주의와 관련된 비판에 다른 방식으로 대응할 수 있는 재료를 제시한다. 헐리는 행동주의가 행위를 지각의 단순한 결과로 여기는 실수를 범한다고 주장한다(Hurley 1998, 특히 10장). 즉 행동주의는 출력에서 입력으로 이루어지는 피드백을 무시한다는 것이다. 헐리에 따르면 행동주의는 '주요 인과적 흐름에 대한 선형적 혹은 일방향적인 견해"다(420). 헐리가 강조하는 것처럼, 그리고 우리가 공동 작업 때 발전시키고자 했던 것처럼, 지각과 행위는 순환적인 입력-출력-입력 고리의 역동적인 패턴으로 구성적으로 관련될 수 있다.

전체 세부 장면의 현존에 대한 감각을 느끼지만, 우리 경험의 현상학에서는 모든 세부 사항이 한꺼번에 의식에 표상되는 일은 일어나지 않는다. 우리는 세부 사항을 우리 **마음속에** 있는 것이 아니라 **저기 바깥에** 있는 것으로 경험한다.

이것은 수수께끼를 낳는다. 만약 우리가 실제로 장면을 그림과 같은 방식으로 완전히 상세하게 표상하지 않는다면, 전체 장면의 현존에 대한 우리의 감각을 어떻게 설명할 수 있을까? 환경에 대한 밀도 높고 세밀한 지각적 접촉감은 무엇으로 구성될까? 나는 이것을 지각적 현존의 퍼즐이라고 부른다. 이 제안에 대한 해결책을 발전시키는 과정에서 나는 지각에 대한 (오레건과 내가 감각운동적이라고 부르는) 행위 기반 접근을 고안했다. 특히, 나는 세부 사항의 현존에 대한 우리의 감각을 우리가 감각운동 기술을 매개로 세부 사항에 **접근할 수 있다는 점**에서 이해해야 한다고 주장한다.

이 책의 핵심은 3장과 4장이다. 거기에서 나는 지각 경험은 실용적인 신체적 지식의 소유와 발휘 덕분에 내용을 획득한다고 주장한다. 3장에서는 공간적 내용의 문제에 초점을 맞춘다. 그리고 4장에서는 색 경험에 초점을 맞춘다.

5장에서는 소위 지각의 인과 이론에 대해 생각해 본다. 이것은 **지각에서 인과관계가** 담당하는 역할에 대한 이론이다. 나는 **지각에서 행위가 담당하는** 역할을 강조함으로써 인과 이론이 중요한 장애물을 극복할 수 있음을 보이고자 한다. 그러나 이 장의 보다 광범위한 결론은 철학자들이 경험의 표상 내용이라고 부르는 것이 **관점에 기초한**(perspectival)[25] 국

---

25 [옮긴이] 이하 '관점적'으로 번역.

면을 포함한다고 이해해야 한다는 것이다. 이 관점적 국면은 지각에서 행위가 차지하는 자리를 나타낸다. 지각하기 위해 우리는 세계와 관련된 우리의 움직임을 추적해야 한다. 이런 관점적 국면은 경험되는 것에 속한다.

지각 경험은 근본적으로 모호하다. '**우리는 무엇을 경험하는가?**'라는 질문은 항상 다른 답을 허용한다. 우리는 볼 때 사물이 어떠한지와 더불어 사물이 어떻게 보이는지를 안다. 그러나 이들이 항상 같은 것은 아니다. 가령 우리는 접시가 원형이라는 것을 알고 또한 여기에서는 접시가 타원형으로 보인다는 것을 안다. 이러한 모호성은 지각 이론에서 두 가지 중요한 퍼즐, 즉 철학적 퍼즐과 심리학적 퍼즐의 원천이다. 심리학적 퍼즐은 가령 책을 야외로 가져가면 반사하는 빛이 급격하게 변함에도 불구하고 글자나 책의 색이 변하지 않는 것처럼 보이는 현상으로 대표되는 지각항등성(perceptual constancy)의 퍼즐이다. 철학적 퍼즐은 직접 지각, 즉 지각의 직접적인 대상이 "감각 자료"와 같은 심적 항목인지 여부에 대한 퍼즐이다. 이것은 지각의 내용에 관한 퍼즐이다. 6장에서는 이러한 질문에 대한 답이 경험에서 사고의 위치를 어떻게 평가하느냐에 달려 있다고 제안한다.

7장에서는 지각 경험과 뇌에 대한 문제를 다룬다. 이 마지막 장에서는 행위 기반 접근이 지각적 의식의 뇌 기반을 이해하는 데 어떤 의미를 갖는지 탐구한다.

2 마음속 그림

> 눈은 이미지를 형성하고 전달하는 카메라가 아니며,
> 망막은 단순히 빛의 손가락으로 칠 수 있는 건반이 아니다.
> — J. J. 깁슨
>
> 시각은 시선으로 어루만져 아는 것(palpation)이다.
> — M. 메를로-퐁티

2.1 스냅샷 개념

감각적 지각의 본성을 이해하고자 할 때 우리는 시각의 관점에서 생각하는 경향이 있다. 또한 우리는 눈이 카메라와 비슷하며 시각이 사진 촬영 과정에 준하는 과정이라고 가정하는 경향이 있다. 우리는 보는 것을 눈앞에 펼쳐진 장면을 스냅샷처럼 경험하는 것으로 가정한다. 눈을 뜨면 마치 그림처럼 중심에서 주변까지 분명하게 초점을 유지하면서 세부까지 선명하게 장면을 표상하는 경험을 하는 것으로 가정한다는 말이다.

시각 경험에 대한 이러한 스냅샷 개념은 시야를 묘사한 마흐의 유명한 삽화(Mach[1886] 1959)에서 깔끔하게 표현된다. 마흐의 삽화(그림 2.1 참조)는 방 자체를 보여 주려고 그린 그림이 아니며, 특정 시점에서 바라본(긴 의자에 기대어 오른쪽 눈을 감고 정면을 바라본) 방을 그린 것도 아니다. 방을 보는 것이 어떤 것인지에 대한 묘사, 시각 경험 자체를 표현한 것이다. 마흐의 삽화는 시각 경험을 또렷한 초점과 균일한 섬세

그림 2.1 시야에 대한 마흐의 그림(Mach[1886] 1959)

함, 고해상도로서 표현한다. 눈에 보이는 세계는 의식 속에 아주 세밀하게 표상된다.[1]

스냅샷 개념은 시각에 관한 많은 실증적 연구의 출발점이다. (적어

---

1 비트겐슈타인은 『철학적 논평』(*Philosophical Remarks*)에서 마흐의 삽화(그림 2.1)에 대해 논한다([1930] 1975, 267). 비트겐슈타인에 따르면, 마흐의 그림은 표상의 현상학적(또는 시각적) 양상과 물리적 양상 간의 혼란을 드러낸다. 마흐는 자신의 경험을 묘사하고자 하지만, 결국 특정 지점에서 지각된 자신의 방을 묘사한다. 비트겐슈타인은 시야를 그림으로 그리기란 불가능하다고 결론짓는다. 방을 본다는 것이 어떤 것인지에 대한 묘사로서 마흐의 그림이 어떻게 불만족스러운지 그 다양한 방식을 연구하는 것은 가치 있는 일일 것이다. 비트겐슈타인이 지적한 한 가지 명백한 문제는, 시야 주변부의 불확정성이 마흐의 그림에서는 흰색으로 점차 사라지는 방식으로 묘사된다는 점이다.

도 지난 1세기 반 동안 생각된 바에 따르면) 시각과학의 기본 과제는 다음 문제를 설명하는 것이다. 우리는 망막의 자극을 매개로 세계와 접촉하지만, 그 방식은 개우 제한적이다. 그런데 어떻게 이렇게 풍부하고 세밀한 고해상도의 시각 경험을 할 수 있을까? 심리학자 리처드 그레고리(Richard Gregory)는 이 문제를 다음과 같이 표현한다. "우리 눈에 작고 왜곡된, 거꾸로 된 이미지가 주어지며, 우리는 주변 공간의 단단한 물체들을 본다. 망막 위의 자극 패턴들에서 우리는 사물들의 세계를 지각하는데, 이는 기적과 같다."([1966] 1997, 9) 시각과학의 기본 과제는 뇌가 어떻게 이 기적을 수행하는지를 이해하는 것이었다. 혹은, 어떻게 이것이 실제로는 기적이 아닐 수 있는지를 이해하는 것이었다고 말해야 할지도 모르겠다.

문제는 그레고리가 지적한 것보다 훨씬 더 심각하다. 시각에 입력되는 정보, 즉 그레고리의 작고 왜곡된, 거꾸로 된 망막 이미지의 특성과 우리가 경험으로 아는 고해상도의 다채로운 세계 사이에는 커다란 차이가 있다. 시각과학의 근본적인 문제는 뇌가 이러한 불일치를 보완하는 방식을 이해하는 것이다.

예를 들어 눈이 1초에 두세 번씩 단속적 안구운동을 하면서 거의 일정하게 움직이고 있다는 사실을 생각해 보자. 이 때문에 망막 이미지는 눈과 비례해서 거의 일정하게 움직인다. 그렇다면 어떻게 우리는 세계를 안정된 것으로 지각할까? 문제는 꽤 까다롭다. 움직이는 물체를 눈으로 추적할 때, 물체의 이미지 자체는 눈 위에서 상대적으로 안정적이라는 사실을 생각해 보자. 눈은 물체와 함께 움직이지 않는가. 움직이는 물체를 지각할 때 우리는 그러한 움직임과 대조적으로 그것의 배경은 정지된 것으로 지각한다. 그런데 망막에 맺힌 배경의 이미지는 달리

듯이 움직인다(Bridgeman, Van der Heijden and Velichkovsky 1994에서 논의됨). 뇌는 어떻게든 한편으로는 망막 이미지의 움직임을, 다른 한편으로는 세계 내 사물의 움직임을 구별해야 하는 것 같다.[2] 우리가 정통적이라고 여기는 시지각 이론에 따르면 뇌는 망막 이미지 자체의 움직임을 보완하는, 보이는 것의 표상을 구축해야만 한다.[3] 이것은 망막 이미지의 특성과 지각 경험의 내용 사이의 불일치를 보완하기 위해 시각 이론이 추구하는 방식의 분명한 예다. 뇌가 어떻게든 간극을 메워야 한다.

    망막의 그림이 왜곡되거나 결함이 있다고 생각할 수 있는 다른 많은 측면들이 있다. 혈관과 신경 섬유는 망막의 수용체 **앞에** 위치한다. 이러한 장애물은 들어오는 빛을 차단하고 굴절시키며 그림자를 드리운다. 더욱이 눈의 해상력은 균일하지 않다. 간상체와 추상체는 망막 표면에 고르게 분포되어 있지 않다. 고해상도의 중앙(중심와中心窩) 영역 바깥쪽으로 갈수록 추상체의 숫자가 점점 줄어든다. 이 결과 눈은 중심와 주위 영역에서 거의 색맹에 가깝다. 그런데 이러한 "결함"에도 불구하고, 우리는 세계를 그 가장자리가 흑-백인 것으로 경험하지 않는다. 하지만 그래야 하지 않는가? 뇌가 망막 이미지의 이러한 한계를 보정함으로써 개선된 표상을 만들어 낸다는 것이 정설이다. 우리는 세계를 마흐식의 섬세하고 균일한 색으로 경험하는데, 이는 우리 경험의 기층을 형성하는 표상은 그 기초가 되는 망막 이미지와는 달리 세계를 고해상도의 색으로 표상하기 때문이다.

    시각이 망막 이미지의 불완전함을 보정하는 과정이라는 생각은

---

2 이 현상에 대한 상세한 논의는 Murakami and Cavanagh 2001, 그리고 Bridgeman, van der Hejiden, and Velichkovsky 1994 참조.
3 시각 이론의 "정통 개념"에 대한 더 자세한 논의는 Noë and Thompson 2002의 서문 참조.

소위 말하는 시신경유두를 고려함으로써 훌륭하게 설명될 수 있다. 각 망막에는 광수용체가 없는 작은 영역이 있다. 이곳은 망막 신경절 세포의 축삭이 모여 시신경을 형성하는 곳이다. 이 "맹점"의 결과로 망막 이미지에 어떤 의미에서 빈틈이나 불연속성이 생긴다. 물론 시각 경험에는 이에 상응하는 빈틈이나 불연속성이 없다. 뇌는 망막 이미지에 주어지는 것과 우리가 경험하는 것 사이의 이러한 불일치를 어떻게 보완할까? 빈틈을 알아차리지 못하는 것을 어느 정도는 설명할 수 있다. 한쪽 눈의 맹점에 떨어지는 것이 다른 쪽 눈의 맹점에는 떨어지지 않는다는 사실, 그리고 눈이 거의 끊임없이 움직여서 한 시점에 맹점에 떨어지는 것이 다음 시점에는 그렇지 않을 수 있다는 사실이 이를 어느 정도 설명해 준다. 하지만 우리는 한쪽 눈만 사용할 때도 시야의 공백을 경험하지 않는다. 이를 어떻게 설명할 수 있을까?

많은 과학자들은 뇌가 장면에 대한 내부 표상 안의 빈틈을 **채운다고** 결론 내린다. 시각과학자 스티븐 팔머(Stephen Palmer)가 쓴 것처럼 "우리가 맹점에서 어떤 감각적 빈틈도 경험하지 못한다"(1999a, 617)라는 사실을 어떤 다른 방식으로 설명할 수 있겠는가? 계속해서 팔머는 우리가 그림 2.2에 제시된 것과 같은 설명의 결과 덕분에 감각적 빈틈이 채워진다는 것을 **안다**고 말한다. 오른쪽 눈을 감고 왼쪽 눈의 시선을 십자 표시에 고정해 보라. 어느 한 지점(페이지가 얼굴에서 약 20~30센티미터 정도 떨어져 있을 때)에서 오른쪽에 있는 선의 빈틈이 맹점에 들어간다. 이런 일이 일어날 때 당신은 무엇을 경험하는가? 빈틈이 맹점에 들어가면 선이 마치 빈 곳이 없이 연결된 것처럼 보인다. 빈틈은 경험 안에서 말 그대로 채워진다. 팔머가 기술했듯이 "망막 위의 선은 맹점에서 실제로 빈틈이 있지만, 우리는 빈틈이 맹점 안에 떨어질 때 그

■■■■■■■■   ■■■■■■■■■■■■■■■■   ＋

그림 2.2 맹점 채우기

오른쪽 눈을 감고 왼쪽 눈을 십자 표시에 고정해 보라. 눈과 책 사이의 거리를 조절한다. 어느 한 지점에서 오른쪽에 있는 선의 빈틈이 소위 맹점에 들어간다. 이런 일이 일어날 때 당신은 무엇을 경험하는가?

선을 완전하고 끊어지지 않은 것으로 경험한다. 중요한 점은 우리가 시각적으로 경험하는 것이 망막 수용체의 발화와 일치하는 것이 아니라 좀 더 높은 수준의 신경 활동과 일치한다는 것이다"(1999a, 617). 더 높은 수준의 신경 표상을 채우는 신경 과정이 낮은 수준의 망막 입력과 경험 사이의 빈틈을 메우는 역할을 한다.

정통 시각 이론은 이러한 방식으로 핵심 문제를 다음과 같은 내부 표상을 구축하는 문제로 규정한다. 즉 망막 이미지 자체의 불완전함과 한계에도 세계에 대한 상세하며 해상도 높은, 그리고 빈틈없는, 스냅샷 같은 (마흐식의) 시각 경험을 지원하기에 충분한 내부 표상 말이다. 이러한 정통적 관점에 따르면 시각 이론은 뇌가 이러한 한계를 보정하고 극복하는 방식에 대한 이론이다.

2.2 그림 오류와 호문쿨루스 오류

스냅샷 개념은 시각 경험의 현상학, 즉 보기란 어떤 것인지에 대한 관념이다. 스냅샷 개념에 따르면 세계를 보는 것은 세계에 대한 상세한 그림을 마음속에 형성하는 것과 같다. 시각 경험은 그림처럼 초점이 선명하고 섬세한 정도가 균일하게 세계를 표상한다. 이 장에서 나의 주된 목표는 경험의 특성에 대한 이러한 사고방식을 탐구하고 거부하는 것이다.

하지만 먼저 시각의 그림 같은 특성에 대한 두 가지 관련 사고에 대해 더 생각해 보자. 첫째, 시각의 기초(입력)가 그림, 즉 **망막의** 그림이라는 사고가 있다. 이러한 맥락에서 데이비드 마(David Marr)는 시각이란 "세계에 무엇이 있으며 어디에 있는지를 **이미지에서** 발견하는 과정이다"라고 썼다(Marr 1982, 3, 강조는 인용자). 아마도 그가 염두에 둔 이미지는 망막에 투사된 이미지였을 것이다. 보는 것은 망막의 그림에 달려 있다는 것이다. 둘째, 우리가 방금 (1절에서) 고려한 사고가 있다. 즉 시각이란 뇌가 망막의 그림에서 시작해서 더 나은, 더 상세한 신경적 그림 또는 표상을 만들어 내는 과정이라는 사고다. 이것은 맹점 채우기 예를 통해 잘 설명된다. 이러한 사고에서는 우리가 시야에서 빈틈을 경험하지 않는다는 사실을 설명하기 위해 뇌가 망막 이미지의 불연속성을 채운다고 가정한다. 즉 뇌가 빈틈없는 그림을 만들어 내어 세계에 대한 우리의 빈틈없는 경험의 내부 기층으로 작용할 수 있다고 가정한다.[4]

---

[4] 엄격히 말하면, 우리는 시각이 빈틈없는 **그림**을 산출하는 과정이라는 생각을 시각이 환경의 **표상**을 산출하는 과정이라는 생각과 구별해야 한다. 중요한 것은 그림이 아닌 종류의 (디지털·상징적) 표상이 있다는 사실이다. 마는 시각이 망막의 그림과 더불어 시작한다고 생각했다. 그리고 망막의 그림을 빛의 점들에 해당하는 강도들의 배열로 생각했다. 비록 마는 시각이 불연속인 그림을 이런 방식으로 환경에 대한 상세한 표상으로 변모시키는 과정이라고 믿었지만, 이런 식으로 만들어진 상위 수준의 표상 자체가 그림과 같다고 생각하지는 않았다. 오히려 상징적일 것이라고 생각했다. 본문에서 나는 채우기 논증을 머릿속 **그림**을 산출하는 과정에 대한 논증으로 제시했다. 확실히, 지각되는 것에 대한 상위 수준의 표상이 (상징적이거나 디지털인 경우) 그림 같지 않다고 가정할 때, **채우기**의 필요성은 덜 분명해진다. "채우기" 은유는 채워져야만 하는 빈틈을 지닌, 연속적이며 그림 같은 표상이 우리에게 있다고 전제하는 것 같다. 하지만 이것이 논리적으로 반드시 필수적이지는 않다. 채우기 문제의 상징 버전도 있을 수 있다.

시각에서 그림이 담당하는 역할에 대한 이러한 추가적 사고는 스냅샷 개념과는 엄격하게 독립적이다. 지각 경험의 내용이 그림과 같지 않더라도 시각은 이러한 방식으로 그림에 의존한다고 주장할 수 있다. 그리고 시각 경험의 기초가 되는 인과적 메커니즘이 정통 개념이 가정하는 것처럼 보이는 방식으로 그림을 필요로 한다고 믿지 않고도 스냅샷 개념을 고수할 수 있다. (이 중요한 점에 대해서는 나중에 다시 언급하겠다.) 그럼에도 시각의 그림 같은 성격에 대한 이러한 세 가지 일반적인 관념, 즉 시각은 망막의 그림에서 시작해서 더 나은 내부 그림으로 변형되어 그림 같은 내용이 있는 경험을 일으킨다는 생각은 가족 구성원들이 그런 것처럼 서로 연관되어 있다. 그들은 함께 발전하고 서로를 뒷받침한다. 앞서 살펴보았듯이, 정통 시각 이론의 핵심 문제는 망막 그림의 내용이 우리 경험의 내용에 훨씬 미치지 못함에도 어떻게 우리가 스냅샷 개념이 말하는 그림 같은 경험을 할 수 있는지 그 방법을 설명하는 것이다. 우리의 경험이 그림 같은 것은 우리가 머릿속의 그림, 즉 망막의 그림을 출발점으로 하여 구축된 그림이 표상하는 것을 경험하기 **때문이라고** 가정하는 것이 자연스러운 다음 단계일 것이다.

시각 과정이 이러한 방식으로 그림 같다는 생각은 고대에 뿌리를 두고 있다. 레오나르도 다 빈치는 눈을 핀홀 사진기(암상자 camera obscura)에 비교했다.[5] 훗날 케플러는 눈에 들어온 빛이 각막에 의해 굴

---

[5] 린드버그(1976, 164)는 레오나르도가 여러 곳에서 눈을 암상자에 비유했지만, 망막을 이미지가 투사되는 스크린에 비유한 적은 없다고 지적한다. 그러나 레오나르도는 거꾸로 된 망막 투사가 재반전되는 광학적 과정을 가정할 필요가 있다고 생각했다. 이것은 그가 적어도 암묵적으로는 망막 그림의 공간적 속성들이 지각된 세계의 공간적 속성들을 결정한다고 가정했음을 시사한다. 관련 논의는 Hyman 1989, 149 참조.

절되어 초점이 맞춰지고 망막 위에 실제 그림을 산출하는 방식으로 눈의 광학이 이루어진다는 것을 증명했다. 이런 식으로 그는 눈이 말 그대로 그림을 만드는 장치임을 보여 주었다. 그는 이렇게 썼다. "따라서 시각은 망막의 오목한 표면에 형성된, 보이는 사물의 그림에서 생성된다. … 어떤 사람의 시력이 좋을수록 그의 눈에 형성되는 그림은 더 세밀할 것이다."(Kepler[1951] 1964, 150, Wade 1998, 9에서 인용) 몇 년 후, 샤이너(Scheiner 1619)는 절제된 동물의 눈에서 망막의 그림을 **보는** 것이 실제로 가능함을 보여 주었다(Wade 1998, 26에서 보고).[6] 기본적인 관념은 데카르트가 설명한 것이다(그림 2.3 참조).

이 분야에서 이루어진 논쟁의 몇몇 역사적 배경을 간략하게 살펴보는 것이 도움이 될 것이다.[7] 그림으로 접근하는 방식이 항상 자연스러웠던 것은 아니다. 유클리드와 프톨레마이오스는 우리가 볼 때 시각 광선이 눈에서 발사되어 우리로 하여금 물체와 접촉하게 한다는 플라톤의 생각을 지지했다(1929, 『티마이오스』, 45b-d).[8] 이 **방출적**(extromissionist) 시각 이론은 수학적 광학의 토대를 마련했다.[9] 실제로 시각 광선을 기하학적 선으로 취급할 수 있으며, 그럼으로써 시각이 환경과 맺는 관계의 기하학을 설계할 수 있다.

아리스토텔레스는 플라톤의 이러한 방출설(extromissionism)을 거

---

6 역사상 망막의 그림을 누군가 **실제로** 본 것은 아마도 이번이 처음이었을 것이다.
7 이어지는 부분은 Lindberg 1976, Hyman 1989, 그리고 A. I. 사브라가 하버드 대학교에서 진행한 시각 이론의 역사에 관한 세미나(1993~1994)에서 그가 했던 발표에 의존한다.
8 자세한 서지학적 참고 문헌을 포함하여 유클리드와 프톨레마이오스의 견해에 대한 자세한 내용은 Lindberg 1976, 11~17 참조. 유클리드의 시각 이론은 그의 『광학』(Optica)에 나와 있다. 프톨레마이오스 자신의 생각은 같은 이름의 저작에 설명되어 있다.
9 린드버그(1976, 11~17)가 이러한 주장을 한다.

부하고 **유입적**(intromissionist) 견해를 지지했다. 그러나 그의 이론이 유클리드나 프톨레마이오스의 이론보다 더 그림 같은 것은 아니었다. 아리스토텔레스에 따르면, 보기란 물체의 질료가 아닌 **형상**이 눈에 들어오는 과정이다.[10] 이것은 직관적으로 이해가 된다. 즉 눈에 들어와 우리의 "공통 감각"에 영향을 미치는 것은 물체 자체가 아니라 가령 물체의 원형이다.

그러나 아리스토텔레스의 유입설(intromissionism)에는 플라톤의 관점에는 없는 단점이 있다. 9세기에 알킨디(Al-Kindi)가 주장했듯이 아리스토텔레스의 형상 전달 견해(transmission-of-forms view)는 시각 경험에서 관점을 제대로 설명하지 못한다.[11] 접시의 형상은 원형일 것이다. 그러나 확실히 접시를 비스듬히 보면 원형이 아니라 타원형으로 보인다. 그런데 아리스토텔레스에 따르면, 특정 각도에서 접시를 보는 것은 (질료 없이) 접시의 유일한 형상을 받아들이는 행위이므로, 만약 이 이론이 옳다면 접시는 어떤 각도에서 보더라도 동일하게 보일 것이다. 사실은 물론 그렇지 않다.

10세기 다랍 이론가 알하젠(Alhasen, 이븐 알하이삼)은 우리가 볼 때 형상이 눈에 들어온다는 아리스토텔레스의 생각과 플라톤의 수학적 광선 이론을 결합하고자 했다.[12] 아리스토텔레스에 대한 알킨디의 비판을 의식한 알하젠은 아리스토텔레스의 형상 전달을 기하학적으로 재해

---

10 시각에 관한 아리스토텔레스의 가장 중요한 문헌은 『감각과 감각 대상에 관하여』(*De Sensu*) 2, 3과 『영혼론』(*De Anima*) II.7, II.12이다. Aristotle 1984a, b 참조.
11 알킨디의 시각 이론은 (Björnbo, Anthon, and Vogl 1912에 실린) 그의 『광학의 서』(*De Aspectibus*)에 나와 있다. Lindberg 1976, 18~32에 자세히 기술되어 있다.
12 알하젠은 다작을 했다. 광학에 관한 현존 저작들에 대한 자세한 설명은 Lindberg 1976과 Sabra 1989 참조.

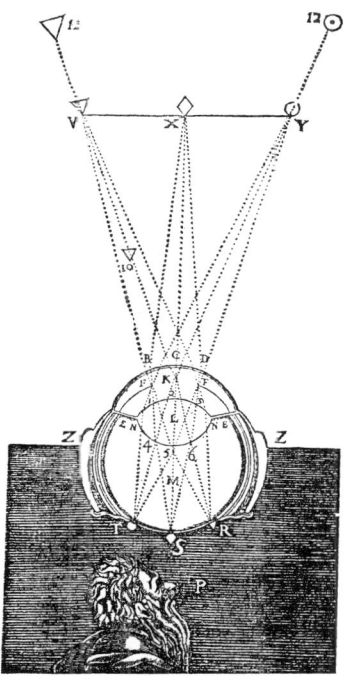

그림 2.3   데카르트의 『굴절광학』(La Dioptrique[1637] 1902)에 실린 망막 이미지 이론에 대한 데카르트의 도해. Lindberg 1976, 201에 따름.

석했다. 알하젠은 전달되는 형상들을 (그림 같은 의미에서가 아니라) 수학적 의미에서 이미지로 다룸으로써 시각이 물체의 형상을 수용하는 것에 관여한다는 아리스토텔레스의 이론에 의미를 부여한다.[13] 이런 식

---

13 알하젠에 따르면 물체는 모든 방향으로 빛을 반사하며, 눈 표면의 모든 지점은 공간의 모든 지점에서 빛을 수신한다. 따라서 적어도 수학적 의미에서 눈의 각 지점은 환경의 모든 지점에 대한 이미지다. 알하젠은 지각을 생성하는 데 일익을 담당하는 유일한 이미지는 90도 각도로 눈 표면에 부딪히는 광선이 산출하는 이미지라고 제안했다. 이러한 생각에 대한 자세한 소개는 Sabra 1989 및 Lindberg 1976 참조.

2 마음속 그림   81

으로 알하젠은 아리스토텔레스의 형상 개념을 기하학적 분석이 가능한 방식으로 재해석하는데, 형상 전달 관점에 대한 알킨디의 비판을 해결하는 방식으로 그렇게 한다. 이 관점에서는 비스듬히 본 접시의 형상은 똑바로 본 접시의 형상과 다르다.[14]

다음은 케플러다. 케플러의 공헌은 사실상 눈의 해부학 및 광학에 대한 더 나은 이해를 배경으로 알하젠의 이론을 다듬은 것이었다.[15] 케플러는 눈에 들어오는 광선의 초점이 눈의 뒤쪽에 맞춰져 단순히 수학적 의미의 이미지가 아니라 진정으로 **그림 같은** 이미지를 산출한다는 것을 보여 주었다. 눈이 **진정한** 그림 제작 기계로 기능한다는 것이다. 아리스토텔레스의 형상은 눈에서 실제 그림이 된다. 데카르트의 도해(그림 2.3)는 망막 이미지에 대한 케플러의 이론을 적절하게 보여 준다.[16]

그러므로 보는 것이 눈 속에 있는 그림의 존재에 의존한다는 사고는 케플러에게 빚지고 있다. 이러한 사고가 현대 시각 연구를 주도해 온 한, 케플러는 현대 시각 이론의 창시자로 여겨질 만하다. 하지만 놀랍게도 케플러의 견해는 실제로는 시각의 본성에 대한 완전히 새로운 사고방식의 시작이라기보다는 중세 논쟁의 정점에 불과하다.

망막의 그림 이론은 그 자체로 몇 가지 수수께끼를 낳는다. 첫째, 반전 이미지 문제가 있다. 망막 이미지가 거꾸로 되어 있는데 우리는 어

---

14 그러나 이러한 문제에 대한 해결책은 그 자체로 문제를 제기한다. 접시를 어느 각도에서 보든 우리는 접시가 원형임을 알 수 있다. 오직 예외적인 상황에서만 타원형으로 보인다고 말할 것이다. 알하젠의 이론(또는 실제로 케플러의 이론)은 지각항등성을 어떻게 설명할 수 있을까? 이 문제는 3장과 5장에서 다룰 것이다.
15 시각에 관한 케플러의 저작에 대한 조사는 Lindberg 1976, 178~208 참조.
16 Lindberg 1976, 200에서 언급된 것처럼 케플러는 자신의 개념을 설명하는 그림을 남기지 않았다.

떻게 세계를 똑바로 볼 수 있을까? 둘째, "애꾸눈" 시각 문제가 있다. 두 개의 약간 다른 망막 이미지가 있다. 그런데 우리는 어떻게 세계에 대한 하나의 통합된 시각 경험을 누릴 수 있을까? 오늘날에도 이론가들은 이 두 가지 수수께끼에 여전히 흥미를 느낀다. 비록 이들 중 대부분은 이 사실을 인정하지 않겠지만 말이다. 예를 들어 그레고리는 앞서 인용한 구절에서 눈 속의 두 이미지가 거꾸로 있다는 사실에 주목하는데, 바로 내가 시각의 근본 문제라고 부르는 것을 설명하고자 그렇게 한다. 핑커(Pinker)는 최근 시각 이론에 대한 조사에서 "많은 종류의 동물은 눈이 두 개여서 앞쪽을 조준할 때마다 시야가 겹친다. 따라서 자연 선택은 (전경全景을 보기 위해 바깥쪽을 조준하는 것이 아니라) 양쪽 그림을 나머지 뇌가 사용할 수 있는 통일된 이미지로 결합하는 문제에 직면했을 것이다"(1997, 218)라고 쓰고 있다.

케플러는 반전 이미지 문제를 해결하려고 "고심했다".[17] 사영기하학(projective geometry)은 이미지가 눈에 들어올 때 반전된다고 보기 때문에 케플러는 이미지가 망막에 도달하기 전에 다시 반전되는지 여부를 탐구했다. 레오나르도도 재반전이 필요하다고 가정했던 것으로 보인다. 이 가정은 그림 2.4에 도착되어 있다.[18]

결국 케플러는 이 문제의 해결책이 주로 기하학적 법칙에 관심이 있는 광학의 영역 밖에 있다는 생각을 굳힌 것 같다. 케플러는 다음과

[17] 케플러는 다음과 같이 말했다. "실지로 나는 포도막의 구멍을 통과할 때 교차하는 추상체들이 유리체액 가운데 있는 수정질 뒤에서 다시 교차함으로써 그것들이 망막에 가닿기 전에 또 다른 반전이 산출된다는 것을 보이고자 오랫동안 나 자신을 괴롭혔다(Hyman 1989, 185에서 인용). 아리스토텔레스의 추종자들은 우리에게 눈이 두 개임에도 시각 인상은 어떻게 하나인지에 대해서도 의아해 했다는 걸 역시 언급할 만하다.
[18] 이 이미지는 Wade 1998, 323에서 가져온 것이다. Wade 1998와 Lindberg 1976 참조.

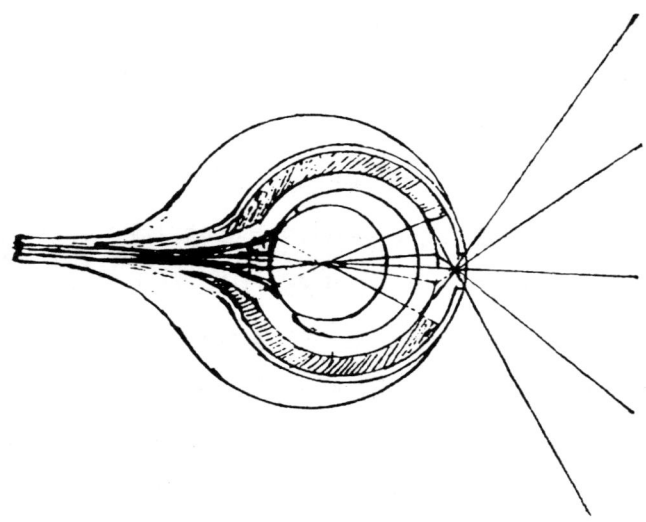

그림 2.4 광학적 재반전의 결과로 나타나는 레오나르도의 직립 시각의 표상(c. 1500). Wade 1998, 323.

같이 쓰고 있다.

> 나는 눈앞에 있는 세계의 반구 전체의 이미지가 … 망막의 붉고 하얀 오목한 표면에 고정될 때 시각이 발생한다고 말한다. 망막에 존재하는 시각적 정신과 [광학] 신경으로 이미지나 그림이 어떻게 구성되는지, 그리고 뇌의 공동(空洞) 안에 있는 정신이 그것을 영혼이나 시각적 역량의 재판소 앞에 나타나게 만든 것인지, 아니면 영혼이 보낸 치안판사처럼 시각적 역량이 마치 하급 법원으로 내려가듯 뇌의 행정실에서 시신경과 망막 속으로 나아가 이 이미지를 만나는 것인지―나는 이 모든 것을 물리학자들의 논쟁에 맡기겠다. 왜냐하면 안경사들의 무장은 눈 안에서 마주치는 이 첫 번째 불투명한 벽

너머로 그들을 데려가지 않기 때문이다. (Lindberg 1976, 203에서 재인용)

망막 이미지에 관한 이 숱한 퍼즐을 뚫고 명확한 길을 찾은 최초의 사상가는 데카르트였다. 그는 망막 이미지의 반전 문제는 의심스러운 가정들의 창조물이며, 이런 의미에서 가짜 문제라고 믿었다. 그는 망막 이미지가 시각의 인과적이고 기계적인 설명에 **그림**으로서 관여하는 것이 아니라고 주장했다. 그는 '우리 철학자들이 흔히 그러듯이, 감각하려면 사물들이 뇌로 전달하는 특정한 이미지들을 마음이 지각할 필요가 있다고 가정하는 것을 경계할 필요가 있다"라고 썼다(Descartes[1637] 1965, 89). 망막 이미지는 그림이 신경을 따라 뇌로 전달되는 움직임들로 구성된 한에서만 시각에 필요하다. 그는 이렇게 썼다.

이제 이 그림은 우리의 머릿속으로 그렇게 전달될 때 그것이 비롯된 물체에 대한 약간의 유사성을 언제나 유지하고 있지만, 내가 이미 보여 주었듯이 그림이 우리가 물체를 지각하게 만드는 것을 이 유사성 때문이라고 설명해서는 안 된다. 마치 우리 뇌 안에 이 유사성을 이해할 수 있게 해 주는 또 다른 눈이 있는 것처럼 말이다. 우리가 물체를 지각하는 것은 그림을 구성하고 있는 움직임들 덕분이라고 주장해야 한다. 이러한 움직임들은 그림이 우리 몸과 결합되는 한 우리 마음에 즉시 작용하며, 본성상 그렇게 지각되도록 확립되었다. (Descartes[1637] 1965, 101)

이 구절들에서 데카르트는 이후 호문쿨루스 오류, 즉 머릿속 작은 사람 오류로 알려지게 된 것에 대해 설명한다(Kenny[1971] 1994; Dennet[1978] 1981; Searle 1992; Bennet and Hacker 2001). 어떤 물체를 보는 것이 눈 속의 그림과 물체 사이의 유사성에 달려 있다고 가정하는 것은 앞뒤가 맞지 않는데, 이는 유사성을 지각하는 소위 누군가가 머릿속에 있음을 전제하기 때문이다. 내부 관찰자가 내부 그림을 볼 수 있는 방법을 설명하는 것은 결코 쉬운 일이 아니므로 이것은 무한 퇴행으로 이어질 것이다. 머릿속 작은 사람 오류의 근원은 망막 그림이 **지각된** 그림으로 기능한다는 생각이다.

망막 이미지가 시각을 산출하는 데 그림으로 기능하지 않는다면, 그것은 다른 방식으로 기능해야 한다. 데카르트는 인과적·기계적 모델을 제안한다. 이 모델에 따르면 망막 이미지는 시각 경험을 일으키는 데 중요한 인과적 역할을 수행하는 자극의 패턴이다. 데카르트의 긍정적인 설명의 세부 사항은 현재 우리의 관심에서 벗어난다.[19] 중요한 점은 데카르트가 망막 이미지가 지각되거나 경험된다는 생각을 포기하며 따라서 케플러나 레오나르도와 대조적으로 망막 이미지 문제가 데카르트에게는 더 이상 문제가 되지 않는다는 점이다. 망막 이미지가 시각에서

---

19 데카르트는 다음과 같이 썼다. "나는 당신이 우리가 발광이라고 부르는 빛을, 이 맹인이 마주치는 몸의 움직임이나 저항이 그의 지팡이라는 매개체를 통해 그의 손에 전달되는 것과 같은 방식으로 공기 및 다른 투명한 몸이라는 매개체를 통해 우리의 눈을 향해 다가오는, 매우 빠르고 생생한 어떤 움직임 혹은 행위에 다름 아니라고 생각하게 할 것이다."([1637] 1965, 67) 이 구절은 데카르트의 설명이 케플러의 설명보다 더 철저하게 기계론적이라는 것을 보여 준다. 이러한 이유로 케플러가 아닌 데카르트가 (중세 시각 연구와 반대되는) 근대 시각 연구의 창시자라는 주장이 제기될 수 있다. 존 하이먼은 이 사고를 발전시켰다(Hyman 1989). 그러나 지각에 대한 데카르트의 설명은 감각, 이미지, 판단에 대한 비기계론적 이론에 다소 많이 의존한다는 것을 명심할 필요가 있다. 예를 들어 Descartes[1641] 1988b, 294("The Sixth Set of Objections") 참조.

그림 역할(즉, 다른 사물의 가시적 묘사)을 한다는 생각을 포기하면 망막 이미지의 방향이 우리가 보는 사물의 지각된 공간적 방향과 관련 있다고 생각할 이유도 사라진다. 망막 이미지를 그저 시각 경험이 산출되는 인과적 과정의 한 요소로만 본다면, 망막 이미지가 거꾸로 있다는 것은 말이 안 된다. 무엇을 기준으로 거꾸로라는 말인가?

애꾸눈 시각의 문제에 대해서도 비슷한 지적을 할 수 있다. 두 개의 망막 이미지의 존재가 통합된 시각 경험에 문제를 일으키는 것은 우리가 두 개의 내부 그림을 지각함으로써 본다고 가정할 때뿐이다. 두 개의 망막 그림이 시각에 그림으로서 필요하지 않다는 사실을 일단 깨달으면 망막 이미지가 두 개라는 사실을 보상하거나 어떻게든 설명할 필요가 없음을 알 수 있다. 두 개의 손이 두 개의 이미지를 낳는다고 생각할 이유가 없는 것만큼이나 두 개의 망막 이미지가 이중 이미지를 낳는다고 생각할 이유란 없다. 데카르트는 (그림 2.5의 문자들을 가리키면서) 다음과 같이 쓴다.

> 따라서 물체가 눈에 각인하는 그림이 거꾸로 되어 있어도 물체를 실제 위치대로 볼 수 있다는 사실에 놀라지 말아야 한다. 이것은 마치 맹인이 왼손으로 오른쪽에 있는 물체 B를 감지하고 오른손으로 왼쪽에 있는 물체 D를 동시에 감지할 수 있는 것과 마찬가지이기 때문이다. 이 맹인이 두 손으로 몸을 만져도 몸이 두 개라고 판단하지 않는 것처럼, 우리의 두 눈이 단일한, 동일한 위치로 주의를 기울이기 위해 필요한 방식으로 배치될 때 우리의 눈은 우리가 단일한 사물을 보게 하기만 하면 된다. 물체의 그림은 우리의 각 눈에 형성되지만 말이다. ([1637] 1965, 105)

그림 2.5 두 개의 지팡이를 든 맹인을 본 딴 양안 시력에 대한 데카르트([1637] 1902)의 표상. Wade 1998, 249.

데카르트의 기본적인 통찰은 심적 그림을 상정하는 것으로는 우리가 보는 능력을 설명할 수 없다는 것이다. 망막 이미지가 시각에서—실증적으로 입증되어야 할—인과적인 역할을 한다면, 망막의 이러한 역할 수행은 망막의 **그림 같은** 특질 때문일 수 없다.[20]

현대의 어떤 이론가도 우리가 내부 그림을 봄으로써 본다고 믿지 않는다. 그럼에도 내가 **시각 이론의 근본 문제**라고 부르는 것, 즉 망막 이

---

[20] 문제가 되는 호문쿨루스 추론은 그림에 대한 호소에 의존하지 않는다. (그림이든 아니든) 어떤 종류의 내부 표상에 대해서도 동일한 문제가 제기될 수 있다. 이러한 맥락에서 데카르트의 요점은 지향적 내용이 있는 표상으로서 내부 표상은 시각에서 인과적 역할을 할 수 없다는 것이다. 왜냐하면 그것은 표상을 이해할 수 있는 (말하자면) 머릿속의 행위주체를 전제하기 때문이다. 그림 같지 않은 표상의 경우 내적 호문쿨루스에 대한 호소는 기능적인 분석을 통해 "해소"될 수 있다고 많은 인지과학자들이 믿고 있다는 점에 주목할 필요가 있다 (Dennett [1978] 1981 참조).

미지의 불완전성을 고려할 때 우리가 보는 것을 어떻게 보는지 설명하는 문제는 기본적으로 이러한 오래된 수수께끼와 똑같은 모양을 하고 있다.

맹점 채우기를 다시 생각해 보자. 우리가 시야에서 빈틈을 알아차리지 않는다는 사실에서 채우기 과정의 존재를 추론하는 것은 흔한 일임을 위에서 살펴보았다. 이러한 채우기 추론은 우리가 시각세계를 아래 위가 제대로 된 방식으로 경험한다는 사실에서 망막 이미지를 재반전하는 과정의 존재를 추론하는 것, 혹은 우리가 두 개의 시야를 경험하지 않는다는 적나라한 사실에서 두 개의 망막 이미지를 통합하는 과정의 존재를 추론하는 것과 유사하다. 즉, 채우기 과정의 존재에 대해 선불리 추론하는 것은 호문쿨루스 오류를 범하는 것이다.

데닛(1991)은 우리가 시야에서 아무런 틈도 알아차리지 않는다는 (선이 끊어지지 않은 것처럼 보인다는) 사실에서 내부 표상이 신경적으로 채워지고 있다는 추론을 **할 수는 없다**고 주장했다. 이렇게 하는 것은 뇌가 맹점에 해당하는 정보의 부재를 단순히 **무시할** 가능성을 간과하는 것이기 때문이다. 뇌가 그러한 정보의 부재를 무시하고 그 정보의 부재에 대한 내부 표상을 산출하지 않는다면, 뇌가 채워야 할 것은 말 그대로 아무것도 없다. 데닛은 균일한 색의 벽을 관찰할 때 뇌는 전체 벽과 공간적으로 구조동형인 표상을 산출하지 않는다고 제안하는 것 같다. 뇌는 맹점에 해당하는 영역에서는 벽의 색에 대한 정보가 전혀 없다는 사실을 무시한 채 벽이 가령 전부 빨간색이라고 단순히 기록(혹은 추측)하는 것 같다는 주장이다. 이렇게 하면 채우기 과정 없이도 채우기 과정과 동일한 효과를 가져올 것—시야에서 어떤 빈틈도 경험하지 않을 것—이다.

물론 실제로 이런 일이 일어나지 않을 수도 있다. 채우기가 존재하는지 여부를 알아내려면 의식의 뇌 기반에 대한 실증적 연구를 수행해야 한다(Pessoa, Thompson, Noë 1998). 채우기 과정에 대한 직접적인 증거가 부재하는 상황에서 이러한 과정이 존재한다고 추론할 수는 없다는 데닛의 주장은 옳다. 앞서 인용한 팔머를 비롯한 많은 시각과학자들이 우리가 시야를 빈틈없는 것으로, 혹은 선을 끊어지지 않은 것으로 경험한다는 사실에 대한 관찰만으로 채우기의 실재를 확립하는 데 충분하다고 생각하는 것 같다는 점은 놀라운 일이다. 채우기의 존재를 증명하기 위해서는 채우기의 신경 과정이 발생한다는 직접적인 증거가 필요하다. 이러한 증거가 없는 상황에서 채우기가 발생한다고 가정하는 것은 호문쿨루스 오류를 범하는 것이다.[21]

단속적인 안구운동에도 불구하고 유지되는 시각의 안정성을 설명하려는 제안도 호문쿨루스 오류를 범한다. 시각의 안정성을 설명하는

---

[21] 채우기를 뒷받침하는 증거가 있는지 여부는 까다로운 문제다. 이는 부분적으로는 문제가 되는 채우기 추론("추론이 반드시 있어야 한다")을 덜 부담스러운 실험적 작업에서 분리하기가 어렵기 때문이다. 그럼에도 불구하고 채우기를 지지하는 몇 가지 놀라운 증거가 있다. 여기에서는 세 가지만 언급하겠다. (1) 무라카미(Murakami 1995)는 맹점 채우기 동작 이후에 동작의 안구 내적 전이가 일어난다는 것을 보여 주었다. (2) 파라디소(Paradiso)와 나카야마(Nakayama 1991)는 차폐(masking)가 채우기의 시간적 역학에 영향을 줄 수 있음을 보여 주었다. (3) 시모조(Shimojo), 가미타니(Kamitani), 니시다(Nishida)는 가공의 (채워진) 표면에 대한 잔상이 있다는 것을 보여 주었다(2001). 이러한 실험들 각각은 피험자들이 (말하자면) 채워진 내용을 보고한다는 것을 **단순히** 보여 준다고 해석되는 것이 **아니라** 채우기 과정 그 자체가 중요하다는 것을 보여 준다고 해석될 수 있다. 이러한 방식으로 이 연구들은 데닛의 다음과 같은 도전에 응답한다. "뇌가 결론을 내리기 위해 '증거'를 채우는 데 신경 쓰지 않는다는 나의 가설을 테스트하는 방법은 뇌가 그저 결론을 표상하는 것이 아니라 단계를 표상한다는 사실에 의존하는 효과가 있는지 여부를 확인하는 것이다. … 세부 사항은 단지 존재하는 것처럼 **보이는** 것이 아니라 어떤 효과를 설명하기 위해 존재해야 할 것이다."(1993, 208) 이러한 문제에 대한 자세한 논의는 Pessoa, Thompson, and Noë 1998 참조.

대부분의 제안은 (Bridgeman, Van der Heijden, Velichkovsky 1994에서 지적된 바와 같이) 다음과 같은 가정을 공유한다. 즉 도약안구운동은 뇌가 물체를 표상하는 뇌 내부의 위치에 변화를 일으킨다는 가정이다. 그렇다면 이론가들이 안정성을 확보하고자 위치의 그러한 변화를 제거하기 위한 특별한 보상 메커니즘을 상정하는 것은 자연스러운 일이 될 것이다. 그런데 브리지먼(Bridgeman), 반 데어 헤이덴(Van der Heijden), 벨리코프스키(Velichkovsky)는 이러한 행보에 의문을 제기한다. 이들은 세계 속 사물의 위치의 표상을 그 표상의 (뇌 내부) 위치와 혼동해서는 안 된다고 주장한다. 지형적으로 조직화된 두뇌 지도 속 위치가 환경 속 사물의 위치를 나타내는 부호일 필요는 없다. 마찬가지로, 환경 속 움직임이 그러한 지도 속 "움직임"으로 표상될 필요는 없다. 브리지먼과 동료들이 다음과 같이 말하는 것처럼 말이다. "단속적인 안구운동이 일어날 때 움직임 지각의 문제가 있다는 생각은 첫째, 단속적인 안구운동 시 일어나는 일에 대한 사그, 그리고 둘째, 사물을 뇌 안에 표상하는 위치와 표상되는 사물이 환경 안에서 차지하는 위치 사이의 혼동에서 비롯된다."(Bridgeman, Van der Heijden, Velichkovsky 1994, 225) 그러나 일단 이러한 문제가 있는 추론 패턴을 알아차리고 나면, 우리는 망막 이미지의 방향이 사물의 환경 속 방향을 부호화한다고 가정하거나 망막 이미지의 숫자(두 개)가 지각된 사물의 숫자를 부호화한다고 가정할 만한 이유가 없는 만큼이나 망막위상적(retinotopic) 움직임이 실제 움직임을 표상한다고 가정할 만한 이유가 없다는 것을 이해할 수 있다. 사고의 이러한 흐름에 따르면 망막의 반전을 보상할 활동적인 메커니즘이 **있어야만 한다**고 믿는 것은 잘못이라는 결론에 이르게 된다. 일단 이를 깨달으

면, 다른 종류의 설명을 추구할 수 있게 된다.[22]

데닛은 인지과학에서 채우기에 대한 논의는 "데카르트식 유물론"의 흔적을 분명히 드러낸다고 주장했다. 그가 염두에 둔 것은 채우기에 대한 이야기가 뇌 안에 의식이 발생하는 장소─데카르트식 극장─가 있다는 생각에 의존하는 것 같다는 것이다. 이 생각은 맹점 채우기와 관련하여 설명할 수 있다. 뇌가 이미 가령 선이 끊어지지 않았다고 판단했다면, 뇌가 채우기 행위를 수행하는 것은 누구의 이익을 위한 것인가? 그 가정은 우리가 선을 끊어지지 않은 것으로 경험하려면 채워진 내용이 데카르트식 극장 안에서 의식에 제시되어야만 한다고 암시하는 것처럼 보인다.

이 절의 목적은 지각에 관한 우리의 사고가, 레오나르도와 케플러의 사고가 그런 것처럼, 머릿속 그림이 필요하다는 문제 있는 개념과 연관된 정도를 밝히는 것이었다. 머릿속 그림을 오늘날 이론가들은 내부 신경 구조라고 부를 만한데, 이 구조는 그것이 표상하는 것과 공간적으로 혹은 지형적으로 구조동형적이다. 이러한 개념은 스냅샷 개념과는 철저히 별개다. 하지만 그럼에도 불구하고 만약 스냅샷 개념을 포기한다면 우리의 경험을 지지하기 위해 머릿속 그림에 대한 필요성을 포기하는 분명한 방식을 찾는 것이 더 쉬워질 것이다.

---

[22] 이 구절은 Noë, Pessoa, and Thompson 2000으로부터 빌려온 것이다.

2.3 시각 경험은 마흐식인가?

이제 질문해 보자. 우리의 경험은 세계를 정말 마흐의 그림처럼 시야의 중심에서 주변까지 초점이 또렷하고 균일한 정도로 섬세하며 색이 선명한 바로서 표상하는가? 그렇지 않다면, 시각과학이 망막에 닿는 빛의 상대적으로 정보가 부족한 패턴에 기초하여 우리가 어떻게 다채롭고 세밀하며 해상도 높은, 그림 같은 시각 경험을 누릴 수 있는지를 설명하려고 할 때, 시각과학은 엉뚱하게 헛다리를 짚고 있는 셈이다.

스냅샷 개념이 잘못임을 입증하는 것은 꽤 쉽다. 시선을 정면의 한 지점에 고정하라. 그리고 친구에게 밝은 색의 종이를 옆에서 흔들게 하라. 당신은 시야 주변부에서 무언가가 움직이고 있다는 것을 즉시 알아차릴 수 있을 것이다. 하지만 어떤 색인지 분별할 수는 없을 것이다. 친구에게 종이를 시야 중앙으로 더 가까이 옮겨 달라고 요청하라. 종이를 중앙에서 20~30도 이내로 옮길 때까지는 어떤 색인지 확신할 수 없다.[23] 이것은 우리가 똑바로 보는 것을 받아들일 때처럼 선명하고 세밀하게 혹은 또렷하게 시야 주변부를 경험하지 못한다는 것을 증명한다. 중심 영역 밖에서 우리는 실제로 색을 지각하지 않는다고 말하고 싶은 유혹이 든다!

또는 지금 읽고 있는 페이지를 생각해 보자. 한 단어나 어구를 응시해 보라. 눈을 움직이지 않은 채 얼마나 많은 다른 단어들을 뚜렷하게 알아볼 수 있는가? 주의 깊게 주목해 보면, 시선이 고정된 단어 바로 위

---

[23] 브루스 브리지먼은 UC 산타크루즈에서 〈심리학 1〉 학생들과 매년 이 실험을 수행한다. 학생들은 피험자들의 예상치 못한 실투에 웃음을 터뜨린다.

나 바로 아래에 있는 다른 단어들조차 **거의** 알아볼 수 **없음**을 알게 될 것이다. 읽기와 안구운동에 관한 실험 문헌은 상당수 있다. 잘 알려진 한 연구에서는 **눈의 움직임에 따라** 자극을 변경하는 방식으로 시선 추적 장치를 컴퓨터로 구동했다. 독자들은 실제로는 여기에 표시된 것처럼 "움직이는 텍스트 창"을 경험하고 있을 때 정상적인 텍스트 페이지를 읽는 경험을 하게 된다(Grimes 1996, 94에서 발췌. 밑줄 친 글자는 고정 지점을 나타낸다).

XXXX XXX XXXX th<u>u</u>ndered XXXX XXX XXX XX X XXX

XXXX XXX XXXX XXXXXXXed in<u>t</u>o the sky XX X XXX

이와 같은 실험들은 일부 사상가들(가령 O'Regan [1992]; Blackmore 등 [1995])이 시각 세계의 현존과 풍요로움에 대한 우리의 인상이 착각이라고 제안하게 했다.[24] 우리는 어디를 보든 세부 사항과 마주치기 때문에 세계가 의식 속에 완전히 상세하게 표상된다는 인상을 받는다. 모든 세부 사항이 현존하지만, 이것은 가령 웹 사이트의 내용이 당신의 데스크톱에 현존하는 방식으로 오직 **가상적으로만** 현존한다(Minsky 1985; Dennett 1991; O'Regan 1992; Rensink 2000). 실제로는 그렇지 않음에도 불구하고 **마치** 원격 서버에 있는 모든 내용이 당신의 로컬 컴퓨터에 **현존하는** 것과 같은 이치다. 이러한 생각을 처음 표현한 사람은 민스키인데, 그는 "우리는 시각 체계에 대한 모든 질문에 마치 그 답이 이미 존재하는 것처럼 보일 정도로 신속하게 대답할 때 현실감을 느낀다"(1985,

---

[24] 지금 오레건은 이러한 결론을 조심스럽게 피한다.

257)라고 썼다.

세부 사항에 대한 시각적 알아차림이 일종의 **가상적 알아차림**이라는 생각은 중요하다. (이 책의 4장과 7장에서 중요한 역할을 한다). 이것은 시각이 경험된 세부 사항에 대한 풍성한 내부 표상을 구축하는 과정이라는 정설을 거두는 것이다. 이러한 생각이 입증하듯 만약 경험이 마흐식이 아니라면, 그러한 경험을 보조하기 위해 필요한 상세한 내부 표상을 뇌가 어떻게 만들어 낼 수 있는지를 설명하려는 노력은 그 방향이 잘못된 것이다.

세부 사항을 가상적으로 경험하기 위해 머릿속에 모든 세부 사항이 있을 **필요는** 없다. 필요할 때 관련 세부 사항에 빠르고 쉽게 접속하기만 하면 된다. 예를 들어, 데스크톱에서 읽기 위해 가령 『뉴욕타임스』 전체를 다운로드할 필요가 없는 것처럼, 눈앞에 펼쳐진 장면의 상세한 현존에 대한 감각을 갖기 위해 장면의 모든 세부 사항의 표상을 구축할 필요는 없다.

가상적 표상에는 장점과 단점이 모두 있다. 인터넷의 경우 단점은 분명하다. 네트워크의 신세를 진다는 점이다. 네트워크가 다운되면 자료를 사용할 수 없다. 하지만 장점도 분명하다. 네트워크에 **연결되어 있으면** 이미 활용 가능한 것을 더 저렴하고 더 간단하게 원격 사이트에서 사용할 수 있다. 해당 정보를 자신의 하드 드라이브에 다시 복제하는 비용을 들일 필요가 없다. 더욱이 업데이트 비용을 서버 관리자가 부담하게 할 수 있다. 웹 사이트에 로그인할 때마다 최신 뉴스를 읽을 수 있다.

시각에서 가상적 표상의 장점은 비슷하다. 세계에 대한 상세한 내적 모델을 구축할 필요가 없다. 세계는 바로 거기에 있으며 "그 자체의 최고의 모델"이 될 수 있다(Brooks 1991). 오레건(1992)도 세계가 "외부 기억 저장소" 역할을 할 수 있으며, 자신의 내부 메모리 드라이브에 세계를 다시 제시할(re-present) 필요가 없다고 제안하면서 같은 주장을 펼친다. 내부 처리를 세계에 떠맡기는 것은 우리의 인지적 삶을 단순화하는데, 이는 공학적·진화론적으로도 합리적이다.[25]

하지만 단점도 있다. 인터넷의 경우 네트워크의 신세를 지는 것처럼, 이 경우 우리는 시각 세계에 대한 지속적인 접근의 신세를 진다. 이때 시각 세계에 대한 접근은 우리 몸의 세부적인 본성과 우리가 특정 환경에 처한 방식에 따라 달라진다. 세부적인 세계는 우리 의식 속에 한꺼번에 모두 있지 **않다**. 따라서 세부적인 세계와 이루는 접촉은 그만큼 더 미약하다. 이러한 미약함은 시각이 내부 표상에 의존하지 않는다는 점을 확립하는 과정에서 발견된 심리 현상인 변화맹(change blindness)으로 설명할 수 있다.

상황을 꾸미기 위해 당신이 점심을 먹기 시작할 때 내가 당신에게 이렇게 말한다고 가정해 보자: "저기요? 저기 믹 재거 아닌가요?" 당신은 고개를 돌려서 본다. 그때 내가 감자튀김 하나를 낚아챈다. 당신은 고개를 다시 돌렸지만 전혀 눈치 채지 못한다. 접시에 있던 감자튀김의 정확한 개수나 배치도 기억나지 않고, 감자튀김을 빼앗길 당시 주의를 기울이고 있지도 않았기 때문이다.

드레츠키(Dretske 2004)가 말한 것처럼 우리가 이런 방식으로 **차이맹**(difference blind)이라는 이야기를 듣는 것은 새로운 일이 아니다. 예를 들어 우리는 도난 전과 후 감자튀김 접시의 모습의 차이를 알아보지 못한다. 표준적인 어린이 퍼즐은 두 장의 그림을 살펴보고 둘 사이의 차

---

25 1장, 주 15에 인용된 저자들 외에도 Clark(1997)이 이 생각을 발전시켰다.

이를 발견할 수 있는지 보는 것이다. 오레건, 렌싱크(Rensink), 사이먼스(Simons), 레빈(Levin) 등은 변화맹 연구를 수행했는데, 그 최종 결론은 감자튀김의 경우에서처럼 변화를 알아차리지 못하는 것이 우리의 시각적 삶에 널리 퍼진 특징이라는 것이다.[26] 단순히 차이맹이 아니라 **변화**맹인 경우, 즉 바로 눈앞에서 변화가 일어나도 우리는 변화를 알아차리지 못하는 경우가 많다.

일반적으로 변화가 눈앞에서 발생하면 그 변화와 관련된 움직임의 순간적인 깜빡임이 우리의 주의를 끌기 때문에 (시야 주변부에서 색종이 조각이 움직이는 것을 즉시 알아챌 수 있듯이) 이를 알아챈다. 이는 망막의 중심와 주위(parafoveal) 영역에 있는 세포의 속성으로 설명할 수 있다. 그러나 변화가 일어날 때 가령 다른 곳에서 동시에 깜빡임이 발생한 탓에 움직임의 순간적인 깜빡임을 알아차리지 못하면, 변화를 알아차리지 못할 수도 있다(O'Regan, Rensink, Clark 1996, 1999). 우리는 변화가 눈앞에 완전히 드러나 있는 때에도 변화를 알아차리지 못하는 경우가 많다. 변화가 일어날 때 변화를 바로 보고 있다는 것을 시선 추적기를 통해 확인할 수 있는 경우에도 변화를 알아차리지 못할 수 있다(O'Regan et al. 2000). 최근 케빈 오레건이 수행한 한 가지 주목할 만한 실증적 연구에서는 파리의 거리 풍경 사진을 보여 준다. 사진을 보는 몇 초 동안 전경에 눈에 띄게 전시된 자동차의 색이 빨간색에서 파란색으로 바뀐다. 이러한 변화는 극적이고 짧은 시간에 걸쳐 일어나는데, 지각자들은 색의 이러한 변화를 압도적으로 알아차리지 못한다. 색 변화

---

26 O'Regan, Rensink, and Clark 1996, 1999; Rensink, O'Regan, and Clark 1997, 2000; Simons and Levin 1998.

를 지적하면 지각자들은 큰 소리로 웃으며 변화를 놓칠 수 있었다는 사실에 놀라움을 표한다.

변화맹은 세부적인 내부 표상이란 없다는 사실을 보여 준다고 종종 이야기된다. 하지만 그렇지 않다. 변화맹은 우리가 시각에 현존하는 것에 대한 상세한 정보를 내부에 저장하고 있다는 사실과 충분히 양립할 수 있다.

실제로 최근의 여러 연구는 피험자들이 적절한 질문을 받을 때 그 변화를 미처 알아차리지 못했던 장면의 특징에 대해 많은 정보를 드러냄을 보여 준다. 예를 들어 한 연구에서는 운동복을 입은 젊은 여성이 농구공을 들고 길을 물어보는데, 피험자들은 주의를 분산시킨 순간 농구공이 배구공으로 바뀌는 것을 알아차리지 못하는 경향이 있다. 그런데 피험자들은 교체 사실을 알아차리지는 못했지만, 나중에 질문을 받았을 때 가령 처음 접근 시 여성이 어떤 종류의 공을 들고 있었는지에 대해서는 정확하게 "추측할" 가능성이 높았다.[27]

따라서 변화맹은 시각을 보조하는 데 필요한 표상이 가상적일 **수 있다는** 증거가 된다. 변화맹은 (상세한 내부 표상이 없다는 것을 보여 주지는 않지만) 우리가 장면의 상세한 내부 모델을 사용하지 않는다는 것을 시사한다. 정상적인 지각의 경우 장면의 상세한 내부 표상에 대한 온라인 접속은 없는 것으로 보인다.

변화맹에는 다른 중요한 함축도 있다. 그중 하나는 시각이 상당 정도 주의에 의존한다는 것이다(예를 들면 Rensink, O'Regan, Clark 1997).

---

[27] 다음을 참조. Simons et al. 2002; Angelone, Levin, and Simons 2003; Levin et al. 2002; Mitroff, Simons, & Levin 2004("Nothing compares 2 views: Change blindness can occur despite preserved access to the changed information". *Perception & psychophysics*, Vol. 66, 1268~1281).

주의가 다른 곳을 향하고 있을 때 변화가 일어나는 경우 변화를 알아채지 못하는 경향이 있다. 일반적으로 우리는 우리가 주목하는 것만 본다. 주의 범위 밖에서 무언가가 발생하면 그것이 완벽하게 가시적이더라도(즉 장애물이 없고, 중앙에 있고, 크더라도) 보지 못한다. 관련된 현상인 부주의맹(inattentional blindness)에 대한 문헌에 놀라운 사례가 나온다.[28] 이제는 유명한 한 연구에서 지각자들은 농구 경기 비디오테이프를 보고 한 팀이 공을 차진 횟수를 세도록 요청받는다(Neisser 1976; Simons and Chabris 1999). 몇 분간 지속되는 영상 클립(그림 2.6 참조)에서 고릴라 복장을 한 사람이 경기장 중앙으로 걸어와서 관객을 향해 몸을 돌리고 가볍게 덩실거린다. 그런 다음 천천히 코트 밖으로 걸어 나간다. 놀라운 사실은 (나를 포함한) 지각자들이 고릴라를 알아채지 **못한다**는 것이다.

    변화맹/부주의맹 연구의 두 번째 명백한 함축은 보다 철학적이다. 이것은 이미 암시되어 온 것인데, 변화맹과 부주의맹은 우리가 우리 경험의 특성에 대한 착각의 희생자라는 사실을 보여 준다는 것이다. 우리는 환경에 대한 시각적 인상을 자세하고 또렷하게 보는 것 같지만 그렇지 않다! 세부 사항에 대한 경험은 환상이다. 지각에 대한 전통적인 철학적 회의론은 사물이 우리가 경험하는 방식대로 존재한다는 것을 우리가 경험을 토대로 알 수 있는지 여부에 대해 의문을 제기한다. 변화맹은 경험에 대한 새로운 종류의 회의론을 제기한다. 새로운 회의론은 사물이 우리에게 지각적으로 어떻게 보이는지를 우리가 정말로 알고 있

---

28 이 용어는 맥(Mack)과 록(Rock)이 도입한 것이다. 이 현상에 대한 자세한 연구는 이들의 저서(1998)에 수록되어 있다. 이 장의 주제와 관련된 자세한 논의에 대해서는 Noë and O'Regan 2000 참조.

그림 2.6 경기를 관람하는 시청자는 고릴라를 알아차리지 못할 수 있다(Simons and Chabris 1999). 이것은 부주의맹의 사례다.

는지에 대해 의문을 제기한다. 이 새로운 회의론에 따르면 지각적 의식은 일종의 거짓 의식이다. 이러한 맥락에서 오레건은 "시각 기관의 질이 좋지 않음에도 우리는 시각 세계가 매우 풍부하며 시각 세계는 '현존'한다는 주관적인 인상을 받는다. 그러나 이러한 풍부함과 현존은 사실 착각이다"(1992, 484)라고 쓴다.[29]

수전 블랙모어(Susan Blackmore)와 동료들도 비슷한 생각을 표현했다. "우리는 안정적이고 균일하게 상세하며 다채로운 세계의 완전하고 역동적인 그림을 본다고 믿는다" 그렇지만 "우리의 안정된 시각 세계는 단순한 망막 이미지와 매우 대략적인 고차적 수준의 표상, 그리고 주의를 다시 끌기 위해 눈에 띄도록 작동하는 메커니즘(pop-out mechanism)으로 구성되어 있을 수 있다. 이러한 한 우리의 시각 세계의

---

[29] 앞에서 언급했듯이 오레건은 거대한 착각 가설을 더 이상 옹호하지 않는다. O'Regan and Noë 2001a, b 참조.

풍성함은 착각이다'(Blackmore et al. 1995, 1075).

　새로운 회의주의를 명료하게 표현하고 이를 뒷받침하기 위해 가장 많은 노력을 기울인 사상가는 대니얼 데닛이다. (그리고 그는 변화맹 발견 **이전에** 그렇게 했다. 그는 변화맹을 그야말로 예측했다. Dennett 1991, 467~468 참조).[30] 에델만은 '의식의 가장 놀라운 점 한 가지는 그 연속성이다'(1989, 119)라고 썼다. 이에 대해 데닛은 이렇게 답한다. "이것은 완전히 잘못된 생각이다. 의식의 가장 두드러진 특징 중 하나는 불연속성이다. 가장 간단한 예를 들자면 맹점, 그리고 도약안구운동의 틈에서 나타나는 것처럼 말이다. 의식이 불연속적이라는 것은 놀라운 일인데, **외관상으론** 의식이 연속적이기 때문이다."(1991, 356)

　이 발언은 데닛이 이의를 제기한 것이 경험 또는 의식 자체의 본성이라는 점을 매우 분명하게 보여 준다. 데닛의 주장은 우리가 의식의 진정한 본성을 잘못 알고 있다는 것이다. **실제로** 의식은 불연속적이다. **우리에게는** 연속적인 것처럼 **보이지만** 말이다. 요점을 역설적으로 표현하면 다음과 같다. 즉 사물이 우리에게 어떻게 보이는지에 대한 우리의 평가는 잘못임이 드러났다. 이는 데카르트가 이해할 수 있었을 법한 어떤 제안보다 더 급진적인 회의적 제안이다!

　우리는 맹점 채우기에 대한 논의와 관련하여 데닛의 회의적 추론을 이해할 수 있다. 앞서 언급했듯, 데닛은 채우기에 대한 논의가 의식에 대한 잘못된 철학적 이론을 드러낸다고 생각한다. 채우기에 대한 주장은 종종 신경적 채우기 과정에 대한 증거에 기반한다기보다는, 우리

30　이에 관한 데닛의 사고에 대한 상세한 논의는 다음을 참조. Pessoa, Thompson, and Noë 1998; Thompson, Noë, and Pessoa 1999; Noë, Pessoa, and Thompson 2000.

가 알고 있는 경험을 일으키기 위해 어떤 일이 **일어나야만 하는지**에 대한 철학적 독단에 의해 주도된다. 만약 경험적 사실로서 실제 채우기가 없다면, (데닛의 배경 가정을 고려할 때) 우리는 시각 경험의 특성에 대해 착각하고 있다는 결론에 이르게 된다. 한쪽 눈을 균일하게 색칠된 표면에 고정할 때조차도 시각 경험에는 빈틈이 없는 것처럼 보인다. 그러나 뇌가 채우지 않는다는 점을 고려할 때 벽에 대한 우리의 경험에는 빈틈이 **있으며** 우리는 단지 그 빈틈을 인식하지 못할 뿐이라는 결론에 이르게 된다. 이것은 실제로는 진정으로 불연속적인 현상이 **외관상 연속적으로 보이는 것**을 보여 주는 예다. 우리는 의식의 착각의 희생자다.

데닛은 두 번째 예로 반복되는 패턴이 있는 벽지에 대한 시각 경험을 제시한다. 마릴린 먼로의 얼굴이 반복되는 사진 이미지로 덮인 벽지를 본다고 가정해 보자. 방에 들어가면 마치 벽이 마릴린으로 덮여 있는 것처럼 보인다. 하지만 각각의 사진을 중심와에 연속적으로 맞출 수는 없다. 중심와와 중심와 주위 시력의 한계로 인해 한꺼번에 **모든** 사진을 볼 수는 없다. 시야 주변부에 있는 마릴린은 충분히 자세히 식별할 수 없다. 모든 마릴린을 보는 것 같은 인상을 설명하는 한 가지 방법은—이것은 채우기 제안이 될 것이다—말하자면 뇌가 내부 화면에 각각의 마릴린의 표상을 쌓아 올린다(즉, **채운다**)는 것이다. 데닛이 선호하는, 채우기에 반대하는 제안은 뇌가 몇 개의 마릴린을 감지한 다음 나머지도 마릴린이라고 "성급하게 결론 내린다"라는 것이다. 만약 이것이 실제로 일어나는 일이라면, 뇌는 수백 개의 마릴린에 대한 경험을 일으킬 만큼 충분한 표상을 산출하는 것이 아니다. 수백 개의 마릴린을 본다는 인상은 착각이다! 그런데 이 착각이 지각적 착각이 아니라는 점에 유의해야 한다. 수백 개의 마릴린이 있다는 판단은 옳다. 착각은 의식의 착각이다. 당신은 모든 마릴린을 경험한다고 생각하지만 사실은 그렇지 않다. 철학자들이 말하듯, **수백 개의 마릴린을 실제로** 경험하는 것이 아니다. 데닛은 다음과 같이 쓴다. "하나의 마릴린을 식별한 후 다른 얼룩들이 마릴린이 아니라는 정보를 받지 못한 상태에서 그것[뇌]은 나머지 얼룩들이 마릴린이라고 성급하게 결론 내리고 마릴린에 대한 어떤 추가 해석도 없이 전체 영역에 '더 많은 마릴린'이라는 라벨을 붙인다. 물론 당신에게는 이런 식으로 여겨지지 않는다. 당신에게는 마치 수백 명의 똑같은 마릴린을 실제로 보는 것처럼 여겨진다."(1991, 335)

수백 개의 마릴린을 실제로 경험하고 있는 것 같지만 사실은 그렇지 않다. 마릴린 모두에 대한 내부 표상이 없다는 것은 그러한 경험을 하는 데 필요한 내부 기층이 없다는 것을 의미한다. 마릴린에 대한 당신의 지각 경험은 작화(作話, confabulation)다.

2.4 시각 세계는 거대한 착각인가?

데닛과 다른 사람들이 주장했듯 우리는 우리 자신의 의식 경험의 특성에 관련하여 근본적으로 잘못되었는가? 변화맹과 맹점에 대한 고려를 바탕으로 하는 새로운 회의론자의 주장은 성공할 수 있을까? 나는 그렇지 않다고 생각한다.[31]

먼저 맹점의 경우를 생각해 보자. 한쪽 눈만으로 보는 조건에서조차 맹점에 해당하는 시야의 틈을 알아채지 못한다는 것은 분명 맞다. 일

---

31 Noë, Pessoa, and Thompson 2000과 Noë 2002c에서 그렇게 주장했다.

반적으로 한쪽 눈을 감고 다른 쪽 눈으로 벽을 응시하면 틈이 없는 넓은 벽을 보는 것 같은 시각 경험을 하게 된다. 즉 마치 벽이 끊어지지 않고 넓게 펼쳐져 있는 것처럼 보인다. 그러나 이것은 하나의 고정된 시선 안에서 **벽의 표면 전체**를 경험하는 것처럼 보인다는 뜻은 아니다. 벽을 바라보는 것이 어떤 느낌인지 곰곰이 생각해 보면, 마치 벽 전체가 한꺼번에 있는 것처럼 보이지만 벽 표면의 모든 부분이 의식 안에 한꺼번에 표상되지는 않는다는 것을 알 수 있다. 그게 아니라 우리는 벽이 현존한다고 경험하고, 여기저기를 바라보거나 주목함으로써 나 자신이 벽에 접근 가능하다고 경험한다. 벽 전체, 벽의 모든 부분을 의식 속에서 한꺼번에 경험하는 것은 일반적인 현상학에서 흔히 나타나는 일이 아니다.[32]

마릴린 먼로 벽지 사례에 대해서도 같은 종류의 지적을 할 수 있다. "마치 수백 명의 똑같은 마릴린을 실제로 보는 것처럼 여겨진다."(Dennett 1991) 이 말은 어떤 의미에서는 맞지만 다른 의미에서는 틀리다. 이 말이 벽의 한 지점에 시선을 집중해 고정하고 있는 동안 **모든** 마릴린에게 분명하게 초점이 맞춰져 있는 것처럼 보인다는 의미라면 이 말은 틀렸다. 벽의 한 지점에 시선을 고정할 때 마릴린 모두를 볼 수 없고, 마치 볼 수 있는 것처럼 보이지도 않는다. 초점 바로 중앙에 있는 것(중심와 영역에 해당하는 벽의 부분)만 선명하게 볼 수 있다. 하지만 초점 밖에 있는 많은 마릴린은 또렷한 고해상도로 섬세하게 현존하는 것처럼 보이지 않는다. 그것들은 현존하는 것처럼 보이는 것이 사실이지만 마흐의 그림이 제시하는 방식으로 현존하지는 않는다. 그런데 모

---

[32] 이러한 비판의 후속 전개에 대해서는 Thompson, Noë, and Pessoa 1999 참조.

든 마릴린에 대한 상세한 내부 표상이 없다는 점이 전복하는 것은 모든 마릴린을 한꺼번에 선명하게 볼 수 있다고 제안하는 이 마흐식 보기뿐이다. 데닛의 주장—"마치 수백 명의 똑같은 마릴린을 실제로 보는 것처럼 여겨진다"—은 대략 우리가 시각에 근거하여 마틸린들로 덮여 있는 벽이 현존한다는 인상을 받는다는 의미로 받아들일 때만 옳다.

핵심은 바로 이것이다. 회의를 불러일으키는 추론은 하나의 고정된 시선의 특성에서 보는 것 자체의 특성을 잘못 추론해 낸 데 의존한다는 것이다. 벽의 한 지점을 응시할 때 주변부의 색이 보이지 않는다는 사실이 시야 주변부에는 색이 없다는 결론으로 이어지지는 않는다. 나의 시야, 즉 나의 시각 세계는 고정된 시선에서만 주어지는 것이 아니다. 오히려 시야는 **주위를 둘러봄**으로써 확보된다. 우리는 이쪽을 보고 저쪽을 보는 방식으로 세계에 접근하고, 우리의 경험은 그 세계를 내용으로 획득한다. **하나의 고정된 시선** 안에서 모든 세부 사항을 파악한다고 여기는 것은 우리의 현상학적 이해와 무관하다.

회의를 불러일으키는 주장은 평범한 지각자인 우리가 마흐의 스냅샷 개념과 같은 방식으로 시각 경험을 한다고 주장하는 것 같다. 이 개념에 따르면 시각 경험은 고해상도의 초점으로 장면의 세부를 선명하게 표상하는 스냅샷과 같다. 회의론자는 우리의 경험이 스냅샷 같지 않다는 점, 즉 맹점, 중심와 부근의 흐릿한 시각 등이 있다는 점을 설득력 있게 지적하며, 우리가 우리 의식의 특성에 대한 착각의 희생자라는 결론을 내린다.

그러나 문제의 오류, 즉 경험에 대한 스냅샷 개념, 마흐의 그림은 일반 지각자가 범하는 오류가 아니다. 아마도 이것은 지각에 대해 심리학자나 철학자들이 당연하게 여기는 관념일 것이다. 적절한 유도 질문을 받으면 많은 평범한 지각자들은 경험을 이런 식으로 기술하는 데 아마도 동의할 것이다. 그러나 이것은 우리가 실제로는 경험을 이런 식으로 여기지 않는다는 사실과 양립할 수 있다.

변화맹에 대해서도 정확히 비슷한 말을 할 수 있다. 블랙모어와 그녀의 동료들이 제안한 것처럼(100~101쪽 인용문 참조) 정상적인 지각자인 우리가 "안정적이고 균일하게 세밀하며 다채로운 세계의 완전하고 역동적인 그림을 본다고 믿는다"라는 것은 사실이 아니다.[33] 물론 우리에게는 우리가 풍부하게 세밀하고 완전하며 빈틈없는 세계에 지각적으로 접근할 수 있는 것처럼 **정말로** 보인다. 그리고 실제로 그렇다! 우리는 우리가 고해상도 환경과 마주하며 그 속에 착근되어 있다고 생각한다. 그런데 우리는 그러한 세부 사항에 우리가 접근할 수 있다고 여기지만 한꺼번에 그럴 수 있다고는 여기지 않으며, 우리 눈과 머리의 움직임, 그리고 주의의 이동 덕분에 그렇게 할 수 있다고 여긴다.[34]

렌싱크가 제기한 질문을 생각해 보자. "왜 우리는 뇌의 어딘가에 전체 장면에 대한 완전하고 일관된 표상이 있다고 느끼는가?"(2000,

---

[33] 블랙모어는 "우리가 눈을 뜨고 주위를 둘러볼 때 우리는 마치 우리가 세계의 풍부하고 끊임없이 변화하는 그림을 경험하고 있는 것처럼 느낀다"(2002, 19)고 쓴다. 그녀의 1995년 공동 연구(Blackmore et al. 1995)를 상기시키는 말이다. 그러나 그녀는 내 견해에 훨씬 더 가까워졌다. 같은 논문에서 블랙모어는 이렇게 쓴다. "우리 의식의 흐름의 내용이 될 수 있는 안정되고 풍부한 시각적 표상은 우리 마음속에 없다 … 그런데도 있는 것처럼 보인다. 그렇지 않은가? 과연 그런가? … 나는 우리 모두 다시 살펴볼 필요가 있다고, 끈기와 연습을 통해 매우 열심히 살펴볼 필요가 있다고 제안한다"(2002, 23). 이는 그녀가 이제 우리 경험(현상학)의 특성에 대한 보다 신중한 성찰은 모든 세부 사항이 의식 안에 있는 것처럼 우리에게 보인다는 주장을 뒷받침하지 않는다고 믿는다는 것을 시사한다.
[34] 비판의 이러한 노선에 대한 자세한 논의는 다음을 참조. Noë, Pessoa, and Thompson 2000, Noë and O'Regan 2000, 그리고 O'Regan and Noë 2001a, Noë 2002c, Noë 2005.

28) 그러나 이 질문은 잘못된 전제에 의존한다. 우리는 마치 우리 뇌 어딘가에 장면에 대한 완전하고 일관된 표상이 있는 것처럼 여기지 **않는다**. 지각 경험은 뇌가 아니라 세계를 향해 있다.

장면을 볼 때 머릿속에 상세한 그림이 있다는 생각(스냅샷 개념)을 지각자가 지지하지 않는다는 내 말이 맞다면, 지각자가 변화맹의 결과에 놀란다는 사실은 어떻게 설명할 수 있을까? 놀라움 자체야말로 문제 되는 스냅샷 경험 개념에 우리가 동의한다는 사실을 보여 주는 것이 아닐까? 이런 반론을 제기한 사람은 데넷이다.

정상적인 지각자들은 왜 [지각의 한계에 대한 관련 사실에] 주의를 기울일 때 그러한 놀라움을 표현하는가? 놀라움은 실험에서 더 자주 사용해야 하는 훌륭한 종속 변수인데, 이는 놀라움이 측정하기 쉬운 데다 피험자가 **다른 것을 기대했다는 사실**을 설득력 있게 드러내기 때문이다. 실제로 이러한 기대는 정상적으로 착근된 지각자, 행위주체의 적절한 기댓값을 초과하며, 사람들은 이러한 기대를 품어서는 안 되는데도 실제로는 그렇게 한다. 사람들은 충격 받고 믿지 못하고 당황하며, 결과를 처음 보게 될 때 종종 웃고 비명을 지르기도 한다. 이러한 행동 반응은 그 자체 좋은 자료이며 설명을 요구한다. (2001, 982, 그리고 2002 참조)

이것은 중요한 반론이지만 쉽게 반박할 수 있는 반론이기도 하다. 사람들이 변화맹과 부주의맹에 관련된 사실에 직면할 때 놀라움을 경험한다는 사실은 실제로 이러한 실증으로 그들의 믿음이 흔들린다는 것을 보여 준다.[35] 그러나 그렇다고 해서 그들이(우리가) 스냅샷 개념에 동의한다는 해석을 내릴 필요는 없다. 이 놀라움은 우리가 실제보다 변화를 더 잘 알아차린다고 생각하거나 주의를 흩뜨리는 영향에 실제보다 훨씬 덜 취약하다고 생각하는 경향이 있다고 가정함으로써 간단히 설명할 수 있다. 이러한 설명은 스냅샷 개념의 이데올로기를 강요하지 않으면서도 우리가 결과에 직면할 때 느끼는 놀라움을 그럴듯하게 해명해 준다.

놀라움은 설명을 요구하지만, 놀라움이 없는 것도 마찬가지다. 우리는 일상생활에서 주변 사물을 더 잘 보기 위해 눈과 고개를 움직일 필요가 있다는 사실에 놀라거나 당황하지 **않는다**는 사실에 주목해 보자. 우리는 눈으로 들여다보고, 눈을 가늘게 뜨고, 고개를 앞으로 숙이고, 조명을 조절하고, 안경을 착용하는 등의 행동을 자동적으로 한다. 주변 환경에 대한 상세한 정보가 우리에게 바로 있지 않다는 사실에 우리가 놀라지 않는다는 사실은 우리 자신이 모든 정보를 한꺼번에 의식에 담아 두지 않는다고 여긴다는 것을 보여 준다. 우리가 스냅샷 개념을 지지한다면, 환경에 대한 정보를 얻기 위해 주의를 지속적으로 환경으로 돌려야 할 필요성에 놀라지 않겠는가?

---

35 레빈(2002)은 지각자가 시각적 변화를 감지하는 정도에 대해 초지일관하게 과신한다는 사실을 실험적으로 보여 주었다. 그는 이것이 자신과 동료들이 변화맹에 대한 무지 또는 CBB(change blindness blindness)라고 부르는 "더 깊은 메타인지적 오류"의 증거라고 주장한다(Levin et al. 2000). CBB는 널리 퍼져 있는 메타인지적 오류이며, 공공 정책 문제(예를 들어 목격자의 신뢰성 평가, 교통사고의 책임 평가, 인간/기계 인터페이스 설계 등)에서 잠재적으로 매우 중요할 수 있는 오류라고 그는 지적한다. 레빈은 거대한 착각이 정말로 존재한다고 주장하지만, 사람들이 일반적으로 시각 경험에 대해 속지 않는다고 설명하는 데에도 주의를 기울인다. 확실히 그는 정상적인 지각자가 마흐식의 그림과 같은 것에 빠진다는 증거를 제시하고 있지 않다.

마지막으로, 손이 눈보다 빠르다는 격언을 실천하는 예술가, 마술사, 무대 디자이너, 촬영감독은 변화맹의 결과에 놀라지 않을 것이라는 점에 주목할 필요가 있다. 왜 그럴까? 세계에 대한 우리의 지각적 접근은 견고하지만, 허술하고 취약하기 때문이다. 어떻게 다르게 생각할 수 있을까? 초상화 시리즈를 작업 중인 한 예술가 친구가 나에게 앉아 달라고 부탁했다. 나는 그의 열광적인 보기 활동에 깜쯕 놀랐다. 그림 작업은 나와 캔버스를 끊임없이 왔다 갔다 하는 패턴으로 진행되었다. 세부 사항은 그의 기억이나 내부 표상에 있는 것이 아니었다. 그것은 그의 피사체('나') 안에서 찾아야 하는 것이었다.

지금까지 밝혀진 내용을 요약해 보자. 첫째, 새로운 회의론은 몇 가지 점에서 옳다. 예를 들어 경험이 스냅샷 개념에 부합하지 않는다는 것은 옳다. 따라서 그렇게 생각된 경험을 어떻게 만들어 내는지에 대해 시각과학이 관심을 가져서는 안 된다는 것도 옳다. 그러나 새로운 회의론은 지각 경험이 우리, 즉 평범한 지각자에게 실제로 어떻게 여겨지는지에 대한 상당히 잘못된 특성화에 기반을 두고 있는 것 같다. 특히 그것은 스냅샷 개념과 같은 것을 우리에게 부여한다. 우리가 스냅샷 개념을 지지하지 않는다는 것을 인식하면 회의론에 저항할 수 있다. 우리는 환경에 관련된 모든 세부 사항을 의식 속에서 한꺼번에 경험한다고 여기지 않는다. 우리는 우리가 특정한 환경 상황에 처해 있다고 여기며, 눈과 고개를 돌리고 몸의 위치를 바꿈으로써 필요에 따라 환경의 세부 사항에 접근할 수 있다고 여긴다.

2.5 지각적 현존 문제

아직 끝나지 않았다. 시각 세계가 거대한 착각이라는 가설을 너무 성급하게 버려서는 안 된다. 변화맹의 한 가지 결과는 우리가 오직 주목하는 것만 보고 경험한다는 것이다. 그러나 우리가 장면의 적어도 일부 주목되지 않은 특징에 대한 지각적 알아차림을 누린다는 것은 우리의 현상학의 기본 사실이다. 예를 들어 나는 당신을 바라보며 당신에게만 집중할 수 있다. 하지만 당신 뒤 배경에 있는 벽의 현존, 벽의 색, 벽과 당신 사이의 거리에 대한 감각도 가질 수 있다. 확실히 그렇게 보인다. 새로운 회의주의의 함정에 빠지지 않으려면 장면의 주목되지 않은 특징에 대한 지각 경험을 어떻게 누릴 수 있는지 설명해야 한다. 이를 지각적 현존 문제라고 부르겠다.

보다 일반적으로 우리는 다음과 같이 질문할 수 있다. 세부적인 환경의 현존에 대한 우리의 감각은 우리가 그것을 본다는 사실이 아니라면 무엇으로 구성될까? 우리가 세계의 모든 세부 사항을 **보지** 않는 것 같음에도 불구하고 어떻게 세계는 시각적으로 매우 상세하게 현존하는 것처럼 우리에게 보일 수 있을까?

지각적 현존 문제는 우리로 하여금 거대한 착각 퍼즐에 다시금 직면하게 한다. 그런데 퍼즐의 이 버전은 현상학적으로 부적절한 경험의 스냅샷 개념을 우리에게 잘못 부여하는 데 의존하지 않기 때문에 더 강력하다. 여기에서 필요한 것은 우리가 때때로 주목되지 않은 세부 사항을 지각적으로 알아차린다는 사실을 인정하는 것뿐이다. 누가 그것을 부정할 수 있을까?

지각적 현존 문제에 대한 해답을 찾기 위해 가령 눈을 감고 병을 손에 쥐었을 때 누리게 될 지각 경험을 생각해 보자.[36] 이러한 경우 서로 떨어져 있는 몇몇 지점들에서만 병에 접촉함에도 병 전체의 현존에 대한 감각을 느낀다. 이러한 방식의 경험이 어떻게 실제로 주어진 것을 능가하는지 설명할 수 있을까? 아니면 병 전체에 대한 감각이 일종의 작화라고 인정해야 할까?

다른 경우를 생각해 보자. 고양이 한 마리가 울타리 저편에 움직이지 않고 앉아 있다. 엄밀히 말하면 당신은 울타리 너머의 고양이 일부분만을 보는데, 당신에게는 고양이의 현존에 대한 감각이 있다. 어떻게 이런 식으로 고양이 전체에 대한 지각 경험을 할 수 있을까?

이는 지각적 현존 문제를 보여 주는 사례다. 우리에게는 엄밀히 말해 우리가 지각하지 않는 것의 현존에 대한 감각이 있다.

이 현상을 설명하는 한 가지 방법은 고양이나 병을 부피가 있는 전체로 경험하려면 병이 무엇인지, 고양이가 무엇인지에 대한 지식을 활용해야 한다는 점을 주시하는 것이다. 우리는 개념적 기술을 발휘한다. 이는 의심할 여지없이 맞다. 고양이를 고양이**로서**, 또는 전체**로서** 경험한다는 것은 그것을 어떤 개념에 해당하는 것으로 경험하는 것이다. 하지만 이것이 이야기의 전체가 될 수는 없다. 우리가 원하는 것은 가령 거기에 병이 통째로 있다거나 고양이 한 마리가 통째로 있다는 우리의 **생각**이나 **판단** 또는 **믿음**에 대한 설명이 아니기 때문이다. 우리가 원하는 것은 사물의 현존에 대한 우리의 지각적 감각에 대한 설명이다.

결정적으로—그리고 이것은 현상학적 요점이다—고양이와 병은

---

[36] 손에 쥔 병의 이러한 예는 MacKay(1962, 1967,1973)가 처음 사용했다. 이후 O'Regan(1992), Clark(1997), Noë(2001)가 이 예를 사용했다.

지각적으로 하나의 전체로서 존재하는 것처럼 보인다. 엄밀히 말해 눈에 보이지 않는 환경의 세부 사항은 우리가 그것을 한꺼번에 보지 않음에도 지각적으로 현존하는 것처럼 보인다. 우리는 이러한 특징이 현존한다고 그저 **생각하는** 것이 아니다. 실제로 지각적 현존에 대한 이러한 감각은 해당 믿음의 유무에 따라 달라지지 않는다.

이 마지막 요점은 카니자(Kanisza)의 도해인 그림 2.7을 생각해 보면 쉽게 이해할 수 있다. 우리는 이 그림을 삼각형이 세 개의 원판을 부분적으로 가리고 있는 것으로 자연스럽게 지각한다. 우리는 가려진 부분들의 현존을 그저 **생각하는** 것이 아니다. 그것들은 분명 현존하지 **않고**, 시야에서 가려져(또는 그려지지 않은 채로) 있으며, 마치 시야에서 가려진 것처럼 **보인다**. 우리는 가려진 부분들의 부재를 명백하게 경험하면서도 그것들의 현존을 경험한다. 그들은 **부재하는 것으로서** 현존한

그림 2.7 카니자 삼각형: 위쪽 삼각형의 윤곽은 착시다.

다.[37] 원판의 지각적 현존에 대한 우리의 감각은 가려진 부분들이 사실은 현존하지 않는다는 명시적인 인식으로 인해 크게 달라지지 않는다.

이 현상은 심리학자들이 **몰양상적 지각**이라고 부르는 현상의 한 예다. 우리는 카니자의 그림에서 원판의 가려진 부분들이 지각에 **몰양상적으로** 현존하는 것으로 경험한다. 가려진 부분들은 실제로 지각되지 않은 채 **지각적으로** 현존한다. 이러한 현상, 즉 지각적 현존, 몰양상적 보기는 지각에서 매우 광범위하게 일어난다. 앞서 언급한 사례들, 즉 우리가 실제로 모든 세부 사항에 주의를 기울이는 것은 아니거나 모든 세부 사항을 알아채는 것은 아님에도 불구하고 환경을 상세하게 경험하는 경우, 울타리 뒤에 있는 고양이를 전체로 경험하는 경우, 병의 일부만 만졌음에도 병 전체를 경험하는 경우는 지각적 현존 현상의 예로 생각할 수 있다. 또한 가령 토마토의 마주하는 면만 볼 뿐임에도 토마토를 입체적이고 둥근 것으로 경험하거나 의자가 테이블 때문에 부분적으로 시야에서 가려졌음에도 의자를 전체적이고 온전한 것으로 경험하는 것과 같은 부피감에 대한 시각 경험 등 다른 많은 사례들도 있다. 또 다른 사례로 색 항등성을 들 수 있는데, 우리는 벽의 색이 장소에 따라 조명 탓에 눈에 띄게 달라짐에도 벽을 균일한 색으로 경험한다. (이에 대해서는 4장에서 자세히 논의할 것이다.)

따라서 지각적 현존 현상을 이해하는 것은 새로운 회의주의가 제기하는 거대한 착각 문제를 명확히 하는 것일 뿐만 아니라 일군의 중심적인 지각 현상들(일반적으로 함께 묶이지 않는 현상들)을 이해하는 것이기도 하다.

---

37 이에 대한 좀 더 자세한 논의는 Thompson, Noë, and Pessoa 1999 참조.

전통적인 정설은 우리가 경험된 세부 사항에 해당하는 내부 모델을 구축한다고 가정함으로써 지각적 현존 문제에 접근한다. 그런데 이러한 접근은 우리가 이미 고려한 장애물에 직면한다. 예를 들어 변화맹에 대한 연구는 우리가 지각할 때 그러한 세부적인 내부 모델을 사용하는지 여부에 대해 의문을 제기한다.

그러나 정통적 전략에 의문을 제기해야 할 더 근본적인 이유가 있다. 병이 그 자체로 정보의 저장소 역할을 하는데 왜 뇌가 병의 모델을 산출하는 수고를 해야 하는가? 병에 관해 필요한 모든 정보는 세계에서 얻을 수 있다. 손을 움직여 수집하기만 하면 된다. 고양이도 마찬가지다. 필요한 때 눈과 머리를 움직이면 필요한 모든 정보를 얻을 수 있는데 왜 뇌가 고양이의 모든 세부 사항을 표상해야 하는가(Dreyfus[1972] 1992; Minsky 1985; Brooks 1991; O'Regan 1992; Clark 1997)?

나는 정통적인 전략의 인기가 경험의 스냅샷 개념에 대한 암묵적인 가정에서 비롯되었다고 제안하고 싶다. 많은 사상가들은 우리가 장면을 볼 때 전체 장면을 의식 안에 한꺼번에 표상한다고 암묵적으로 가정한다. 나는 이 가정이 잘못이라는 것, 우리의 현상학을 왜곡하는 잘못된 설명이라는 것을 인정할 것을 촉구했다. 지금 나는 고양이의 모든 부분을 볼 수 있는 것 같지 않지만, 마치 고양이 전체를 지각하는 것 같고, 또한 마치 고양이 몸의 지각되지 않는 부분도 현존하는 것만 같다. 결국 나는 고양이가 울타리 뒤에 부분적으로 숨어 있는 것을 **볼** 수 있다! 이것이 바로 몰양상적 지각의 특징이다. 즉 **시야에서 벗어난** 바로서 지각되는 것의 현존을 경험한다.

내 생각으로는 이 현상학적 권고야말로 전체 문제의 핵심이다. 내가 제안하는 방식으로 현상학을 더 명확히 이해한다면, 우리가 고양이 전체를 의식 안에 한꺼번에 표상한다는 생각을 지지하는 것이 고양이 전체의 지각적 현존에 대한 우리의 감각에 필수적이지 않음을 알 수 있다. 우리에게 필요한 것은 우리가 지금 고양이 전체에 **접근**할 수 있다는 사실을 받아들이는 것이다. 고양이, 토마토, 병, 세부적인 장면은 모두 우리가 지각적으로 접근할 수 있다는 의미에서 지각적으로 현존한다. 그것들은 접근 가능한 것으로 지각에 현존한다. 이런 의미에서 그것들은 **가상적으로** 현존한다.

이러한 접근 가능성의 토대는 우리에게 감각운동 기술이 있다는 것이다(O'Regan and Noë 2001a, b). 특히 지각적 현존의 기초는 그러한 감각운동 기술에서 찾을 수 있는데, 이러한 기술의 보유는 내가 제안한 방식으로 감각적 지각을 구성한다. 내가 눈을 깜빡이면 고양이가 완전히 보이지 않지만, 오른쪽으로 몇 센티미터 움직이면 이전에 숨겨져 있던 고양이 옆면의 일부가 시야에 들어온다는 사실이 울타리 뒤에 있는 고양이와 나의 관계를 매개한다. 울타리의 칸막이 뒤에 숨겨져 있는 것의 지각적 현존에 대해 지금 느끼는 감각은 내가 몸을 움직이면 올바른 종류의 "새로운 고양이" 자극을 산출할 수 있을 것이라는 기대에 있다.

이런 식으로 우리는 가령 토마토 전체의 지각적 현존에 대한 우리의 느낌을 설명할 수 있다. 토마토의 부피와 뒷면 등 토마토의 전체성에 대한 우리의 지각적 감각은 우리 몸을 왼쪽이나 오른쪽으로 움직이면 토마토의 더 많은 부분이 시야에 들어올 것이라는 암묵적인 이해(기대)로 이루어진다. 토마토의 보이지 않는 부분과 우리의 관계는 감각운동 상호의존성의 패턴에 의해 매개된다. 가림(occlusion) 현상에 대해서도 전반적으로 비슷한 점을 지적할 수 있다.

일반적으로 세부적인 세계의 지각적 현존에 대한 우리의 감각은 우리가 모든 세부 사항을 의식에 지금 표상하는 데 있지 않다. 그러한 감각은 모든 세부 사항에 대한 우리의 접근 가능성, 그리고 이러한 접근이 가능하다는 우리의 지식에 있다. 이 지식은 우리가 고양이 및 병과 맺는 관계를 매개하는 감각운동 의존의 규칙들에 대한 편안한 숙달의 형식을 띤다. 울타리 뒤에 있는 고양이 전체의 현존에 대한 나의 감각은 눈이나 머리, 또는 몸을 움직여서 숨겨져 있는 고양이의 일부가 시야에 들어오게 할 수 있다는 나의 지식, 나의 암묵적인 이해에 정확히 있다. 이것은 지각에 대한 행위 기반 또는 감각운동적 접근의 핵심 주장 중 하나다(O'Regan and Noë 2001a, b).

예를 들어 옆방의 현존에 대한 감각도 느낄 수 있다. 하지만 옆방의 현존에 대한 감각은 그것의 **지각적** 현존에 대한 감각이 아니다. 가령 벽 반대편에 있는 공간은 마치 지금 **보이는** 것처럼 느껴지지 않는다. 이는 옆방과 나의 관계가 토마토와 고양이 및 세부 환경과 나의 관계처럼 감각운동 의존의 패턴에 의해 매개되지 않는다는 사실로 설명된다(O'Regan and Noë 2001a). 가령 위아래로 뛰고, 몸을 돌리고, 불을 켜고 끄고, 눈을 깜박이는 등의 행동을 해도 옆방의 현존에 대한 감각에는 전혀 영향을 미치지 않는다.

이것이 맞을까? 한 가지 문제는 나는 분명 옆방을 시각적으로 경험하지 않지만, 그 방과 나의 관계는 토마토의 뒷면이나 울타리 뒤의 고양이와 나의 관계만큼이나 감각운동 의존의 패턴에 의해 매개된다는 것이다. 확실히 옆방과 관련하여 몸을 움직이면 옆방이 시야에 들어오게 할 수 있다. 그냥 저쪽으로 걸어가기만 하면 된다. 그렇다면 이 이론은 우리가 옆방을 **본다는** 의도하지 않은 결과를 가져오는 것 같다. 이런 의미에서 이 이론은 너무 강하다. 두 번째 문제는 다른 방향으로 진행된다. 나는 토마토의 가려진 부분이 보이지 않더라도 토마토의 가려진 부분의 지각적 현존에 대한 느낌을 가질 수 있다고 주장했다. 이 이론은 이를 설명할 수 있을 만큼 충분히 강력한가? 토마토의 가려진 부분에 대한 나의 관계가 **시각적**이라는 것은 어떤 의미에서인가? 토마토 위를 기어가는 개미는 보이지 않을 텐데 말이다.

이 이론에는 이러한 반대에 답할 수 있는 자료가 있다. 반대에 답하려면 두 가지 다른 종류의 감각운동 관계를 구분할 필요가 있다. 세계에 대한 우리의 감각적 관계는 두 가지 차원에 따라 달라진다. 이 관계는 몸의 미세한 움직임이 감각 자극을 조절할 때 **움직임**에 의존한다. 그러나 대상을 볼 때 대상과 우리의 관계는 **대상**에 의존하기도 한다. 즉 **대상의** 움직임은 감각적 변화를 일으킨다. 일반적으로, x를 볼 때, x와 나의 관계는 움직임에 의존하는 동시에 대상에 의존한다. (앞서 살펴보았듯이 감각 자극의 대상 의존성은 변화를 지각하는 능력을 설명하는 데 중요한 역할을 한다.) 물체를 지각하는 것은 일반적으로 두 종류의 감각운동 기술을 사용하는 것이며, 지각자는 움직임의 감각적 효과뿐만 아니라 환경의 변화가 산출하는 감각적 효과에도 친숙하다.

이 구분이 첫 번째 문제에 미치는 영향은 다음과 같다. 옆방과의 관계는 움직임에 의존하긴 하지만 대상에 의존하지는 않기 때문에 지각적이지 않다. 옆방 속 움직임이나 변화는 (시각적인) 감각적 변화를 유발하지 않는다. 또한 옆방과 우리의 관계는 움직임에 의존하지만 눈앞에 있는 토마토와 우리의 관계보다는 덜 그렇다. 눈을 깜빡이는 것은 눈앞의 토마토와 우리의 관계에는 영향을 미치지만 옆방과 우리의 관계에는 영향을 미치지 않는다.

두 번째 문제, 즉 우리는 토마토의 숨겨진 부분을 실제로 볼 수 없다는 점에 대해 고려해 볼 점은 토마토와 우리의 관계는 움직임에 크게 의존할 뿐만 아니라 대상에도 의존한다는 점이다. 토마토의 먼 쪽이 움직인다면 토마토가 당신의 주목을 끌 가능성이 높다. 토마토 위를 기어가는 개미가 보이지 않는 것은 사실이다. 그러나 이것은 바로 우리가 원하는 결과다. 결국 개미는 지각적으로 현존하지 않는다.[38]

이러한 고려는 엄밀히 말해 보이지 않는 것(토마토 뒷면)의 지각적 현존에 대한 느낌과 보이지 않는 항목(옆방)의 (비지각적) 현존에 대한 느낌 사이의 차이가 정도의 문제임을 보여 준다.

2.6 마음의 과잉 지성화: 드레퓌스에 대한 답

지각적 현존 문제에 대한 해결책은 지각이 감각운동 의존의 패턴에 대한 지각자의 숙달뿐만 아니라 지각자가 자신과 환경의 관계가 그러한 지식으로 매개된다는 사실을 **알고 있다**는 사실로도 구성된다는 것을 인

---

[38] 여기에서는 다음 논문들에서 전개된 논증의 노선을 따르고 있다. O'Regan and Noë 2001a, b; Noë and O'Regan 2000; O'regan, Myin, & Noë 2005("Sensory consciousness explained (better) in terms of 'corporality'and 'alerting capacity'". *Phenomenology and the cognitive sciences*, Vol. 4, 369~387). 그러나 이 논문들에서 우리는 감각운동 의존의 **신체성**을 그것의 **경고 능력**과 대조한다. 신체성은 본문에서 운동 의존성이라고 부르는 것을 정확하게 가리킨다. 그러나 "경고 능력"은 대상 의존성을 가리키지 않으며 (즉, 대상의 움직임이 감각적 변화를 일으키는 방식), "유입되는 감각 자극이 주의에 선제적으로 영향을 미치는" 방식을 가리킨다. 오래건이 이러한 생각을 제안했는데, 그는 가로 좌표는 신체성의 정도를, 세로 좌표는 경고 능력의 정도를 나타내는 데카르트식 좌표에 모든 감각질(qualia)이 표시될 수 있는 "현상적 그래프"를 구축하자고 제안했다. 다음 논문을 참조. O'Regan, Myin, and Noë 2005. 우리는 이 논문들에서 이러한 생각을 발전시키려고 노력했으며, 현재까지는 다소 제한적인 성공을 거두었다.

정하는 데 있다. 이러한 추가 지식이 필요함은 분명하다. 가려진 표면의 완전히 보이지 않는 부분을 어떻게 지각적으로 현존하는 바로서 경험할 수 있을까? 그것의 현존에 대한 감각은 그것으로부터 자극을 받는다는 사실만으로 간단히 설명할 수 없다. 왜냐하면 가려져 있을 때는 그렇지 않기 때문이다. 또한 가려진 표면의 현존에 대한 지각적 느낌은 그 표면과 우리의 관계가 감각-운동 의존의 패턴에 의해 매개된다는 단순한 사실로 설명되지 않는다. 실제로 지각되지 않는 것의 지각적 현존에 대해 당신이 지금 느끼는 감각을 설명할 수 있는 것은, 가려진 표면과 당신의 관계가 관련된 감각-운동 상호의존성에 의해 매개된다는 사실에 대한 당신의 이해뿐이다. 이러한 지식으로 당신의 움직임의 잠재적 효과를 당신이 현재 경험하는 것과 연관시킬 수 있다.

하이데거의 입장을 발전시킨 휴버트 드레퓌스(Hubert Dreyfus)는 (개인적인 소통에서) 내가 여기에서 전개한 행위 기반 접근이 마음을 지나치게 지성화할 위험이 있지 않은지 의문을 제기했다. 이 접근은 우리의 감각운동 기술의 토대가 우리와 환경 간 관계의 특성에 대한 지적인 지식이라고 가정하기 때문이다. 하이데거의 사상을 바탕으로 그는 세계에 대한 우리의 지각적 관여를 우리와 세계 간 관계의 특성에 대한 어떤 **지식**에도 의존할 필요가 없는 "숙련된 대처"의 형식으로 생각해야 한다고 촉구한다.

나는 이러한 노선의 비판에 공감하지만, 행위 기반 접근은 스스로를 방어할 수 있는 자원이 있다고 생각한다. 사실은 다음과 같다. 지각자는 끊임없이 움직이는 가운데 환경과 자신의 관계를 수정한다. 더 나은 지점을 확보하여 관심 있는 관련 세부 정보를 접하고자 함이다. 이러한 방식으로 지각자는 자신이 움직일 때 감각 자극이 변화하는 방식에 대한 숙련된 숙달뿐만 아니라 움직임이 환경에 대한 접근에 미치는 영향에 대한 기대도 보여 준다. 후자의 기대는 우리가 지각적 현존을 설명하기 위해 호소할 필요가 있다고 생각한 종류의 지식을 반영한다. 지각자에게는 움직임이 감각 자극에 변화를 일으키는 방식에 대한 암묵적이고 실용적인 이해가 있다. 또한 움직임이 감각적 변화를 일으키는 방식으로 그들이 세계와 쌍결합되어 있다는 암묵적이고 실용적인 이해도 있다. 이러한 암묵적인 실용적 이해는 사물이 어떠한지 알아보기 위한 즉각적인 움직임의 토대가 된다.[39]

2.7 가상적 내용과 거대한 착각

지각에 대한 행위 기반 접근은 우리에게 있는 감각운동 기술의 핵심적 중요성을 강조함으로써 내가 새로운 회의주의라고 부르는 것에 대한 만족스러운 답의 기초를 마련하지만, 이는 우리가 지각 경험에 대한 더 그럴듯한 현상학을 채택한다는 전제하에서만 그렇다. 더 그럴듯한 설명에 따르면, 예를 들어 어떤 장면을 볼 때 우리는 전체 장면을 의식 안에 한꺼번에 표상한다고 여기지 않는다. 행위 기반, 감각운동적 접근은 우리가 우리 뇌 안에 표상되지 않은 세계의 세부 사항에 대한 경험을 어떻게 누릴 수 있는지 설명한다. 세부 사항에 대한 특별한 종류의 접근권, 즉 우리에게 익숙한 감각운동 의존의 패턴에 의해 제어되는 접근권이 우리에게 있다는 의미에서 세부 사항은, 즉 지각 세계는 현존한다.

---

[39] 3장 12절에서 감각운동 지식의 본성에 대한 문제를 다시 다룰 것이다.

이러한 현상학적 통찰을 다음과 같이 요약할 수 있다. 지각 경험의 내용은 **가상적**이다. 이는 시각 체계가 가상적 표상을 활용한다는 제안을 넘어선다. 이 주장은 경험의 내용 자체가 가상적이라는 것이다. 행위 기반 접근에 따르면, 토마토의 먼 쪽, 고양이의 가려진 부분, 보이지 않는 환경 관련 세부 사항은 지각에 가상적으로 현존하는데, 이는 우리가 그들의 현존을 경험하는 것이 우리가 기술을 기반으로 그것들에 접근하기 때문이라는 의미에서다. 지각적 현존의 특성에 더한 현상학적 성찰은 특징들이 표상된 바로서가 아니라 **활용 가능한 바로서** 현존한다는 것을 시사한다. 세기가 우리 손이 닿을 수 있는 곳에 있으며 현존한다는 사실을 우리가 알고 있는 (또는 느끼는) 한도 내에서만, 세계는 손이 닿을 수 있는 곳에 있으며 현존한다.

결정적으로 현상학적으로 볼 때 **가상적** 현존은 현존의 일종이지 비현존이나 착시적 현존의 일종이 아니다. 이 개념은 4장과 7장에서 다시 논의할 것이다.

2.8 맹점에 대한 재조명

지각 경험에는 제거할 수 없는 **몰양상적** 요소가 있다. 세부 사항이 시야에서 가려져 있을 때도 나는 세계가 현존한다고 경험한다. 눈앞에 놓인 토마토의 입체감을 경험하는 것처럼, 나는 내 앞에 펼쳐진 세부 사항을 경험한다. 그 모든 세부 사항에 대한 나의 경험은 내가 그 모든 것에 접근할 수 있다는 사실을 내가 알고 있다는 것과 내가 실제로 이러한 접근권을 가지고 있다는 사실이 있다. 지각적 현존 문제는 사실상 지각 내용에 대한 문제인데, 지각적 현존 문제에 대한 이러한 해결책은 우리의 지각 현상학에 대한 재고에 의존한다. 특히 어떤 양상이든 우리의 경험은 마흐식이 아니라는 점을 분명히 인식해야 한다.

이러한 점을 염두에 두고 맹점을 다시 생각해 보자. 우리는 (그림 2.2에서) 선의 끊어진 부분이 맹점에 떨어지면 선이 끊어지지 않은 것처럼 보인다는 팔머의 의견에 동의했다. 하지만 이제 우리는 이러한 시각적 현상의 실제 특성에 주의를 좀 더 기울일 필요가 있다. 이것은 **양상적** 의미에서 끊어지지 않은 것처럼 보이는가 아니면 **몰양상적** 의미에서 그렇게 보이는가? 끊어지지 않은 선을 정말로 경험하는가? 선의 연속성을 정말로 보는가 아니면 끊어진 것을 단지 알아채지 못하는가? 선의 완성은 현상학적으로 볼 때 **몰양상적**임에 분명하다고 생각된다. 실험을 다시 실행해 보자. 공간이 채워져서 끊어지지 않은 것을 **볼** 수 있는 것처럼 느껴지는가? 그렇지 않다. 그 틈을 그저 보지 않을 (볼 수 없을) 뿐이다. 우리는 카니자 삼각형(그림 2.7)의 가려진 원판들이 삼각형 뒤에서는 완성된 모습인 것으로 경험한다는 의미에서만 공간을 채워진 것으로 경험한다. 물론 카니자 그림의 경우, 우리는 착각을 다루고 있다. 사실 삼각형 뒤에 원판은 없다. 표현된 것은 선 그림일 뿐이다. 또한 채우기 사례에서 선은 사실 끊어져 있다. 나의 제안은—여기에서 나는 더긴(Durgin), 트리퍼시(Tripathy), 레비(Levi 1995)를 따르고 있다—맹점 채우기가 일종의 몰양상적 완성이라는 것이다. 맹점은 가림막 또는 차단기 역할을 한다. 맹점에 떨어지는 부분은 (가령 손을 들어 테이블의 일부를 시야에서 가리는 경우처럼) 손이 물체를 시야에서 가리는 것처럼 시야에서 차단된다. 그리고 세계가 가림막 뒤에 현존한다고 경험하는 것처럼, 우리는 세계가 맹점 "뒤에" 현존한다고 경험한다. 한쪽 눈을 감고 엄지손가락을 들어 그림 2.2의 선이 끊어진 부분의 시야를 가리는 효과를 고려함으로써 이를 입증할 수 있다. 선이 다시 완성된 것처럼 보이는데, 선의 완성이라는 몰양상적 특성이 이제야말로 분명하게 나타난다. 결정적으로 물체에 의해 가려진 것과 맹점에 의해 가려진 것의 현존에 대한 감각은 동일한 방식으로, 즉 눈이나 머리를 움직이면 숨겨진 세부 사항을 시야로 가져올 수 있다는 우리의 암묵적 이해로 설명할 수 있다. 우리는 시야에 있는 사물과 우리의 관계를 매개하는 감각운동 의존의 패턴들과 똑같은 패턴들이 현재 **시야에서 벗어난** 사물과 우리의 관계를 매개한다고 생각한다. (그러나 이 경우 우리가 다루는 지각은 사실에 부합하지 않는다는nonveridical 차이가 있다)

이러한 행위 기반 설명의 관점에서 보면 지각의 결과에 대한 설명에 신경적 채우기 과정은 필요가 없다. 경험은 감각운동 기술의 발휘 덕분에 내용을 획득한다.

이 발견에서 거의 항상 간과되는 한 가지 측면을 강조하는 것이 중요하다. 심리학자들은 우리가 그 영역이 채워져 있다고 경험한다는 취지의 발언을 함으로써 학생들을 현혹한다. 그러나 지각의 결과를 설명하기 위해 신경적 채우기 과정을 가정해야 하는지 여부는 논란의 여지가 있다. 그럼에도 통상 불연속성이 없는 영역을 경험한다는 인격적 수준의 사실은 해결된 것으로 간주한다.[40] 그리고 논란은 오직 전인격적 수준(어떤 신경 과정이 인격적 수준의 지각 내용을 발생시키는지에 대한

---

[40] Pessoa, Thompson, and Noë 1998, 그리고 Thompson, Noë, and Pessoa 1999 역시 인격적 수준에서 우리가 채워진 지각을 경험한다고 말하는 것이 옳다고 여겼다. 이는 실제로 선이 끊어져 있더라도, 우리가 그 선이 끊어지지 않았을 때 하게 될 경험을 한다고 여긴다는 의미에서다.

질문)에만 해당된다고 생각한다.

이제 나는 선이 끊어지지 않은 것처럼 보인다고 말하는 것이 어떤 의미에서 잘못된 것이라고 제안하고 싶다.[41] 카니자 삼각형에서 원판의 완성된 부분을 **정말로** 본다고 말하는 것이 잘못된 것처럼, 그리고 울타리 뒤에 있는 고양이의 숨겨진 부분을 본다고 말하는 것이 잘못된 것처럼, 선이 끊어지지 않은 것처럼 보인다고 말하는 것은 잘못된 것이다. 울타리 뒤에 있는 고양이를 보는 것과 울타리에 의해 부분적으로 가려지지 않은 고양이를 보는 것 사이에는 큰 차이가 있다. 그리고 끊어지지 않은 선을 보는 것과 끊어진 부분이 맹점에 떨어지는 끊어진 선을 보는 것 사이에는 현상학적으로 큰 차이가 있다. 후자의 경우에는 선이 **정말로 끊어지지 않은 것처럼** 보이지만 끊어진 부분이 맹점에 의해 시야에서 숨겨져 있다는 **의미에서만** 그러하며, 만약 오른쪽으로 눈을 움직이면 불연속성을 접하지 않을 것이라고 **기대한다는 의미에서만** 그렇다.

심리학자들은 종종 그들이 고찰하는 착시적 지각의 결과를 **잘못 기술한다.** 카니자 그림을 다시 생각해 보자. 이 그림이 흥미로운 부분적인 이유는 이것이 **몰양상적** 완성뿐만 아니라 **양상적** 완성의 유형도 보이기 때문이다. 특히 이 그림은 **착시 윤곽**(illusory contour) 현상을 잘 보여 주는 사례다. 위쪽 삼각형의 윤곽은 심리학자들이 말하는 것처럼 '팩맨'의 잘린 부분들이 꼭짓점을 만들어 냄으로써 생긴 착시 윤곽이다. 우리가

---

[41] 이러한 실수는 '긁어지지 않은 선'의 경험을 표상하는 것과 같은 방식으로 '채워진 선'의 경험을 도표로 표상하고자 한 팔머의 시도(1999a, 617)에서 분명하게 드러난다. (선의 끊어진 부분이 맹점에 떨어질 때) 선이 끊어지지 않은 것처럼 보인다는 사실이, 끊어진 부분이 맹점에 떨어지는 끊어진 선에 대한 지각 경험과 끊어지지 않은 선에 대한 지각 경험이 동일하다는 결론으로 이어지지는 않는다.

실제로는 존재하지 않는 윤곽을 본다는 것은 의심의 여지가 없다. 착각은 강력하다. 그러나 그 경계가 착각인 삼각형에 대한 경험과 그 경계가 실제인 삼각형(실제로 그려져 있기 때문이거나 진정한 휘도대비가 있기 때문)에 대한 경험 사이에는 현저한 차이가 있음에 유의해야 한다. 그림 2.7을 그림 2.8의 두 이미지와 비교해 보자. 착시 윤곽은 윤곽처럼 보이지만 진짜 윤곽은 착시 윤곽처럼 보이지 않는다.

그림 2.8 비착시적인 윤곽

이런 종류의 고려는 착시적 지각을 이에 대응하는 비착시적 지각을 기술하는 용어로 기술할 때 훨씬 더 주의를 기울여야 함을 나타낸다.

2 마음속 그림   125

특히 착시 사례들에 대한 분석에서 정상적인 지각에 대한 결론을 쉽게 도출할 수 없음을 보여 준다.[42] 우리는 경험의 현상학에 더 많은 주의를 기울일 필요가 있다.

2.9 시야

지각적 현존 문제에 대해 제안된 해결책은 세계를 상세하게 표상하는 지각 경험을 누리는 것이 어떻게 가능한지를 보여 주되, 이를 시각 경험이 세계를 표상하는 방식이 그림이 표상하는 방식과 같다고 가정하지 않는 채 보여 주는 것이다. 안드레아스 구르스키(Andreas Gursky)가 찍은 로스앤젤레스 99센트 상점의 내부 사진은 이를 떠올리게 한다. 구르스키의 작품이 주는 효과 중 하나는 가게의 "경관"을 완전히 꾸며진 모습으로 제시한다는 것이다. 우리는 그림에서처럼 그렇게 많은 세부 사항을 한꺼번에 **경험하지** 않는다.

---

[42] 다른 두 가지 예가 더 있다. (1) 최근 시모조는 섬광이 발생할 때 두 번 클릭하는 소리가 나면 우리가 한 번의 섬광을 두 번의 섬광처럼 경험하려 한다는 것을 보여 주었다. 소리가 시각적 착각을 일으키는 것이다. 시모조는 (개인적인 대화에서) 두 번의 클릭이 두 번의 섬광이라는 착각을 일으키는 것은 사실이지만, 착각에 의한 두 번의 섬광은 실제로 일어난 두 번의 섬광과 동일하게 보이지는 않는다고 인정했다. (2) 일치하지 않는 이미지가 각각의 눈에 독립적으로 투사되면 피험자는 소위 양안 경쟁을 경험하게 된다. 이 현상은 예를 들어 두 이미지가 번갈아 나타나는 경험으로 보통 설명된다. 그러나 우리가 고려한 다른 경우들과 마찬가지로, 망막의 두 이미지가 교대하는 경험은 (아마도 특이한 상황을 제외하고는) 몸 바깥의 원거리에서 주어지는 자극이 교대하는 경험과 질적으로 동일하지 않다. 다른 차이점도 있다. 양안 경쟁에서는 교대가 어떤 의미에서 내부발생적으로 생성된다. 또한 피험자는 단순한 교대를 경험하는 대신 일반적으로 두 이미지가 극단을 이루는 복잡한 일련의 변화를 경험한다.

경험에는 그림과 같지 않은 다른 중요한 측면들이 있다. 예를 들어, 시야에는 제한이 없고 어떤 의미에서 시야는 무한하다. 이는 행위 기반 설명에서 해명될 수 있다. 시야의 무한성은 우리가 더 오른쪽, 더 왼쪽, 더 위쪽, 더 아래쪽 등에 있는 것에 당장 쉽게 접근할 수 있다는 사실과 이 사실을 우리가 알고 있다는 사실에 있다. 시야의 무한성은 우리의 감각운동 능력의 무한함에서 비롯된다.

또는 가령 머리 위로 기러기 떼가 날아다니는 경험을 생각해 보자. 당신은 기러기들 도두를 경험하는가? 어떤 의미에서는 그렇다. 당신은 기러기 떼를 본다. 40마리의 새가 날아다녔다고 가정해 보자. 그것이 당신이 경험한 새의 수다. 하지만 당신은 그들을 **마흔 마리로** 경험하지 않았다. 새가 39마리였거나 41마리였다고 해도 당신의 경험은 달라지지 않았을 것이다. 이는 그림 2.9에서 명확히 알 수 있다.

(a)는 1이 23개고 (b)는 24개다. 하지만 이 차이는 눈에 보이지 않는다. 시각 경험은 해상도가 그렇게 선명하지 않다. 마흐의 삽화는 이러한 특징적인 불확정성을 왜곡한다. 한때 비트겐슈타인은 이러한 차이가 물리적 사물의 세계를 기술하는 데 사용되는 물리적 언어와 경험을 기술하는 데 사용되는 현상학적 언어가 서로 너무나 달라 같은 척도로 비교될 수 없다는 것을 보여 준다고 믿었다. 천 개의 면이 있는 닫힌 평면 도형은 물리적 공간(또는 기하학적 공간)에서는 원이 아니지만 **시각적 공간**(및 시각적 기하학)에서는 원이다. 비트겐슈타인은 물리적인 것이 아니라 경험적인 것을 묘사하기 위해 회화적 방법을 사용할 때 어떤

(a) 111111111111111111111111   (b) 111111111111111111111111

그림 2.9 (a)는 1이 23개고 (b)는 24개다. 이 차이를 경험하는가?

2 마음속 그림

결과가 나오는지를 마흐의 그림이 잘 보여 준다고 생각했다. 기껏해야 물리적인 것을 묘사할 뿐이라는 것이다. 결정적으로, 그림의 모호함(가령 주변부)은 우리가 정면을 응시할 때 시야의 주변부를 특징짓는 모호함과는 전혀 다르다.

비트겐슈타인은 한 가지 점에서 확실히 옳았다. 지금까지 살펴본 것처럼 우리는 우리가 보는 것을 주의 깊게 묘사하는 기술이 부족하다. 우리는 우리가 보는 세계를 너무 쉽게 기술하며, 세계를 **보이는 대로** 기술하지 않는다. 우리의 기술은 엉성하며, 무엇보다도 몰양상적 보기와 양상적 보기의 차이, 또는 진정한 지각 경험과 그렇지 않은 지각 경험의 차이를 무시하게 만든다.

그러나 또 다른 의미에서는 우리가 보는 것 자체에 주의를 기울이지 못한다는 사실이 통찰의 원천이 될 수 있다. 시야의 가장자리가 (그 자체로는) 불분명함에도 불구하고 우리가 사물을 모호한 것으로 경험하지 않는 이유는 중요한 의미에서 우리가 시야를 경험하지 않기 때문이다. 우리는 세계를 경험한다. 마흐의 그림의 한계가 이를 잘 드러낸다. 마흐의 그림은 시야를 묘사하고자 하지만 결국 특정 지점에서 바라본 방을 묘사하는 데 그친다.

이러한 간접적인 방식으로 마흐의 그림은 지각 경험의 **투명성**이라고 때때로 말하는 것을 드러낸다. 마치 경험 자체가 투명한 것처럼 말이다.[43] 우리가 경험을 기술하고자 할 때, 우리는 말하자면 경험을 통해 세

---

43 그라이스(Grice)는 지각 경험의 **투명한** 특질에 대해 이야기했다. 그는 다음과 같이 쓴다. "보기와 느끼기 같은 경험은 … 그 자체로 투명한 것처럼 보인다. 우리에게 보이는 것이나 느껴지는 것과는 별개로, 주어진 상황에서 우리의 보기나 느끼기 자체에 세심한 주의를 기울이도록 요청받는다면, 우리는 어떻게 해야 할지 모를 것이다. 또한 보기와 느끼기 사이의 차

계를 본다. 이것은 시각 현상학에 대한 중요한 사실인 동시에 적어도 특정한 방식으로 해석되는 현상학에는 장애물이기도 하다. 중요한 사실은 우리가 "자연스러운 태도"를 취하고 우리의 경험을 액면 그대로 받아들일 때 지각 경험은 **세계**에 대한 알아차림의 한 양상으로 우리에게 나타난다는 것이다. 현상학에 대한 장애물이란 경험의 투명성으로 인해 우리가 경험 자체를 어떻게 우리의 탐구 대상으로 삼을 수 있을지 이해하기 어려워 보인다는 점이다. 이 점은 이 책의 뒷부분(5장 5절)에서 다시 다룰 중요한 사항이다.

경험의 투명성은 제대로 이해된 현상학에는 장애물이 되지 않는다. 그러나 이것은 우리가 현상학을 시야의 구조와 관련된 것으로 생각한다면 현상학을 잘못 이해한 것이라는 사실을 보여 준다.

우리는 시각적 스냅샷과 같은 고정된 영역에 살고 있지 않기 때문에 세계를 무한하고 밀도 있게 경험한다. 그런 방식으로 시선을 고정하면 주위를 둘러보지 않게 되고, 주위를 둘러보지 않는 한 우리는 보지 못한다. 시각은 활동적이다. 즉 세계에 대한 활동적인 탐색이다.

이를 기술하려는 시도는 우리가 보는 것과 느끼는 것에 대한 기술로 용해되어 버리는 것 같다."(1962, 144) 투명성은 최근 경험에 관한 철학적 글에서 많이 논의되고 있다. 최근 몇몇 학자들, 그중에서도 하먼(Harman) 타이(Tye), 드레츠키(Dretske)는 **표상주의**, 즉 경험의 표상 내용이 경험의 질적 특성을 모두 아우른다는 견해를 옹호했다. 표상주의자들에게는 경험에 대한 기술이 필연적으로 그 경험이 표상하는 것에 대한 기술이라는 점이 중요하다. 경험의 투명성이라는 사고에 대한 훌륭한 비평적 논의와 조사는 Stoljar 2005("Physicalism and phenomenal concepts", *Mind & language*, Vol. 20(5), 469~494) 참조. 또한 Harman 1990; Dretske 1995; Tye 2000, 3장; Martin 2002; Siewert 2004 참조.

2.10 활동적 지각

장면을 볼 때 우리는 전체 장면을 의식 속에 한꺼번에 표상하지 않는다. 시각 경험은 사진 같은 방식으로 장면을 제시하지 않는다. 사실, 보기는 그리기보다는 만지기와 훨씬 더 비슷하다. 눈을 감고 만지는 병을 다시 생각해 보자. 병은 우리의 손 안에 있다. 손을 움직이고 만져 봄으로써 그 모양을 접하게 된다. 병이 우리에게 전체로 현존하는 것은 우리에게 병의 내부 모델이 있다는 의미에서 병을 지금 표상하기 때문이 아니다. 병 전체가 우리에게 현존한다는 것은 병이 우리의 움직임을 구조화하고 제어하는 방식을 우리가 지금 이해하고 따라서 감각 자극을 이해한다는 의미에서다. 촉각 경험의 내용은 행위, 즉 탐색적인 손 움직임에 의해 생성된다. 탐색하는 손가락과 손 움직임의 시간적으로 확장된 과정을 거쳐 우리는 병을 촉각적으로 지각한다.

시각은 정확히 이런 방식으로 내용을 획득한다. 시각 세계는 한꺼번에 주어지지 않는다. 우리는 세계 **안**에 있으며, 숙련된 시각적 탐색을 통해—메를로 퐁티는 이를 "시선으로 어루만져 아는 것"이라고 불렀다—세계와 접촉한다. 당신은 세계의 구조를 파악하고 **그런** 의미에서 세계를 표상한다. 시각은 접촉과 유사하다. 접촉과 마찬가지로 시각도 **활동적**이다. 순식간에 한꺼번에 모든 장면을 지각하지 않는다. 병 주변으로 손을 움직이는 것처럼 눈을 장면 주위로 움직인다. 촉각과 마찬가지로 시각 경험의 내용은 한꺼번에 주어지지 않는다. 우리는 손을 움직여 촉각 내용을 얻는 것처럼 주위를 둘러봄으로써 내용을 얻는다. 행위, 즉 숙련되게 바라보는 활동에 의해 지각 내용을 행화한다.

3 행위에 의해 내용 생성하기

> 보이는 어떤 것도 한꺼번에 전체적으로 지각되지 않는다.
> — 유클리드
>
> 물체의 위치를 아는 것은 물체에 도달하는 데 필요한 움직임을
> 자신에게 표상하는 것이다. — H. 푸앵카레
>
> 세계가 실제 경험 내용보다 큰 것은
> 우리가 활동적인 존재이기 때문이다. — C. I. 루이스

3.1 공간적 내용

시각 세계는 그림처럼 한꺼번에 주어지지 않는다. 우리는 눈과 머리를 움직여 세부 사항에 접촉해서 세계를 파악해야 한다. 우리에게는 탐색에 효과적인 감각운동 지식이 있다. 이러한 숙달을 토대로 실제로는 볼 수 없는 것의 현존을 감각한다. 이러한 숙달이야말로 지각 내용의 기초이다.

이 장에서는 지각 경험이 **공간적** 내용을 획득하는 방식을 논의할 것이다. 지각 경험은 움직임의 결과 감각 자극이 달라지는 방식에 대한 지각자의 암묵적인 이해 덕분에 공간적 내용을 얻게 된다.

3.2 우리가 보는 것

불투명하고 단단한 물체를 볼 때 보이는 부분과 보이지 않는 부분이 있

다. 이것은 지각에 관한 기본 사실이다(Koenderink 1984b). 특정 위치에서는 물체 표면의 일부만 볼 수 있다. 바로 앞 테이블 위에 토마토가 있다고 가정해 보자. 토마토의 마주 보는 쪽(면)은 우리와 토마토의 (내부뿐 아니라) 먼 쪽 및 아래 사이에 끼어 있다. 우리는 토마토 표면의 일부만 볼 수 있다.

일부 철학자들은 관점주의적 시각 이론에 대한 이러한 기본 사실에 이의를 제기했다. 예를 들어, 톰슨 클라크(Thompson Clarke 1965)는 토마토를 보는 것은 치즈 조각을 한입 베어 무는 것과 같다고 주장했다. 치즈 조각을 한입 베어 물 때 우리는 치즈의 일부가 아니라 **치즈**를 먹는다. 클라크는 보는 행위도 마찬가지라고 말한다. 클라크에 따르면 토마토를 볼 때 토마토의 일부만 본다고 말할 수 있는 것은 특별한 상황에서 뿐이다. 가령 우리가 보는 토마토의 일부가 토마토의 나머지 부분과 분리되어 있다면 그렇게 말하는 것이 자연스럽다. 그러나 토마토의 일부에만 선택적으로 집중하게 만드는 특별한 상황이 아니라면 토마토를 볼 때 우리는 토마토의 일부(마주 보는 표면)가 아니라 **토마토**를 본다.

토마토를 본다고 말하는 것이 자연스러운 대부분의 상황에서 실제로는 토마토 표면의 일부만 본다고 말하는 것은 이상하다는 클라크의 견해는 분명 옳다. 그러나 토마토를 볼 때 토마토의 일부만 볼 뿐이라는 것이 거짓이라고 일반화하는 주장은 설득력이 없다. 치즈 조각을 한입 베어 물 때 우리는 실제로 치즈 전체가 아니라 일부만 베어 먹는다는 사실을 생각해 보자. 만약 베어 먹은 부분을 잘라 낸다면 먹지 않은 치즈 조각만 남을 것이다. 마찬가지로 토마토를 뒤집으면 시야에서 가려졌던 토마토의 표면을 볼 수 있다.

토마토를 볼 때 실제로는 일부 표면만 볼 뿐이라는 주장에 대한 더 심각한 반론은 현상학적이다. 이 반론에 따르면 토마토라는 부피 있는 고체 과일에 대한 시각 경험을 일부 표면에 대한 경험으로 기술하는 것은 잘못이다. 일부 표현에 대한 경험은 고체에 대한 경험과 다르기 때문이다. 경험을 액면 그대로, 즉 우리에게 제시되는 대로 받아들인다면, 골이 있는 타원형 고체에 대한 경험으로 기술해야 한다(Koenderink 1984b).

P. F. 스트로슨(P. F. Strawson 1979)이 처음 제기한 이 반론은 일리가 있다. 그러나 관점에 관한 기본 사실에 이의를 제기하지는 않는다. 사실 스트로슨이 주의를 환기하는 점이야말로 관점에 관한 사실에서 흥미로운 점이다. 우리가 보는 것은 물체 표면 일부뿐인데도 부피 있는 고체를 경험한다는 사실 말이다.

이것은 2장 1절에서 지각적 현존 문제라고 부른 것의 한 예다. 우리는 거기에서 제시한 논증에 의존할 수 있다. 토마토를 부피가 크고 입체적으로 확장된 것으로 경험한다는 사실은 예를 들어 토마토를 볼 때 눈을 왼쪽이나 오른쪽 또는 위아래로 조금만 움직이면 이전에 숨겨져 있거나 가려져 있었던 부분이 시야에 들어온다고 암묵적으로 여긴다는 사실로 설명할 수 있다. 토마토가 부피가 크다는 지각 경험은 우리가 움직임에 따라 토마토의 모양이 (어떻게 보이는지가) 달라지는 방식에 대한 암묵적인 이해에 달려 있다. 엄밀히 말하면 토마토의 보이지 않는 부분에 대한 시각 경험은 그 부분과 우리 사이의 감각적 관계가 감각운동 의존의 익숙한 패턴에 의해 매개된다는 것을 암묵적으로 이해하는 덕분에 가능하다.

우리는 토마토를 단순히 입체적으로 확장된 것으로 경험하는 것이 아니라 토마토에 특징적인, 골이 있는 타원형 모양으로 경험한다. 토마토의 마주 보는 쪽과 만남이 어떻게 토마토의 모양에 대한 경험의 기초가 될 수 있는지 설명하려면 행위, 즉 숙련되게 바라보는 활동에 의해 설명을 어떻게든 확장할 필요가 있다.

간단한 사례로 정육면체를 생각해 보자. 정육면체에는 변 또는 면 여섯 개가 있고, 모서리 열두 개와 꼭짓점 여덟 개가 있다. 한 시점에서 면을 세 개 이상 볼 수는 없다. 쾬더링크(1984b)의 견해를 받아들여 특정 지점에서 볼 수 있는 정육면체의 측면을 해당 지점에서 보이는 면(visible facets)이라고 부를 수 있다. 정육면체 주위를 이동하면 정육면체의 면이 극적으로 바뀐다. 어떤 면들은 시야에 들어오고 어떤 면들은 사라진다. (적어도 모양과 관련하여) 정육면체의 **시각적 잠재력**은 (정육면체 자체 또는 정육면체 주변 지각자의) 움직임의 결과 정육면체의 측면이 변화하는 방식이다. 모든 움직임은 지각된 측면에서 일어난 변화의 집합을 결정하고, 이러한 변화의 모든 집합은 가능한 움직임의 동치류(equivalence class)를 결정한다.

특정 지점에서 정육면체를 보면 정육면체의 국면을 그 지점에서 만난다. 정육면체를 기준으로 움직이면 이러한 움직임에 따라 정육면체의 국면이 어떻게 변하는지 알게 된다. 즉 정육면체의 시각적 잠재력과 만난다. 그러므로 정육면체의 시각적 잠재력을 만나는 것은 정육면체의 실제 모양과 만나는 것이다. 정육면체의 국면 변화와 움직임 사이의 관계에 대한 감각운동 지식을 이 경험에서 활용하는 덕분에 물체를 단지 그 국면에 근거하여 정육면체로 경험한다. 어떤 도형을 어떻게 보이는지를 토대로 정육면체로 경험하는 것은 우리가 움직일 때 그 도형의 모양이 **어떻게** 변하는지 이해하는 것이다.

정육면체와 마찬가지로 토마토도 명확한 시각적 잠재력, 또는 우리가 시각적 잠재력에 대해 생각하는 감각운동 윤곽을 가지고 있다. 어떤 물체의 감각운동 윤곽은 그 물체를 기준으로 우리가 움직일 때 그 물체의 모양이 변하는 방식(엄밀히 말하면 우리가 움직임에 따라 감각 자극이 변하는 방식)을 말한다. 바로 이러한 의미에서 모든 단단하고 불투명한 물체에는 감각운동 윤곽이 있다. 동물의 몸, 식물 등 더 복잡한 형태로 갈수록 물체의 감각운동 윤곽을 결정하는 데 필요한 수학은 더욱 복잡해진다. 그러나 우리의 시지각 기술은 매우 정교해서 이처럼 복잡한 (그러나 궁극적으로 관리 가능한) 관계들을 포괄한다.

이러한 방식으로 행위 기반 접근은 모양의 지각적 현존, 즉 시각 경험이 어떻게 우리에게 사물을 입체적이고 부피와 모양이 있는 것으로 나타낼 수 있는지 설명한다. 이 접근 방식은 앞서 언급한 두 가지 경쟁하는 현상학적 사실, 즉 지각 경험이 세계를 부피가 있는 것으로 표상한다는 점, **그리고** 불투명한 표면이 물체 앞에 있을 때에는 어떤 물체도 볼 수 없다는 점을 조화롭게 설명한다.

지각 경험에서 이런 종류의 외관상 갈등은 흔하다. 예를 들어, 둥근(원형) 접시를 비스듬한 각도에서 보면 그것이 둥글다는 것을 알지만 (그것을 둥근 **것으로** 경험하지만), 그것은 타원형으로 보인다.[1] 일부 철학자들은 이 같은 상식을 인정하는 데 주저한다. 그들은 접시가 타원형으로 보인다는 것은 사실이 아니라고 말한다. 하지만 이를 어떻게 진지하게 받아들일 수 있을까? 우리는 분명 접시가 어떻게 보이는지를 토대로 접시가 타원형이라고 판단하지 않을 것이다. 또한 우리는 접시가 타

---

[1] 철학 용법에 따르면 어떤 것을 둥근 **것으로** 보는 것은 그것을 **둥근**이라는 개념에 해당하는 것으로 보는 것이다. 지각과 지각적 의식에서 개념이 담당하는 역할은 6장에서 다룬다.

원형으로 보인다고 말할 것 같지도 않다. 하지만 여기에서 볼 때 접시는 확실히 타원형으로 보인다!

게다가 원형 접시가 타원형으로 보이는 것은 우연이 아니다. 타원형은 특정 각도에서 바라본 원형 접시의 모습이다. 사실 우리가 접시를 **원형으로** 경험하는 것은 접시가 여기에서 타원형으로 보이기 때문이며, 우리의 움직임에 따라 타원형의 겉모양(국면)이 어떻게 변형되는지 이해하기 때문이다. 우리는 접시의 타원 모양이 그것과 우리 사이의 공간적 관계에 따라 달라지며 이러한 관계는 우리의 움직임에 의해 조정된다는 것을 이해한다. 접시를 움직이면 접시의 윤곽이 바뀐다. 우리는 우리가 움직일 때 접시의 윤곽이 변화하는 방식을 파악하고, 이러한 감각운동적 이해를 활용하는 가운데 접시의 실제 모양을 접한다. 실제 모양에 대한 인식은 접시의 윤곽에 대한 지각과 접시의 윤곽, 즉 겉모양이 움직임에 의존하는 방식에 대한 우리의 이해로 이루어진다. 이 사례에서 우리가 접시의 모양을 경험하고 보는 것은 접시의 감각운동 윤곽을 암묵적으로 파악한 덕분이다. 접시의 감각운동 윤곽을 파악하면 접시의 모양을 경험할 수 있다.

다른 예를 생각해 보자. 나무 두 그루가 보이는데 크기가 거의 같아 보인다고 가정하자.[2] 두 나무 중 한 그루가 더 가까이 있다. 더 가까운 나무는 시야를 더 많이 차지한다는 의미에서 더 크게 보인다. 접시와 토마토의 경우에서와 마찬가지로 보이는 것을 묘사하는 두 가지 상반되어 보이는 방식을 어떻게 조화시킬지 물을 수 있다. 우리는 나무를 크기가 비슷하면서도 다른 것으로 경험한다.

---

2 Peacocke 1983에서 이 예를 다루었고 나는 Noë 2002a에서 이 예를 다루었다.

토마토와 접시에서와 마찬가지로 충돌은 분명해 보인다. 우리는 나무의 크기가 같다는 것을 안다. 그러나 우리는 겉으로 보이는 크기가 다른데도 **불구하고** 두 나무의 크기가 같다는 것을 아는 것이 아니라 그러한 사실 **때문에** 안다. 우리는 **여기에서** 보면 나무들이 크기가 다른 것처럼 보인다는 사실 덕분에 나무들의 크기가 같다는 것을 안다. 우리와 나무 사이의 관계가 겉으로 보이는 나무의 크기를 결정하는 방식을 암묵적으로 이해하는 덕분에 나무의 실제 크기를 경험할 수 있다.

크기, 모양, 부피, 거리 등에 대한 경험은 우리의 감각운동 지식 덕분에 가능하다. 행위 기반 관점에서 볼 때 이것들은 지각 경험이 지각자의 감각운동적 이해 덕분에 내용을 획득하는 방식을 보여 주는 핵심 사례다.

3.3 외관의 실재

지각은 직접적일까? 많은 철학자와 지각 심리학자는 지각 경험의 진정한 대상은 세계 속 사물(사건 등)이 아니라 심적 항목 또는 "감각 자료"라는 생각을 옹호한다(이 주제에 대한 간략한 검토는 Noë 2002d 참조). 가령 토마토와 접시, 나무로 우리 경험을 기술할 때, 우리는 엄밀히 말하면 경험 안에서 우리에게 주어진 것을 뛰어넘는다는 것이다(Ayer 1973). 지각의 본성에 대한 이러한 널리 퍼진 생각은 현상주의로 알려진 일반적인 인식론적, 형이상학적 관점과 관련 있다. 현상주의에 따르면 사물은 (존 스튜어트 밀의 탁월한 표현을 빌리자면) "감각의 영원한 가능성"이며, 보다 최근의 관용구로 표현하자면 감각 자료의 "논리적 구성물"이다.

현상주의는 철학의 가시와도 같다. 현상주의가 참일 수 있다고 믿기란 어렵다. 하지만 그것은 참이어야만 하는 것처럼 보일 수도 있다. **착시 논증**(Ayer, 1995, 1973)으로 알려진, 현상주의에 대한 논증의 강력한 노선에 따르면, 우리가 경험하는 것은 우리가 소박하게 생각하는 사물이 아니라 (기껏해야) 그것의 심적 대리물일 뿐이다. 현재 경험만으로는 우리가 본다고 생각하는 것을 실제로 보는지, 아니면 단지 환각에 불과한 것인지 알 수 없기 때문이다. 따라서 지각 대상으로 추정되는 것의 존재 유무는 현재 경험에 아무런 차이를 가져올 수 없다는 결론이 나온다. 그렇다면 경험할 때 지각자가 무엇을 알아차리든, 그것은 지각자가 알아차리고 있다고 소박하게 생각하는 대상이 될 수 없다.

수년에 걸쳐 수많은 철학자가 이 논증을 비판했다. 예를 들어 오스틴(Austin 1962)은 경험을 반성해서는 경험이 참된 경험인지 알 수 없다는 사실이 참된 경험을 그렇지 않은 경험으로부터 구별할 수 없다는 결론으로 이어지지는 않는다고 주장했다. 롤링 스톤스의 노래와 엉클 투펠로의 노래를 구별하지 못할 수 있다. 하지만 이것이 둘 사이에 차이가 없다는 결론으로 이어지는 것은 아니다. 일반적으로 사물이 어떻게 보이거나 들리는지와 사물이 **누군가에게** 어떻게 보이거나 들리는지 사이에는 차이가 있다. 마찬가지로 **누군가에게** 렘브란트처럼 보인다는 것은 그 그림이 실제로 렘브란트**처럼 보인다는** 강력한 증거는 아닐 수 있다.[3] 이것이 옳다면, 참된 경험과 그렇지 않은 경험 사이에 차이가 있을 가능성을 열어 두어야 하는데, 이때 차이는 한 경우에는 그 경험이 가령 토

---

3 이 점에 대한 논의는 Hacker 1987 참조.

마토에 대한 실제 경험이지만 다른 경우에는 그렇지 않다는 사실에 달려 있다(Snowdon[1980~1981]과 McDowell[1982, 1986]이 이렇게 주장하였다. Putnam 1999, 특히 152~153 또한 참조).

여담이지만, 어떤 경험을 하는 것과 이와 "똑같은" 내용이 있는 거짓 경험을 하는 것 사이에는 일반적으로 차이가 있다(Austin 1962; Putnam 1999). 오스틴은 물이 든 비커 속 막대기가 구브러져 보이는 경험과 구부러진 막대기에 대한 경험이 전혀 다른 것을 관찰하면서 이 사실을 알아냈다. 우선, 물이 담긴 비커가 있다(Austin 1962)! 그러나 2장 8절에서 논의한 것처럼 거짓 경험의 특성을 잘못 기술하는 경향은 놀라울 정도로 널리 퍼져 있다. 맹점에서 일어나는 채우기가 그 예다. 우리는 그림 2.2의 막대에 대한 경험을 빈틈없는 막대에 대한 경험으로 **잘못** 기술한다. 이 경험은 맹점으로 시야가 가려져 틈을 지각하지 못하는 경험으로 기술하는 것이 낫다. 앞서 그림 2.7의 착시 윤곽에 대해서도 비슷한 지적을 했다. 물론 여기에서 우리는 "사실은 아무것도 없는 곳에 윤곽이 있는 것처럼 보인다"라고 자연스럽게 말한다. 그러나 2장 8절에서 논의한 것처럼 그림 2.7의 착시 윤곽의 외관은 그림 2.8과 비교하면 알 수 있듯이 진정한 윤곽의 외관과 질적으로 동일하지 **않다**.

다른 착시 현상, 가령 사다리꼴 에임스 방[4]의 직사각형 외관은 특정한 조망 위치가 낳은 인공물이다. 방을 **잘못** 지각하는 경향은 주체가 고정된 상태로 있을 때만 나타난다(Gibson 1979). 보다 완전한 의미에서 보면 착시 직사각형 방은 전혀 직사각형으로 보이지 않는다!

이러한 예들이 시사하는 간단한 점은 시각 착각 경험의 내용을 설

---

[4] 에임스의 설명에 대한 기술은 Ittelson 1952와 Gregory[1966] 1997, 177~181 참조.

명할 때 좀 더 신중해야 한다는 것이다. 좀 더 미묘한 점은 다음과 같다. 일반적으로 우리가 착시 경험을 합리적으로 그리고 선의를 갖고 가령 F에 대한 경험으로 기술하는 경향이 있다는 사실에서 그 경험이 F에 대한 참된 경험과 **질적으로 구별되지 않는다**는 결론이 나오지는 않는다는 오스틴의 생각은 옳다는 것이다(Putnam 1999, 153). (이 문제는 7장에서 다시 다룬다.)

앞서 언급한 P. F. 스트로슨(1979)은 감각 자료 접근법, 그리고 이와 관련된 현상주의에 가장 심각한 반대를 제기했다. 경험을 둥글고 입체적인 단단한 과일에 대한 경험으로 기술할 때, (Ayer[1973]의 제안처럼) 우리는 경험 안에 엄격하게 주어진 것을 "넘어서는" 것이 아니다. 경험을 감각 자료 용어로 기술하는 것은 경험을 액면 그대로 받아들이는 것을 보류하는 것이며, 경험이 통상적인 방식으로 우리에게 나타날 때 경험으로부터 "한 발짝 물러서는 것"이다. 액면 그대로 받아들일 때 경험이란 가령 식탁 위에 놓인 단단한 과일 한 개를 경험하는 것이다. 그것은 동그랗고 빨간 감각 자료를 경험하는 것이 아니다. 경험은 우리에게 세계를 보여 주기 위한 것이다.

이는 감각 자료 이론에 대한 중요한 비판이다. 논의를 위해 이러한 비판이 성공적이며 감각 자료 이론과 현상주의에 불리하게 간주된다고 가정하자. 그러나 앞서 제안했듯이, 이러한 비판은 감각 자료 이론의 핵심 아이디어, 즉 지각이란 사물이 어떻게 보이거나 들리는지, 더 일반적으로는 사물의 외관이 어떠한지에서 사물이 어떠한지를 알아내는 방법이라는 핵심 생각은 그대로 남겨 두고 있다. 이 핵심 생각, 감각 자료 이론의 진리는 인식론적·형이상학적으로 위협적인 현상주의의 사고와 분리될 수 있다. 겉모습, 소리, 느낌, 즉 외관 일반은 지각의 기본이다.

즉 우리가 세계를 지각적으로 이해하는 기초다. 지각에는 두 가지 측면 혹은 순간이 있다. 우리는 외관을 알게 되고, 외관을 알아 가는 과정에서 세계에 대해 알게 (세계와 접하게) 된다.

피코크(1983)는 감각 자료 이론의 오류를 범하지 않으면서 보기가 두 단계의 과정, 즉 무엇보다 사물이 어떻게 보이는지에 대한 알아차림의 양상이라는 직관을 정당하게 다루고자 했다. 그의 견해를 살펴보면 도움이 될 것이다.

피코크에 따르면, 예를 들어 기러기들이 머리 위를 날아간다는 내용의 시각 경험을 할 때, 시각 경험은 세계가 존재하는 방식을 제시한다. 시각 경험에 대한 완전한 기술은 이러한 **표상 내용**을 반드시 언급해야 한다. 그러나 피코크는 지각 경험에는 표상적 특징 외에 경험이 사물의 존재를 표상하는 방식의 특징이 아닌 질적 또는 감각적 특징도 있다고 주장한다. 경험의 감각적 속성은 경험한다는 것이 어떤 것인지의 특징인데, 이러한 특징은 환경이 나타내는 것으로 경험이 표상하는 특징과는 다르다. (감각적 속성은 철학 문헌에서 종종 '감각질'이라고 불린다.)

감각적 속성에 대한 논증은 다음과 같다. 예를 들어 한 나무(가까운 나무)가 다른 나무(먼 나무)보다 시야를 더 많이 차지한다는 의미에서 더 크게 보이는 것을 알면서도 사실 두 나무의 크기는 같다는 것을 알 수 있다. 피코크는 "어떤 참된 경험도 한 나무를 다른 나무보다 더 크다고 표상하는 동시에 다른 나무와 같은 크기로 표상할 수는 없기 때문에", "시야 내 크기"는 경험의 비표상적 특징이라고 결론지었다 (Peacocke 1983, 12). 그것은 감각적 속성이다.

모양과, 피코크가 지적했듯이, 색에 대해서도 필요한 부분만 약간 수정하여 똑같은 지적을 할 수 있다(Peacocke 1983, 12~13 참조).

그런데 이 추론은 건전하지 않아 보인다. 어떤 참된 경험도 한 나무를 다른 나무보다 크다고 표상하는 동시에 다른 나무와 같은 크기로 표상할 수 없다는 사실이 "시야 내 크기"가 경험의 감각적 속성이라는 것을 함의하지는 않는다.

우리는 크기와 외관상 크기, 또는 크기와 **여기에서 바라볼 때 보이는 크기**("시야 내 크기")를 구별할 수 있다. 시야 내 크기는 크기와는 별개인 속성이다. 시야 내 크기는 시야에서 물체를 완벽하게 가리기 위해 시선에 수직인 평면에 채워야 하는 조각의 크기에 해당한다. 예를 들어 지각자 앞의 어느 거리에 평면이 위치하도록 지정하는 한, 크기와 관련하여 사물이 어떻게 보이는지는 **장면의** 완벽하게 명확한 속성으로 인식될 수 있다(Armstrong 1961; Harman 1990). 이 속성을 관점에 기초한 크기라고 부르겠다.[5]

같은 방식으로 모양을 관점에 기초한 모양과 구별할 수 있다. 그렇다면 보다 일반적으로 관점적 속성(또는 P-속성)을 말할 수 있다. P-속성은 그 자체가 **시계(sight)의 대상**, 즉 우리가 보는 것이다. P-속성은 가시적이다. 서 있는 위치에서 접시의 P-모양을 볼 수 있고, 이를 접시의 실제 모양과 구별할 수 있다. 마찬가지로 나무들의 크기가 같다는 것을 알면서도 나무들의 P-크기의 차이를 볼 수 있다.

일상생활에서 우리는 P-속성에 관심을 거의 기울이지 않는 경향이 있다. 특수한 상황(가령 예술적 해석 작업)에서만 이러한 속성이 두드러지게 나타난다. 조금만 노력하면 우리는 P-속성을 알아차리고 기

---

5 비슷한 설명은 Hyman 1989 참조. 나의 논의 Noë 2002a도 참조. 이 논의에서 나는 Hyman 1989의 견해를 받아들여 관점에 기초한 속성을 가림 속성(또는 O-속성)이라고 불렀다.

술하는 데 꽤 능숙해질 수 있다. 이것이 우리가 P-속성에 지각적으로 민감하지 않다는 뜻은 아니며, 심지어 우리가 P-속성에 주의를 기울이지 않을 때도 마찬가지다. (이 주제는 5장에서 다시 간략하게 다룬다.)

물체의 외관상 모양과 크기인 P-속성은 완벽하게 "실재적" 또는 "객관적"이다. 실저로 P-모양 및 P-크기와 모양 및 크기 사이의 관계를 정확한 수학 법칙(가령 선형 원근법 법칙)으로 나타낼 수 있다. 중요한 점은 P-속성의 특성을 묘사하기 위해 감각이나 느낌을 참조할 필요는 없다는 것이다. P-속성은 확정적이라는 의미에서, 그리고 감각이나 느낌에 의존하지 않는다는 의미에서 객관적이다.[6]

그러나 P-속성은 관계적이다. 특히 P-속성은 지각자의 몸과 지각된 물체 사이의 관계(그리고 조명 조건)에 따라 달라진다. P-속성은 사실상 물체와 환경 사이의 관계다. 접시가 P-모양이라는 것은 접시의 모양에 대한 사실이며, 접시와 지각자의 위치 및 주변 조경과의 관계에 의해 결정된다. P-모양은 시선에 수직인 평면에서 물체를 가리는 데 필요한 조각의 모양이다. 나무의 P-크기는 결국 지각자의 위치에서 나무가 크기와 관련하여 어떻게 보이는지에 대한 사실이다. 이는 우리가 상상할 수 있는 가림 평면에 그려진 조각의 크기와 동일하다. 마음과 세계의 구분(데카르트식 의미에서 심적 내부와 비(非)심적 외부 사이의 구분)이 있다면, P-속성은 그 구분의 세계 쪽에 확고하게 자리 잡고 있다. P-속성이 지각자와 그것이 맺는 관계에 의존하는 것은 물른 사실이다. 그러나 지각자(적어도 그들의 몸) 역시 이 구분의 세계 쪽에 있다.

---

[6] 프레게의 기준에 따르면 P-속성은 또한 객관적이다: "객관적인 것은 … 법의 적용을 받는 것, 생각할 수 있고 판단할 수 있는 것, 말로 표현할 수 있는 것이다. 순전히 직관적인 것은 소통될 수 없다."([1884] 1950, 35)

P-크기(다른 P-속성들은 제외)가 관계적이라는 또 다른 의미는 P-크기가 가림 평면에 상대적이라는 점을 고려할 때 드러난다. 가림 평면은 무한히 많기 때문에 특정 가림 평면을 지정할 수 있는 경우에만 물체의 **특정** 관점적 크기를 말할 수 있다. (이 점은 피터 머레이Peter Murray가 일깨워 준 것인데, 다음 절에서 다시 다루겠다.) 그러나 물체의 단일한 외관상 크기, 즉 특정 위치에서 물체가 크기와 관련하여 보이는 독특한 방식이 **존재한다**. 현상학이 이러한 사실을 확보해 준다. 이 점을 감안할 때, 그 표면의 가림 조각이 물체의 P-크기에 해당하는 평면(또는 평면의 집합)이 있어야 한다.

이 마지막 요점을 반영하기 위해서는 P-속성의 지위에 대해 말한 내용을 수정해야 한다. P-속성은 본성상 우리 안에서 일어나는 일(예를 들면 감각)이나 우리가 하는 일에 의존하지 않는다는 의미에서 실재적(또는 객관적)이다. P-속성은 환경의 속성이다. 그럼에도 불구하고 (시각, 청각 등) P-속성은 올바른 종류의 감각운동 기관(가령 올바른 종류의 몸)이 있는 생명체만 활용할 수 있다. P-속성이 **우리에 대해** 존재한다면, 이는 감각운동 능력이 있는 행위 주체라는 우리의 본성 덕분이다. 다음 절에서 이 문제를 다루겠다.

3.4 외관 경험의 가능성 조건

P-속성이 모양이나 크기와 같은 단순히 가시적인 속성이 아니라는 점

이 중요하다.[7] P-속성은 사물의 **겉모습**, 즉 시각적 외관이다. 원형 접시를 특정 각도에서 본다는 것은 가령 타원형 P-모양인 사물을 보는 것이며, 이는 지각된 둘체에 관련된 사람의 (가능한 또는 실제) 움직임에 따라 관점적 모양이 어떻게 달라지는지를 이해하는 것이다. 여기에서 보면 타원형으로 보인다는 사실에서 우리는 접시의 원형성(circularity)을 본다.[8] 우리는 **사물이 그 모양과 관련하여 어떻게 보이는지**가 움직임에 따라 달라지는 방식 안에 원형성이 주어진다는 사실을 암묵적으로 이해하기 때문에 이렇게 할 수 있다. 이것은 우리가 감각운동 기술을 소유하고 발휘함으로써 시각 경험이 내용을 획득하는 방식을 보여 주는 예다. 같은 맥락에서 같은 크기의 나무라도 거리가 다른 경우 관점적 크기가 달라지는 것은 우연이 아니다. 사물의 실제 크기를 보는 것은 우리가 움직일 때 그것의 관점적 크기가 어떻게 변하는지를 보는 것이다.

행위 기반 관점에 따르면 물체의 크기나 모양과 같은 공간적 특징을 보는 것은 우리가 움직임에 따라 물체의 겉모습이 달라지는 방식을 탐구하는 것이다. 즉 움직임에 의존하는 P-속성의 변화를 추적하는 것이다.

이러한 생각은 깁슨의 생각과 밀접하게 관련된다. 실제 모양과 크

---

7 색에 대한 관점적 설명은 4장에서 논의할 것이다.
8 볼하임([1968] 1980, 205~226)은 **안에서 보기**(seeing-in)라는 개념을 강조했다. 예를 들어 우리는 그림 안에서 사물을 본다고 볼하임은 주장했다. 본문에서 요청하는 것도 비슷한 생각이다. 그림을 보고 그 그림을 보면서 그림이 묘사하는 것을 보는 것처럼 (그런 의미에서 그림 안에서 묘사된 항목을 보는 것처럼), 나는 우리가 타원형이라는 관점적 속성을 보고 그러한 속성을 보면서 접시의 원형성을 본다고 (그런 의미에서 타원형이라는 관점적 속성 안에서 원형성을 본다고) 제안하고 싶다. 그러나 나는 외관을 보는 것이 그림을 보는 것과 같다거나 관점적 속성이 비관점적 속성을 **묘사한다고** 제안하고 싶지는 않다. 이것은 확실히 볼하임의 견해가 아니다.

3 행위에 의해 내용 생성하기

기는 움직임이 생성하는 시각의 변화를 탐구할 때 우리가 마주치는 불변의 요소다. 깁슨의 간단한 예를 생각해 보자. 직사각형 모양의 테이블 주위를 움직이면 사다리꼴의 다양한 관점적 모양을 지각하게 된다. 테이블과 맺는 공간적 관계가 달라짐에 따라 관점적 모양도 달라진다. 그러나 이러한 변화의 패턴에 불변성이 있다. 수학적으로 볼 때 불변하는 것은 네 각과 네 변의 관계, 그리고 이들 사이의 비율이다(Gibson 1979). 이 불변성은 테이블의 실제 모양에 해당한다. 가림 구조를 활동적으로 탐구하면 테이블의 실제 모양을 알 수 있다. 실재의 불변 구조는 외관을 적극적으로 탐구하는 과정에서 드러난다.

이런 식으로 우리는 감각 자료 견해의 기본 개념에 깃들어 있는 진리, 즉 지각에는 사물들이 어떻게 보이는지를 만나는 순간과 사물들이 어떠한지를 만나는 순간이 있다는 것을 이해할 수 있다. 우리는 사물이 어떻게 보이는지를 경험함으로써 세계를 경험한다.

그러나 이것은 현상주의, 적어도 사람들이 일반적으로 이해하는 현상주의를 옹호하는 것이 아니다. 그 이유를 이해하기 위해 다음 두 가지 사항을 생각해 보자.

첫째, 지각에 대한 행위 기반 설명에 따르면 겉모습은 심적 개체가 아니다. 겉모습은 객관적인, 환경에 관련된 속성이다. 겉모습은 물론 관계적이다. 그러나 이것은 물체와 우리 내부의 감각적 효과 사이의 관계가 아니다. 그게 아니라 물체, 지각자의 몸의 위치, 조명 사이의 관계다. 지각은 사물이 어떻게 보이는지를 접함으로써 사물이 어떠한지를 접하는 양상이다. 그런데 사물이 어떻게 보이는지를 접하는 것은 그 자체로 세계를 접하는 것이다. 사물이 어떻게 보이는지는 사물이 세계 안에서 어떠한지의 문제이기 때문이다. 지각 안에서 접하는 (또는 "주어지는")

것은 감각적 특질이나 감각 자료가 아니라 세계다.

둘째, 행위 기반 접근에 따르면 지각은 직접적이고 비추론적이다. 우리는 사물이 어떻게 보이는지로부터 사물이 어떠한지 추측하거나 추론하지 않는다. 사물이 어떻게 보이는지가 움직임에 따라 달라지는 방식을 활동적으로 접함으로써 우리는 사물이 어떠한지를 **직접적으로** 접한다. 접시의 원형성은 움직임의 결과 윤곽이 변화하는 방식에서 분명해진다. 원형성에 대한 나의 경험은 접시의 관점적 모양의 변화에 대한 나의 경험과 **같**다. 더욱이 우리는 가령 타원형으로 보인다는 감각의 증거를 근거로 접시가 둥글다고 **생각하지** 않는다. 우리는 접시의 감각운동 윤곽에 대한 숙달 덕분에 접시의 둥근 속성을 경험한다. 우리는 트마토가 3차원의 전체라고 추론하지 않는다. 적절한 감각운동 기술을 발휘하여 토마토를 접하는 한 우리는 토마토를 전체로 경험한다.

이것은 지각이 오류를 일으킬 수 있다는 사실과 양립할 수 있다는 점을 언급할 가치가 있다. 실제로 타원형인 접시를 그 외관 탓에 원형으로 경험할 수 있다. 이러한 가능성은 사다리꼴 창문을 직사각형으로, 왜곡된 방을 직선으로(에임스의 방), 또는 선의 엉킴을 의자로 잘못 지각하는(Ittelson 1952; Gregory[1966] 1997, 177~181; Gombrich 1960~1961, 247~250), 에임스가 설계한 일련의 흥미로운 심리적 구조의 기초를 이룬다(Ittelson 1952; Gregory[1966] 1997, 177~181; Gombrich 1960~1961, 247~250). 이런 경우 판단을 잘못할 수는 있지만, 판단을 잘못해서 잘못 지각하지는 않는다. 그게 아니라, 잘못된 감각운동 기술과 기대에 의존하기 때문에 잘못 지각한다. 사다리꼴 창틀을 직사각형으로 경험하는 것은 그 창틀을 기준으로 하는 움직임의 효과에 대해 일정 범위의 기대를 가지고 있다는 사실을 전제로 한다.

마지막으로, 경험은 행위 기반 접근이 제안하는 방식으로 활동적이고 역동적일 때만 이런 식으로 내용을 획득한다. 우리는 P-모양 안에서만으로는 직사각형성을 접하지 **않는다**. 우리가 움직임에 따라 (또는 사물이 우리를 기준으로 움직임에 따라) 일어나는 P-모양의 변화 속에서 직사각형성을 접한다. 시각 공간을 탐색함으로써 (또는 탐색할 수 있을 때에만) 비로소 원형성을 접하며 P-모양의 가능한 변화 안에서 실제 모양을 접한다. 다시 말해 외관의 공간을 가로질러 움직임에 따라 외관들이 어떻게 변화하는지를 알아봄으로써 불변성을 접한다. 이것은 본질적으로 주변 광배열에 대한 깁슨의 개념과 같다. 주변 광배열에 대한 탐색은 활동적인 생명체에게 세계를 **드러내고**, 세계를 고유하게 지정한다.

여기에서 전개된 관점에서 볼 때 현상주의가 옳은 한 가지 방식에 주목할 필요가 있다. 현상주의는 앞서 살펴본 것처럼 사물을 감각 자료의 구성물로 다룬다. 밀의 표현을 다시 빌리자면, 사물은 감각의 영구적인 가능성이다. 이 논제는 형이상학적으로는 틀렸지만 지각 내용에 대한 설명으로는 거의 옳다. 지각자가 움직이면서 사물의 관점적 속성의 변화에 접근할 수 있는 덕분에 경험의 주체는 사물의 실제 공간적 속성에 접근할 수 있다. 우리는 세계를 이용할 수 있는데, 우리가 세계 안에서 점유하는 자리가 잠정적이며 바뀐다는 사실에 의해 결정되는 방식으로 그렇다. 모든 지각은 이러한 방식으로 관점적이다(촉각과 같은 비시각적 양상의 지각도 마찬가지다).[9]

---

9 다른 양상들은 이 장 후반부 3장 10절에서 논의하며 4장 10절에서도 논의한다.

3.5 겉모습 경험하기

나는 지각 경험이 공간적 내용을 습득하는 것, 즉 사물의 모양과 크기를 표상하는 것은 우리가 다양한 감각운동 기술을 보유하고 있기 때문이라고 주장했다. 우리가 움직이고 환경을 지각적으로 탐색할 때 우리는 사물이 어떻게 보이는지가 다양하게 변화하는 것을 접한다. 겉모습의 이러한 변화는 사물이 어떠한지를 드러낸다. 하지만 겉모습 그 자체, 즉 P-속성은 어떤가? 우리는 **겉모습이 어떻게 보이는지를 봄으로써 겉모습을 보는가?** 이는 무한 퇴행으로 이어질 위험이 있다(결국 사물이 어떠한지 알기 위해서는 겉모습의 겉모습을 경험해야 하고 이는 다시 무한 반복된다). 사물의 겉모습에 대한 경험의 감각운동적 근거를 어떻게 설명할 수 있을까?

겉모습은 지각 대상과 환경(지각자의 위치, 주변 조명 등) 사이의 관계다. 겉모습을 경험하는 것(겉모습을 보는 것)은 경험 안에서 특정 감각운동 윤곽을 활용하는 것, 즉 감각운동 기술의 레퍼토리를 활용하는 것이다.

간단한 사례부터 시작해 보자. 어떤 항목(약간의 움직임, 소리 등)이 **왼쪽에 있다**고 경험하는 경우다. 사물이 왼쪽에 있다고 경험하는 것은 사물이 자기중심적 공간에서 특정 위치를 차지한다고 경험하는 것이다. 어떤 위치인가? 그것을 가리키기 위해서는 손과 팔을 왼쪽으로 움직여야 하고, 그것을 더 잘 보기 위해서는 고개를 왼쪽으로 돌려야 하며, 그것과 거리를 두기 위해서는 몸을 오른쪽으로 움직여야 하는 따위의 위치다. 여기에서 "왼쪽"과 "오른쪽"은 자기중심적으로 사용되며, 공간 영역을 가리키는 것이 아니라 지각자의 몸과 관련하여 생각되는 공간 영역을 가리킨다.[10] 이런 의미에서 왼쪽으로 이동하는 것은 몸을 특유하게 움직이는 것이다. 무언가가 왼쪽에 있다고 경험하는 것은 그것을 단순히 공간의 한 영역을 점유하는 것으로 경험하는 것이 아니며, 자신과 어떤 공간적 관계에 서 있는 것으로 경험하는 것도 아니다. 이는 자신과 그것 사이의 관계를 특정 종류의 가능한 움직임이 매개하는 것으로 경험하는 것이다. 에반스(1982)가 주장한 것처럼 자기중심적 공간은 이런 의미에서 일종의 **행동적** 공간, 즉 이동 방식과 행동이 자유로운 정도에 의해 정의되는 공간이다. 이 개념을 나의 용어로 설명하자면 어떤 사물이 왼쪽에 있다고 경험하는 것은 그것이 우리와 특정 관계에 서 있다고 경험하는 것인데, 우리는 이 관계가 감각운동 의존의 패턴에 의해 구성된다고 파악한다. 그것이 왼쪽에 있다고 경험하는 것은 그것을 감각에 영향을 미치는 움직임들의 다양한 가능성을 필요로 하고 인정하는 (어떤 의미에서는 그야말로 **유도하는**affording) 것으로 경험하는 것이다.

(필립 페팃 2003b에서 최근 논의된 것처럼) 움직임의 경험에 대해서도 비슷한 지적을 할 수 있다. 물건이 왼쪽에 있다는 경험이 왼쪽이라는 특별한 종류의 특질이나 감각에 대한 경험이 아닌 것처럼 가령 공이 당신을 향해 움직인다는 경험은 특별한 종류의 특질("무언가가 나를 향해 움직임"이라는 감각질)에 대한 경험이 아니다. 공이 당신을 향해 움직인다고 경험하는 것은 당신이 움직임으로써 공의 외관이 변하는 방식의 특성을 변화시킬 수 있는 바로서 공을 경험하는 것이다. 물론, 당

---

10 자기중심적 공간에 대한 철학적 논의는 Campbell 1994와 Evans 1982, 1985, 에세이 13(Noë and Thompson 2002에 재수록) 참조.

신이 움직이지 않으면 당신에게 부딪힐 것으로 공을 경험하는 것도 사실이다. 공의 움직임을 경험하는 것은 움직임을 변화시키는 다양한 특징적인 자극의 가능성을 활성화 하는 바로서 공을 경험하는 것이다. 특정 유형의 움직임에 대한 경험이 감각운동 이해에 의존하는 방법은 셀 수 없이 많다. 예를 들어 당신이 움직이면 공의 움직임에 대한 시각적 감각이 영향을 받고, 눈을 감으면 공은 **시각적으로는** 움직이지 않는 것처럼 보인다는 사실을 이해한다. 아치를 그리며 움직이는 바로서 공을 경험하는 것은 정확하게는 공을 추적하기 위해 우리가 고개를 특징적인 방식으로 움직여야 하는 것으로 공의 움직임을 경험한다는 말이다. 사물의 움직임에 대한 경험은 그 사물과 우리 사이의 관계를 매개하는 일종의 감각운동 상호의존성에 대한 이해에 의존한다. (이러한 감각운동적 이해는 제시된 사물에 반응하려는 성향의 토대다.)

우리와 사물 사이의 공간적 관계를 파악할 수 있게 해 주는 감각운동 지식은 이론적 지식이 아니라 실용적 지식이라는 점이 중요하다. 에반스(1982)가 이 점을 지적했다. 왼쪽에 있는 공간의 특정 영역이 어디에 있는지 전혀 알 수 없는데도 그곳에 무언가가 있다고 경험하는 경우가 있다. (절대적인 공간에서) 그것이 어디에 있는지 더 정교한 인지적 파악 없이도 자신의 행동 공간 안에서 그것의 위치를 암묵적으로 이해할 수 있다. 왼쪽에 있는 항곡을 더 잘 보려면 고개를 왼쪽으로 돌려야 한다는 것을 아는 데는 생각이나 지적 기술이 필요하지 않다.

에반스의 예를 생각해 보자. 소리가 왼쪽에서 난다고 들을 때, 그 소리 쪽으로 방향을 잡기 위해 어느 쪽을 향해야 할지 **생각할** 필요가 없다. 소리가 왼쪽에서 난다고 듣는 것은 왼쪽으로 향하는 것이 소리 쪽으로 향하는 것이라는 사실(그렇게 하는 것이 관련된 소리의 강도를 증

가시킬 것이라는 사실)에 대한 이해와 한 꾸러미처럼 긴밀하게 연결되어 있다. 작은 통로를 통과하기 위해 긴 의자를 어떻게 움직일지에 대해서는 생각을 해야 한다. 그러나 출입구를 통과하기 위해 몸을 어떻게 움직일지에 대해서는 그처럼 생각할 필요가 없다. 출입구에 특정 공간적 특질이 있다고 지각하는 것은 출입구를 그와 관련된 특정 종류의 움직임을 가능하게 하거나 요구하는 바로서 지각하는 것이다. 소리와 더불어, 그리고 문을 통과하는 통로와 더불어, 우리는 자기중심적 행동 공간을 점유한다. 반면 의자 및 작은 통로와 더불어, 우리는 기하학과 절대공간에 관심을 갖는다. 생각하고, 계산하고, 측정하는 것은 전자가 아닌 후자의 경우에만 필요하다.

이 설명으로 P-속성에 대한 경험을 해명할 수 있다. 접시가 타원형으로 보이는 것은 그 모양을 나타내기 위해 손을 특징적인 방식으로 움직일 수 있기 (그리고 실제로 어떤 의미에서는 **움직여야만** 하기) 때문이다. 즉, 어떤 사물을 타원형으로 경험하는 것은 바로 그것을 자기중심적 감각운동 공간 안에서 특정 종류의 영역을 점유하는 것으로 경험하는 것이다. 나무의 P-크기를 경험하는 것은 나무가 내 시야의 한 영역, 즉 내가 팔의 특정 제스처로 나타내는 공간을 차지하는 것으로 경험하는 것이다. 이런 식으로 감각운동 기술을 활용하여 도형에 대한 경험을 구성한다.

물체의 **특정한** P-크기는 예를 들어 내가 그 물체로 향하고 싶을 때 가리키거나 닿을 수 있는 (등의) **바로 그 영역으로** 정확하게 주어진다. 그런데 두 가지 점에서 커다란 주의가 필요하다. 첫째, 나는 행동 성향으로 크기 경험을 정의하려는 것이 아니다. 에반스(1982)는 때때로 그러한 행동주의적 설명을 하는 것처럼 보이는데, 왼쪽에 있는 어떤 것에 대한 경험이 정의상 그것과 관련하여 움직이려는 특정한 행동 성향의 소유에 의해 이루어진다고 제안하기 때문이다. 내 주장은 에반스의 주장처럼 행동주의적이지 않다. 우리는 오른쪽 깜박임을 볼 때 눈을 오른쪽으로 움직이면 깜박임이 더 잘 보인다는 (또는 잘 보일 것이라는) 사실을 실용적이고 암묵적인 방식으로 안다. 시각적 자기중심의 오른쪽에서 깜박임이 일어나는 경험은 특정 방식으로 움직이려는 우리의 성향이 아니라 **움직임**이 어떻게 사물을 시야에 들어오게 하는지에 대한 실용적 지식의 소유로 이루어진다. 왼쪽에서 깜박임이 발생하면 감각운동 상호의존성의 다른 규칙이 적용된다. 깜박임이 왼쪽에서 일어나는 경험은 눈과 머리를 왼쪽으로 움직이면 사물이 시야의 중앙으로 들어온다는 사실을 아는 것이다. 공간과 관련된 방식으로 사물과의 관계를 조절하는 데 필요한 감각운동 기술이 우리에게 없다면 경험은 이런 방식으로 공간적 내용이 있는 것으로 우리에게 나타날 수 없다.

둘째, 나는 가령 움직임에 대한 안내, 발사체의 회피 등 우리가 감각 경험을 사용하여 하는 일로 감각 경험의 의의를 설명하려는 것이 아니다. 경험이 움직임을 이끌 수 있고 실제로 그렇게 한다는 것은 의심의 여지가 없지만, 이 단조로운 사실을 강조하는 것은 행위 기반 관점의 관심사가 아니다. (1장에서 강조했듯이) 행위 기반 관점에 따르면 지각하기란 행위하기를 **위한** 것이 아니다. 행위 기반 관점은 지각이 다양한 감각운동 기술의 발휘에 의해 구성된다고 제안한다. 행위 기반 관점에서 나는 어떤 것을 특정 (외관상의, 관점적인) 모양으로 경험하는 것이 그것을 가능한 움직임의 범위를 허용하고 유도하는 것으로 경험하는 것이라고 주장하고 싶지 않다. 그것을 접할 때 그것과 맺는 관계를 매개하는 (또는 매개할 수 있는) 감각운동 패턴에 대한 자신의 이해를 활용할 수 있는 한에서만 그것을 특정한 P-모양인 것으로, 그래서 가능한 움직임을 허용하고 유도하는 것으로 경험한다고 제안하고 싶다." 우리가 그것의 존재를 이해하는 방식은 우리가 그것과 접할 때 활용하는 감각운동 지식에 의해 구성된다.

내가 여기에서 옹호하는 행위 기반 관점에 따르면, 어떤 것을 타원형으로 경험하는 것은 그것이 자신의 **감각운동** 공간에서 한 지점을 차지한다고 지각하는 것이다. 눈을 왼쪽으로 돌리면 왼쪽에 있는 물건이 시야에 들어온다는 사실을 암묵적으로 이해하는 사람만이 어떤 것이 **왼쪽**에 있다고 경험한다. 이러한 지식이 있는 사람만이 그에 상응하는 경험을 누린다.

사물이 **나에게** 어떻게 보이는지는 나의 감각운동 지식에 의해 제약을 받는다. 나에게 기본적인 감각운동 기술(움직이고 가리키는 능력, 몸을 돌리고 숙이면서 반응하는 성향 등)이 있는 덕분에 내 경험은 **시각** 내용을 획득할 수 있다. 감각운동 지식이 더 쌓이면 나의 지각 경험은 완전한 지각 내용을 획득하게 된다.

이 설명은 행동에 제한이 있는 사람들이 공간적 겉모습을 경험하는 것을 배제하지 않는다는 점에 유의해야 한다. 어떤 사물이 왼쪽에 있다고 경험하는 것은 움직임의 가능성에 의해 정의된 나와 사물과의 관계를 그 사물이 점유한다고 경험하는 것이다. 이는 움직일 수 없는 사람이 무언가가 왼쪽에 있다는 지각적 경험을 하는 경우와 양립할 수 있다. 배제되는 것은 모든 감각운동적 이해가 결여된 사람이 공간적 내용(또

---

[11] "지각은 행동을 위한 것"이라는 견해와 관련하여 입장을 명확히 해달라고 요청해 준 벤스 네네이(Bence Nanay)에게 감사한다.

는 어떤 종류이건 간에 내용이 있는 경험을 할 가능성이다.

3.6 반전 안경, 다시 생각하기

반전 렌즈를 착용하면 내용이 반전되는 경험이 아니라 흐트러지거나 정리되지 않은 경험을 한다. 1장에서 논의했듯이 이러한 "경험맹"은 행위 기반 관점에서 예상되는 현상이다. 움직임이 자극을 조정하는 방식에 대한 이해가 없는 단순한 감각 자극은 지각 경험의 수준에 이르지 못한다. 자극이 진정한 지각이 되려면, 즉 우리가 자극을 받으면서 주변 속성과 상태 역시 알아차리려면 감각운동 지식이 필요하다. 고글 착용의 효과는 바로 감각운동 법칙을 바꾸는 것이다. 따라서 반전 안경에 지각적으로 적응하는 것은 무엇보다 감각운동적 이해와 그에 따른 지각 내용이 회복되는 과정이다.

반전 안경에 대한 지각적 적응의 세부 사항을 좀 더 자세히 살펴보자. 1장에서 언급했듯이 콜러([1951] 1964)와 테일러(1962)의 연구는 지각적 적응에 세 가지 구별되는 단계가 있다고 제안한다. 첫째, 이 장과 1장에서 논의한 것처럼 처음의 경험맹이 있다. 고글 적응의 두 번째 단계는 내용이 반전된 지각 경험에 대한 경험이다. 렌즈에 어느 정도 익숙해지면 왼쪽에 있는 물체가 오른쪽에 있는 것처럼 보이고 그 반대도 마찬가지다. 행위 기반 관점은 이러한 내용 반전이 일어나는 것을 설명할 수 있다. 눈을 왼쪽으로 움직이면 오른쪽에 있는 물체와 이전에 연관된 감각운동 결과가 산출되고, 그 반대도 마찬가지다. 이전에 "왼쪽"이라는 경험은 신체 움직임이 왼쪽에 있는 물체와 맺는 관계에 영향을 미치는 방식에 대한 이해로 구성되었다. 왼쪽에 있는 물체가 마치 오른쪽에 있는 것처럼 보인다는 것은 오른쪽에 있는 물체와 맺는 관계가 왼쪽에 있는 물체와 맺는 관계를 일반적으로 특징짓는다는 사실을 암묵적으로 받아들이는 것이다. 예를 들어 "왼쪽으로" 손을 뻗으려면 자연스럽게 손을 오른쪽 방향으로 움직인다. 오른쪽에서 오는 얼굴 타격을 피하기 위해 자연스럽게 **오른쪽으로** 이동하려 한다. 시각 자극에 감각운동적 의미를 잘못 부여하여 내용을 습득하는 것이다.

적응의 세 번째이자 마지막 단계는 지각 경험의 내용이 그 자체를 "바로잡는"(veridicalize) 단계다. 이제 왼쪽에 있는 물체는 원래 그래야 하듯 왼쪽에 있는 것처럼 보이고, 오른쪽에 있는 물체는 오른쪽에 있는 것처럼 보인다. 왼쪽 물체가 일반적으로 시야의 오른쪽에 있는 물체에 의해 자극을 받는 망막과 시각 피질의 일부를 자극하는데도 그렇다. 이것이 진정한 **지각 가소성**, 즉 지각 내용의 변형이다.

행위 기반 관점에서 지각 내용의 이러한 바로잡음 또는 재반전을 이해하는 것은 어렵지 않다. 적절한 감각운동 상호의존성이 우리와 대상 간의 관계를 매개한다고 여길 때 대상은 **왼쪽에 있는 것으로** 경험된다. 행위 기반 관점에서 볼 때 지각적 적응은 적절한 감각운동 지식을 적용하는 것을 배우는 과정이다. 이 과정이 완료되면 내용이 재구성된다. 진실성이 회복된다.

환경과 **활동적으로** 상호작용하는 개인만이 지각적 적응을 달성한다는 점이 중요하다. 예를 들어 테일러의 피험자들은 어려운 감각운동 과제(용접, 자전거 타기 등)에 참여했다. 행위 기반 관점에서 이는 놀라운 일이 아닌데, 활동적 움직임으로 감각운동 가설을 시험해 볼 수 있기 때문이다. 놀라운 것은 적응이 과제에 따라 달라지는 경향이 있다는 사실이다. 내용이 가령 자전거를 탈 때는 바로 잡히지만 독서를 할 때는 그렇지 않을 수 있다. 내용이 자전거를 탈 수 있을 만큼은 충분히 반전되더라도 자전거를 타고 상점 앞을 지나갈 때 상점 창문의 글씨는 좌우가 반대로 보일 수 있다. 조금만 생각해 보면 이러한 '모듈식' 적응 패턴은 그리 놀랍지 않다. 근본적으로 다른 작업들에 감각운동 기술이 처음부터 곧바로 일반화되지 않는다는 사실은 놀라운 일이 아니다.

해리스(Harris 1965, 1980)는 고글 실험에 대한 이러한 해석에 이의를 제기했다.[12] 그는 이 실험이 진정한 시각 가소성이 존재한다는 주장을 뒷받침한다는 주장에 반대한다. 해리스에 따르면 지각 내용의 재반전은 없다. 재반전한다는 착각이 있을 뿐이다. 재반전이 발생한다는 착각에는 두 가지 주요 원인이 있다. 첫째, 지각자는 반전된 시각 세계에 **익숙해진다**. 그래서 반전된 내용이 있는 경험을 낯설지 않게 느낀다. 연습하고 익숙해지면 거울에 거꾸로 비친 글자를 정상처럼 읽을 수 있듯이, 시간이 지나면 왼쪽과 오른쪽이 뒤집힌 내용이 정상처럼 보인다. 둘째, 우리 목적에 더 중요한 점은 움직임에 대한 감각(운동감각)과 몸의 위치에 대한 감각(고유수용감각)이 시각에 적응하게 된다는 점이다.

두 번째 요점의 중요성을 이해하기 위해 반전 안경에 적응하는 두 번째 단계에서 시각과 고유수용감각/운동감각 사이에 간양상적 충돌이 일어난다는 사실을 생각해 보자. 발을 내려다보자. 왼발은 마치 오른쪽에 있는 것처럼 보이지만 왼쪽에 있는 것처럼 **느껴진다**. 이러한 충돌은 분명 이질감을 일으킨다. 왼손을 보라. 마치 오른쪽에 있는 것처럼 보이지만 왼쪽에 있는 것처럼 느껴진다. 이제 왼쪽에 있는 물건을 집으

---

12 해리스가 반전 안경을 다룬 내용에 대한 논의는 Hurley 1998 참조.

려고 손을 뻗는다고 상상해 보자. 물건은 마치 오른쪽에 있는 것처럼 보인다. 그래서 오른쪽으로 손을 뻗는다. 그런데 손은 물체가 놓여 있는 것처럼 보이는 오른쪽이 아니라 왼쪽으로 뻗고 있는 것처럼 보인다. 그래서 손을 더 오른쪽으로 움직이게 되고 감각적 혼란이 가중된다.

해리스에 따르면 지각적 적응에서 (내가 세 번째 단계라고 부르는 단계에서) 고유수용감각/운동감각과 시각 사이의 갈등은 시각에 유리하게 해결된다. 이제 왼팔은 오른쪽에 있는 것처럼 보일 뿐만 아니라 오른쪽에 있는 것처럼 **느껴진다**. 왼발도 오른쪽에 있는 것처럼 보일 뿐만 아니라 오른쪽에 있는 것처럼 느껴진다. 그 효과는 다음과 같다. 왼쪽에 있는 커피를 집어 들고 싶다고 가정해 보자. 커피는 마치 오른쪽에 있는 것처럼 보인다. 왼손이 오른쪽에 있는 것처럼 느껴지므로 커피를 집기 위해 왼손을 뻗는다. 그리고 이제 마치 오른쪽에 있는 것처럼 보이고 느껴지는 방향인 왼쪽으로 왼손을 뻗는다. 컵이 실제로 왼쪽에 있기 때문에 컵을 집는 데 성공한다. 시각 경험은 여전히 뒤집혀 있다. 아무것도 변하지 않았다. 그러므로 진정한 지각의 전환이나 가소성은 없다. 하지만 뒤집힘에 적응했다. 해리스는 연습하면 뒤집힘을 알아차리지 못하게 된다고 제안한다. 움직임과 내 위치에 대한 감각이 시각 경험에 적응하면 주변 환경에서 적절하게 움직이고 행위할 수 있게 된다. 시각 내용은 여전히 반전되어 있지만 모든 것을 정상적으로 느낀다.

지각의 전환에 대한 해리스의 주장은 행위 기반 관점에 중요한 도전을 제시한다. 해리스는 공간에 대한 시각 경험이 지각자의 감각운동 능력이나 움직임 성향에 대한 사실과 무관하다고 주장하기 때문이다. 행동에 관련된 사실은 지각의 재반전이라는 **착각**에 기여하지만, 그러한 반전을 실제로 초래하지는 않는다. 해리스는 지각 경험의 공간적 내용에 대한 사실은 자신이 하는 일과 경험에 대한 (내성을 토대로 한) 믿음에 독립적이라고 믿는다. 공간 문제는 색채 경험과 반전 스펙트럼 (inverted spectrum) 가설에 대한 논의에서 발생하는 문제와 매우 유사하다. 이 비교를 살펴보는 것이 도움이 될 것이다.

우리에게 파란색으로 보이는 사물이 노랗게, 초록색으로 보이는 사물이 빨갛게 보인다는 의미에서 어떤 사람이 우리의 색 경험과 비교하여 감지할 수 없을 정도로 반전된 색 경험을 할 수 있을까? 우리 모두는 우리가 "빨간색"과 "노란색"(등)으로 부르는 것에 동의할 것이기에 이러한 경험의 차이는 행동으로 나타나지 않을 것이다. (반전 스펙트럼 가설은 슈메이커 1982, 블록 1990, 팔머 1999b 등이 탐구한 바 있다). 이 가설은 "공간 반전 가설"과 비슷한 문제를 제기한다. 어떤 사람의 공간 경험이 우리의 공간 경험과 비교할 때 체계적으로, 그러나 감지할 수 없을 정도로 반전되어 있을 수 있을까? 그런 사람은 우리가 우측을 경험할 때 좌측을 경험하겠지만(그 반대의 경우도 마찬가지다), 이 속성을 좌측면성이라고 부르는 데는 우리와 일치할 것이다. 색의 경우, 가장 강력한 주장은 일인칭의 가능성을 고려하라고 요구한다. 1단계에서 나는 반전되어 있다. 2단계에서는 반전에 익숙해진다. 이제 나는 사물의 색이 예전과 비교할 때 반전되어 보인다는 것을 깨닫고, 이 지식을 활용하여 단어를 올바르게 사용한다. 정상적으로 행동하는 데 정말 능숙해진다. 3단계에서는 기억상실증에 걸려 사물이 다르게 보였다는 사실을 잊어버린다. 이 사고 실험의 요점은 비록 내가 지금 이러한 차이를 보고할 수는 없더라도 색 경험과 관련하여 나의 지금 상황은 다르다고 믿을 만한 이유를 제시한다는 것이다.

반전 안경 실험에 대한 해리스의 분석은 이 실험이 바로 이런 종류의 문제를 제기한다고 본다. 해리스는 우리가 공간적으로 반전된 시각 경험에 따라 행위하고 말하며 지내는 것에 익숙해진 나머지 경험이 반전되어 있다는 것을 사실상 잊는다고 주장한다. 심지어 모든 것이 정상으로 돌아왔다고 보고하기까지 한다. 사실 경험은 변함없이 거꾸로 된 채인데도 말이다.

반전 스펙트럼 가설이 완전히 정합적인지 여부에 대해서는 논란의 여지가 있다.[13] 공간 시각과 색각(色覺)을 비교한 것은 해리스의 주장이 지닌 부담과 의의를 명확히 보여 주기 위해서다. 색의 경우에 대해 뭐라고 말하든, 나는 공간적 내용을 지각자의 감각운동 기술과 별개로 파악할 수 없다고 생각한다. 3장 5절에서 제안한 것처럼, 소리가 오른쪽에서 들리는 경험이 눈을 오른쪽으로 움직이면 소리의 근원지로 눈을 이동하게 된다는 지각자의 실용적 이해 외에 무엇으로 이루어지는지 분명하지 않다.[14]

이러한 점을 고려할 때 해리스의 주장을 행위 기반 관점을 **옹호하는** 주장으로 해석할 수 있다고 제안하고 싶은 유혹이 든다. 지각의 적응은 실제로 시각 자극과 고유수용감각 및 운동감각 정보 간의 관계가 정합적이 되는 과정일 수 있다. 이것은 **시각** 내용이 이러한 관계에 의해 구성된다는 뜻이다. 해리스 자신도 이와 유사한 제안을 했다. "많은 시각적 판단과 시각으로 인도된 행동이 [적응 과정에] 영향받기 때문

---

[13] 스펙트럼 반전에 도전하는 두 가지 논문으로 Campbell 1993과 Byrne and Hilbert 1997이 있다.
[14] 최근 페팃(Pettit 2003b)은 색 경험이 철학자들이 생각하는 것보다 훨씬 더 운동 및 공간에 대한 경험과 비슷할 수 있다고 주장했다. 그는 공간의 경우 반전이 일관성이 없다면 색의 경우에도 일관성이 없을 것이라는 생각에서 출발했다.

에, 실제로 수정되는 것은 신체 부위의 위치에 관한 비시각적 정보의 해석이라는 점을 염두에 두는 한, 시지각의 수정에 대해 이야기할 수 있다."(1980, 113) 해리스는 적응은 **시각적**인 것이 아니며 "신체 부위의 위치에 대한 비시각적 정보에 대한 해석"에 관한 정보와 관련된다는 사실을 분명히 염두에 두어야 한다고 생각한다. 하지만 이것이야말로 공간적 내용의 **시각적** 변환을 구성하는 것이 아닐까? 이것이 맞다면 이것은 적응의 메커니즘을 밝혀 준다. 적응을 촉발하는 요인 중 하나는 시각, 고유수용감각, 운동감각 간의 간양상적 충돌을 이해하려는 뇌의 시도다.

이러한 이유로 나는 해리스의 분석에 호의적이다. 다른 문제들도 있다.

해리스의 견해는 시각과 고유수용감각 및 운동감각 사이에 겉으로 보기에 당혹스러운, 강한 비대칭성이 있다고 전제한다는 사실을 먼저 생각해 보자. 해리스가 보기에 시각의 가소성은 방해하지만 고유수용감각 및 운동감각의 가소성을 허용하는 것은 시각에서 무엇일까? 행위 기반 관점에서 볼 때 각각의 양상은 동일한 기반 위에 있으며, 그 특성은 감각운동 통합의 패턴에 의해 결정된다. 더욱이 행위 기반 관점에서 볼 때 시각 내용은 운동감각 및 고유수용감각과의 통합을 요구한다. 결국 시각 내용은 움직임의 감각적 효과에 의존한다. 반면 이와 마찬가지로 운동감각과 고유수용감각이 시각(및 다른 양상들)에 의존한다는 것은 특별히 놀라운 일이 아니다. 이것이 우리가 발견한 사실이다. 즉 왼쪽 손(반전 안경에 적응하는 두 번째 단계)은 그 움직임이 오른쪽에 있는 물체와 이전에 연합된 시각 자극을 촉발하기 때문에 마치 오른쪽에 있는 것처럼 **느껴지게** 된다. 실제로 행위 기반 관점에 따르면 왼쪽 손이 내 손, 즉 살아 움직이고 느끼는 내 일부처럼 느껴지는 것은 오직 그것이 움직임과 감각 자극의 감각운동 결합체로서 수행하는 역할 때문이다. 감각운동 결합체 안에 적절한 종류의 통합이 주어지면 부착되지 않은 (가령 인공) 손도 내 손처럼 느껴질 수 있다.[15]

둘째, 보다 일반적으로, 시각에서 공간적 내용의 기초를 어떻게 이해해야 하는지가 해리스의 접근 방식에서는 분명하지 않다. 공간에 대한 시각 경험을 결정하는 것은 시각 시상과 시각 피질의 망막 자극 패턴과 망막국소의 신경 표상에 대한 사실들이라는 것이 해리스의 견해인가? 그러나 그렇다면 이러한 신경 구조 또는 패턴이 다른 공간적 내용이 아닌 특정 공간적 내용에 대한 경험을 낳도록 하는 이것들의 내재적 특성은 무엇인지 질문할 수 있다. 2장에서 호문쿨루스 오류에 대한

---

[15] 보트비닉과 코헨이 제안한 바와 같다. 피험자들은 "왼쪽 팔을 작은 테이블 위에 올려놓고 앉았다. 피험자의 시야에서 팔을 가리기 위해 스탠딩 스크린을 팔 옆에 배치하고 왼손과 왼팔의 실물 크기 고무 모형을 피험자 바로 앞 테이블 위에 놓았다. 피험자는 인공 손에 눈을 고정하고 앉아 있었고, 우리는 두 개의 작은 붓을 사용하여 고무손과 피험자의 숨겨진 손을 쓰다듬으며 붓질하는 시간을 최대한 가깝게 맞췄다"(Botvinik and Cohen 1998, 756). 짧은 시간이 지나면 피험자는 실제로 접촉되고 있는 손이 아니라 보이는 고무 손에서 쓰다듬고 두드리는 것을 감각한다는 뚜렷하고 확실한 느낌을 갖게 된다. 추가 실험에 따르면 눈을 감은 피험자에게 숨겨진 손으로 왼손을 가리키라고 하면 착각을 경험한 피험자의 가리키는 방향이 고무 손 쪽으로 옮겨지는 것으로 나타났다. 보트비닉과 코헨은 이 실험이 다음과 같은 사고, 즉 우리 몸을 우리 몸으로 느끼는 것은 우리 몸이 특정한 형식의 간양상적 상관관계에 참여함으로써 다른 사물들과 차별화된다는 사실에 의존한다는 사고를 뒷받침한다고 제안한다(756). 신체 이미지는 뇌가 다양한 감각으로부터 받은 정보를 조직하기 위해 만들어 낸 하나의 모델이라는 것이다. 그러나 놀랍게도 몇 가지 트릭만 있으면 뇌가 모델을 변경하도록 할 수 있다(Ramachandran and Blakeslee 1998). 이것이 옳든 그르든, 이 독특한 실험은 접촉뿐 아니라 우리가 보는 것, 그리고 우리가 현재 일어나고 있다고 이해하는 것이 촉각 지각에 중요하다는 사실을 보여 준다. 시각적 상관관계의 확립만으로도 감각을 느끼기에 충분하다. (Botvinick과 Cohen의 논문 제목은 "눈이 보는 접촉을 고무손은 '느낀다'"다.)

논의와 관련하여 살펴본 것처럼, 일반적으로 내부 신경계의 속성을 해당 지각 경험의 속성에서 '읽어 내는' 것은 허용되지 않는다. 좌측면성에 대한 경험이 망막국소의 신경 구조를 그 신경 기층으로 가져야 할 선험적 이유는 없다. 그렇다면 망막국소 지도의 존재가 무엇을 설명해 줄 수 있을지 분명하지 않다

행위 기반 관점은 이러한 까다로운 문제들을 야기하지 않고 시각 내용을 설명한다는 점을 강조하고 싶다. 지각 내용은 신경 구조에 의해 확정되는 것이 아니라 감각운동 상호의존성의 패턴과 그에 대한 동물의 능숙한 숙달에 의해 결정된다. 그리고 매우 중요한 사실은, 행위 기반 관점은 지각자가 경험의 특성에 대해 보고하는 바와 일치하는 방식으로 까다로운 문제들을 우회한다는 것이다. 반면 해리스의 견해에서 지각적으로 적응된 안경 착용자는 자신의 경험의 본성을 착각하는 것으로 해석된다.[16]

3.7 버클리, 그리고 보기의 촉각적 특성

버클리(Berkeley[1709] 1975)는 촉각이 진정으로 공간적인 유일한 감각이라고 주장했다. 그는 촉각만이 본질적으로 활동적이며, 몸의 움직임을 통해서만 우리가 공간을 직접 접한다고 생각했던 것 같다. 다른 지각 양상들은 촉각 및 움직임과의 연결을 학습한 결과 공간적 내용을 습득

---

16 이 점은 수전 헐리가 알려 주었다. 해리스가 이 문제를 다룬 방식에 대한 논의는 헐리에게 빚지고 있다.

한다.

이와 대조적으로 나는 시각 자체에 촉각과 유사한 특성이 있으며 시각도 본질적으로 활동적이라고 주장한다. 경험에 대한 행위 기반 설명은 촉각의 공간적 내용에 대한 버클리의 설명을 시각 및 다른 감각 양상들로 일반화한 것으로 생각할 수 있다. 이처럼 일반화된 관점에 따르면 촉각과 마찬가지로 시각을 비롯한 다른 양상들도 움직임과 행위에 대한 즉각적인 중요성 덕분에 공간적 내용을 획득한다.

왜 버클리는 촉각에 이런 방식으로 특권이 있다고 생각했을까? 그는 거리와 같은 공간적 특질은 지각 불가능함에도 불구하고 우리는 공간적 특질을 지각한다는 역설처럼 보이는 사실로부터 고찰을 시작한다. 그는 이렇게 말한다. "거리 자체는 지각 가능하지 않은데도 거리가 시각으로 지각된다는 것은 명백하다."([1709] 1975, §2)

왜 버클리는 우리가 촉각으로 공간적 특질을 즉각적으로 지각할 수 있다고, 공간적 특질이 사실상 촉각적이라고 확신하는 것일까? 우리는 물체와 우리를 분리하는 거리를 실제로 **만질** 수 없으며, 단단함이나 질감을 받아들이듯 거리의 크기나 모양을 즉각적으로 받아들일 수 없다. 이는 붉음이나 단단함에 해당하는 감각적 관념이 있는 것처럼 거리나 크기 같은 공간적 특질에 해당하는 촉각이나 다른 감각적 관념은 **없음**을 시사한다.

그렇다면 촉각 경험은 어떻게 공간적 내용을 획득할까? 촉각이 공간적 내용을 획득하는 방식의 어떤 점이 촉각이 공간적 특질을 **즉각적으로** 획득한다는 주장을 정당화하는가?

버클리의 제안은 설득력 있다. 촉각은 움직임으로 내용을 획득한다. 촉각은 **본질적으로** 활동적이다. 촉각은 사실상 일종의 움직임이다.

그리고 움직임은 공간 안에서 전개되고 공간을 매개로 한다는 점에서 본질적으로 공간적이다. 아마도 버클리는 거리 같은 공간적 특질을 지각에서 직접 접할 수 있는 유일한 방법이 움직임이라는 사실을 염두에 두었을 것이다. 우리는 거리 자체를 만질 수는 없지만, 손을 뻗어 무언가를 잡거나 일어나 움직임으로써 거리를 경험할 수 있다. 예를 들어 X에 도달하기 위해 또는 X가 손에 닿기 위해 몇 걸음을 걸어야 하는지로 X에 이르는 거리를 경험한다. 경험에서 거리는 물체를 접촉하는 데 필요한 움직임의 특질과 종류에 대한 암묵적인 이해와 같다. 이것이 바로 이 장 서두의 명구에서 푸엥카레가 간결하게 포착한 생각이다.

　　모양과 크기 같은 다른 공간적 특질에 대한 경험도 비슷하다. 물체를 다룰 때 우리는 물체를 잡고 그 표면 위로 손을 움직인다. 물체 자체가 움직임을 인도하거나 방해하는 방식을 접합으로써 그 모양을 접한다. 모양을 구형으로 경험하는 것은 손을 움직이거나 물체를 손 안에서 움직일 때 특징적인 통일성을 경험하는 것이다. 우리가 받는 자극은 손에 든 물건을 우리가 움직이는 것 또는 손가락을 가로지르는 우리 손의 움직임의 함수다. 모양은 **감각운동** 패턴으로서 경험적으로 주어진다.

　　움직임, 그리고 우리와 사물 간 상호작용을 지배하는 데 관련된 촉각-운동 의존성에 대한 암묵적 이해와 연결된 결과 촉각은 공간적 내용을 획득한다. 즉 공간적 특질을 표상한다. 촉각이 일종의 움직임이라는 버클리의 생각은 옳다. 맹인이 방 안을 돌아다니며 손으로 탐색할 때 그는 촉각으로 지각한다. 촉각 활동은 손의 사용뿐 아니라 공간 안의, 그리고 공간을 가로지르는 움직임으로도 이루어진다는 사실이 중요하다. 손가락을 아주 미세하게 움직이거나 풍경 속을 마구 돌아다니는 것도 촉각의 발휘가 될 수 있다. 이러한 모든 경우 촉각은 움직임이다. (적어도 지각자에 상대적인 무언가의 움직임이다.) 이러한 버클리식 관념은 보다 최근에 오쇼너시(2000)의 연구에서 하나의 주제를 형성한다. 오쇼네시는 다음과 같이 썼다. "촉각은 어떤 면에서 가장 중요하고 감각들 중 확실히 가장 원초적이다. 촉각은 물리적 공간에서 행위할 수 있는 몸이 있는 것과 거의 구별되지 않기 때문이다."(O'Shaughnessy 2000, 658)

버클리는 촉각과 달리 시각과 청각은 공간적 내용을 간접적으로만 전달한다고 보았다. 이는 보기나 듣기와 움직임 사이에는 직접적인 연결이 없기 때문이다. 우리는 거리나 모양 같은 공간적 특질을 볼 **수 있긴** 하지만, (가령 색을 보거나 질감을 느끼는 것 같은 방식으로) 즉각적으로 볼 수는 없다. 우리가 시각적 특질에 공간적 의미가 있다고 해석함으로써 공간적 특질을 보는 것은 우리가 시각적 특질을 움직임 가능성에 대한 촉각적 관념과 연관시키는 법을 배운 덕분이다. 간단히 말해, 우리는 직접 보이는 특질로부터 깊이, 거리, 크기, 그리고 3차원적 모양을 유추한다.

이것이 바로 공간 지각의 역설에 대한 버클리의 해법이다. 시각 경험이 공간적 내용을 획득하는 것은 우리가 시각적 특질에 **촉각적인** 의미가 있다고 이해하기 때문이다.

촉각이 본질적으로 활동적이라는 버클리의 생각은 옳다. 하지만 왜 촉각만이 유일하게 활동적인 감각 양상이라고 주장하는가? 앞서 강조했듯이, 시각 세계는 그림에서처럼 한꺼번에 주어지지 않는다. 세부 사항은 그것이 지금 의식 안에 표상됨으로 현존하는 것이 아니다. 우리가 원한다면 눈을 움직이거나 고개를 돌려 그것을 의식 안에 표상할 수 있다는 암묵적 지식 덕분에 현존한다. 세계와의 지각적 접촉은 우리에게 있는 감각운동 지식 덕분에 세계에 접근할 수 있다는 사실로 이루어진다.

촉각의 경우와 마찬가지로 여기에서도 공간적 속성은 움직임과 연계됨으로써 활용 가능하다. 시각 영역에서도 촉각의 경우와 마찬가지로 공간적 속성은 "움직임의 영구적 가능성"으로 우리에게 나타난다. 직사각형 물체 주위를 움직이면 눈에 보이는 윤곽이 변형되고 변환된다. 이러한 변형과 변환은 되돌릴 수 있다. 거다가 변환을 지배하는 규칙들은 시각운동 상호의존성의 관련 법칙을 배운 사람에게는 익숙하다. 항목이 보이는 방식은 우리 움직임의 함수로서 체계적으로 달라진다. 그것을 정육면체로서 경험하는 것은 관련된 규칙성이 관찰된다는 사실을 암묵적으로 이해하는 것이다.

정육면체라는 물체의 특질은 우리와 그것 간의 관계가 감각운동 의존의 특정 패턴을 매개로 한다는 사실에 있다. 뿐만 아니라, 관계 자체의 시지각적 특성은 눈을 깜박이고, 눈을 돌리고, 불을 끄는 것이 이러한 감각운동 의존을 즉시 방해하는 방식으로 우리와 물체 간의 상호작용에 영향을 미친다는 사실에 있다. 귀를 막고 심호흡을 깊이 하고 시끄러운 음악을 트는 것은 우리와 물체 간의 관계에 비슷한 영향을 미치지 않는다.

시각과 촉각 사이의 주요 구조적 차이는 촉각은 시간을 두고 사물과 연속적으로 접촉할 것을 요구하는 반면, 시각은 공간 안에서 몸과 멀리 떨어진 사물들의 배열인 공간적 다양체를 표상하는 것을 허용한다는 사실에 있다고 종종 말한다. 이것이 사실이라고 가정하더라도 그 중요성을 평가하는 데는 주의가 필요하다. 여기에서 우리를 오도할 위협이 있는 주범은 지각 내용이라는 개념이다. 어떻게 그런지 보기 위해 이

3 행위에 의해 내용 생성하기

와 관련된 폰 센덴(von Senden [1932] 1960)의 관찰을 고려해 보자. 버클리에게는 실례지만 폰 센덴은 시각만이 사물들의 공간적 분포를 경험할 수 있게 해 주기 때문에 **시각**만이 진정한 공간적 감각이라고 주장했다. 반면 촉각은 기껏해야 **시간을 두고** 사물을 표상하는 것을 허용할 뿐이다. 에반스(1982)는 이 견해의 한 가지 오류를 밝혔다. (칸트의 관용구로 표현하자면) 지각 자체의 질서를 세계 안에 표상된 질서 및 구조와 혼동하는 것은 실수다. 촉각은 시간을 둔 탐구에 의존할 수 있지만 그것이 공간적 다양체의 촉각적 표상에 장애가 되지는 않는다고 에반스는 말한다.

에반스의 생각이 맞지만 우리는 이 생각을 다음과 같은 방식으로 더 잘 공식화할 수 있다. 즉 촉각은 시각과 마찬가지로 사물들의 **공간적** 다양체에 대한 경험의 기초가 될 수 있다. 촉각이든 시각이든 우리는 공간적 다양체와 올바르게 접촉할 수 있다.

그러나 또 다른 오해가 숨어 있다. 시각 경험을 할 때 우리가 공간적 다양체를 알아차리게 된다는 사실에서, 순수 현상학의 문제로서, 우리가 시각적(또는 촉각적) 의식 안에서 다양체의 모든 요소를 한꺼번에 경험할 수 있다는 결론이 나오지는 않는다. 이러한 결론을 가정하는 것은 현재 신뢰받지 못하는 지각 현상학의 스냅샷 개념을 수용하는 것이며(2장 참조), 변화맹 연구의 증거를 무시하는 것이다(2장 3절에서 논의).

이는 시각이 폰 센덴이나 버클리가 생각했던 것보다 촉각과 더 비슷할 수 있다는 생각이 들게 한다. 시각 경험은 주의 집중, 탐색, 눈의 움직임을 통해 촉각과 매우 유사한 방식으로 내용을 획득한다. 시각과 촉각은 숙련된 움직임 덕분에 내용을 얻는다. 우리는 행위로써 내용을 경험으로 가져온다. 우리는 행위에 의해 내용을 **생성한다**.

촉각 또는 적어도 촉각과 고유수용감각이 움직임 및 행위의 전제 조건으로 보인다는 점에서 촉각이 우위에 있고, 이에 비해 시각은 (진화적으로 후발주자라는 점에서) 어쩌면 사치에 더 가깝다는 오쇼너시(2000)의 생각은 닿을 수 있다. 하지만 움직일 수 있는 사람만이 공간적 내용이 있는 시각 경험을 즐길 수 있다. 게다가 시각과 움직임 사이의 연계는 적어도 버클리가 생각했던 방식으로는 촉각을 매개로 하지 않는다.

3.8 몰리뉴의 질문

버클리는 우리가 시각을 공간에 대한 실체적 관념과 연관시키는 법을 배웠기 때문에 공간적 관계와 속성을 볼 수 있다고 믿었다. 이런 이유로 그는 몰리뉴의 질문에 부정적으로 답했다. (1694년 3월 2일자 편지에서) 로크에게 던진 몰리뉴의 유명한 질문은 아래와 같으며, 이후 로크의 『인간 이해에 관한 에세이』([1689] 1975: II. ix, 8)의 두 번째 판에 게재되었다.

> 맹인으로 태어나 지금은 성인이 된 사람이 정육면체와 똑같은 금속으로 되어 있고 거의 같은 크기인 구(球)를 정육면체와 구별하는 법을 배워서 둘 중 하나를 만질 때 어느 것이 정육면체이고 어느 것이 구인지 말할 수 있다고 가정해 보자. 그런 다음 정육면체와 구를 탁자 위에 놓고 맹인이 보게 한다고 가정해 보자. 감히 묻겠는데, 그가

그것들을 만지기 전에 어느 것이 구이고 어느 것이 정육면체인지 눈으로 구별하여 말할 수 있을까?

버클리는 나중에 시력을 회복한 사람은 태어나면서부터 앞을 보지 못했기 때문에 시각의 공간적 내용을 구성하는 가시적 속성과 실체적 속성 사이의 연관성에 무지할 것이라고 추론했다. 그 결과 몰리뉴의 맹인은 눈앞에 있는 것이 가령 구라는 것을 알지 못할 것이다.

이 질문은 지난 수백 년 동안 **뜨거운** 논의 주제가 되었는데,[17] 이 질문에 대해 논의한 거의 모든 사람은 버클리를 따라 부정적인 답을 했다. 라이프니츠, 그리고 보다 최근에는 가레스 에반스만이 몰리뉴의 질문에 긍정적으로 답했다.

행위 기반 관점은 몇 가지 중요한 조건들이 전제될 경우, 이 질문에 긍정적으로 답해야 한다고 본다. 행위 기반 관점에서 시각은 공간적 속성을 촉각 못지않게 표상할 수 있다. 따라서 볼 수 있는 사람이라면 누구나 공간적 관계와 속성을 볼 수 있다. 몰리뉴의 맹인이 세계에 대한 촉각 경험을 바탕으로 구와 정육면체가 무엇인지 안다면, 시각으로 이 항목들을 인식할 수 있어야 한다. (1장에서 논의한 실용적인 이유 때문에 몰리뉴의 맹인은 수술 직후에는 이렇게 할 수 없을 것이다. 수술 자체만으로는 필요한 감각운동적 이해를 부여하기에 충분하지 않기 때문이다.)

---

17 이 질문에 대해 논의한 사람들은 다음과 같다. 존 로크, 고트프리트 빌헬름 라이프니츠, 조지 버클리, 줄리앙 오프레이 드 라 메트리, 데니스 디드로, 에티엔 보노 드 콩디약, 존 스튜어트 밀, 헤르만 루드비히 페르디난드 폰 헬름홀츠, 윌리엄 제임스, M. 폰 센덴, 도널드 헵, 가레스 에반스, R. L. 그레고리, 올리버 색스.

설명을 위해 몰리뉴의 질문에 대한 부정적인 답이 공간적 속성이 보이고, 느껴지고, 들리는 방식 사이에 아무런 공통점이 없다는 생각에 기초한다는 점을 고려해 보자. 우리는 어떤 경우 촉각을 경험하고 다른 경우 시각이나 청각을 경험한다. 예를 들어 보는 경험을 한 번도 해 본 적 없는 사람이 이전에 촉각으로만 알던 공간적 특질을 **볼** 수 있으려면 촉각, 시각, 청각 사이의 상관관계에 대한 경험이 있어야 한다.

그러나 행위 기반 관점은 우리가 공간적 속성을 감각 종류들과 상호 관련지음으로써 지각적으로 표상한다는 것을 부정한다. 촉각이든 시각이든 다른 감각이든 둥글거나 멀다는 **감각**은 존재하지 않는다. 우리가 지각에서 어떤 것을 정육면체로 경험하는 것은 그것의 외관이 움직임의 결과 달라진다는 (또는 달라질 것이라는) 사실을, 그리고 이것이 특정한 감각운동 윤곽을 드러낼 것이라는 사실을 인식하기 때문이다. 우리는 특수하고 본질적인 특질을 지닌 감각이 우리에게 있어서가 아니라, 그 본질적인 특질이 무엇이든 감각 내 일종의 구조나 질서를 인식함으로써 공간적 속성을 표상한다.

이것이 몰리뉴의 질문에 대한 행위 기반 접근의 핵심이다. 정육면체를 **보는 것**을 지배하는 감각운동 의존성은 정육면체를 **만지는 것**을 지배하는 감각운동 의존성과 분명히 다르다. 즉 움직임의 함수로서 정육면체의 외관이 변화하는 방식은 이 두 가지 양상에서 확실히 다르다. 그러나 추상화의 적절한 수준에서 이러한 감각운동 의존성은 서로 구조 동형적이며, 감각들의 특질이나 이들 사이의 상관관계에 관한 다른 사실이 아니라 바로 **이러한** 사실이야말로 시각과 촉각이 어떻게 공통의 공간적 내용을 공유할 수 있는지 설명해 준다. 촉각 안에 공간적 속성을 표상하는 방법을 배우면 공간적 속성의 양상횡단적 감각운동 윤곽을 배우게 된다. 지각 경험은 움직임과 감각 자극 사이에 연결 고리를 확립하여 공간적 내용을 습득한다. 추상화의 적절한 수준에서 이러한 연결 고리는 양상들 사이에서 동일하다.

간단한 예시를 통해 이를 설명할 수 있다. 무언가가 사각형으로 보이는 경우 각 모서리를 보려면 눈이나 고개를 특징적인 방식으로 움직여야 한다. 각 코서리를 느끼려면 손도 (추상화의 적절한 수준에서) **똑같은 방식으로** 움직여야 한다.

에반스(1985)는 이러한 결론을 예상했다. 그의 견해에 따르면, "직사각형으로 보인다"와 "직사각형으로 느껴진다"에 공통된 감각운동 내용은 우리가 공간적 특질을 경험하는 것이 행동 공간 덕분이라는 사실로 설명할 수 있다. 우리는 행동 공간 안에서 (가령 손을 움직이거나 눈을 움직이는 등) 다양한 방식으로 움직일 수 있지만 행동 공간은 단 **하나** 뿐이다.

몰리뉴의 질문에 대한 긍정적인 대답이 백내장 수술 사례 연구에서 수집한 경험적 증거와 양립할 수 없다고 반대할 수도 있다. 1장에서 논의했듯이 수술 후 환자가 모양과 크기에 대해 정확한 지각 판단을 할 수 없다고 믿을 만한 이유가 분명히 있다. 예를 들어, 체셀덴은 백내장 수술 후 동전의 모양을 시각적으로 판단할 수 없는 소년에 대해 기술했다. 이 소년은 그의 앞에서 동전이 회전할 때 동전의 모양이 변하는 것처럼 보인다고 말했다. 이것은 몰리뉴의 질문에 부정적으로 답해야 함을 보여 주는가?

그렇지 않다. 결정적으로 체셀덴의 소년은 수술로 시력을 회복하지 **않았다**. 앞서 논의한 것처럼 백내장을 수술로 제거하면 환자들은 비교적 정상적인 감각 인상 패턴을 받는다. 그러나 내가 강조했듯이 정상적인 감각 인상만으로는 시각에 충분하지 않다. 보기 위해서는 이러한 인상의 감각운동적 의의를 이해해야 한다. 체셀덴의 소년에게는 이 필수 지식이 없다. 그는 보는 법을 아직 배우지 못했다.

이러한 점을 고려할 때 몰리뉴의 질문에 대한 경험적 답을 찾는 것이 과연 가능할지 의문이 생긴다. 보기 위해서는 감각운동 지식, 즉 시각 자극과 움직임 사이에 학습된 연결고리가 필요하다는 점을 감안할 때, 몰리뉴의 질문이 상상하는 일종의 '갑작스럽게 발생하는' 시각을 발견할 수 없을 수도 있다. 흥미로운 사례로 TVSS 같은 감각 대체 체계가 있다(1장 및 O'Regan and Noë 2001a; Hurley and Noë 2003a,b에서도 논의됨). 바흐-이-리타(1972, 1983, 1984)에 따르면, TVSS에 적응한 맹인 피험자들은 촉각적 시각을 활용하여 공간적 관계들에 대한 판단을 자발적으로 내릴 수 있다. 그들은 그런 사물들을 이전에 본 적이 없는데도 사물들의 모양과 공간적 관계를 **지각한다**. 이에 대해서는 3장 10절과 3장 11절에서 더 자세히 논의할 것이다.

3.9 깁슨, 행위유도성, 그리고 광배열

나는 외관 공간을 탐색하는 역동적인 과정이 환경에 대한 접촉 양상을 구성한다고 주장했다. 환경을 탐색하는 과정은 감각운동 상호의존성의 패턴을 매개로 한다. 다른 말로 표현하자면, 우리가 무언가를 볼 때 우리는 환경이 감각운동 상호의존성을 구조화하는 방식을 경험한다. 예를 들어, 테이블 주위를 이동할 때 우리는 테이블의 P-모양이 변화하는 패턴(감각운동 상호의존성의 구조 내 패턴)을 보고 테이블이 직사각형이라는 사실을 안다. 다른 예를 들면, 공이 손의 움직임을 구조화하고 제한하는 방식에서 공이 둥글다는 사실이 드러난다. 사물이 어떻게 보이는지로부터 사물이 어떠한지를 아는 것은 환경이 지각자의 움직임과 탐험의 가능성을 구조화하는 것을 아는 것이다. 이것은 감각운동 상호의존성의 구조를 발견하는 것이다.

잘 알려진 대로 깁슨은 그가 "주변 광배열"이라고 부른 환경 속 빛의 구조가 환경 속 표면들의 배치를 고유하게 지정한다고 주장했다(1979, 5장). 사물이 어떠한지 알기 위해 지각자는 이 주변 구조를 시각적으로 탐색하기만 하면 된다. 깁슨에 따르면 지각은 주변 빛 안에서 환경에 대한 정보를 "직접적으로 수집하는 것"에 관여한다(1979, 14장). 이 때문에 포도르와 필리신(1981)은 깁슨이 소위 구축(establishment)이라는 추론주의적 가정과 결별하지 못했다고 주장한다.[18] 우리는 빛이 지정하는 환경보다 빛과 더 즉각적인 인식적 관계를 맺는다는 점을 깁슨 역시 전통적인 이론가들과 마찬가지로 간과했다고 포도르와 필리신은 주장했다(Fodor and Pylyshyn 1981, 165~168).[19] 포도르와 필리신에 따르면 깁슨의 이론에서 '직접적으로 수집되는 것'은 환경 속 사물이 어떠한

---

[18] 그들은 이렇게 썼다. "깁슨은 빛의 특징을 수집한 결과 배치의 특징을 직접 지각한다고 말하는 반면, 구축이론은 빛의 특징을 변환한 결과로 배치의 특징을 지각한다고 말한다. 그렇다면 깁슨과 구축이론의 차이는 용어상의 차이에 불과하다. 중요한 사실은 깁슨과 구축이론 모두 빛의 구조에 대한 주체의 인식적 관계가 환경의 배치에 대한 인식적 관계와 다르다는 점, 그리고 전자의 관계가 후자에 인과적으로 의존한다는 점에 동의한다는 사실이다."(Fodor and Pylyshyn 1981, 165)

[19] 포도르와 필리신은 깁슨의 이론에서 빛이 배열에 대한 정보를 포함한다는 사실은 배열과 빛 사이에 인과적으로 매개된 상관관계가 있다는 사실의 결과라고 주장한다. 하지만 "정보를 포함한다"는 것은 대칭적인 관계다. 따라서 배열이 빛에 대한 정보를 포함한다고 똑같이 정당하게 말할 수 있다.

지가 아니라 빛과 더불어 사물이 어떠한지다. 이것을 추론이라고 부르든 아니든, 지각은 빛 자체에서 얻을 수 있는 정보에서 배치에 대한 사실을 복구하는 복잡한 인지 과정을 매개로 한다.

깁슨(1979)은 빛이 생태학적 광학에 관여할 때 빛은 물리학자의 빛이 아니라는 사실을 특히 강조했다. 빛에 대한 물리적 문제는 파동이나 패킷으로 이동하는 복사 에너지로서 빛의 본성, 그리고 그 행동을 지배하는 법칙과 관련 있다. 반면 생태학적 광학은 주변광, 즉 공간을 채우고 동물의 복잡한 환경과 상호작용하는 빛과 관련 있다. 깁슨은 이러한 구분을 하지 못하는 전통적 시각 이론을 비판한다. 깁슨은 시각과학에서 빛, 즉 그가 주변 광배열이라고 부르는 빛은 (수용체가 아닌) 동물에게 정보를 제공하는 바로서 간주되어야 한다고 생각했다.

나는 주변 광태열을 외관들의 구조화된 공간으로 해석할 것을 제안한다. 간단히 말해 주변 광배열이란 '사물이 이러한 조건 아래 여기에서 어떻게 보이는지'를 가리킨다. 주변 광배열이 (망막 위의 조사照射 패턴과 달리) 환경을 지정한다는 깁슨식 주장의 의미는, 사물이 이러한 조건들 아래 여기에서 어떻게 보이는지가 사물이 어떠한지를 지정한다는 것, 또는 감각운동 기술이 있고 이를 적용할 준비가 되어 있는, 적절한 지식을 갖춘 동물에게는 그렇게 지정한다는 것이다. 사물이 어떻게 보이는지가 사물이 어떠한지를 지정한다는 것은 실질적인 경험적 주장이다. 이러한 관점에서 생태학적 광학은 환경의 배치가 외관의 구조를 고유하게 결정하는 메커니즘을 조사한다.

이러한 논의를 바탕으로 포도르와 필리신의 비판의 오류를 확인할 수 있다. 첫째, 우리가 보는 한, 우리가 빛이 비추는 세계보다 빛과 더 직접적인 인식적 관계를 맺고 있다는 생각은 잘못이다. 우리가 물리학자처럼 빛을 (가령 에너지 패킷으로) 생각한다면, 우리가 보는 한, 우리가 빛과 **여하간** 인식적 관계를 맺고 있다는 것은 분명하지 않다. 우리는 광원(가령 태양, 전구)을 보며, 빛이 비추는 것을 본다. 우리는 빛 자체를 보지 않는다(Gibson 1979). 둘째, 내가 재구성한 깁슨의 견해에 따르면 주변 광배열에 대한 인식이 환경에 대한 인식의 토대라는 것은 참이다. 즉 우리는 사물의 시각적 외관을 발견함으로써 사물이 어떠한지 안다. 그런데 시각적 외관은 마음과 세계 간의 구분에서 세계 쪽에 속한다. 사물이 어떻게 보이는지(실재의 한 국면)에 대한 활동적인 탐구는 사물이 어떻게 보이는지와는 별개로 사물이 어떠한지와 우리의 접촉을 구성한다.

이 모든 것이 깁슨의 행위유도성 개념을 조명한다(Gibson 1979, 8장). 깁슨에 따르면 환경은 표면과 물체뿐만 아니라 "행위유도성"으로도 구성된다. 환경 속 사물과 환경의 속성은 동물이 무언가를 할 수 있는 기회(은신처 찾기, 기어오르기, 아래에 숨기 등)를 제공 혹은 **유도**한다. 깁슨에 따르면 주변 광배열 속 정보는 환경 배치의 속성뿐 아니라 환경의 행위유도성도 지정한다. 우리는 수평 표면이 있다는 것뿐만 아니라 지지(支持)를 유도하는 무언가가 있다는 것도 직접적으로 지각할 수 있다. 나무를 볼 때 우리는 나무를 직접 지각할 뿐만 아니라 우리가 올라갈 수 있는 무언가를 직접 지각한다. 깁슨은 자신의 이론의 이러한 특징이 상당히 급진적이라고 생각했다. 우리가 세계 속 의미와 가치를 직접 지각한다고 제안하기 때문이다. 우리가 세계에 의미와 가치를 부여하는 것이 아니다.

깁슨의 관점은 행위 기반 접근의 맥락에서 유용하게 재공식화될 수 있다. 여기에서 전개되는 관점에 따르면 지각이란 곧 감각운동 상호의존성 안의 구조를 지각하는 것이다. 가령 어떤 것이 평평하다고 보는 것은 그것이 감각운동 상호의존성의 특정 가능성을 발생시킨다고 보는 것이다. 어떤 표면이 평평하다고 느끼는 것은 그 표면이 움직임의 가능성을 방해하거나 형성한다고 지각하는 것이다. 지각할 때 우리는 움직임의 가능성의 관용적 양식으로 지각한다고 말함으로써 이 점을 생생하게 표현할 수 있다. 이것은 깁슨의 행위유도성 개념에 신빙성을 준다. 지각은 (무엇보다도) 환경이 움직임의 가능성을 어떻게 구조화하는지 아는 것이며, 따라서 환경이 유도하는 움직임과 행위의 가능성을 경험하는 것이다. 깁슨의 이론은 그럴듯한데, 이에 따르면 우리는 평평함을 보고 난 후 그것을 올라가기에 적합한 것으로 해석하지 않는다. 무언가를 평평한 것으로 보는 것은 그것을 움직임의 가능성을 제공하는 것으로 보는 것이다. 다시 말해 특정한 가능성을 유도하는 것으로 직접적으로 보는 것이다.

행위유도성은 가령 동물의 크기와 모양에 따라 달라지는 등 동물 상대적이다. 또한 행위유도성은 기술 상대적이라는 점도 주목해야 한다. 가령 야구에서 좋은 타자는 투구가 움직임의 특정 가능성을 유도하는 사람이다. 타자의 우수성은 뛰어난 시력에 우선적으로 있지 않다. 감각운동 기술의 숙달에 있다. 이러한 기술을 보유하면 행위의 기회를 유도하는, 다른 방법으로는 불가능한 상황을 가능하게 할 수 있다.

행위 기반 관점에 따르면 어떤 의미에서 **모든** 시각 대상(실제로는 모든 지각 대상)은 행위유도성이다. 어떤 속성을 경험하는 것은 무엇보다 그것의 감각운동 윤곽을 파악하는 것이다. 대상을 움직임의 가능성 및 움직임을 위한 가능성을 결정하는 바로서 경험하는 것이다.

3.10 감각양상이란 무엇인가?

철학자들은 감각 양상들이 질적으로 다르다는 **감각질**(qualia) **이론**에 매력을 느낄 수 있다. 이 접근에 따르면 보기는 만지기와 다른데, 보는 경험과 만지는 경험 사이에 내성적으로 접근 가능한 차이가 있기 때문이다. 지각자가 자신이 무언가를 보는지 아니면 느끼는지를 (항상 그런 것은 아니지만) 통상 구별할 수 있다는 사실은 감각질 이론을 지지한다. 그러나 그라이스(1962)가 그랬던 것처럼, 양상들을 설명할 때 내성이 이런 방식으로 작용할 수 있을지 의문을 가질 수 있다. 그라이스는 경험의 (추정적) 투명성, 즉 경험 자체에 주의를 돌릴 때 결국에는 경험이 아니라 경험되는 **것**에 대해 반성하게 된다는 사실은 내성이 감각질 이론에 필요한 것을 충족할 수 없음을 시사한다고 주장했다. 또한 그라이스는 감각 양상이 '고유대상'을 가지고 있다는 아리스토텔레스의 생각에도 깊은 영향을 받았다. 그는 보기는 색과 모양 같은 것을 감지하여 사물이 어떠한지를 아는 방법인 반면, 듣기는 소리를 감지하는 문제라는 사실을 감각질 이론이 정당하게 다룰 수 있는지 의심했다. 게다가 그는 왜 소리를 보거나 색을 들을 수 없는지 감각질 이론이 설명할 수 있을지 의심했다. 고유대상 관점은 질적 특성이 아니라 표상 내용에서 감각 양상들이 서로 구별된다고 본다. 이 장의 앞부분에서 이러한 생각에 공감하는 몇 가지 일반적인 이유를 고려했다. 나는 피콕이 말한 경험의 '감각적 속성'이 (그의 의미에서) 결국 표상적이라고 주장했다. 이 주장은 경험될 수 있는 것(경험의 표상 내용)에 대한 설명을 풍부하게 하여, 예를 들어 사물의 외관 같은 것을 볼 수 있게 해 준다(이 주제는 5장에서 다시 다룬다). 그런데 고유대상 이론에도 문제는 있는 것 같다. 가령 서로 다른 감각을 통해 동일한 속성이나 상태를 종종 지각할 수 있다는 사실은 고유대상 이론에 문제가 된다.

행위 기반 접근은 감각질 관점과 고유대상 관점의 요소를 통합할 수 있게 해 준다. 행위 기반 접근에서 감각들은 각각 서로 다른, 구조화된 **외관** 공간에 대한 인식 양상이라는 점에서 구분된다. 시각과 촉각은 동일한 환경을 접하는 방식이다. 그러나 서로 다른 패턴의 외관을 접함으로써 환경을 접한다는 점에서 다르다. 시각은 사물의 외관이 어떤지와 별개로, 구조화된 겉모습 공간(가령 관점적 속성의 공간)을 활동적으로 탐색하여 사물이 어떠한지를 파악하는 과정이다. 촉각은 동일한 환경에 대한 인식 양상이지만 사물이 **느껴지는** 방식 내의 패턴을 매개로 한다는 점에서 다르다. 시각 청각, 촉각 경험의 공통된 내용에 대해 이야기할 때, 우리는 경험되는 것을 사물의 외관이 어떤지(어떻게 보이고 느껴지고 소리 나는지)에서 추상화된 방식으로 기술한다.

감각 양상은 이러한 방식으로 특정 외관 구조(또는 대상)로 개별화될 수 있다. 즉, 우리는 각 감각에 고유대상이 있다고 보는 아리스토텔레스의 견해를 지지할 수 있다. 각 감각의 고유대상은 그 감각으로 고유하게 인식되는 외관 유형(겉모습, 소리 등)이다. 환경과 여러 외관 공간 사이의 관계를 지배하는 법칙들이 서로 다르기 때문에 모든 감각에서 활용될 수는 없는 환경의 특징(가령 색)이 있다. 이러한 점은 우리가 감각을 통해 외관을 접함으로써 사물의 외관이 어떤지와 별개로 사물이 어떠한지를 접할 수 있다는 사실과 양립 가능하다.

고유대상을 참조하여 감각들을 구분할 수 있다는 사실의 중요성을 지나치게 과장해선 안 된다. 이러한 다양한 대상들, 즉 한 양상 또는 다른 양상의 외관들과 접하는 바탕에 감각운동 기술이 있기 때문이다.

이 점을 이해하기 위해 구체적인 예를 생각해 보자. 시각 경험에서 우리는 다양체 속에 배열된 대상들을 한꺼번에 주어진 대로 표상한다. 이런 의미에서 우리는 시야를 경험한다. 마틴(1992)이 지적했듯이, 이것은 봄으로써 환경을 아는 것이 어떤 것인지의 특징으로 촉각에는 적용되지 않는다.[20] 마틴이 설명하듯, 시각에서 우리는 "물리적 공간에 배열된 외부 사물"(1992, 210)을 경험한다. 반면 촉각 경험은 "사물이 자신의 몸과 접촉할 때 하게 되는 경험이다. 우리는 자신의 몸과 그 한계를 인식하고, 그 한계에 식별 가능한 영향을 미치면서 몸에 접촉하는 사물을 인식한다. 일반적인 시각 경험은 본질적으로 사물이 시야에 들어올 때 하게 되는 사물에 대한 경험이고, 촉각 경험은 느낌의 감각 영역의 경계에 사물이 외부에서 압력을 가하는 경험이다"(210). 마틴은 이러한 시각과 촉각 "경험 사이의 구조적 차이"가 시각에 대한 철학 이론에서는 감각 자료 이론(sense-datum theory)이 매력적으로 보이지만 촉각에 대한 철학 이론에서는 그렇지 않은 이유를 부분적으로 설명해 준다는 점에 주목한다. 전자의 경우 환각의 가능성을 설명하기 위해 감각 자료를 도입한다. 감각 자료는 우리가 본다고 생각하는 것을 실제로는 보지 않을 때 우리가 인식하는 자료다. 그러나 촉각의 경우에는 이런 필요성이 발생하지 않는다. 실제로 나무 테이블이 없는데도 손이 나무 테이블에 평평하게 눌린 것과 정확히 같은 방식으로 손의 움직임이 제한된다면 촉각 환각을 겪는 것이다. 이러한 환각을 설명하기 위해 손을 움직이지 못하게 하는 어떤 종류의 심적 개체(감각 자료)가 있다고 가정할 필요는 없다.

[20] 폰 센덴([1932] 1960)과 요나스(1966)가 비슷한 견해를 발전시켰다.

마틴은 (상이한 양상들에 해당하는) 지각의 다양성을 하나의 만능 이론의 틀 안에서 설명할 가능성에 대한 회의적인 시각에서 이러한 점들을 소개한다. 그러나 그의 지적은 오히려 그러한 일반 이론에 필요한 자료에 주의를 환기시킨다.

테이블을 느끼는 것, 즉 촉감으로 테이블을 아는 것은 테이블이 우리의 움직임을 방해하는 방식으로 테이블을 접하는 것임을 생각해 보자. 일반적으로, 표면의 모양이나 질감을 느끼는 것은 우리가 만지는 것이 이런 식으로 우리 자신의 움직임을 형성하도록 허용하는 것이다. 어떤 것을 이런저런 방식으로(둥글다, 크다, 평평하다, 거칠다, 부드럽다) 느끼는 것은 그것이 접촉하는 손이나 신체 부위의 움직임 가능성을 그에 상응하는 방식으로 좌우하는 것이다. 물론 가령 원형성은 탐색하는 손에 그것이 영향을 미치는 방식과는 별개로 존재한다. 그러나 무언가가 둥글게 느껴지는 것(즉, 촉각에 둥글게 나타나는 것)은 탐색하는 손의 움직임에 일련의 관련 방식들로 영향을 미치는 것이다. 구의 경우, 특정 방식으로 손을 움직이면 특정 감각을 갖게 된다. 촉각 지각은 감각운동 패턴의 특정한 네트워크(우리의 움직임이 감각 상태에 영향을 미치는 일련의 방식)를 개재로 환경을 인식하는 양상이다. 감각운동적 의존성이라는 개념은 감각 양상의 본질을 설명하는 데 기본적인 역할을 할 수 있을 만큼 적절히 포괄적인 개념이다.

감각운동 의존이라는 개념은 감각 양상의 본성을 설명하는 데 기본적인 역할을 할 수 있을 만큼 적절히 포괄적인 개념이다. 지금까지 살펴본 바와 같이 이것은 사물이 어떻게 보이고, 냄새나고, 소리 나고, 느껴지는지 (등등), 복잡하지만 체계적인 방식으로 우리의 움직임에 의존한다는 개념이다. 감각 양상들은 이러한 의존이 취하는 독특한 형식들에서 차이가 있다. 여기에서는 촉각에 특징적인 감각운동 의존성의 특징을 살펴보았다. 시각에는 시각에 고유한, 감각운동 의존성의 특징적인 형식이 있다. 앞서 살펴본 바와 같이 사물이 어떻게 보이는지는 눈, 머리, 몸을 환경에 따라 움직일 때 체계적인 방식으로 달라진다. 이를 보여 주는 간단한 예로 우리가 움직일 때 사물이 시야에 들어왔다가 시야에서 사라지는 사실을 들 수 있다. 깁슨이 한 물체의 '가리는 가장자리'(occluding edge)라고 부르는 것은 시야 표면을 "닦아 내는" 반면, 그것의 뒷부분(trailing edge)에서 시야 표면은 드러난다(Bruce and Green [1985] 1990). 중요한 것은 이러한 가림은 가역적인 가림이므로 주변의 사물이 지워지는 것과 쉽게 구별된다는 것이다.[21] 이는 감각운동 의존의 신뢰할 만한 패턴이 지각적 탐색을 구조화하는 방식을 보여 주는 실례다. 두 번째 예는 시야의 '흐름' 패턴에서 찾을 수 있다. 앞으로 움직이면 시야 흐름(optical flow)이 방사형으로 확장되고, 뒤로 움직이면 방사형으로 수축된다. (새나 비행기처럼) 하늘을 가로질러 비행할 때에는 시야 흐름의 독특한 패턴이 생성된다. 시야 흐름 속 이러한 패턴의 존재는 감각운동 상호의존성 특유의 시각적인 패턴의 활용가능성에 의존한다.

앞서 논의한 주변 광배열의 불변 속성들과 감각운동 상호의존성을 지배하는 규칙성 사이에 중요한 관계가 있다는 점에 유의해야 한다.

---

21 [옮긴이] 이 문장은 움직이는 물체가 시야에서 어떻게 배경을 가리고 다시 드러내는지를 설명한다. 어떤 물체가 움직일 때, 그 앞쪽 가장자리는 시야에서 배경을 가리게 된다. 깁슨은 이를 "시야를 닦아 낸다"라고 표현했다. 반면 물체가 지나가면 그 뒤에 있던 배경이 다시 보이게 된다. 예를 들어 사람이 사람이 걸어가고 있을 때, 그 사람의 앞부분(머리나 어깨)은 뒤에 있는 벽을 가리고, 그 사람이 지나가면 그의 뒷부분에서 다시 그 벽이 보이게 된다.

예를 들어, 직사각형 테이블 주위를 걸을 때 접하는 불변성은 관련된 감각운동 상호의존성 내 조직의 패턴에 해당한다.

여기에서 전개되는 관점에 따르면 감각은 감각운동 상호의존성의 서로 다른 패턴들을 매개로 하는, 동일한 환경에 대한 인식의 양상이다. 대상의 측면에서 볼 때, 보기와 만지기를 구분하는 것은 서로 다른 대상 (가령 '느낌'이 아닌 '겉모습')이다. 그러나 지각자의 측면에서 볼 때, 보기와 만지기를 구분하는 것은 보기와 만지기를 각각 구성하는 활동의 서로 다른 패턴이다.

감각 양상을 지배하는 감각운동 의존의 패턴이 감각 양상을 개별화한다는 제안, 그리고 3장 8절의 몰리뉴의 질문에 대한 답과 관련된 제안, 즉 촉각과 시각이 공통의 공간적 내용을 공유할 수 있는 것은 그들의 감각운동 구조가 **일치하기** 때문이라는 제안 사이에는 표면상 긴장이 있다. 이 표면상 긴장을 해결하기 위해서는 감각운동 구조동형성을 얻는(또는 얻지 못하는) 수준을 민감하게 고려해야 한다. 낮은 수준에서 양상들은 근본적으로 달라서 감각운동 패턴의 형식이 구별된다. 그러나 이러한 차이점들을 추상화할 수 있으며, 이렇게 할 때 우리는 (이 절의 뒷부분에서 논의할) 시각과 TVSS 사이의 유사성, 그리고 시각과 촉각이 공통된 공간적 특질을 표상할 수 있게 해 주는 공통 감각운동 구조를 인식할 수 있다.

감각 양상의 본성에 대한 이러한 설명에 따르면, 감각은 최근 킬리(2001)가 주장한 것처럼 단순히 환경에 대한 정보가 중추 신경계에 전달되는 통로가 아니다. 이 견해는 감각의 범위를 너무 넓게 본다. 가령 킬리의 견해에 따르면, (맥클린톡[1971]이 발견한, 페로몬에 대한 인간과 동물의 반응을 제어하고, 또한 대학 기숙사에 사는 여성들의 생리 주기가 동기화되는 경향이 있는 사실 등을 설명하는) 서비골(鋤鼻骨, vomeronasal) 체계는 감각 양상이다. 우리는 인간이 서비골의 변화에 민감하게 반응하는 것으로 보인다는 킬리의 의견에 동의할 수 있다. 이러한 변화는 분명한 화학적, 행동적 반응을 일으킨다. 마찬가지로 페로몬에 대한 서비골의 민감성이 환경에 대한 정보가 중추 신경계에 도달하는 통로를 이룬다는 점에도 동의할 수 있다. 그러나 이러한 사실만으로는 우리가 서비골로 **지각한다**고 하기에 충분하지 않다. 먼저, 서비골 외관은 시각적 외관과 촉각적 외관이 존재하는 방식으로 존재하지 않는다. 서비골 정보는, 가령 동물이 다른 동물을 신체적으로 매력적으로 여길 가능성을 높일 수 있다. 그러나 동물은 상대방의 매력을 **서비골로** (즉, 서비골의 측면에서) 찾지 않는다. 서비골 상태는 우리의 느낌, 태도, 행위 등에 영향을 미칠 수 있지만, 사물이 환경에 어떻게 존재하는지에 대해 지각자에게 정보를 제공하지는 않는다. 이 모든 것을 인정하는 것은 서비골 경험이란 없다는 것을 인정하는 것이다. 이것이 바로 두 번째 요점이다. 사물이 서비골의 측면에서 어떻게 나타나는지 접하는 것을 매개로 하는, 사물이 어떠한지를 탐색하는 활동이란 없다.

셋째, 앞의 두 가지 사항의 결과, 매우 효과적인 서비골 체계가 있는 동물조차 인과적 영향을 매개하는 서비골운동 상호의존성의 패턴에 숙달하지 못한다. 즉 좋은 냄새를 맡으려 코의 위치를 정하는 방법 또는 냄새를 더 잘 맡는 방법을 아는 것 등은 서비골 정보의 영역에 없다.[22]

이러한 요점의 결론은 서비골 체계는 환경의 정보가 중추 신경계

---

22 킬리(2001)는 서비골 체계가 감각질이 결여된 감각 양상이라고 제안했다. 그리고 감각이 상이한 감각질로 개별화될 수 있다는 견해에 대한 반례로 이것을 제시했다. 나도 감각이 감각질로 개별화될 수 없다는 데 동의하지만, 다른 이유로 동의한다.

에 도달하는 통로일 뿐 감각 양상은 아니라는 것이다. 감각에 대한 킬리의 설명은 지각이 동물이 전체 유기체로서 행하는 활동 양상이라는 사실을 고려하지 않기 때문에 잘못된 방향으로 나아갈 수 있다. 감각은 서비골의 민감성과 관련된 종류의 수동적이고 내적인 과정으로 설명할 수 없다.

물리적 또는 생리적 기준만으로는 지각 양상들을 개별화할 수 없다는 점을 이해하는 것도 중요하다. 이는 3장 8절과 1장에서 언급한 바흐-이-리타의 촉각-시각 대체 체계(TVSS) 같은 감각 대체 체계를 고려함으로써 알 수 있다. TVSS는 눈이나 시각 피질에 관여하지 않는 준(準)시각 양상이다.

이 사례의 세부 사항을 상기할 필요가 있다(최근의 간략한 검토는 Bach-y-Rita and Kercel 2002 참조). 피험자에게는 카메라에 제시된 시각 정보가 혀에 활성화 패턴을 생성하는 방식으로 (가령 혀 위의) 전극에 연결된 헤드 마운트 카메라가 장착되어 있다. 활동적인 피험자(자신과 카메라를 조작하여 카메라가 수신한 정보를 통제하는 사람)는 몇 시간 만에 준시각적 지각 판단을 내릴 수 있다. 예를 들어, 피험자는 방 건너편 자신과 멀리 떨어진 곳에 있는 물체의 수, 크기, 공간 배치 등을 보고할 수 있다. 이러한 지각을 바탕으로 손을 뻗어 잡을 수 있고, 손을 휘두르거나 잡는 동작을 할 수 있다. 또한 바흐-이-리타는 이러한 피험자들이 폭포 착각(water-fall illusion) 같은 잘 알려진 특정 시각 착각을 경험한다고 보고했다(Bach-y-Rita and Kercel 2002).

이러한 지각 경험의 **시각적** 특성은 무엇으로 구성될까(O'Regan and Noë 2001a,b; Hurley and Noë 2003a, 특히 2003b)? 앞선 논의를 통해 우리는 두 가지 방식으로 설명의 틀을 잡을 수 있다. 첫째, TVSS는 **시각적**

특질, 즉 겉모습에 대한 지각을 가능하게 한다. 우리가 물체를 기준으로 움직일 때 외관상의 크기가 변하는 방식 같은 관점적인 가시적 특징을 추적할 수 있다. 그러나 둘째, 시각적 외관의 공간에 초점을 맞춘 이러한 설명은 TVSS의 준시각을 지배하는 감각운동 상호의존성의 법칙이 어떤 실질적 정도만큼은 (적절한 추상화 수준에서) 정상 시각을 지배하는 감각운동 상호의존성의 법칙과 유사하다는 보다 기본적인 사실에 토대를 둔다.

눈과 시각 피질의 관여가 없기 때문에 눈 혹은 시각 피질의 관여에 호소해서는 TVSS 경험의 준시각적 특성을 설명할 수 없다는 사실이 중요하다.[23] TVSS는 카메라가 몸에 촉각적 자극을 준 결과 체성감각(촉각) 피질이 활성화되는 것에 의존한다.

눈과 **시각 피질**의 개념은 기능적 개념이라고 이의를 제기할 수도 있다. 적응된 피험자의 경우 카메라와 측두피질(정상 피험자의 체성감각 피질이 되는 해부학적 영역)이 눈과 시각 피질 **역할을 한다**.

이러한 이의 제기는 올바르지만 나의 주장을 약화시키지는 않는다. 눈은 감각운동 상호의존성 네트워크의 맥락 안에 채택됨으로써 비로소 **눈**이 된다. 뇌 활동이 더 광범위한 감각운동 과제를 수행하는 데 채택될 때 뇌 활동의 소재(所在)는 **시각** 활동의 소재가 된다(Hurley and Nod 2003a,b). 이것이 뜻하는 바를 강조할 필요가 있다. 즉 눈과 시각 피질에 의존하는 지각 활동이 **시각적인** 것은 자극과 자극이 일으키는 활성화 패턴의 본질적인 특질 덕분이 아니라 이러한 신경 활동을 지배하

---

[23] 예비 연구(Block 2003에 인용된 R. Kuppers 등이 제출한 보고서)에 따르면 실제로 TVSS에서도 후두엽 활동이 있을 수 있다고 한다.

는 포괄적인 감각운동 의존성과 그에 대한 지식 덕분이다.

앞서 살펴본 것처럼 지각 양상은 그것을 구현하는 물리적 체계(기관)에 대해 자율적이다. 촉각이나 청각과 구별되는 시각의 본성을 이해하려면 감각운동 의존의 각 패턴의 차이에 초점을 맞춰야 한다. 그런데 감각 체계가 의존하는 물리적 체계의 낮은 수준의 세부 사항이 감각운동 의존성 자체를 결정한다고 믿을 만한 충분한 이유가 있는 것으로 밝혀졌다. 눈과 뇌의 시각 부분은 실제로 가장 미묘한 기구를 형성하며, 이 기구 덕분에 감각 자극은 움직임에 반응하여 정밀한 방식으로 변화한다. **우리처럼** 보려면 우리와 같은 감각 기관과 몸을 가져야 한다.

이러한 점은 1장의 마지막에 잠깐 언급했던 감각운동적 쇼비니즘에 대한 우려(Clark and Toribio 2001; Clark 2002)를 제기한다. 나는 이제 1장에서 했던 대답을 발전시킬 수 있는 더 나은 입장에 있다. 행위 기반 관점은 물론 쇼비니즘적이지만 허용 가능한 정도로만 그렇다. 인간, 게, 꿀벌의 시각 체계를 모두 **시각** 체계로 간주하게 하는 것은 **무엇**일까? 질적으로 볼 때 모두 같은 종류의 경험을 불러일으키기 때문인가? 그렇다면 우리는 어디까지 받아들여야 할까? 행위 기반 관점에 따르면, 서로 다른 지각 체계 사이에는 이들 모두를 **시각** 체계로 간주하기에 충분한 높은 수준의 총체적인 감각운동 구조동형성이 존재한다. 반면 낮은 수준의 감각운동적 차이는 큰데, 이러한 차이는 벌과 사람의 시각 "경험"을 다르게 만들기에 충분하다. 이것이야말로 바로 우리가 원하는 결과가 아닐까?

감각 양상은 감각운동 지식에 의존하여 환경을 탐색하는 **방식**이다(O'Regan and Noë 2001a). 양상들 간에 질적인 차이가 있다는 감각질 이론의 주장은 옳다. 그런데 이러한 질적 차이는 사물이 어떻게 보이는지가 사물이 어떠한지를 알려 주는 방식의 차이, 즉 감각운동 의존성에 대한 지식으로써 알 수 있는 차이다. 고유대상 견해 또한 옳다는 것을 이미 언급했다. 양상은 어떤 외관이 중요한지에 따라 달라진다.

3.11 감각과 지각

니콜라스 험프리(1992, 78~81)는 촉각 시각(그가 '피부 시각'이라고 부르는 것)에 대한 다른 해석을 제안한다. 험프리에 따르면 촉각 시각은 시**지각**의 한 형식일 수 있지만, 촉각적 **감각**을 동반한다. 블록(2003)은 최근 나와 수전 헐리의 논문에 대한 비판적 논평에서 비슷한 생각을 발전시켰다. "헐리와 노에는 가령 당신이 다가갈수록 촉각의 '크기'가 증가하는 등 TVSS의 **공간적** 기능이 [TVSS의] 시각적 현상학을 제시한다고 전제하는 것처럼 보인다. 그러나 비시각적 감각도 가령 박쥐의 소나처럼 동일한 방식으로 공간적일 수 있다. … 아마 TVSS는 촉각적 감각을 통한 공간 지각의 사례일 것이다(점자도 마찬가지일 수 있다)."(2003, 286)

이 주장을 뒷받침하기 위해 험프리와 블록은 바흐-이-리타(1996, 50)도 "피험자들은 감각 체계를 가지고 작업을 수행하는 중에도 촉각적 감각에 집중하도록 요청받을 때 순수하게 촉각적 감각을 지각할 수 있다"는 것을 인정한다는 사실에 주의를 환기한다.

TVSS에 동반되는 촉각적 감각에 주의를 기울일 수 있다는 사실이 TVSS의 질적 내용이 촉각적이라는 것을 보여 주진 **않는다**. 이것은 우선 동반되는 감각들 자체가 지각 경험의 일부라는 것을 보여 주지 않는다.

다른 종류의 예를 보면 더 명확하게 알 수 있다. 맹인이 지팡이로 지각하려면 손에 느낌이 있어야 한다. 그러나 지팡이로 세계를 느끼는 것은 손으로 만지거나 쥐는 방식이 아니다. (느낌이 어딘가에 있다면 그것은 지팡이 끝에 있는데 여기에는 아무런 감각도 **없다**.) 오쇼네시(2000)가 관찰한 것처럼, 지팡이로 지각할 수 있게 해 주는 손의 감각은 지각적 주의의 범위를 **벗어나** 있으며, 그렇기 때문에 지각 경험 자체의 일부가 아니다. 손으로 하는 정상적인 지각에 대해 바로 이 점을 지적할 수 있다. 병의 모양을 느낄 때 (가령 병의 차가움 같은) 감각이 있을 수 있지만, 차가움의 감각은 병의 모양에 대한 경험의 일부가 아니다. 실제로 오쇼네시가 언급했듯이(1장), 손이 마비된 상태에서도 병의 모양을 느낄 수 있다.

지각 경험에 동반되는 감각에 주의를 기울이면 경험에서 주의를 돌리게 된다. 움직이고 찡그릴 때 눈 속 근육의 긴장에 주목하거나 코에 걸리는 안경의 무게에 주의를 기울일 수는 있지만, 이러한 사실이 이러한 감각들이 **시각조**이라거나 **시각** 경험에 운동감각적 현상학이 있다는 것을 보여 주지는 않는다.

험프리와 블록은 두 가지 의심스러운 주장을 하는 것 같다. 첫째, 그들은 감각과 지각이 완전히 분리될 수 있다고 주장한다. 예를 들어, 블록은 다음과 같이 말한다. "한 가지 흥미로운 가능성은 (뇌 상태에 근거한) 감각과 (그러한 뇌 상태의 기능에 근거한) 지각 모두에 독립적인 현상학이 있을 수 있다는 것이다. 어쩌면 전통적인 기능주의와 물리주의 **모두** 부분적으로 참이라고 판명될지도 모른다!"(2003, 286). 이러한 분리 가능성은 험프리의 의식 이론에서 중요한 원리다. 험프리(1992)에 따르면 감각과 지각은 두 가지 별개의 자율적 통로를 이루고 있다. 감각은 동물이 자신의 몸 안팎에서 일어나는 일을 추적할 수 있는 역량으로 진화 과정에서 가장 먼저 발달했다. 험프리는 시각적 지각과 시각적 감각이 분리된 예로 '피부 시각'을 제시한다. 그는 또한 감각과 지각의 분리에 대한 추가적 증거로 반전 안경에 대한 콜러의 연구를 인용한다. 그는 (해리스가 주장한 것처럼) 반전 안경에 대한 지각적 적응은 감각 특성의 어떤 변화에도 관여하지 않는다고 주장한다.

둘째, 험프리와 블록은 지각 현상학에 동반되는 감각의 특성이 지각 현상학을 결정한다고 가정하는 것 같다. 험프리는 "감각 경험의 현상학이 가장 먼저 등장했다. 어떤 다른 종류의 현상도 있기 전에 '원시적인 감각들', 즉 맛, 냄새, 간지러움, 통증, 온기와 빛과 소리에 대한 감각 등이 있었다"(1992, 42)라고 말한다.

앞서 살펴본 것처럼 이 두 번째 가정을 의심하는 한 가지 이유는 지각의 감각적 동반자들이 일반적으로 지각 경험의 구성 요소가 아니라는 사실에 있다. 하지만 더 강력한 이유도 있다. TVSS가 시각과 질적으로 구별되며 TVSS의 현상학이 시각적이지 않다는 점을 인정하기로 해 보자. 그러나 TVSS는 촉각과도 질적으로 구별된다는 점에 유의해야 한다. TVSS 경험은 일반적인 촉각과는 전혀 다른 방식으로 세계를 제시한다. 이는 가령 TVSS가 (앞서 논의된) 공간 다양체에 대한 경험을 허용한다는 사실에서 드러난다. TVSS가 촉각적 감각을 동반하는 것이 사실이더라도 그러한 촉각적 감각이 해당 경험의 양상적 특질을 결정하는 데 충분하지 않다는 것은 분명하다. 동반되는 감각의 특성은 기껏해야 전반적인 지각의 현상학에 기여하는 것으로 보인다.

TVSS의 양상적 특질을 결정하는 것은 무엇인가? 행위 기반 접근은 이를 잘 설명해 준다. 행위 기반 접근은 TVSS와 정상 시력이 비슷한 점과 다른 점을 설명한다. 이들은 감각운동적 구조동형성이 있는 정도만큼 유사하다. 예를 들어, 전반적인 움직임의 효과 같은 보다 높은 수준에서는 강한 감각운동 구조동형성이 있다. 물체를 기준으로 하는 머리와 몸의 움직임이 비슷한 패턴의 감각적 변화를 일으킨다. 지각자가 숙달해야 하는 감각운동 상호의존성 법칙이 두 경우에서 유사하거나 동일하다. 물론 낮은 수준에서는 상당한 차이가 존재한다. 망막과 동일한 수준의 복잡성과 정교함을 갖춘 전극 배열만이 동일한 시각적 감각운동 법칙을 지원할 수 있다는 것은 그럴듯한 이야기다. 게다가 카메라-전극 체계의 본성은 눈-뇌 체계의 본성과 매우 다르기 때문에 낮은 수준의 감각운동 차이는 클 수밖에 없다. 즉 움직임이 감각 자극의 낮은 수준의 세부 사항에 미치는 영향은 두 경우에서 크게 다르다.

 TVSS에 대한 이러한 논의의 결론은 감각과 지각의 분리 가능성에 대한 블록과 험프리의 주장을 받아들일 수 있지만, 감각이 현상학을 결정한다는 두 번째 주장이 거짓임을 인식할 때만 그럴 수 있다는 것이다. 한 양상에서 지각에 동반될 수도 있고 그렇지 않을 수도 있는 감각은 그것을 질적으로 시각적이거나 촉각적으로 또는 다른 양상으로 만들어 주는 경험의 특징과 구별될 필요가 있다.

 험프리의 감각 이론, 그리고 토마스 라이드(Thomas Reid)와 연관된 지각에 대한 경험주의적 접근 방식 전체의 문제점을 드러내는 한 가지 사실은 그것이 지각 경험의 지향성, 즉 경험은 항상 누군가에게 세계를 어떠한 것으로 제시한다는 사실을 정당하게 다루지 못한다는 것이다. 예를 들어, 이 문제는 반전 안경에 대한 험프리의 논의에서 두드러진다. 그는 이렇게 썼다.

특수한 '상하 반전 안경'을 착용하여 똑바로 서 있는 동안에도 잘못된 방향이 위가 되게 망막 이미지가 영구적으로 바뀐다고 가정해 보자. 이 상황에서는 지각 메커니즘이 이미지의 변형을 허용하지 않을 것이므로 적어도 처음에는 (실제로 잘못된 방향이 위인) 이미지와 (실제로 잘못된 방향이 위가 아닌) 외부 세계 모두 잘못된 방향이 위인 것으로 보게 될 것이다. 따라서 아래쪽으로 가리켜야 할 물체를 위쪽으로 가리키고, "위"를 "아래"라고 부르는 등의 지각적 실수를 범하게 될 것이다. (Humphrey 1992, 76)

이미지를 잘못된 방향이 위인 것으로 본다고 말하면서 험프리가 뜻한 것은 (이 구절에서 분명히 밝히고 있듯이) 다음과 같다. "시각적 감각에 주의를 기울이면 망막의 이미지가 이제 뒤바뀌었다는 것이 분명해 보일 것이다. 이전에 안구의 가장 위쪽에 더 가깝게 보이던 이미지의 일부가 이제는 아래쪽에 더 가깝게, 오른쪽에 더 가깝던 부분이 이제는 왼쪽에 더 가깝게 보이는 등과 같이 말이다."(1992, 76)

그러나 이것은 잘못된 생각이다. 망막 이미지가 뒤바뀐 것이 분명하다는 것은 사실이 아니다. 망막 이미지는 경험에 결코 들어서지 않는다. 반전 안경을 착용하면 가시적 환경 속 공간적 관계들이 다르게 **보인다**. 즉 가령 위에 있는 것이 아래에 있는 것처럼 보인다. 반전 안경은 경험에 이러한 변화를 일으키지만, 이는 감각의 특성에서 일어나는 변화가 아니다. 경험이 사물의 존재를 지각적으로 제시하는 방식에서 일어나는 변화다. 여기에서 우리는 감각이 아닌 지각의 영역에 있다. 지각에 대한 설명에 감각이 관여한다고 할 때, 감각은 "원초적인 느낌"이 아니라 "외관"을 뜻한다. 그렇다면 감각은 경험이 세계의 존재를 제시하는 방식의 일부로서 경험 안에 들어선다. 이런 의미에서 감각은 경험의 지향적 내용에 속한다.

앞서 강조했듯이 행위 기반 관점은 지각 경험의 공간적 내용을 설명해 주며 따라서 경험의 **양상내적** 차이를 설명해 준다.

3.12 감각운동 지식에 대한 주석

나는 시각이 감각운동 지식에 의존한다고 주장해 왔다(O'Regan and Noë 2001a). 감각 자극이 움직임의 함수로서 변화하는 방식에 대한 이러한 지식은 세계를 제시하는 감각 경험을 할 수 있는 우리 능력의 기초다. 이 장에서 나는 지각 경험은 어떤 양상의 경험이건 간에 감각 자극이 움직임에 의존하는 방식에 대한 지각자의 지식 덕분에 공간적 내용을 획득한다고 주장했다. 2장에서 나는 (가령 환경의 세부 사항, 가려진 표면, 색상 등) 지각적 현존에 대한 감각의 근거는 우리가 해당 특징과 명확한 감각운동 관계에 있다는 사실뿐 아니라 우리가 그렇다는 것을 안다는 사실에 있다고 주장했다.

이 글 전체를 통해 나는 이러한 지식이 명제적이 아니라 실용적이라는 점을 공들여 강조했다. 관련된 감각운동 지식은 실용적 능력의 소유로 이루어진다. 내가 이러한 복합적인 능력을 **지식**을 구성하는 능력이라고 부르는 한 가지 이유는 이러한 능력이 진정으로 지식 관여적인 인지 역량과 관련하여 수행하는 근본적인 역할에 주목하기 위해서이다. 예를 들어 6장에서 주장하듯 관찰에 기초를 둔 개념은 그에 대한 이해가 부분적으로 감각운동 기술로 구성되는 개념이다. 이는 이 장의 논의에서 이미 등장하기 시작한 주제다. 어떤 것을 정육면체로 경험할 때, 우리는 그것을 명확한 감각운동 윤곽을 제시하는 바로서 경험한다. 즉, 우리는 그것을 기준으로 우리가 움직이거나 우리를 기준으로 그것이 움직일 때 그 의관이 정확하게 달라지는 것으로 그것을 경험한다. 우리는 이러한 변화의 패턴에 암묵적이고 실용적으로 숙달되어 있다. 전반적으로 이러한 암묵적인 실용적 숙달은 관찰에 기초를 둔 개념인 **정육면체**에 대한 궁극적인 이해의 바탕이 된다.

　감각운동 기술이 일종의 지식이라고 말하는 두 번째 이유는 2장에서 살펴본 것처럼 무언가에 대한 지각적 알아차림이 멈추고 단순히 **사고**로 된 알아차림이 시작되는 경계가 뚜렷하지 않기 때문이다. 나는 지금 에펠탑을 생각할 수 있지만 지각하지는 못한다. (에펠탑은 파리에 있고 나는 버클리에 있다.) 하지만 2장에서 설명을 시도했던 특별한 의미에서 주변 장면의 가려진 부분들은 시각적으로 인식하고 있는데, 엄밀히 말하면 이 가려진 부분들은 내 시야에 없다. 감각운동 기술을 "지식"이라고 부름으로써 나는 생각과 경험이 중요한 방식으로 연속적일 가능성에 열려 있어야 한다고 제안한다.

　감각운동 지식은 명제적 지식이 아니라는 사실이 매우 중요하다. 특히 가능한 또는 실제 움직임의 감각적 효과를 기술하는 명제에 대한 지식이 아니다. 사실 지각과 지각 경험이 그런 종류의 명제적 지식에 근거할 수 있다는 생각에는 결정적인 반대가 있다. 첫째, (인간을 비롯한) 지각자에게 실제로 그러한 지식이 있는 것 같지 않다. 지각자가 알고 있는 것, 즉 세계를 제시하는 지각 경험을 지각자가 하게 해 주는 것을 명제적 용어로 말하는 것이 원칙적으로라도 가능한지 궁금할 수 있다. 그렇든 아니든, 어떤 사람에게 특정 능력(가령 춤추는 능력)이 있다는 사실에서 그 사람에게 그 능력을 기술하는 명제에 대한 지식이 있다는 결론이 나오지는 않는다.

둘째, "이렇게 움직이면 경험이 이렇게 바뀐다"라는 식의 반사실적 조건문에 대한 경제적 지식은 공간적 내용을 파악하는 기초가 될 수 없는데, 반사실적 조건문 자체가 그러한 내용에 대한 사전 파악을 전제하기 때문이다. 요점은 우리가 토마토를 삼차원의 부피 있는 물체로 경험하기 **때문에** 관련 반사실적 조건문을 지지한다는 것이다.[24] 다르게 가정하는 것은 결과가 원인의 논리적 구성물이라고 가정하는 행동주의의 오류를 범하는 것이 될 것이다(Putnam 1963). 공간적 내용에 대한 지각 경험을 설명하는 만족스러운 **대안** 이론이 사실상 없다는 점을 인정할 때 이러한 비판은 설득력을 잃을 수 있다. 시각과학의 표준 견해에서는 뇌가 어떻게 대상의 삼차원 표상을 구축하는지 먼저 설명한다. 그리고 움직임이 감각에 미치는 효과를 기술하는 반사실적 조건문의 무한성에 대한 지각자의 지식의 토대로 이 표상에 호소한다.[25] 이런 종류의 접근 방식의 문제점은 실제보다 더 많은 것을 약속한다는 것이다. 우리는 시각 체계가 어떻게 물체의 상세한 공간적 표상을 구축하는지 (시각의 계산이론에 대한 연구를 바탕으로) 어느 정도 알고 있다. 하지만 이러한 표상이 어떻게 우리가 공간 속 사물을 **경험할** 수 있게 하는지에 대해서는 만족할 만한 어떤 설명도 없다. 직접 볼 수 없는 물체의 일부가 시각에 현전하는 감각을 어떻게 내부 표상의 존재로 설명할 수 있을까?

또한 지각자가 관련 반사실적 조건문에 대한 명제적 **지식**, 가령 믿

---

[24] 이러한 비판(사적인 대화)에 대해 크리스토퍼 피코크에게 감사한다.
[25] 이에 대해 논의해 준 베니 핼리에게 감사한다.

음과 반대되는 바로서 **지식**을 가지고 있다고 가정할 필요가 있는지도 불분명하다.[26] 행위 기반 접근의 작업은 움직임의 감각적 효과에 대한 지각자의 지식이 아니라 이에 대한 지각자의 **기대** 덕분에 수행된다. 결국, 지각자가 토마토를 볼 때 그것이 3D 감각운동 윤곽을 제시한다고 여긴다면, 토마토는 그것이 실제로 그런지 여부와 관계없이 3D 고체로 보일 것이다.

행위 기반 접근은 감각운동 기술이 명제적이라는 설명을 지지하지 않기 때문에 이러한 접근 방식이 직면하는 문제에서 자유롭다. 그렇지만 감각운동 기술의 본성에 대한 보다 완전한 설명은 여전히 필요하다. 그러한 설명을 제시할 수 있을 때까지는 감각운동 기술이 무언가를 설명할 수 있으려면 감각운동 기술의 소유가 곧 관련 반사실적 조건문에 대한 지식의 소유여야 한다는 우려가 정당하게 제기될 수 있다. 정육면체가 정육면체로 보이는 것은 내가 정육면체를 기준으로 움직이면 (또는 정육면체가 나를 기준으로 움직이면) 그 외관이 일정한 방식으로 바뀐다는 사실을 내가 암묵적으로 이해하고 있기 때문이다. 이러한 감각운동 능력이 명제적 지식이 **아니라는** 주장에 어떤 내용을 부여할 수 있을까?

몇몇 언어학자들처럼 해당 지식이 **암묵적**이라고 주장하는 것만으로는 이러한 우려에 답하기에 불충분하다. 암묵적이라는 주장은 지각자가 보는 법을 알 때 자신이 아는 것이 무엇인지 말할 수 없는 이유는 설명하지만 더 심각한 설명적 우려는 해결하지 못한다. 행위 기반 접근에 따르면, 지각자가 움직임의 결과 감각 자극이 달라지는 방식에 실용

---

[26] 이에 대해 논의해 준 데이비드 차머스에게 감사한다.

적으로 숙달할 때 지각자는 지각 내용을 경험한다. 이러한 숙달을 움직임의 감각적 효과를 기술하는 명제에 대한 지각자의 암묵적 이해에 호소하여 설명하는 것은 불만족스러울 것이다. 첫째, 다음과 같이 합리적으로 질문할 수 있다. 어떻게 우리는 명제적 지식으로 무언가를 **경험할** 수 있는가? 둘째, 앞서 논의한 것처럼 이것은 앞뒤가 뒤바뀐 것이다. (암묵적이든 그렇지 않든) 명제에 대한 지식은 (피코크가 대화 중 말한 것처럼) 경험에 따른 **결과**다.

해결책은 문제의 숙달을 (암묵적이든 그렇지 않든) 명제에 대한 지식의 문제가 아니라 순전히 실용적인 문제로 고집하는 것이다. 지각을 언어와 비교하는 대신 제스처 같은 의사소통 장치와 비교해야 한다. 제스처는 의사소통에서 중요한 역할을 하지만, 지각자는 자신이 언제 어떤 제스처를 취하는지 거의 알지 못한다. 상대방에게 대화 중에 자신이 한 말을 보고해 달라고 요청하면 그렇게 할 가능성이 높다. 하지만 자신이 한 제스처를 기술해 달라고 요청하면 그렇게 할 가능성이 훨씬 낮다. 제스처 지식은 몸 지식이다. 이것은 지성에 앞선 습관, 기술, 기대, 준비 상태의 유형들에 속한다. 사실 춤추는 능력 같은 복잡한 능력을 명제로 특성화할 수 있다고 해도, 춤을 출 수 있다는 것이 그 명제를 아는 것으로 이루어진다는 결론이 나오지는 않는다. 지각자가 감각운동 지식을 파악하기 전에 경험 내용에 인지적으로 접근할 수 있다는 생각을 행위 기반 접근은 지지하지 않는다. 감각운동 지식이 기본이다.

이것은 분명히 훨씬 더 많은 논의가 필요한 섬세한 문제다. 나는 실용적 지식과 명제적 지식을 구분하는 것이 정당하지 않다는 스탠리와 윌리엄슨의 최근 공격(2001)에 대해 논평하면서 결론을 내리고자 한다. 이 도전은 감각운동 의존성에 대한 실용적 지식이라는, 행위 기반 접근에 필수적인 개념을 박탈함으로써 행위 기반 접근을 위협하는 것처럼 보일 수 있다.

스탠리와 윌리엄슨은 일상언어철학의 정신에 따라 방법적 지식(know-how)이 능력으로 이루어진다는 생각은 잘못이라고 주장한다. 그들은 누군가 ϕ하는 방법을 안다는 사실에서 그 사람이 ϕ할 수 있다는 일반적 결론이 나온다는 생각에 반대한다. 피아니스트가 사고로 팔을 잃어 연주를 못 하더라도 곡을 연주하는 법은 알 수 있는 것처럼, 스키 강사가 특정 까다로운 점프를 직접 할 순 없어도 어떻게 하는지는 알 수 있다. 나는 스탠리와 윌리엄슨의 이러한 강한 직관에 동의하지 않는다. 스키 강사가 점프를 할 수 없다면 다른 사람에게 점프하는 방법을 가르쳐 줄 수 있을지는 몰라도 자신은 점프하는 방법을 모르는 것이다. 이 스키 강사가 아는 것은 점프하는 방법이 아니다. 누군가에게 점프하는 것을 가르치는 방법이다. 이 스키 강사는 점프가 어떻게 수행되는지는 알지만 점프하는 방법은 모른다. 안타깝지만 피아니스트의 경우도 마찬가지다. 피아니스트는 연주하는 방법에 대한 기술, 비판적 평가, 또는 가르침 등 모든 종류의 관련 지식을 보유하고 있을 수 있지만, 팔을 잃을 때 자신의 방법적 지식도 잃어버린 것이다. 그 지식은 정확히 팔에 의존하기 때문이다. 또한 스탠리와 윌리엄슨은 무언가를 할 수 있다는 사실이 그것을 하는 방법을 안다는 것을 보장하지는 않는다고 지적한다. 결국 복권 당첨 방법을 모르더라도 복권에 당첨될 수 있다고 그들은 말한다. 그럴지도 모르지만, 복권에 당첨될 수 있는 사람은 누구나 복권에 당첨되는 방법을 알고 있다고 말하고 싶다. 복권에 당첨되는 방법을 안다는 것은 복권에 공정하게 참여하는 방법을 아는 것이다.

내 생각에 스탠리와 윌리엄슨은 방법적 지식이 특정 명제가 참임을 아는 것으로 사실상 구성된다고 주장할 대 더 확고한 근거를 얻는 것으로 보인다. 그들의 추론에 따르면 가령 자전거를 타는 방법을 아는 것은 어떤 특정한 활동이 자전거를 타는 방법임을 아는 것이며, 이를 그들의 표현에 따르던 '실용적 제시 양상' 아래 아는 것이다. 자전거를 타는 방법은 이러이러하다는 명제를 실용적 제시 양상 아래 알지 못한 채로도 자전거를 타는 방법은 이러이러하다는 명제를 알 수 있다. 이 경우 자전거를 직접 타는 방법을 모르는 채로도 무엇이 자전거를 타는 방법이라는 것은 알 수 있다. 비슷한 방식으로 존은 어떤 사람의 바지에 불이 붙었다는 사실을 (가령 거울을 보고 있다는 사실을 깨닫지 못한 탓에) 자신이 바로 그 사람이라는 사실을 깨닫지 못한 채로도 알 수 있다. 이 경우 존은 그 사람의 바지에 불이 붙었다는 명제를 알그 있지만 일인칭 제시 양상 아래 알그 있지는 않다.

나는 그들이 방법적 지식이 명제적 지식이라고 주장할 때 좀 더 확고한 근거를 얻는다고 말했다. 이는 상당 정도 이 구분에 대한 그들의 공격이 단지 기술적일(technical) 뿐이기 때문이다. 모든 방법적 지식이 명제적 지식이라는 그들의 주장을 허용해 보자. 방법적 지식은 특수한 종류의 명제적 지식이라는 점이 중요하다.

우리가 지각하는 방법을 알 때 (제시의 실용적인 양상으로든 다른 어떤 양상으로든) 우리가 아는 것의 역할을 수행할 수 있는 명제가 있는지 의심할 만한 이유를 생각해 보았다. 이러한 의심이 옳다면, 우리는 감각운동 지식이 비명제적인 방법적 지식이라고 생각할 강력한 이론적 근거를 갖게 될 텐데, 이것은 스탠리와 윌리엄슨의 분석과 양립할 수 없는 결론이다.

우리가 이에 대해 무엇을 말하든 행위 기반 접근은 실용적 지식이라는 개념의 활용 가능성을 요구한다. 그런데 스탠리와 윌리엄슨의 생각은 내가 말할 수 있는 한 그러한 개념을 활용 가능하게 하는 데 아무런 도움이 되지 않는다.

4 행위에 의해 생성되는 색

색은 얼굴이 많다.— 조셉 앨버스

4.1 색 문제

접시를 원형으로 시각적으로 경험할 때, 우리는 우리와 접시 간의 관계가 변화함에 따라 접시의 외관, 즉 겉모습이 달라지는 방식에 대한 암묵적인 지식에 의존하여 그렇게 한다. 우리는 경험 안에서 접시의 실제 모양(원형)을 접하는데, 이는 접시의 단순한 외관상의 모양(타원형 겉모습)을 접하는 덕분이다. 외관상의 모양, 즉 곁점적 모양은 장면의 진정한 속성이지만 물체와 물체가 보이는 조건 사이의 관계가 그 본성을 정하는 속성이다. 사물이 여기에서 어떻게 보이는지(가령 타원형) 알 때, 사물이 어떠한지에 대한 무언가(가령 원형)를 알게 되고, **우리 주위의** 사물이 어떠한지에 대한 무언가를 알게 된다. 무언가를 **여기에서 볼 때 타원형으로** 경험하는 것은 그것을 감각운동 공간 안에서 특정 위치를 차지하는 바로 경험하는 것이다. 가령 **이런** 종류의 가림막으로 시야에서 차단된 것으로, 또는 이러이런 한 움직임으로 그 윤곽이 추적되는 것 등으로 말이다. 타원형으로 보임에도 그것을 원형으로 경험하는 것은 그것을 보는 조건이 바뀔 때(가령 우리와 그것 사이의 공간적 관계가 바뀌는 경우) 그것의 외관이 달라지는 방식을 이해하는 것이다.

이러한 종류의 행위 기반의, 감각운동적 설명을 색 경험으로 확장할 수 있을까? 이 질문에 부정적으로 답하는 색 경험에 대한 영향력 있는 사고방식이 있는데, 나는 (Pettit 2003a에 따라) 이를 **감각질 이론**이라고 부른다. 감각질 이론에 따르면, 무언가가 가령 붉게 보이는 경험은 특정한 종류의 경험이다. 이 관점에서 붉음이라는 경험된 특질은 경험의 속성, 즉 경험의 감각적 속성 또는 감각질(quale)이다. 이 속성은 그러한 경험을 하는 것이 어떤 것인지 (부분적으로) 결정하며 그 경험 안에서 즉시 드러나거나 명백하게 나타난다(Johnston 1992; Pettit 2003a). 감각질 이론의 관점에서 보면, (감각운동 기술과 변별 역량을 포함하는) 두 개인의 모든 행동적 기질이 동일한 경우에도 무언가가 붉게 보이는 경험이 어떤 것인지는 이들 각자에서 다를 수 있다. 이것이 바로 반전 스펙트럼 가설이다(가령 Shoemaker 1982; Palmer 1999b 참조). 또한 감각질 이론의 관점에서 볼 때, 색과 관련된 감각운동 기술은 정상적이지만 색에 대한 경험이 전혀 없는 사람도 있을 수 있다. 이것이 소위 좀비 논쟁이다(가령 Chalmers 1996 참조).

감각질 이론은 색 경험에 관한 이론이다. 색에 대한 이론이 아니며 색이 무엇인지에 대한 이론도 아니다. 이러한 이유로 감각질 이론은 색의 형이상학에 대한 다양한 설명과 양립할 수 있다. 예를 들어 색을 표면의 물리적 속성이라고 주장하는 물리주의자들과 어떤 것에 대해서도 색을 부정하는 제거론자(이러한 관점에서 색은 단지 지각자 안의 주관적 '효과'일 뿐이다)는 모두 색을 **경험하는** 것이 어떤 것인지(가령 무언가가 누군가에게 붉게 보이는 것이 어떤 것인지)에 대한 분석으로 감각질 이론을 받아들일 수 있다.

형이상학적으로 비당파적이지만, 감각질 이론은 색 경험에 대한 행위 기반 설명과 양립할 수 **없다**. 왜냐하면 감각질 이론은 색과 관련하여 무언가가 특정 방식으로 보이는 것이 어떤 것인지를 행위 기반 설명의 기본이 되는 종류의 기술과 무관한 방식으로 분석하기 때문이다.

이 장의 목표는 색 경험에 대한 행위 기반 설명을 제시하는 것이다. 첫 번째 과제는 이러한 설명이 설득력 있음을 보여 주는 것인데, 이는 색의 **감각운동 윤곽**을 보여 주는 데 달려 있다. 그런데 행위 기반 설명은 형이상학적으로 비당파적이지 않으며, 색의 본성을 설명한다. 이 장의 두 번째 과제는 이러한 설명을 발전시키고 이것이 다른 색채 이론과 갖는 관계를 설명하는 것이다. 말하자면 나는 감각질 이론의 본고장에서 감각질 이론에 이의를 제기한다. 감각질 이론이 가장 강력하다고 여겨지는 부분, 즉 색 경험의 현상학에 대한 감각질 이론의 설명에서 이 이론이 가장 약하다고 나는 주장한다.

4.2 색에는 풍부한 감각운동 윤곽이 있다

어떤 사물이 광원을 기준으로 움직일 때 색과 관련하여 그 사물이 보이는 방식은 달라진다. 토마토를 회전시키면 빛을 향하고 있는 토마토의 부분이 빛에서 떨어진 부분보다 더 밝게 보인다. 토마토를 대량의 장파장 빛을 포함하는 가정용 조명(가령 텅스텐 전구)에서 창문을 통해 들어오는 햇빛 속으로 옮기면 햇빛은 서로 다른 파장의 빛을 스펙트럼에 걸쳐 동등한 비율로 포함하기 때문에 토마토가 색과 관련하여 보이는 방식이 달라진다.

일반적으로 주변 조명의 변화는 색이 있는 물체의 외관에 변화를 일으킨다. 차고의 형광등 빛 아래 보이는 자동차의 외관상 색은 밝은 대낮의 외관상 색과 현저히 다르다. 구름이 움직여 태양을 가리고 하루가 진행됨에 따라 자동차의 외관상 색은 눈에 띄게 달라진다. 사물이 색과 관련하여 보이는 방식은 조명 빛의 특성에 달려 있으며, 조명의 특성이 달라지면 사물이 색과 관련하여 보이는 방식도 달라진다.

물체의 외관상 색은 조명 조건과 광원에 대한 물체의 위치가 변하지 않더라도 **지각자가** 물체를 기준으로 움직일 때 또한 달라진다. 예를 들어, 깨끗한 새 자동차 표면의 광택 부분은 그것을 보는 기하학에 따라 달라진다. 광택 부분은 햇빛에서 흰색을 반사하는 입사광 자체의 색인 경우가 많고, 가로등 같은 광원의 색상인 경우도 있다. 우리가 차를 기준으로 움직이거나 차가 우리를 기준으로 움직일 때 차 표면의 외관상 색은 눈에 띄게 바뀔 수 있다.

색조와 밝기에 관련하여 사물이 보이는 방식은 보기의 기하학과 조명뿐 아니라 주변 및 대조되는 물체의 색 속성에 따라서도 달라진다. 잔디밭으로 둘러싸인 집의 흰색 천장은 화창한 날에는 밝은 초록색으로 보일 수 있다(Albers 1963, 45). 어두운 배경에 놓인 카드는 흰색으로 보일 수 있지만 더 밝은 배경에 놓이면 회색 또는 심지어 검은색으로 보일 수 있다.[1] 조셉 앨버스는 색의 동시 대비를 보여 주는 이런 종류의 예를 다수 제시한다. 예를 들어 황토색 종이 한 조각을 두 조각으로

---

[1] 앨런 길크리스트가 이를 보여 줬는데, 그의 작품을 기반으로 한 데모인 '브라이트 블랙'이 샌프란시스코 과학관에 전시되어 있었고 여기에서 나는 그것을 보았다.

잘라 한 조각은 진한 파란색 종이 위에, 다른 한 조각은 밝은 노란색 종이 위에 놓으면 두 황토색 종이가 눈에 띄게 다르게 보일 것이다. 파란색 종이를 배경으로 하는 조각은 노란색 종이를 배경으로 하는 조각보다 훨씬 밝게 보인다(Albers 1963, 77). 또 다른 종이 구성에서 앨버스는 회색빛 종이로 십자가를 만들어 노란색 배경에 배치하는데, 이때 십자가는 확실히 보라색으로 보인다. 그런데 같은 종잇조각이 보라색 배경에서는 노랗고 더 밝게 보인다. 앨버스는 이러한 방식으로 색들은 상이한 외관들로 (더 큰 차이와 더 큰 유사성을 향해) "끌어당기거나" "밀어내는" 방식으로 서로에게 작용한다고 말한다(Albers 1963, 33).

텔레비전은 등시 대비 효과의 매우 친숙한 예다. TV는 빛을 방출하여 이미지를 생성한다. 예를 들어 누군가의 가죽 코트나 동굴의 검은색과 같은 어둠을 만들려면 TV는 빛을 방출하지 **않기만** 하면 된다. TV가 꺼져 있을 때(즉, 빛을 방출하지 못할 때) 화면은 일반적으로 회색 또는 때로는 녹색을 띤 회색으로 보인다. 이 조건에서는 빛을 전혀 방출하지 못한다. 그러나 쇼에 나오는 가죽 재킷의 검은색은 녹색을 띤 회색이 아니라 검은색으로 보인다. TV는 어떻게 빛을 전혀 방출하지 않는 화면보다 눈에 띄게 더 어두운 이미지를 만들어 낼 수 있을까? 이 효과는 대비되는 조명 덕분에 발생한다.

존 러스킨은 색 영역에서 이러한 종류의 "밀고 당기기" 효과를 잘 보여 주는 예를 제시한다. 그의 주제는 회화라는 기술적 예술이다. 그는 다음과 같이 쓴다.

태양이 풀을 특정 방향에서 강하게 비추면 풀은 녹색에서 독특하고 다소 칙칙하게 보이는 노란색으로 바뀐다. 만약 우리가 맹인으로 태어났는데 갑자기 부분적으로 햇빛을 받은 풀 한 포기를 보게 된다면, 풀의 일부는 녹색이고 일부는 칙칙한 노란색(거의 앵초색)으로 보일 것이다. 근처에 앵초가 있다면 햇빛 받은 풀을 같은 유황색 식물의 또 다른 덩어리로 생각할 것이다. 또한 그중 일부를 채집한 다음 풀과 태양 사이에 서면 풀에서는 색이 사라지지만 앵초에서는 색이 사라지지 않는다는 사실을 발견하게 될 것이다. 일련의 실험을 통해 한쪽에서는 해가 색의 원인이지만 다른 쪽에서는 그렇지 않다는 것을 알게 된다. 어린 시절 우리는 무의식적으로 이러한 실험 과정을 거친다. 특정 색의 의미와 관련된 결론에 도달한 후, 우리는 항상 우리가 아는 것만 **보고**, 우리가 해석하는 법을 배운 기호의 실제 측면에 대해서는 거의 의식하지 않는다고 가정한다. 햇빛을 받은 풀이 노란색이라는 사실을 아는 사람은 거의 없다. (Ruskin[1856] 1971, 27)

러스킨에 따르면, 색을 지각하는 것을 배우는 과정은 우리가 움직일 때, 그리고 환경의 조건이 변화할 때 (즉 "일련의 실험을 거쳐") 색의 행동을 이해하게 되는 과정과 같다. 이러한 학습은 "어린 시절에 무의식적으로" 이루어지며, 나중에 우리(미래의 화가)가 가령 햇빛이 풀에 미치는 영향을 알아차리지 못하게 한다. 물론 요점은 누군가가 초록색 풀이 햇빛을 받으면 초록색으로 보이지 않는다는 사실에 우리의 주목을 환기하면 우리는 이것이 옳다고 즉시 인식한다는 것이다.

지각자는 일반적으로 지각자가 보는 대상을 기준으로 움직임에 따라 또는 다른 **색 임계**(color-critical) 조건(가령 주변광의 특성 변화 또는 대비되는 물체들의 색상 변화 등)이 변함에 따라 외관상 색이 변하는 방식에 암묵적으로 익숙하다. 지각자가 물체를 기준으로 움직일 때 물체의 외관상 모양이 변하는 방식을 암묵적으로 이해하는 것처럼 지각자는 이러한 종류의 변화를 지배하는 패턴을 암묵적으로 이해한다.

색 항등성 현상은 지각자에게 이러한 종류의 암묵적 지식이 있음을 입증한다. 예를 들어 우리는 조명 조건이 달라짐에 따라 자동차의 색이 변하는 방식을 보았다. 외관상 색의 이러한 변화와 반사색에도 지각자는 보통 가령 자동차가 균일하고 변하지 않는 빨간색이라는 사실을 인식한다(Broackes 1992가 이 예를 제시한다). 우리는 가변적인 외관에도 불구하고, 또는 그 배후나 (말하자면) 아래에서 균일성을 본다. 우리는 색 임계 조건의 변화에 따른 외관상 색의 변화를 실제 색의 변화와 혼동하지 않는다. 방에 들어설 때 벽이 균일한 흰색 색조인 것을 본다고 가정해 보자. 그리고 직사광선을 받는 이쪽 벽이 그림자를 받는 저쪽 벽보다 더 밝은 것을 본다고 가정해 보자. 밝기의 차이는 색의 차이를 뜻한다. 그런데 벽 표면의 서로 다른 부분들의 색이 균일하지 않은데도 우리는 색의 균일성을 본다. 조명의 변화나 불균일성은 물체의 외관상 색에 **영향을 준다**. 즉 표면의 밝기와 지각된 색조에 영향을 준다. 하지만 **실제** 색에 대한 우리의 경험에는 영향을 미치지 않는다. 지각자로서 우리는 사물과 주변 빛 간의 관계 또는 우리와 주변 빛 간의 관계가 변함에 따라 사물의 외관상 색이 변하는 방식에 익숙하다. 대부분의 경우 우리는 이러한 외관상의 변화 속에서도 **변하지 않는** 바로서 색을 경험한다.

이런 식으로 색 지각과 모양 지각은 동등하다. 여기에서 보면 접시가 타원형으로 보인다는 사실과 접시에 대한 나의 관계 혹은 환경에 대한 접시의 관계가 변할 때 접시의 타원형 외관이 정밀한 방식으로 변한다는 (또는 변할 것이라는) 사실에서 접시의 원형성을 경험한다. 바로 이런 방식으로 우리는 조명이 변함에 따라 벽의 외관상 색이 달라진다는 사실에서 벽의 색을 경험한다. 말하자면, 우리는 이러한 변화가 전개되는 방식을 지배하거나 조절하는 조건으로서 물체의 실제 색을 경험한다. 우리는 벽의 외관이 변화하는 방식(벽이 주변 환경과 상호작용하는 방식)에서 벽의 색을 본다.

색 지각과 모양 지각 사이의 유비는 확장될 수 있다. 단일한 시점에서 물체의 모든 국면을 볼 수 없는 것처럼 단일한 시점에서 물체의 색의 모든 국면을 한꺼번에 경험하는 것도 불가능하다. 물체의 색을 단일한 세트의 보기 조건 아래 완전하게 볼 수 없는 것은 물체의 모양을 단일한 시점에서 완전히 볼 수 없는 것과 마찬가지다. (물론 물체의 모양을 보는 정도만큼 물체의 색도 볼 수 있다.) 단일한 세트의 조건에서 사물이 색과 관련하여 어떻게 보이는지는 색을 분별하기에 충분하지 않다. 마찬가지로 원형과 같은 물체의 모양이 여기에서는 보이지 않는다고 말할 수 있다.

색 항등성 현상은 2장에서 기술한 "부재 속의 현존" 현상을 잘 보여 준다. 조명이 고르지 않게 비춰진 벽을 균일한 색으로 지각할 수 있지만, 이런 방식으로 조명이 고르지 않게 비춰질 때 벽의 색이 그 표면에 걸쳐 눈에 띄게 달라지기도 하는 것 또한 사실임을 생각해 보자. 예를 들어 벽의 다른 부분들의 색과 맞추려면 서로 다른 색 조각들이 필요하다. 색 항등성을 하나의 현상으로 설명하는 표준적인 방식들은 우리가 벽의 색을 표면에 따라 눈에 띄게 다르게 경험하는 경우에도 벽을 균일한 색으로 경험한다는 사실을 제대로 설명하지 못하는 경향이 있다. 그렇다면 색 항등성 문제는 지각적 현존 문제로 보는 것이 더 적절하다. 우리는 엄밀히 말하면 우리가 보지 않는 균일한 색의 현존을 경험한다. 다시 말하면, 벽 표면의 균일한 색은 지각 속에 **몰양상적으로** 현존한다. 즉 **토마토**의 뒷면이나 고양이의 가려진 부분과 같은 방식으로, 현존하지만 부재한다.

피콕(1983)은 경험의 **표상 내용**(경험에 의해 세계가 표상되는 방식)과 경험의 **질적** 또는 **감각적 속성**(표상적 특징과 별개로 경험이 어떤 것인지)의 차이를 색의 항등성으로 설명했다. 벽의 이쪽에 대한 경험과 저쪽에 대한 경험의 표상 내용은 같지만 질적 특성은 비표상적으로 다르다고 피콕은 설명한다. 이 설명은 잘못된 것 같다. 여기에서 보면 접시가 타원형으로 보이지만 경험이 접시의 원형성을 제시할 수 있듯이, 표면의 색이 불규칙적으로 보이지만 경험은 벽의 균일한 색을 제시할 수 있다. 우리는 벽을 균일한 색으로 경험할 수 있고, **그리고** 표면에 따라 색이 다른 것으로 경험할 수 있다는 점이 중요하다. 접시가 원형으로 보이며 **그리고** 타원형으로 보인다는 것을 알듯이 색이 균일하고 **그리고** 가변적이라는 것을 안다. 타원형 외관에서 원형성을 보는 것처럼, 외관상의 가변성 **안**에서 불변의 색을 본다. 벽의 색은 부재 시에도 현존하는데, 암묵적으로 현존한다.[2]

---

2 션 켈리(2001)는 피콕(1983, 2001)과는 다소 다른 곳에서 문제를 찾는다. 켈리는 벽의 두 부분에 대한 우리의 경험 사이에 질적인 차이가 있다고 제안한다. 그리고 이것을 우리 경험의 표상 내용의 차이, 즉 경험이 벽을 존재로 제시하는 방식의 차이로 받아들인다. 그러나 그는 이 차이가 **색**의 차이인지 (특히 우리가 색 개념을 사용하는 데 차이를 가져오는 차이인지) 의심한다. 그는 개인적인 대화에서 우리가 벽의 색이 표면에 걸쳐 달라지는 것을 볼 수 있는 것이 사실이고 우리가 벽을 균일한 색으로 볼 수 있는 것도 사실이지만, 이러한 경험을 동시에 할 수는 없다고 강조했다. 우리는 기본 색의 균일성 또는 불균일성에 주목하지만, 두 가지를 동시에 할 수는 없다. 그는 색의 외관이 변화하는 방식을 배경 맥락의 효과로 제안한다. 이에 따르면 벽 표면 색의 가변성을 경험할 때, 우리는 단일한 색이 조명의 변화에 따라 다르게 보이는 방식을 경험한다. 나는 조명 조건이 달라짐에 따라 색이 보이는 방식이 달라진다는

벽의 색을 지각하는 우리의 능력은 색 임계 조건이 달라짐에 따라 벽의 외관상 색이 달라지는 방식에 대한 암묵적인 이해에 달려 있다. 이러한 의존성에 대한 이해는 일종의 감각운동 지식이다. 우리는 두 가지 다른 종류의 감각운동 의존성을 구별할 수 있다.[3] (이 구분은 2장 5절에서 처음 소개했다.) 결정적으로, 색에 대한 지각 경험은 두 종류의 감각운동 패턴 **모두**에 대한 지각자의 지식에 의존한다.

움직임에 의존하는 감각운동 상호의존성은 감각 자극과 몸의 움직임 사이의 의존성 패턴이다. 지각자가 물체를 조작(가령 광원과 관련하여 물체를 돌리는 것)한 결과 자극이 달라지는 방식과 마찬가지로 지각자와 물체 사이의 기하학적 관계의 변화에 따라 감각 자극이 영향받는 방식도 이러한 종류의, 움직임에 의존하는 감각운동 패턴의 예다. 움직임에 의존하는 감각운동 상호의존성의 두 가지 예를 더 살펴보자.

색이 있는 표면에 시선을 고정하면 눈의 중심와 영역에 있는 장파장, 중파장, 단파장에 민감한 원뿔이 표면에서 반사되는 빛의 스펙트럼 구성이 결정하는 방식으로 반응할 것이다. 예를 들어 눈을 표면으로부터 오른쪽으로 움직이면 (파장에 민감한 막대가 더 많고 파장에 민감한 원뿔은 더 적은) 중심와 주위 수용체가 자극된다. 눈을 움직일 때 나

생각에 공감하며 조명의 모든 변화가 색의 변화는 아니라는 생각에도 공감한다. 또한 색의 항등성과 가변성에 동시에 주목할 수 없다는 생각에도 공감한다. 그러나 켈리의 입장은 현존과 불변성의 문제를 해명하지 않은 채 남겨 둔다. 벽을 볼 때 나는 표면에 따른 색의 외관의 변화 **속에서** 균일한 색을 본다. 경험 있는 지각자는 3D 물체와 마찬가지로 색에도 국면이 있다는 사실을 이해하며, (위치, 조명 등의) 변화가 색에 관련하여 사물이 보이는 방식에 변화를 가져온다는 사실을 암묵적으로 이해한다.

3 O'Regan and Ncë 2001a에서 우리는 감각운동 규칙의 두 종류가 각각 감각과 지각에 해당한다고 주장했다.

타나는 자극의 특징적인 변화는 그 특징적인 색을 띤 사물을 보는 것이 어떤 것인지를 부분적으로 결정한다(이 예는 O'Regan and Noë 2001a에서 논의된다).

두 번째 예는 눈의 중심와에 노란색 색소(황반 색소macular pigment 또는 황반macula lutea이라고 함)가 있다는 사실에 관련된다. 이 색소는 눈에 들어오는 단파장 빛을 장파장 빛보다 더 많이 흡수한다(이에 대한 논의는 O'Regan and Noë 2001a 및 J. J. Clark 2002 참조). 그 결과 파란색, 초록색, 빨간색 물체(즉, 각각 상대적으로 많은 양의 단파장, 중파장, 장파장 빛을 반사하는 경향이 있는 물체)에 대한 눈 움직임의 감각적 효과는 현저하게 달라진다. 빛의 스펙트럼은 중앙 망막에 떨어질 때 "노란색이 되며", 이 효과는 빨간색보다 파란색에서 더 강하다(Clark 2002).

움직임에 의존하는 감각운동 상호의존성은 복잡하며, 전인격적이다(즉, 우리의 의식적인 인식, 통제 또는 노력에 독립적으로 유지된다). 이들은 분명 표면의 색을 경험하는 것이 어떤 것인지를 부분적으로 구성한다. 이 영역에서 인격적인 것과 전인격적인 것의 구분은 그다지 중요하지 않다. 우리는 우리 몸의 움직임을 제어하고, 우리 몸의 움직임은 크고 작은 감각적 영향을 만들어 낸다. 눈/뇌를 일종의 시각적 손이라고 생각해 보자. 물체 위로 손을 움직이면 특히 손의 구조에 따라 감각적 효과가 발생하는 것처럼, 눈/뇌를 움직이면 눈/뇌의 구조에 따라 감각적 효과가 발생한다. 손으로 물체를 탐색하는 것의 신경적(감각적) 효과가 물체의 모양에 따라 달라지는 것처럼, 눈/뇌로 표면을 탐색하는 것은 물체 표면의 특성, 즉 표면 반사율 같은 사실에 따라 달라진다. 색 경험은 물체가 여러 수준에서 감각운동 의존의 패턴을 제어한다는 사실에 의존한다(O'Regan and Noë 2001a).

움직임에 의존하는 감각운동 상호의존성은 **대상에 의존하는** (또는 **환경에 관련된**, J. J. Clark 2002가 "생태학적"이라고 부르는) 감각운동 상호의존성과 대비된다. 대상에 의존하는 감각운동 상호의존성은 감각 자극과 **물체의** 움직임 또는 물체가 주변과 맺는 변화하는 관계 사이의 의존 패턴이다. 지금까지 살펴본 많은 감각운동 패턴들은 이러한 의미에서 환경과 관련된다. 즉 이러한 패턴들은 색이 있는 물체와 주변광 사이의 관계, 주변 물체의 색 등이 결정하는 규칙성이다. 환경과 관련된, 감각운동 의존성 원리의 또 다른 예를 살펴보자. 우리는 **조명의 효과로서 색**과 **물체 표면의 효과로서** 색을 진정으로 구별할 수 있다. 예를 들어, 우리는 자연광이 비치는 초록색 벽이 있는 방과 하얀색 벽이 초록빛에 휩싸여 있는 방 사이의 차이를 일반적으로 볼 수 있다. 랭어와 길크리스트는 (기술한 것과 같은) 하나의 반사율로 이루어진 단순한 장면에서 지각자는 **직접** 조명으로 결정되는 색과 **간접** 조명, 즉 다른 표면에서 반사된 빛에 의한 표면 조명(상호 반사)으로 결정되는 색을 구분할 수 있음을 입증했다(Langer and Gilchrist 2000). 빛의 스펙트럼 구성은 빛을 반사하는 표면의 속성(가령 페인트)에 영향받으므로 페인트의 색을 결정하려면 가령 그림자가 있는 영역과 그림자가 없는 영역, 즉 직사광선이 적거나 많은 영역에서 외관상 색이 어떻게 변하는지를 비교해야 한다. 가장 밝은 영역(즉, 직사광선이 가장 많이 비치는 영역)은 조명의 색을 더 강하게 나타낼 것이다. 이와 대조적으로 직접 조명이 적은 가장 어두운 영역은 페인트 자체의 반사율 속성을 더 강하게 반영할 것이다. 랭어와 길크리스트의 제안에 따르면 주변광의 색과 구별되는 것으로서 벽의 색상에 우리가 민감한 것은 **사물이 어떻게 보이는지**가 표면, 조명, (그림자의 원인이 되는) 환경의 어수선함 사이의 관계 함수에 따라 달라지는 방식에 우리가 민감하기 때문이다.

이런 경우 지각자는 자신의 움직임의 감각적 효과가 아니라 환경과 관련된 관계들의 서로 다른 감각적 효과에 대한 암묵적인 이해를 발휘한다. 물론 방의 외관상 색이 벽이 아니라 조명에 의해 결정되는지 여부를 알아내기 위한 다른 전략도 있다. 방에 들어가서 피부에 어떤 일이 일어나는지를 주도하라! 방에 들어갔을 때 피부색이 변한다면 색에 대한 영향을 규제하는 것이 조명이라는 증거다. 이러한 방식으로 **움직임에 의존하는** 감각운동 상호의존성을 시험함으로써 색의 속성을 결정할 수 있다.

3장에서는 (Koenderink 1984b를 따라) 정육면체의 (모양과 관련된) 시각적 잠재력에 대한 개념을 소개했다. 이것은 (정육면체 자체 또는 정육면체 주변 지각자의) 움직임의 결과 정육면체의 국면이 변화하는 방식이다. 모든 움직임은 지각된 국면의 변화들의 집합을 결정한다. 지각된 국면의 변화들의 집합은 이와 동등한 집합인 가능한 움직임들의 집합을 결정한다. 같은 방식으로 색과 관련하여 물체의 시각적 잠재력에 대해 말할 수 있다. 그러나 조건이 변화함에 따라 색의 외관이 달라지는 방식은 **훨씬 더** 복잡하다. 서로를 기준으로 하거나 광원을 기준으로 하는 지각자 또는 물체의 움직임, 조명 특성의 변화, 배경 또는 대비되는 물체들의 색 변화는 모두 그에 따라 색이 변화하는 차원들이다. 아무리 복잡하더라도 각 색은 고유한 **색 국면 윤곽**, 즉 관련된 종류의 움직임(색에 중요한 변화)이 발생함에 따라 색 국면이 변환되는 방식들의 고유한 범위에 해당한다고 생각할 수 있다.

물체의 색을 보는 것, 즉 물체가 어떤 색인지 경험하는 것은 물체의 시각적 잠재력 또는 색 국면 윤곽을 발견하는 것이다. 즉 색 임계 조건들이 변함에 따라 물체의 외관이 어떻게 변하거나 변할지 파악하는 것이다. 따라서 무언가를 빨간색으로 경험하는 것은 단순히 지금 여기에서 그것이 어떻게 보이는지뿐만 아니라 색 임계 조건이 달라질 때 그것이 어떻게 보일지 경험하는 것이다. 이러한 변환 법칙을 이해하는 지각자, 즉 색 국면 윤곽을 파악하는 지각자만이 명확한 색을 경험할 수 있다. 색을 경험하려면 색 국면 윤곽, 즉 감각운동 윤곽을 파악해야 한다.

익숙한 현상으로 이를 설명할 수 있다. 기존 벽과 같은 색으로 벽을 칠하려면 벽의 색과 일치하는 것처럼 보이는 페인트, 즉 지금 여기에서 벽의 색과 일치하는 페인트를 찾는 것만으로는 충분하지 않다. 조건이 바뀌면 색 조각들 간에 실제 색 차이가 분명해질 수 있으므로 지금 여기에서 (이러한 조건 아래) 색 조각 두 개가 완벽하게 일치한다고 해서 색이 일치한다고 보장할 수는 없다. 일치하는 색을 얻으려면 시간이 경과함에 따라 조건이 변할 때 색이 변하는 방식을 조사해야 한다. 색의 동일성은 시간의 경과에 따른 잠재적 외관의 문제다.

4.3 빨간색으로 보이다

어떤 것을 명확한 색으로 경험하는 우리의 능력은 조건이 변함에 따라 그것의 외관상 색이 변하는 방식에 대한 우리의 실용적 이해에 달려 있는데, 이러한 지식의 소유를 그러한 종류의 내용이 있는 경험의 조건으로 볼 수 있다. 그런데 외관상 색을 경험한다는 것은 무엇일까? 가령 자동차가 여기에서 이러한 보기 조건하에 빨간색으로 보인다는 것은 무엇일까? 우리는 여기에서 접시가 타원형으로 보이는 것이 어떤 것인지 안다. 이는 예를 들어 가림 평면에서 타원형 조각으로 완벽하게 가려지는 것과 같다. (여기, 이러한 상황에서) 자동차의 빨간색 겉모습은 무엇으로 구성될까? (Pettit 2003a가 질문한 것처럼) 사물이 빨간색으로 보일 때 그것은 어떻게 보일까?

이 질문에 답하기 어려운 것은 지금까지는 무시되었던, 모양에 대한 경험과 색에 대한 경험 사이의 불일치 때문이다. 접시가 둥글다는 것을 알 때 우리는 접시가 타원형의 관점적 모양(P-모양)을 나타내는 것을 봄으로써, 그리고 우리가 접시를 기준으로 움직이면 P-모양이 특징적인 방식으로 변하는 것을 이해함으로써 접시가 둥글다는 것을 안다. 하지만 색은 모양과 달리 그 자체가 겉모습인 것 같다. 이것은 의관상 색을 겉모습의 겉모습으로 만드는 것처럼 보일 수 있는데, 이것은 아마도 일관성 없는 개념일 것이다. 기본적으로 문제는 다음과 같다. 즉 모양과 달리 색이 사물이 보이는 방식이라면, 사물의 실제 모양에 대한 경험을 사물이 여기에서 어떻게 보이는지(사물의 P-모양)에 대한 경험으로 설명하는 방식으로 사물의 실제 색에 대한 경험을 설명하는 것은 불가능하다. 여기에서 사물이 색과 관련하여 보이는 방식은 색에 대한 또 다른 경험에 불과하기 때문이다. P-속성(관점적 모양과 관점적 크기)이 해당 속성에 대응하는 것처럼 색에 대응하는 것은 아무것도 없다.

여기에서 감각질 이론이 유리해 보일 수 있다. 이 이론은 어떤 것이 누군가에게 빨간색으로 보이는 것은 그것이 특정한 질적 또는 감각적 속성이 있는 경험을 불러일으키는 것이라고 주장한다. 빨간색으로 보인다는 것은 어떤 사람에게 그러한 질적 상태를 불러일으킨다는 사실로 이루어진다. 이러한 관점에서 볼 때 색의 외관은 피코크(1983)가 경험의 감각적 속성이라고 부른 것, 즉 세계에 있는 바로서 경험이 제시하는 (실제) 속성이 아닌, 경험하는 것이 어떤 것인지에 관한 속성이다.

감각질 이론은 색의 외관이 우리가 경험할 때 접하는 감각질이라고 제안한다. 우리는 이미 이 이론이 좀비와 반전 스펙트럼의 가능성과 얽혀 있다는 것을 살펴보았다. 감각질 이론은 다른 형이상학적 수수께끼도 제기한다. 예를 들어, 잭슨(1982, 1986)은 감각질이 물리적이지 않다고 주장했다. 모든 물리적 사실들을 알면서도 빨간 것을 보는 것이 어떤 것인지, **그러한** 감각질과 친숙해지는 것이 어떤 것인지는 여전히 모를 수 있다.

감각질 이론의 이러한 결과가 문제가 될 수도 있고 아닐 수도 있지만, (페팃 같은) 비평가들조차도 감각질 이론이 현상학적 타당성이라는 미덕을 가지고 있다고 널리 여긴다. 감각질 이론가는 우리가 경험 안에서 세계를 어떤 존재로 표상하는지가 어떤 경험을 하는 것이 어떤 것인지를 결정한다는 점을 인정한다. 그러나 경험이 세계를 존재로(as being) 제시하는 방식의 국면이 아닌, 어떤 경험을 하는 것이 어떤 것인지의 또 다른 국면(가령 붉음)이 있다고 주장한다. 의식의 특성을 결정하는 이 추가적 요인이 감각질이다. 이 이론에 따르면 무언가가 빨간색이라는 것을 알 때, 우리는 우리가 보는 물체가 우리 안에 생성한 경험을 토대로 이를 안다.

감각질 이론은 현상학적으로 적절한가? 이 이론은 경험, 특히 색 경험이 실제로 어떤 것인지에 대한 그럴듯한 설명과 맞아떨어지는가? 그렇지 않다고 의심할 만한 이유가 있다.

회의론의 한 가지 근거는 내가 원자성(atomicity) 문제라고 부르는 것과 관련이 있다. 경험은 어느 정도 정확한 의미에서 제거불가능하게 전체적이다. 경험에서 우리에게 주어지는 것은 항상 구조화된 장(場)이다. 개별적인 원자 같은 감각질은 결코 주어지지 않는다.

눈앞에 있는 세부 장면에 대한 인상을 생각해 보자. 2장에서 논의한 것처럼, 모든 세부 사항이 의식에 표상되는 것 같지 않다. 우리는 모든 세부 사항을 한꺼번에 볼 수 없다. 세부 사항이 시각적으로 현존하는 것은 필요할 때 손을 뻗어 세부 사항을 파악할 수 있는 기술이 우리에게 있는 덕분이다. 우리가 경험하는 것은 지금 우리가 분명하게 의식하고 있는 것, 또는 주목하고 있는 것을 능가한다. 토마토의 모든 측면을 한꺼번에 보거나 울타리 뒤에 있는 고양이의 가려진 부분을 볼 수 없는 것처럼 **전체 장면**을 의식 안에서 한꺼번에 파악할 수 없다.

이러한 의미에서 어떤 지각 내용은 **가상적**이다. 이것은 원격 서버에 있는 정보가 데스크톱에 현존하는 방식으로 현존한다. 이것이 현존하는 것은 관련 정보를 마음대로 얻기 위해 필요한 기술을 우리가 보유하고 있기 때문이다.

그러나 컴퓨터 네트워크 은유는 한계를 드러낸다. 컴퓨터 네트워크의 경우, 우리는 책상 위 데스크톱 컴퓨터에 진정으로 표상되는 것과 원격 서버와 실시간으로 연결됨으로써 가상적으로만 표상되는 것을 대조할 수 있다. 반면 경험의 내용은 **처음부터 끝까지** 가상적이다. 시야에서 벗어난, 토마토의 먼 측면과 달리 토마토의 마주 보는 표면 전체는 우리에게 현존하지만, 우리는 의식에서 토마토 **전체**를 한꺼번에 포용할 수 없는 것처럼 마주 보는 측면 **전체**를 한꺼번에 의식 안에 포용할 수 없다는 점에 주목하자. 생각해 보면 이 점은 분명하다. 추가적인 증거를 변화맹에 대한 연구에서 볼 수 있다. (2장에서 언급한) 최근 케빈 오레건이 수행한 실증적 연구에서는 응시하는 물체의 색이 **관찰하는 동안**

변한다. 그런데 색에 특별히 주의를 기울이지 않는 한, 지각자는 이처럼 뻔하고 커다란 변화조차 알아차리지 못하는 경향이 있다!

이는 경험을 **발생적인**(occurrent) 그리고 **단순히 가상적인** 또는 **잠재적인** 부분으로 나눌 수 없음을 보여 준다. 이런 의미에서 경험은 프랙털이다. 어떤 수준의 분석에서든 경험은 항상 시야에서 벗어난 요소와 더불어 주변으로 확장되어 나가는 구조화된 장을 제시한다. 경험 안에서 주의가 이동할 여지는 언제나 있다.

요점은 바로 이것이다. 지각 경험은 원자적 요소나 단순한 특징에 대한 경험으로 분석하거나 나눌 수 없다. 경험은 항상 구조가 있는 하나의 장으로 이루어지며, 하나의 의식 행위로 그 전체를 완전히 파악할 수는 없다. 무언가는 현존하지만 시야에서 벗어난 채로 언제나 남는다. 우리가 할 수 있는 것은 각 특징을 순차적으로 살펴보는 것뿐이다. 멈춰서 특정 특징(가령 **이 붉은 색조**)을 집중해서 보려는 순간, 그것은 우리 손을 벗어난다. 한 번에 완전하게 받아들일 수 있는 범위를 넘어서기 때문이다. **간츠펠트**(Ganzfeld)도 마찬가지다. 거대한 회색 안개 속에 있다고 가정해 보자. 이곳과 저곳을 시각적으로 구별해 주는 것은 아무것도 없다. 이런 상황에 단순 속성은 없다. 회색은 공간에 펼쳐져 있다. 저 위에도 회색이 있고 여기 아래에도 회색이 있다. 회색을 한 번에 모두 파악할 수는 없다.

감각질은 주어진 바로서가 아니라 가능성으로서, 잠재력으로서 경험에서 활용할 수 있다. 경험은 이러한 가능성의 경로를 탐색하는 역동적인 과정이다. 경험은 자신의 길을 개척하는 데 필요한 기술에 의존한다.

현재의 맥락에서 이 결과는 중요하다. 감각질 이론에 따르면, 감각질은 경험이 사물을 존재로 제시하는(as being) 방식어 독립적인, 경험의 질적 특성을 결정하는 경험적 요소다. 이 관점에 따르면 빨강의 독특한 붉은빛은 관련된 빨간색을 볼 때 경험하는 특정 감각질에 의해 결정되거나 어쩌면 그와 동일하다. 그러나 이러한 감각질 개념은 취약하다.

내가 경험의 구조화된 장에 대해 말한 것이 참이라면, 경험 안에는 감각질에 부과된 요구를 충족할 수 있는 것이 아무것도 없다. 우리가 의식의 한 순간 속에서 완전히 아우를 수 있는 경험적 감각질이란 아무리 단순하고 명백한 것일지라도 존재하지 않기 때문이다. 모든 감각질에는 **특질들**이 있는데 그중 일부만 한 순간에 응시할 수 있다.

감각질을 상정할 때 처하는 곤경으로 퇴행이 있다. 경험 속에 더 이상 분해되지 않는 단순한 요소들이란 존재하지 않으며, 모든 특질에는 추가적 특질이 있다. 따라서 감각질을 상정하면 무한 퇴행에 이르게 된다. 어떤 감각질을 경험할 때마다 그 감각질 자체에 대해 더 조사할 수 있기 때문이다!

이러한 접근 방식은 무시하기 쉬워 보일 수 있다. 빨간 토마토나 파란 셔츠를 볼 때 우리는 어떤 특질을 누리며, 그 특질은 우리의 지식이나 믿음과는 별개로 단순히 의식 속에 존재한다고 주장할 수 있다. 색 경험의 질적 특성인 색 감각질이라는 개념을 당연한 것으로 받아들일 수 있다고 주장한 갈렌 스트로슨(1989)이 이러한 제안을 했다.[4] 그는 이렇게 썼다. "대부분의 사람들은 … 색 경험의 질적 특성이라는 개념을 당연하게 합리적으로 받아들일 수 있다는 데 동의할 것이다. 그리고

---

[4] 블록도 비슷한 생각을 표현했다. 그는 다음과 같이 썼다. "철학자들이 말하는 질적 상태가 무엇인가라는 질문에 농담 반 진담 반으로 이렇게 답할 수 있다. 루이 암스트롱이 재즈란 무엇이냐는 질문에 한 듯처럼, '아마 결코 알지 못할 것이다'."(1978, 281)

현재로서는 동의하지 않는 사람들에게 다음과 같이 간단하게 대답할 수 있다. 현재 시각 경험을 생각해 보라. 책장을 보라. (가장 밝은 책 몇 권을 꺼내 보라.) 거기에 색 경험의 질적 특성이 있다."(Strawson 1989, 194)

이 사고방식의 문제점은 책을 보고 색에 주목할 때 우리는 단순한 것이 아니라 복잡한 것을 본다는 데 있다. 빨간색은 가령 부분적으로 그림자가 드리워져 있고 그 안에 약간의 주황색을 띠고 있는데, 책의 천의 질감이 표지 색에 침투하는 것 같다. 책의 색은 책상의 파란색 배경과 대비되어 눈에 띄게 돋보인다. 시간적으로 확장된, 이 주의 깊은 책 탐색의 에피소드 어디에서 나는 붉음의 감각질을 만나는가?

이 모든 논의의 요점은 감각질 이론이 틀렸다는 것을 **증명하는** 것이 아니다. 나는 그렇게 하지 않았다. 결국 감각질 이론가는 질적 원자들의 조합으로 경험 분자들이 생성되는 전체적인 상태, 또는 과정에 감각질을 상정할 수 있다. 덜 야심찬 나의 목표는 감각질 이론이 현상학적으로 정말 그렇게 적합한지 의문을 제기하는 데 있다.

색 경험이 원자성 문제를 일으키는 한 가지 이유는 색들이 하나의 체계를 이룬다는 잘 알려진 사실과 관련이 있다. 어떤 색이건 두 가지 명확한 색은 명도, 색조 및 채도와 관련하여 명확한 관계에 서 있다. 예를 들어 보자. 내가 가진 책 『논고』(*Tractatus*)의 빨간색은 내 셔츠의 파란색보다 더 어둡고 채도가 더 높다. 어떤 색이건 두 가지 명확한 색은 이러한 차원을 따라 유사성 관계에 서 있게 된다. 색들은 다른 종류의 관계들에도 그렇다. 내 셔츠의 파란색은 뚜렷하게 붉은색을 띠지만, 내 『논고』의 빨간색에서는 어떤 다른 색도 지각할 수 없다. 소위 고유색과 이진색상[5]의 이러한 차이는 색들이 현상학적으로 조직되는 방식의 중요한 특징이다. 이 외에도 다른 종류의 유사점과 차이점이 있다. 대체로 빨간색은 파란색보다 노란색에 가깝고 파란색은 빨간색보다 초록색에 가깝다.

색들 간 관계의 성격은 복잡하며 논란의 여지가 있다. 예를 들어, 누군가는 색들 간의 이러한 현상적 관계들이 **필연적**이라고 믿으려 할 수 있다. 주황색이 붉은 노란색이 아닌 가능 세계는 존재하지 않으며, 노란색이 초록색보다 주황색에 더 가깝지 않은 가능 세계도 존재하지 않는 것처럼 보일 수 있다. 이와 달리 (비트겐슈타인이 한때 분명히 그랬던 것처럼) 누군가는 이와 같은 사실들이 **형식적**이라고 생각할 수 있다. 즉 이러한 사실들은 색 어휘의 "논리적 문법"을 고려할 때 색과 관련 있으며, 색이 있는 실제 물체들에 4장 2절에서 기술한 복잡한 국면 윤곽이 있다는 사실과는 무관하게 성립한다고 생각할 수 있다. 그림자가 드리워지면 표면이 어두워진다는 사실이 **물체**의 색에 대한 사실이라면, 빨간색과 노란색이 주황색의 요소라는 사실은 주황색이 무엇**인지**에 대한 (즉 색 자체에 대한) 구성적 사실이다.

이에 대해 무슨 말을 하건 간에(검토를 위해서는 Thompson 1995 및 Hardin 1986 참조) 본 논의에서 중요한 점은 단순히 색의 감각질이 유사성 관계에 있다는 것이 아니다. (내 책의 빨간색 같은) 색의 특질이 형식적 색 공간 안에서 차지하는 위치가 색의 특질을 부분적으로 구성한다는 것도 아니다. 요점은 색 공간 속 색의 위치에 대한 우리의 암묵적

---

5 [옮긴이] 두 개의 단위 색상 조합으로 인식되는 색상. 가령 보라색은 붉은색을 띤 청색이나 청색을 띤 붉은색으로, 주황색은 황색을 띤 붉은색이나 붉은색을 띤 황색으로 인식되는 것이다.

인 이해가 색 경험을 형성한다는 것이다. 우리는 색을 변화의 가능성으로 가득 찬 바로서, 그리고 현상적 가능성의 공간 안에서 자유도를 지닌 바로서 경험한다. 우리는 책의 붉은 겉모습을 볼 때 색 공간의 나머지는 **보지** 못한다. 하지만 더 큰 색 공간의 현존에 대한 우리의 감각은 빨간색을 경험하는 것이 어떤 것인지에 기여한다.

이러한 고려의 결론은 특정한 빛에서 자동차의 특정한 불그스레한 겉모습을 경험할 때도 이것과 다른 색들 간의 관계를 파악하고 이러한 이해에 의존해야 한다는 것이다. 이러한 결론은 색 경험을 감각질 같은 색 의식의 원자적 요소에 대한 경험으로 분석할 수 있다는 생각에 의문을 제기한다.

4.4 사물이 보이는 방식을 행위에 의해 생성하기

경험의 단순한 특질, 즉 붉은 감각질에 대한 친숙함이 책의 빨간 겉모습에 대한 경험을 구성하는 것이 아니라면 무엇이 이러한 경험을 구성하는가? 이 질문에 접근하기 위해 다른 질문에 답할 수 있는지 먼저 살펴보자. 감각질 이론이 주장하듯 색 경험은 우리의 분별력, 즉 색을 기준으로 물체를 골라내고 식별하고 추적하는 역량에 정말로 독립적일까? 무언가가 누군가에게 빨갛게 보인다는 사실이 그것을 식별하는 능력으로 이루어진다고 주장하는 행동주의에는 분명히 문제가 있다. 결국, 우리가 빨간색 사물을 시각적으로 식별할 때, 예를 들어 초록색 사물들 중에서 빨간색 사물들을 골라낼 때, 우리는 그것들이 어떻게 보이는지에 근거해서 그렇게 한다! 식별 행동은 식별 경험에서 비롯되며, 따라서 무언가가 빨갛게 보이는 것이 어떤 것인지에 대한 비행동주의적 설명이 필요하다.

하지만 이러한 기술이 없는 상태에서 색의 특질을 경험한다는 것이 무엇인지를 우리가 정말로 이해하고 있는지 의문을 제기할 수 있다. 3절에서 논의했듯이 색들은 필연적으로 보이는 다양한 관계에 놓여 있다는 점을 생각해 보자. 예를 들어, 지금 여기에서 어떤 것이 빨갛게 보인다고 지각하는 것은 그것을 유사성과 차이의 복잡한 관계에 서 있는 바로 지각하는 것이다. 따라서 그러한 특질을 지각한다는 것은 이미 다양한 식별력을 소유하고 있고 이를 행사할 수 있음을 뜻한다.

이것은 논리적 사항이 아니다. 현상학이 뒷받침하는 사실이다. 예를 들어 무언가를 초록색인 것과 다른 바로서, 더 미묘하게는 오직 빨간색인 것보다 노란색이 더 강한 바로서, 그리고 파란색의 어두운 색조보다 밝은 바로서 식별하지 못하는 채로 그것을 주황색의 특정 색조로 보는 **경험**을 할 수 있는지 분명하지 않다. 이것을 이해하는 한 가지 방식은 우리가 색을 식별하는 **방식**이 바로 색들 사이의 현상적인 유사점과 차이점에 기반한다는 것이다. 이러한 이유로, 나는 이러한 식별 기술이 있는 사람만이 무언가를 특정한 색으로 경험할 수 있다고 생각한다.

어떤 사물을 빨간색으로 경험하는 것은 우리가 특정한 식별을 할 수 있게 하는 바로서 그것을 경험하는 것이라는 페팃의 제안 배후에 이런 종류의 고려가 있을 수 있다. 그는 "물체가 명백히 빨간색에 적합한 방식으로 그것을 식별하고 분류하고 추적하고 그에 상응하는 판단을 내릴 수 있게 하는 한, 그 물체는 빨간색으로 보인다. 즉 우리에게서 그러한 반응을 추출하는 바로서 그것을 보는 한 그것은 빨간색으로 보인다"(2003a, 230)라고 말한다. 그의 다른 표현을 빌리자면, 그것은 우리가 다양한 식별을 할 수 있게 하는 바로서 물체를 보는 것이다.

언뜻 이 제안은 행동주의라는 혐의에 열려 있는 것처럼 보일 수 있다. 결국 이것은 **빨갛게 보인다**는 것을 '식별하는 행동'으로 분석하는 것 같다. 그러나 이러한 혐의를 받아들일 수 있을지는 분명하지 않다. 이 혐의는 식별력에 대한 지나치게 단순한 설명을 바탕으로 할 수 있기 때문이다. 예를 들어, 빨간색 사물과 초록색 사물을 식별하는 능력은 너무 거칠어서 무언가를 빨간색으로 경험하기 위한 필요조건으로 간주하기 어렵다. 반면 무언가를 이것보다 더 밝고, 저것보다 더 어둡고, 밝기의 측면에서는 이것보다 저것과 같지만 색조의 측면에서는 저것보다 이것과 같은 바로서 경험하는 능력은 문제의 붉음이라는 특질을 매우 잘 추적한다. 가령 어떤 것을 초록색의 명확한 색조로 경험하는 것은 그것을 어떤 배경에서는 배경과 섞이는 경향이 있는 바로서, 그리고 다른 배경에서는 튀어나오는 경향이 있는 바로서 경험하는 것이다. 실제로 이는 그것을 더 밝은 초록색들 사이에서는 **이런 식으로** 섞여 있지만, 다른 초록색 사물들 사이에서는 **아주 다른 방식으로**, 즉 보이지 않게 되거나, 시야에서 멀어지거나, 사라지는 등의 방식으로 섞여 있는 것으로 경험하는 것이다.

이러한 성숙한 범주의 식별력에 대해서는 다음과 같이 말하는 것이 합리적이다. 우리가 다양한 식별을 할 수 있게 하는 바로서 무언가를 경험하는 것, 즉 그것을 서로 다른 가능한 중요점들(saliencies)을 유발하는 바로서 보는 것이야말로 그것을 가령 빨간색의 특정 색조로 경험하는 것이다. 핵심은 문제의 식별력이 색 경험의 단순한 외적 증거 이상이 되려면 현상적 색 공간의 본질적 관계의 다양성뿐만 아니라 색 국면 윤곽의 다양성 또한 보유해야 한다는 것이다.

페릿의 견해를 자세히 설명했으니 이제 이 절의 시작 부분에서 제시한 그의 질문에 답해 보자. 사물이 빨간색으로 보인다는 것은 무엇을 뜻하는가? "빨갛게 보인다"라는 표현을 전체적인 국면 윤곽(즉, 그것의 실제 색상)에 대한 판단이 아니라 그것이 지금 여기에서 보이는 방식을 지칭하기 위해 사용한다면 다음과 같이 답할 수 있다. 빨갛게 보인다는 것은 우리가 그것을 초록색 사물들과 분홍색 사물들 가운데에서 다양한 방식들로(빨간색에 적합한 방식들로) 선별할 수 있게 하는 바로서 보인다는 말이다.

하지만 여기에서 더 나아갈 수 있다. 무언가가 지금 여기에서 명확한 빨간색으로 보일 때 그것은 지금 여기에서 독특한 색 국면 윤곽이 있는 것처럼 보인다. 이와 마찬가지로 둥근 접시가 여기에서 타원형으로 보이는 것은 여기에서 볼 때 그것이 타원형처럼 보이는 것이다. 이제 우리는 앞서 제안한 대로 접시의 타원형 외관을 P-속성으로 개별화할 수 있다. 그러나 우리는 여기에서 보면 접시가 마치 타원형인 것처럼 보이며 접시의 윤곽이 둥근 사물과 같은 방식이 아니라 타원형 사물과 같은 방식으로 변하는 것처럼 보인다고도 말할 수 있다. 우리는 사물이 어떻게 보이는지에 대한 이 두 가지 다른 해석 사이에서 균형을 맞출 수 있다. 소방차를 예로 들어 보겠다. 소방차는 빨간색으로 보인다. 즉 소방차는 관련 빨간색의 색 국면 윤곽을 고려할 때 이해 가능한 다양한 방식들로 그 외관이 변화하는 것으로 보인다. 한편 소방차는 지금 여기에서 빨간색으로 보이기도 한다. 즉 다른 물체 및 특질과 **빨간색으로** 대비되는 기회를 유도하는 것처럼 보인다. 그런데 그렇게 보일 때, 소방차는 또한 여기에서 빨간 사물이 보이는 방식, 즉 그 외관이 적절한 방식으로 변하는 것으로 보이기도 한다.

그렇다면 색에 대한 설명을 모양에 대한 앞선 설명과 일치시킬 수 있다. 여기서 보면 둥근 사물은 적합하게 선택된 가림 평면에서 타원형으로 보인다. 이런 모습으로 보이는 것은 감각운동 용어로 이해할 수 있다. 이것은 사물이 (손으로 가리키며 적절하게 움직이면서 말할 때) **이와 같이** 보이는 것이다. 어떤 빨간색 사물이 여기에서 어두운 빨간색으로 보이는 것, 즉 특정한 조건들에서 이 견본과 사물의 색이 일치하는 것에 대해서도 비슷한 이야기를 할 수 있다. 햇볕에 그을린 벽을 다시 예로 들어 보자. 이 벽이 균일하게 흰색이라는 것을 알지만 이 부분에서는 (지금 여기에서) 회색 조각과 일치하고, 저 부분에서는 다른 조각과 일치하는 것을 볼 수 있다. 이런 방식으로 우리는 특정한 조건에서 벽의 색이 여기에서 다른 방식이 아닌 특정한 방식으로 보인다는 개념에 내용을 부여한다. 이미 살펴본 것처럼, 그것이 어떻게 보이는지를 식별력의 레퍼토리로 설명해야 한다는 점이 중요하다.

이러한 식별력은 감각운동 능력인가? 감각운동 능력의 확장된 의미에서 보면 그렇다. 즉 식별력은 색의 질적 공간 안 색의 변화, 움직임을 이해하는 방식이라고 할 수 있다. 또한 '운동 의존적'의 첫 번째 의미에서, 즉 우리가 움직임에 따라 감각 자극이 변화하는 방식에 대한 지식이라는 의미에서 감각운동적 역량일 수 있다. 지금 여기에서 사물이 어떻게 보이는지는 부분적으로 사물이 지금 나를 자극하는 방식과 눈이 움직임에 따라 이 자극이 달라지는 방식의 함수이기 때문이다. 이러한 미묘한 변화는 확실히 전인격적이기 때문에 의식이 관련되는 한 불가해하다. 그러나 이러한 변화는 우리가 세계와 접촉함으로써 우리 안에 일어나는 변화이며, 우리가 암묵적으로 이해하고 있는 변화다. 오레건과 노에(2001a)가 주장했듯이, 이러한 사실은 왜 색 감각질이 형용불가능하고 신비로워 보이는지를 부분적으로 설명해 준다. 우리는 색 감각질의 감각운동 윤곽의 특정 국면들에만 의식적으로 접근할 수 있기 때문이다.

4.5 현상적 객관주의

색 경험에 대한 행위주의 이론은 색의 본성에 대한 설명을 제안한다. 물체의 색은 주변광이 하루를 지나는 동안 어두워지거나 조명의 원천이 이동하거나 물체가 한 종류의 조명(가령 일광)에서 다른 종류의 조명(가령 달빛 또는 불빛)으로 이동하는 등 관련 조건이 변화함에 따라 그 외관이 달라지는 방식이다. 색은 색의 임계 조건이 변함에 따라 색이 있는 사물의 외관이 변하는 방식이다.

색은 사물이 어떻게 보이는지에 대한 조직화 패턴이다. 색은 겉모습**이다**. 사물을 이런 방식으로 표현하는 것은 일차적 특질과 이차적 특질을 구분하는 전통을 긍정하는 것이다. 물체의 외관상 모양은 여기에서 보이는 모습과 관련하여 그것이 어떻게 보이는지가 그것의 실제 모양에 의존하는 한 실제 모양에 따라 결정된다. 시점이 변함에 따라 사물의 외관상 모양이 달라지는 방식이 실제 모양**이라는** 현상주의적 제안에 유혹을 받은 사상가는 거의 없다. 실제 모양은 공간을 채우는 방식인 반면, 외관상 모양은 외관 혹은 겉모습, 즉 그러한 사물이 여기에서 어떻게 보이는가이다. 그런데 나는 모양에 관한 한 현상주의의 설명이 옳지 않지만, 색에 관한 설명으로는 정확히 옳다고 제안한다. 보는 조건이 변함에 따라 물체의 외관상 색이 변하는 방식이 바로 물체의 색이다.

사물의 모양은 그 겉모습이나 촉감에 독립적인 반면, 색은 그 겉모습에 독립적이지 않다. 이러한 이유로 외관상 모양에 대한 설명에 독립적인, 모양에 대한 설명은 가능하지만 **외관상** 색에 대한 설명에 독립적인, 색에 대한 설명은 불가능하다. 모양과 색 사이의 이러한 차이는 색의 본성에 관한 영향력 있는 철학적 전통의 기초를 이룬다. 이 전통에 따르면 색은 물체가 지각자에게 (가령 빨강, 파랑 등으로) 보이는 성향(힘 또는 경향)이다. 예를 들어 뉴턴은 이렇게 썼다. "제대로 말하자면 광선은 색이 없다. 그 안에는 이 색 또는 저 색의 감각을 불러일으키는 어떤 힘과 성향 외에는 아무것도 없다. … 따라서 물체의 색은 이런 종류 또는 저런 종류의 광선을 나머지 광선보다 더 많이 반사하는 성향에 불과하다."([1704] 1952)

이러한 견해에 따르면 가령 빨간색은 정상적인 조명 조건에서 정상적인 지각자에게 빨간색으로 보이는 것이다. 색의 감각질 이론은 성향주의를 뒷받침하면서도 순환성을 피할 수 있는 방법을 제공한다고 볼 수 있다. 무언가를 빨간색으로 경험하는 것은 누군가에게 어떤 특징적인 감각질을 생성하는 바로서 그것을 경험하는 것이며 이때 이 감각질의 내재적 본성은 물체의 색이 무엇인지 결정하는 문제와 별개로 알 수 있다. 빨간색 사물은 우리가 붉음과 연관 짓는 어떤 감각적 속성이 있는 경험을 불러일으키는 사물이다(Peacocke 1983).

성향주의자의 주장처럼 빨간색 사물이란 정상적인 상황에서 정상적인 지각자에게 빨간색으로 보이는 성향이 있는 사물일까? 이 주장에 대한 무해한 해석에 따르면 이 주장은 참이며, 이 주장이 참이 되게 하는 것은 적절하게 배치된 정상적인 지각자의 경우 제시된 빨간색 물체가 빨간색이라는 것을 보통 그것을 봄으로써 알 수 있다는 사실이다.

그것을 봄으로써 그것이 **빨간색**이라는 것을 알 수 있다는 의미에서 그것은 빨간색으로 보인다. 이러한 무해한 해석은 보는 조건이 변함에 따라 **빨간색 사물이 어떻게 보이는지**가 크게 달라지고, 따라서 주어진 빨간색 사물에 확정적인 **하나의** 외관상 색이 없다는 사실과 양립할 수 있다(Putnam 1999, 39~40). 감각질이 존재한다면 '겉모습 효과'로서 하나의 감각질이란 심지어 빨간색이 명확한 색조인 사물에 대해서도 존재하지 않는다는 결론이 나온다. 요점은 초록색 빛에서는 빨간색 사물이 빨간색으로 보이지 않는다는 것이 아니다. 인공적인 초록색 조명은 보기의 "정상적인 조건"으로 간주되지 않는다. 내가 생각하는 것은 토마토를 자르려고 일어나서 칼을 향해 손을 뻗을 때 몸이 토마토에 그림자를 드리우면 토마토의 색은 눈에 띄게 어두워지고 부엌에서 조명을 더 켜면 토마토가 눈에 띄게 밝아져서, 색의 차이로 부분적으로 표면의 불규칙성이 드러난다는 등의 사실이다. 중요한 것은 이러한 변화가 **정상적인 조건에서** 사물이 보이는 방식의 변화라는 점이다. 따라서 무해한 해석은 빨간색 사물(즉 명확한 색이 있는 사물)이 우리가 정상적이라고 합리적으로 생각할 수 있는 다양한 조건에서 색과 관련하여 하나의 동일한 방식으로 보이는 성향이 있다는 것은 거짓이라는 두 번째 해석과 양립 가능하다. 사물이 빨간색의 명확한 색조로 보일 때조차 사물이 보이는 단일한 방식이란 것은 없다. 빨간색 사물은 빨간색으로 보이는 성향이 있다는 진술을 이해한다 하더라도, 이 진술은 색 경험에 대한 설명으로서 감각질 이론을 뒷받침하지 않는다는 점을 강조하는 것이 중요하다.

    행위 기반 설명은 색이 성향 또는 힘이라는 전통적인 성향주의에는 동의하지만, 색이 어떤 종류의 성향인지에 대한 전통적인 관점에는 동의하지 않는다. 전통적인 관점에 따르면 색은 거칠게 말해 사물이 지각자에게 특정 종류의 감각질이 있는 경험을 불러일으키는 방식이다. 이와 대조적으로 행위 기반 관점에서 색은 색 임계 조건이 변함에 따라 사물이 외관을 변화시키는 성향이 있는 방식이다. 어떤 물체가 주어진 색(가령 빨간색의 특정한 색조)이라는 것은 그 물체가 환경에 영향을 미치는 방식에 대한 사실이다(Broackes[1992]가 이렇게 주장했는데, 그의 견해는 내가 여기에서 제시하는 설명의 많은 부분을 예견한다). 명확한 색을 띤 물체는 특별한 방식으로 환경에 **작용하거나 반응한다**. 예를 들어 그림자 속에서는 특징적인 방식으로 어두운 색으로 변하고 초록색 빛에서는 갈색으로 변하며 파란색 사물들 사이에서는 눈에 띄는데, 빨간색 사물이 파란색 사물들 사이에서는 눈에 띄고 빨간색 사물들 사이에서는 사라지는 등의 특정한 방식으로 눈에 띈다. 다른 분홍색 물체와 매우 다른 방식으로, 다른 빨간색 물체와 미묘하게 다른 방식으로 조명과 배경색에 반응한다. 특정한 빨간색이라는 것은 곧 사물이 보이는 방식에 이러한 종류의 외관상 변화를 가져오는 것이다. 무언가를 빨간색으로 지각한다는 것은 그것을 가시적 환경에 그렇게 작용하는 바로서, 그리고 그렇게 작용할 수 있는 바로서 지각하는 것이다. 이러한 방식으로, 행위 기반 관점은 빨간색이라는 것이 무엇인지를 물체가 환경과 **상호작용하는 현상적으로 두드러진 방식**으로 설명한다.

특정한 빨간색**이라는** 것이 무엇인지에 대한 이 설명은 **무언가를** 빨간색의 특정한 색조**로 경험하는** 것이 무엇인지에 대한 우리의 설명과 잘 조화된다. 색 임계 조건이 변화함에 따라 그 외관이 변화하는 방식을 **이해하고, 이러한 조건에서** (단순한) 색의 외관을 경험할 수 있을 때, 즉 그것의 국면 윤곽에 해당하는 방식으로 그것을 식별할 수 있게 해 주는 바로서 그 사물을 볼 수 있을 때, 우리는 그것을 빨간색의 특정한 색조로 경험한다. 내가 여기에서 제시하는 색에 대한 설명은 색을 이런 식으로 환원 불가능하게 현상적인 것으로 다루지만, 빨간색 사물은 **빨간색으로 보이는** 사물이라고 말하는 순환성을 피한다.

색에 대한 이러한 설명은 색에 대한 중요한 사실, 그리고 외관상의 역설을 해명해 준다. 중요한 사실은 색은 단순히 가시적인 것(visible)이 아니라는 것이다. 색은 본질적으로 **가시적인 것들**(visibilia)이다. (보지 않고도 어떤 사물이 빨간색이라는 것을 알아낼 수는 있지만.) 빨간색이 무엇인지 알기 위해서는 빨간색인 무엇인지를 실제로 본 경험이 있어야 한다. 외관상의 역설은 이것이다. 즉 색은 보이는 것임이도 색 영역에서 외관과 실재를 구분할 수 있다는 것이다. 빨간색 물체는 특정한 조명에서 (단지 외관상) 갈색으로 보일 수 있다. 하지만 지금 여기에서 갈색으로 보인다고 해서 갈색이 되는 것은 아니다. 내가 제안하는 색에 대한 현상적 설명은 외관과 실재 사이의 이러한 대비를 설명할 수 있다. 이 견해에 따르면 빨간색 사물은 특정한 조명 조건에서 갈색으로 보이는 종류의 사물이다. 이는 빨간색의 색 국면 윤곽에 나와 있다.

4.6 색은 환경에 속한다

표면의 색은 관련 토기 조건이 변함에 따라 그 외관이 변하는 성향이다. 따라서 색은 본질적으로 현상적이다. 그러나 이 사실이 색을 "비실재적"이거나 단순히 "주관적인" 것으로 만들지는 않는다. 색은 확정된 방식으로 환경에 작용하고 환경과 상호작용하는 물체의 성향이다. 색은 관계적이지만, 뉴턴과 같은 전통적인 성향주의가 염두에 두었던 종류의 관계적 속성은 아니다. 성향주의에 따르면 색은 앞서 언급했듯이 지각자에게 질적 상태를 불러일으키는 경향이다. 이와 대조적으로, 내가 개진하는 관점에서 색은 물체가 환경에 작용하고 환경에 의해 영향받는 방식이다. 이러한 견해에 따르면 색의 지위는 외관상의 모양 및 크기와 유사하다. 즉 사물의 색은 외관상의 모양과 크기처럼 사물에 대한 우리의 관계가 변하고 사물과 환경 사이의 관계가 변함에 따라 달라진다. 모든 외관과 마찬가지로 색은 환경의 진정한 특징이다.

색이 환경에 속한다는 것은 무엇보다도 내가 분명하게 하고자 시도할 방식으로 색이 객관적이라는 것이다. 색의 객관성은 여러 이론가들에 의해 서로 다른 방식으로 도전받아 왔다. 일부 철학자들은 색(및 다른 외관)은 특정 관점, 즉 우리처럼 특정 종류의 시각 체계가 있는 유기체에게 가능한 관점에서만 지각될 수 있기 때문에 객관성이 없다고 주장한다. 이 주장을 의심할 만한 두 가지 이유가 있다. 첫째, 색을 한 가지 관점에서만 지각할 수 있다는 것은 참이 아닐 수 있다. 색이 가시적인 특질이라는 것은 **참이다**. 색은 (공감각과 그 수수께끼는 일단 제쳐 둔다면) 만지거나 냄새 맡을 수 없다. 하지만 색을 지각하기 위해서 성인 인간과 같은 지각 체계가 필요하지는 않다고 믿을 만한 근거가 있다. 벌은 색을 지각하며 물고기나 새도 그렇지만 이들의 시각 체계는 인간과 다른 점이 많다. 물론, 벌, 인간, 새, 물고기에게 시각이 있다고 해서 이들의 관점이 모두 **똑같은** 것은 아니다.

(1장과 3장에서 논의한) "감각 대체"에 관한 연구는 심지어 시각 체계가 없어도 (우리가 보는 것처럼) **볼 수 있을지도** 모른다는 것을 시사한다. 현재로서는 색각(color vision)을 지원하는 감각 대체 체계는 없다. 그러나 색의 본성은 인공 색각을 원칙적으로 배제하지 않는다. 한편 우

리는 (TVSS 같은 감각 대치 체계를 사용하는) 인공 지각자와 정상적인 시각 지각자가 정말로 **같은** 관점을 갖는다는 주장에 어떠한 실질적인 의미를 부여할 수 있을지 의심해 볼 수 있다.[6]

색을 알 수 있는 유일한 방법이 색을 보는 것이라는 사실이 색에 객관성이 없음을 함의한다는 것을 의심할 만한 두 번째 이유가 있다. 주어진 양상으로만 색을 접할 수 (즉 지각하고 경험하고 알 수) 있다는 사실로부터 지각자가 그 양상을 가지는지 여부에 색 자체가 **존재-의존적**이라는 결론이 도출되지는 않는다. 시각적 관점을 지닌 것이 아무것도 없는 세계는 색 경험이 없는 세계일 것이다. 하지만 그렇다고 해서 색이 없는 세계는 아닐 것이다.

종마다 지각적 역량이 다르다. 개는 사람이 감지할 수 없는 냄새를 감지할 수 있다. 인간은 개와 같은 동물이 감지할 수 없는 색을 볼 수 있다. 비둘기는 (다섯 가지 파장에 민감한 원추세포를 가지고 있는) 펜타크로매트(pentachromat)[7]로서 인간이 감지할 수 없는 색을 감지할 수 있다. 이러한 점은 가령 비둘기가 경험할 수 있는 것을 우리가 어떻게 고찰할 수 있는지와 같은 흥미로운 경험적/방법론적 질문, 그리고 "색이지만 우리가 볼 수 있는 색이 아니라는 것은 무엇일까?"와 같은 중요한 철학적 질문을 제기한다(이에 대한 자세한 논의는 Thompson 1995에서 찾을 수 있다). 여기에서 중요한 점은 우리는 지각할 수 없지만 비둘기는 지각할 수 있는 특질이 있다거나 개는 지각할 수 없지만 우리는 지각할 수 있는 특질이 있다는 사실이 이러한 특질의 독립적 실재를 의심

---

6 이런 종류의 설명은 걔, 정상적인 인간, 인공 지각자의 관점이 모두 같다는 것이 무엇을 의미할 수 있는지를 설명할 것이다.

7 [옮긴이] 다섯 가지 주요한 색을 구별할 수 있는 것.

4 행위에 의해 생성되는 색   233

할 만한 이유가 되지 못한다는 것이다. 만약 내일 모든 살아 있는 것들이 지구상에서 사라진다면, 내일 색 경험이란 없을 것이다. 하지만 색은 있을 것이다.

하딘(1986)과 다른 학자들은 다양한 색 현상이 신경생리학적 현상으로 **환원된다고** 주장하며 이에 이의를 제기했다. 붉은 초록색 같은 것은 없다는 사실, 그리고 빨간색 패치를 바라본 이후에 초록색 잔상이 남는다는 사실―색 대립으로 알려진 예들―은 시각 체계가 서로 다른 파장의 빛에 반응하는 방식에 대한 사실로 설명된다. 특히 색의 수용 후 처리는 세 가지 "대립" 채널, 즉 빨간색-초록색, 파란색-노란색, 그리고 검정색-흰색(또는 유채색/무채색)의 채널로 편성된다고 알려져 있다. 색 대립은 신경 구조상 빨간색 절차의 활성화가 그에 상응하는 초록색 절차의 **비**활성화를 요구한다는 사실로 설명할 수 있다. 빨간색 절차와 초록색 절차를 동시에 활성화할 수 있는 것은 아무것도 없기 때문에 어떤 것도 붉은 초록색이 될 수 없다(자세한 내용은 Hurvich 1981을 참조. Hardin 1986; Thompson 1995도 참조).

나는 이러한 고려가 색의 객관적 존재를 부정하도록 강요하는 것은 아닌지 의심스럽다. 붉은 초록색 같은 것은 없다는 사실이 인간의 시각적 색 처리에 대한 사실에 의해 **설명되는지** 여부는 사실 분명하지 않다. 밝은 검정색이 없는 것과 같은 이유로 붉은 초록색이 없다고 생각할 수도 있다. 붉은 초록색이 없다는 것은 붉음과 초록색임의 본성에 대한 필연적 참이다. 요점은 단순히 붉은 초록색**인** 것은 없다는, 우리 환경에 대한 사실이 아니다. (3절에서 논의한) 색의 **체계적** 본성을 고려할 때 붉은 초록색은 정수 체계 안에서 실수가 불가능한 것과 유사한 방식으로 불가능하다는 것이 요점이다. 구조적으로 말할 때, 빨간색은 초록색과 너무 멀어서 **함께 현존할**(co-present) 수 없다. 우리가 주황색을 빨간색과 노란색의 혼합이라고 말할 때 직관적으로 의미하는 것은 빨간색에 노란색이 연속적으로 추가되어 처음에는 누런 붉은색, 그 다음에는 붉은 노란색, 마지막으로 순수한 노란색이 되는 과정이 있다는 것이다. (여기에서 말하는 것은 안료나 조명이 아니라 **현상적** 색이라는 점이 중요하다.) 하지만 다른 색으로 가는 도중에 빨간색-초록색의 바이너리를 통과한다는 유사한 의미는 없다. 빨간색은 노란색이 될 수 있고 연속적으로 파란색이 될 수 있지만 초록색이 되기 **이전에** 노란색 또는 파란색이 되어야 한다.

하딘은 피험자들이 붉은 초록색과 푸른 노란색을 본다고 보고한 실험 조건을 제시한 크레인과 피안티니다(1933)를 인용한다. 이 실험은 망막의 빨간색과 초록색 패치 사이 경계의 투사를 안정화시키는 데 달려 있었다. 크라우스코프(1963)는 안정화된 경계가 채우기를 유발한다는 것을 보여 주었다. 이들에 따르면 빨간색 디스크와 초록색 고리(annulus)[8] 사이의 경계가 안정화되면 (두 원반이 합쳐져 형성된) 큰 원반 전체가 초록색으로 지각된다. 이는 종종 외부 경계에서 들어오는 정보가 원반의 확장된 내부를 "채우는" 데 사용된다는 가정으로 설명된다. 크레인과 피안티니다의 설정에서 일부 피험자들은 안정화된 경계를 둘러싼 영역을 바이너리 색인 "붉은 초록색"으로 보았다고 보고했다. 빌록, 글리슨, 초우(2001)는 최근 크레인과 피안티니다의 발견을 재현했다. 정교한 피험자(정신물리학자, 심리학자)들은 모두 진정으로 "금지된" 색에 대한 경험을 보고한다. 이러한 발견을 액면 그대로 받아들

---

8 [옮긴이] 디스크의 바깥 주변을 둘러싼 부분.

인다면, 붉은 초록색 같은 색은 존재하지 않는다는 주장에 분명 의문을 제기할 것이다. 또한 색의 속성이 우리 신경계의 특징에 따라 달라진다는 생각을 뒷받침할 것이다.

그런데 크레인과 피안티니다, 빌록, 글리슨과 초우의 발견에 관련하여 조심해야 할 강력한 이유가 있다. 2장 8절과 3장 3절에서 살펴본 바와 같이, 예를 들어 가상 윤곽을 제시했을 때 지각자가 윤곽을 보았다고 묘사하는 경향이 강하다는 사실은 지각자가 진짜로 윤곽을 보는 상태와 질적으로 구별 불가능한 상태에 놓여 있음을 보여 주지 않는다. (그림 2.7과 2.8을 비교해 보라.) 이러한 점을 고려할 때, 언급된 실험들은 피험자가 **붉은 초록색을 본다고 말하는** 강력하고 진정한 경향이 있는 특이한 상황을 설정하고 있다고 말할 수 있다. 문제는 그들이 실제로 붉은 초록색과 같은 경험을 했기 때문에 그렇게 말하는 경향이 강한 것인지, 아니면 단순히 이런 식으로 기술하는 것이 자연스럽다고 생각되는 경험을 했기 때문에 그렇게 말하는 경향이 강한 것인지 여부다. 이것은 헛된 사변이 아니다. 망막의 안정된 이미지가 만들어 내는 지각 효과는 이 사례의 바로 그 특성상 섬세하고 미약하며 유지하기 어려운 효과다. 이 연구들을 섣불리 무시하는 것은 성급한 일이 될 것이다. 그러나 이러한 점을 고려할 때 이 연구들에 무게를 어느 정도 부여할지 결정하기란 어렵다.

이러한 사례들에 대해 뭐라고 말하든 나는 색에 대한 하딘의 신경심리학적 환원주의에 대해 회의적이다. 색을 경험하는 우리의 능력은 하딘이 기술한 방식으로 우리에게 필수적인 지각(및 신경) 체계가 있다는 사실에 의존한다는 점을 인정할 수 있다. 하지만 이 점으로부터 나오는 결론은 우리가 이러한 전제조건들을 갖추고 있다는 사실이 우리가 누리는 종류의 경험을 우리가 누리기 위해 필수적이라는 것뿐이다. 우리의 감각 체계에 대한 사실은 우리가 가질 수 있는 경험의 종류를 결정한다. 그러나 색의 존재나 본성이 우리에게 의존한다는 것을 보여 주기 위해서는 더 많은 논증이 필요하다.

전통적인 성향주의자들은 색이 심리적인 것이라고 주장하면서 색의 객관성을 부정한다. 이는 색을 주관적인 것으로 간주하는 또 다른 입장이다. 예를 들어 팔머(Palmer)는 이렇게 썼다.

> 사람들은 우리가 경험하는 것처럼 물체에 색이 **있기** 때문에 물체가 색이 있는 것으로 **보인다고** 보편적으로 믿는다. 하늘은 파란색**이기** 때문에 파랗게 보이고, 풀은 초록색**이기** 때문에 초록색으로 보이고, 피는 빨간색**이기** 때문에 빨간색으로 보인다. … 놀랍게 보일지 모르겠지만 이러한 믿음은 근본적으로 잘못된 것이다. 물체나 빛은 실제로 우리가 경험하는 것과 같은 방식으로 "색이 있는" 것이 결코 아니다. 색은 우리가 물체와 빛을 볼 때 겪는 시각 경험의 **심리적** 속성이지 물체와 빛의 **물리적** 속성이 아니다. (1999a, 95)

다시 말해, 색은 감각, 또는 피코크의 용어로 경험의 감각적 속성이라는 것이다. 색은 사실상 **우리 안**에 있으므로 물체의 속성이 아니다. 색은 빛이 우리 신경계에 미치는 효과다(Palmer 1999a; Hardin 1986; Hurvich 1981). 색은 실재하지 않는다. 실재하는 것은 색 **경험**이다.

앞서 제시한 주장이 조금이라도 옳다면, 이 결론을 받아들이도록 강요하는 것은 분명 아무것도 없다. 여기에서 제시된 색에 대한 설명에 따르면 색은 감각이 아니다. 현상적 객관주의는 색이 다른 감각적 외관과 마찬가지로 인과관계에 의존한다는 점을 인정한다. 그러나 색은 물체와 신경계 사이의 관계가 아니다. 색은 물체와 보기 조건 사이의 관계에 의존한다. 이러한 관계 자체에는 **감각 의존적**이거나 **경험적인** 것이 없다. 또한 (비관계적 또는 내재적 속성과 대비되는) 관계적 속성에 관한 그 어떤 것도 색을 비실재적이거나 존재론적으로 부차적인 것으로 만들지 않는다. (샤킬 오닐은 랜스 암스트롱보다 키가 크다는 관계적 속성을 가지고 있다. 샤킬이 랜스보다 크다는 것은 샤킬과 랜스 사이의 관계이지만, 샤킬의 진정한 속성이다.)

색은 또 다른 의미에서 객관적이다. 프레게는 "객관적인 것은 … 법칙의 적용을 받는 것, 생각할 수 있고 판단할 수 있는 것, 말로 표현할 수 있는 것이다. 순전히 직관적인 것은 소통불가능 하다"([1884] 1950, 35)라고 썼다. 색도 이 기준에 따라 객관적이다. "저 차의 빨간색은 저 공의 빨간색보다 밝다", "이것은 빨간색이다", "초록색 안료와 빨간색 안료를 섞으면 무채색의 회색/검정색 안료가 된다"와 같은 색에 대한 진술은 의사소통이 가능하고 참 또는 거짓을 평가할 수 있는 생각을 표현한다. 이러한 진술은 색에 대한 **사실**이다.

(색과 달리) 감각질은 이런 의미에서 객관적이지 **않다고** 널리 알려져 있다. 프레게 자신도 믿었듯이 감각질은 단지 직관적이고 사적인 감각일 뿐이다. 내가 느끼는 두통을 당신이 느끼는 것이 불가능한 것처럼 빨간색에 대한 나의 감각을 당신에게 "전달하는" 것은 불가능하다. 그것이 당신에게 있다면 그것은 내 것이 아니다. 감각질 이론을 지지하는 사람들은 이 차가 빨간색이고 저 건물과 같은 색이라는 점 등에 당신과 내가 동의할 수 있지만, 그 차를 보면서 내가 느끼는 색 감각질은 당신이 느끼는 색 감각질과 다를 수 있다고 주장한다. 우리 경험의 특성 사

이의 이러한 차이는 우리가 소통할 수 있는 것이 아니다. (이것이 반전 스펙트럼 가설이다.)

이 질문에 대한 완전한 논의는 여기에서 내가 할 수 있는 범위를 벗어난다. 앞서 언급한 이유 때문에 나는 이런 의미에서 감각질이 있다는 것은 착각이라고 생각하는 편이다. 색 외관의 형용불가능성은 색과 관련하여 사물이 지금 여기에서 어떻게 보이는지가 **매우 복잡하다**는 사실에서 비롯된 것일 수 있다. 예를 들어 사물이 빨간색의 명확한 색조로 보인다는 것은 우리로 하여금 그것을 **매우** 광범위한 방식으로 식별하게 하는 바로서 보이는 것이다. 이는 그것을 잠재적 중요점들의 복잡한 네트워크가 있는 것으로 경험하는 것이다. 이러한 형용불가능성이 색과 색의 외관에 관한 진실에 관련하여 명확한 진술을 하는 것을 불가능하게 만드는 것은 아니다. 다만 언어적 장치를 통해 색 경험을 전달할 수 있는 가능성을 배제할 뿐이다.

나는 색이 객관적이라고 생각할 수 있는 몇 가지 의미가 있다고 강조했다. 색은 감각이 아니다. 색은 관계적이지만 사물과 마음 사이의 관계가 아니라 사물과 환경 사이의 관계다. 색의 존재는 지각자(또는 지각자의 감각 체계)에 의존하지 않는다. 색은 사고와 간주관적 소통의 지향적 대상일 수 있다. 이제 색이 객관적이지 않다고 말할 수 있는 두 가지 의미를 살펴보면서 이 절을 마무리하고자 한다.

첫째, "정상적인" 지각자들 사이에 색에 대한 상당한 의견 차이가 있다. 색 조각 더미에서 순수한 초록색(즉 파란색이나 노란색의 흔적이 없는 초록색)을 고르는 과제가 주어진다면 어떤 조각이 순수한 초록색인지 자신 있게 결정할 수 있을 가능성이 높다. 그러나 정상적인 지각자는 어떤 조각이 순수한 초록색인지에 대해 다소 광범위하게 불일치하는 것으로 나타났다. 내가 보기에는 순수한 초록색인 것이 당신에게는 뚜렷하게 푸르스름하게 보일 수 있다(이는 Hardin 1986에서 논의된다).

파란색이 나에게 보이는 방식이 당신에게 보이는 방식과 다르다는 것은 파란색이 보편적으로 어떻게 보이는지에 대한 사실이 없다는 것을 함의하지 않는다는 점에 주목할 필요가 있다. 「루비 튜즈데이」(Ruby Tuesday)가 나에게는 롤링 스톤즈의 노래처럼, 그리고 당신에게는 비틀즈의 노래처럼 들릴 수 있지만 이것이 「루비 튜즈데이」가 사실상 어떤 것으로도 들리지 않는다는 것을 의미하는 것은 아니다.

둘째, 색은 우리가 아직 고려하지 않은 의미에서 지각자에 의존적이다. 데닛(1991)과 톰슨(1995)은 다채로운 색을 띤 사물들의 존재는 역사적 및 진화적 의미에서 색에 민감한 존재들이 공진화한 결과라고 주장했다. 색에 민감한 지각기관이 없었다면 자연계에 색은 존재하지 않았으리라는 것이다. 색은 생태학적으로 숙성(과일), 독성(식물과 거미류), 다산성(꽃, 오랑우탄) 등과 같은 특징에 대한 신호 역할을 한다(Gibson 1979, 98). 또한 색은 사물을 식별하고 숨기는 데 중요한 역할을 한다. 이러한 특성은 색에 대한 민감성의 **공진화**(coevolution)가 없었다면 생물계에서 결코 진화하지 못했을 것이다. 이는 색이 **지각자에 의존적**이라는 다소 독특하면서도 흥미로운 관점을 제시하며, 이러한 관점에서 색은 자율적이라기보다는 주관적이라고 제안한다. 그러나 이 이야기는 자연의 모든 색에 적용될 수는 없음이 분명하다. 색에 대한 지각력이 있는 지각자가 있든 없든 루비는 빨간색이고 하늘은 파란색일 것이기 때문이다.

4.7 색은 물리적인가?

행위 기반 설명에 따르면 색은 실재한다. 색은 표면의 가시적 속성이다. 또한 물체가 환경, 특별히 조명과 상호작용하는 방식이며, 사물이 어떻게 보이는지의 패턴이다.

나는 색이 주관적인 것(가령 일종의 감각)이라고 주장하며 색이 실재한다는 사실을 부정하는 성향주의자들과 다른 사람들의 공격으로부터 이 견해를 옹호했다. 이러한 이론들에 따르면 색은 **세계 안**에 있지 않고 **우리 안**에 있다.

그러나 현상적 객관주의는 색이 표면의 (현상적 또는 환경에 관련된 속성에 반대되는) 물리적 속성이라고 믿는 색 **실재론자**의 비판에도 취약하다. 색 물리주의의 가장 발전된 버전은 색이 **표면 스펙트럼 반사율**, 즉 물체가 가시적 스펙트럼의 각 파장에서 입사광의 특정 부분을 반사하는 경향을 띠게 하는 속성이라고 주장한다(Byrne and Hilbert 2003). 물리주의는 행위 기반 설명이 색을 객관적인 것으로 다루는 모든 방식에서 색을 객관적인 것으로 설명한다. 색은 감각에 독립적이며 지각자의 존재에 대해서도 독립적이다. 물리주의의 주장은 **현상적 객관주의의 주장과 마찬가지로**, 그리고 주관주의의 주장과 달리, 우리가 토마토의 붉음을 **토마토의** 속성으로 경험하고, 동일한 색의 토마토 세 개를 볼 때 토마토들이 공통의 속성을 공유한다고 여기는 등의 사실을 잘 수용한다. 물리주의는 색 항등성이라는 기본적인 사실도 잘 설명한다. 토마토에 반사되는 빛의 스펙트럼 구성은 정원에서, 부엌의 형광등 아래에서, 그리고 냉장고 안에서 크게 달라진다. 이러한 다양한 조명 조건에서 변하지 않는 것은 물체가 반사하는 경향이 있는 가시적 스펙트럼의 각 파장에서 입사광이 차지하는 비율이다. 이 일정한 상태, 즉 물체의 표면 스펙트럼 반사율은 조명 조건의 변화에도 불구하고 색의 상대적 항등성을 유지하는 근거가 된다.

더욱이 물리주의자는 색이 물체들이 조명에 작용하는 방식이라는 행위 기반 주장을 받아들일 수 있다. 그러나 물리주의자는 물체가 입사광에 영향을 미치는 **방식**을 순전히 물리적인 (즉, 비현상적인) 측면에서 기술할 수 있다고 주장한다. 이것이 참일까?

색이 표면 스펙트럼 반사율(SSR)이라는 제안의 문제점은 이것이 색의 **현상성**을 희생하면서 색의 **객관성**을 정초한다는 점이다(가령 Hardin 1986; Jchnston 1992; Thompson 1995 등 여러 저자가 이에 대해 지적했다). 물리주의자에게 붉음은 특정 방식으로 보이는 문제가 아니라 다른 파장의 빛을 다르게 반사하는 경향의 소유 문제다. 이 관점에서는 색에 관련하여 본질적으로 현상적인 것이란 없다. 이 관점에서는 색이 가시적이라는 것조차 일반적인 사실이 아니다.

이는 **조건등색 쌍**(metameric pairs), 즉 다양한 조명 조건에서 동일한 색으로 보이지만 (그리고 따라서 전前이론적으로 말하자면 동일한 색이지만) 표면 스펙트럼 반사율이 다른 (따라서 물리적 빛에 작용하는 방식이 다른) 물체들의 존재를 고려하면 알 수 있다. 특정 SSR을 지닌 특정 물체의 경우, 그와 다른 SSR을 가짐에도 불구하고 광범위한 다양한 조건에서 동일하게 보이는 경향이 있는 다른 물체가 무한히 많이 있을 것이다. 조건등색은 눈에 도달하는 빛의 스펙트럼 구성에 대한 모든 정보가 세 가지 다른 종류의 원뿔의 활동으로 매개된다는 사실의 결과다. 원뿔들은 한 파장 또는 다른 파장의 광자에 반응하여 발화하는 확률이 다르지만, 서로 다른 파장의 빛에서 동일한 방식으로 영향을 받는다. 따라서 장파장 원뿔의 활동단으로는 그것을 자극하는 빛이 장파장인지, 아니면 고강도 중파장인지에 대한 정보를 전달하지 못한다. 그 결과, 무한한 수의 다양한 스펙트럼 구성을 지닌 빛이 수용체의 활성 패턴을 하나로 동일하게 생성할 수 있다. 이러한 사실은 반사율 윤곽이 근본적으로 다른 물체들이 신경계에 동일한 영향을 미칠 수 있음을 보장한다.

조건등색을 고려할 때, 물리주의자들은 색과 관련하여 동일하게 보이는 물체도 실제로는 (SSR이 다르기 때문에) 색이 다를 수 있다는 점을 생각해야 한다. 우리가 지각할 수 있는 모든 명확한 색조에는 주어진 색과 **지각적으로 구별할 수 없는** 무한히 많은 수의 **다른 색**이 존재한다는 사실을 그야말로 인정해야 한다. 색의 이러한 차이는 눈에 보이지 않는다. 색각은 물체의 색에 대한 기껏해야 빈약한 지표일 뿐이다.

번과 힐버트는 물리주의적 관점의 이 명백한 단점을 해결하기 위해 다음과 같이 제안한다(Byrne and Hillbert 1997, 2003). 이들은 명확한 색은 (빨간색과 파란색 같은) 색 **범주**와 마찬가지로 숫자상 구분되는 SSR이 아니라 SSR의 **유형**과 동일하다고 주장한다. 따라서 두 물체는 그 SSR이 서로 다르더라도 각각의 SSR이 같은 유형의 SSR인 경우 빨간색의 똑같은 색조일 수 있다. 어떤 유형일까? 아마도 다양한 상황에서 정상적인 지각자에게 동일한 방식으로 보이는 경향이 있는 유형일 것이다. 빨간색의 특정 색조를 구성하는 SSR 유형의 원소들은 다른 공통점은 별로 없을 수 있다. 번과 힐버트의 말처럼 이것은 물리적 관점에서는 흥미롭지 않은 집합일 수 있다. 색이 흥미로운 것은 우리에게 지금과 같은 지각체계가 있기 때문이다. 이 점에서 색은 **인간 중심적**이다. 그러나 색이 인간 중심적이라고 해서 색이 실재한다는 사실, 더 나아가 물리적이라는 사실이 훼손되지는 않는다. 사물이 어떻게 보이는지에 대한 정보는 **SSR 유형을 선택하는** 데 역할을 하지만, 이렇게 선택된 색(SSR 유형)의 본성(과 존재)은 사물이 우리에게 어떻게 보이는지와 무관하다. 이렇게 수정된 색 물리주의는 조건등색 쌍이 비록 그 SSR은 다르더라도 실제로는 같은 색이라는 주장을 옹호할 수 있다. 색 물리주의는 색들을 SSR들의 집합으로 만듦으로써 보존된다.

이러한 수정은 색각이 사물이 색과 관련하여 어떠한지에 대한 좋은 지표가 될 수 있음을 보증하기에 충분하다. 그런데 이것은 색이 현상적이라는 직관을 보존하는가? 이를 의심할 수 있다. 색이 현상적이라는 것은 색이 가시적이라는 단순한 주장을 넘어선다. 색이 현상적이라는 것은 색이 본질적으로 가시적(현상적)이라는 것이다. 이는 다음과 같은 관찰에서 드러난다. 빨간색이라는 개념을 어떤 사물이 특정 SSR을 가질 때, 오직 그때만 그 적용이 보장되는 개념으로 받아들인다면 **빨간색이라는 개념을 갖지** 않게 (즉 빨간색이 무엇인지 알지 못하게) 될 것이다. 이러한 **개념**은 **빨간색**을 이해하는 사람은 곧 그것이 보이는 방식의 특징 때문에 그것을 물체에 적용할 수 있는 사람이라는 사실을 놓칠 것이기 때문이다. 색을 표면의 물리적 속성과 동일시하는 모든 관점은 색이 이러한 의미에서 현상적이라는 주장을 포기해야 한다.

하딘(1986), 브룩스(1992), 톰슨(1995) 등은 색들 사이에 유지되는 현상적 관계(가령 고유성 및 바이너리 구별, 일반적인 유사성 관계, 색 대립에 대한 사실)에 대한 물리주의적 설명이 있을 수 있는지에 대해 의문을 제기했다. 색이 변하는 차원은 세 가지이지만, 상이한 파장에 따라 입사광과 반사광의 비율이 변할 수 있는 차원은 무한하기 때문이다.

톰슨의 말을 빌리자면 "엄격한 의미에서 구조를 보존하는 동시에 지각자에 의존하는 심리적 또는 심리물리적 색 공간들 중 하나를 거치지 않는, 반사율 색 공간에서 현상적 색 공간으로 이루어지는 매핑은 없다"(1995, 124).

번과 힐버트(1997, 2003)는 이러한 주장에 대해 타이(2000)와 마찬가지로 반론을 제기했다. 여기에서는 이러한 대응의 자세한 내용은 논의하지 않겠다. 물리주의적 입장을 정교화하려는 시도에는 결국 동기가 없다. 이는 첫째, 색을 SSR과 동일시하는 것을 포기하는 대가가 색에 대한 주관주의가 **아니라는** 점을 인식할 때 분명해진다. 현상적 객관주의에서 특정 색의 사물들은 사물이 보이는 방식에서 공통적이다. 붉음은 단순히 표면의 물리적 속성이 아니며, 표면과 지각자 사이의 관계도 아니다. 그것은 표면과 환경 사이의 현상적으로 두드러진 관계다. 둘째, 여기에서 제안한 현상적 객관주의는 색의 객관성을 설명할 수 있을 뿐만 아니라 물리학자가 제시하는 물체 표면의 색에 대한 물리적 사실과 **일관되는** 방식으로 그렇게 할 수 있다. 특히 현상적 객관주의자들은 사물이 어떻게 보이는지를 결정하는 가장 중요한 인과적 요인이 SSR이라는 의미에서 (적어도 광범위한 다양한 경우) 색이 SSR로 결정된다는 점은 물리주의자들에 동의할 수 있다. 그러나 현상적 객관주의는 물리주의가 할 수 없는 일을 할 수 있다. 즉 물리적 구성이 근본적으로 다른 사물들이 어떻게 모두 가령 빨간색일 수 있는지 자연스럽게 설명할 수 있다. 붉음은 조건이 변함에 따라 사물들의 외관이 변화하는 방식에 대한 사실이다.

물리주의자는 색이 본질적으로 현상적이라는 점뿐만 아니라 관계적이라는 점도 부정할 수밖에 없다는 점을 언급할 필요가 있다. 우리가 고려하는 물리주의에 따르면 색은 물리적 표면의 본질적 속성이다. 사물은 주변 환경과 맺는 관계와 무관하게 그 색이다. 그러나 (적어도 색이 현상적이라는 견해를 굳게 고수한다면) 이것이 참일 수 있는지 의심할 만한 이유가 있다. 색과 관련하여 사물이 어떻게 보이는지는 사물의 특성(가령 빛을 반사하여 광수용체에 영향을 미치는 성향)뿐만 아니라 주변 물체들의 특성에 따라 달라진다. 이는 (2절에서 논의된) **동시 색상 대비**로 설명할 수 있다. 예를 들어 하나의 선은 밝은 배경에서는 짙은 회색으로, 어두운 배경에서는 분홍빛으로 보일 수 있다. 또한 텔레비전 속 가죽 재킷의 검정색은 실제로 텔레비전 화면이 꺼져 있을 때의 회색/초록색 어둠과 물리적으로 다르지 않다.

    이 절의 서두에서 SSR 관점은 색 항등성에 대한 설명에 관한 한 강력한 토대 위에 서 있다고 언급했다. 토마토를 실내로 가져오면 눈에 반사되는 빛의 스펙트럼 구성이 급격하게 변하지만 토마토 색의 변화를 경험하지는 않는다. 물리주의자에 따르면 이것은 SSR이 변하지 않기 때문이다. 우리가 색을 추적할 때 추적하는 것은 SSR이다. 그런데 이 주장의 문제점은 조명 조건이 변함에 따라 색에 변화가 **있다는** 것이다. 내 요점은 심리학자들이 자주 반복하는, 색 항등성이 성립하지 않거나 부분적으로만 성립한다는 익숙한 주장이 아니다. 그게 아니라 3장과 4장에서 언급했듯이 지각 내용에는 이중적인 국면이 있다는 것이다. 접시는 타원형으로 보이면서도 동그랗게 보이고 토마토는 색과 관련하여 동일하면서도 **다르게** 보인다. 조명의 변화에 따른 색의 변화는 우리가 주의를 기울인다면 완벽하게 눈에 띈다. 이러한 변화는 명확하다. 예를 들어 벽의 밝은 부분과 그림자가 드리워진 부분에 일치하는 서로 다른 색 견본들을 지목할 수 있을 것이다. 우리는 색이 다르다고 지각하지만, 대부분의 경우 우리의 흥미를 끄는 것은 사물이 지금 여기에서 어떻게 보이는지가 아니라 조건이 변함에 따라 그것의 겉모습이 어떻게 변하는지

(즉 그것의 색 국면 윤곽이라는 것을) 알고 있기 때문에 이러한 차이를 **무시한다**. 우리가 원하는 것은 다르게 보이는 것이 어떤 의미에서는 어떻게 동일하게 보일 수 있는지를 해명하는 견해다. 이를 해명하기 위해서는 사물의 색은 그 사물이 어떻게 보이는지에 구성적으로 의존한다는 점을 진지하게 받아들이는 견해가 필요하다. 색이 SSR이라면 조명 조건의 변화에 따른 색의 가시적 변화를 설명하기 어려울 것이다.

4.8 색, 생태학, 그리고 현상적 세계

색이 객관적이지만 물체가 환경에 영향을 미치는 비물리적인 방식이라는 생각을 정말 이해할 수 있을까? 톰슨이 발전시킨 한 가지 제안은 (1995; Thompson, Palacios, and Varela 1992; Broackes 1992 및 Noë 1995 참조) 색을 분석하는 적절한 수준은 깁슨이 제시한 의미에서 **생태학적인 수준**이라는 것이다 (그 밖의 다른 외관뿐 아니라) 색에 대한 생태학적 접근 방식은 색을 **객관적**이지만 비물리적인 것으로 다룬다.

3장(3장 9절)에서 논의했듯 깁슨이 말한 주변 광배열은 외관들의 구조화된 공간으로 생각할 수 있다. 주변 광배열이 환경을 특정한다는 깁슨식 주장의 의미는 사물이 여기에서 이러한 조건 아래 어떻게 보이는지가 사물이 어떠한지를 특정하며, 적절한 지식이 있는 동물, 즉 감각운동 기술이 있고 이를 적용할 준비가 되어 있는 동물에게 그렇게 한다는 것이다. 그런데 내가 옹호해 온 관점에서 색은 그 자체로 겉모습이다. 색에 대한 생태학적 설명은 색을 물체가 주변 광배열, 즉 빛으로 가득 찬 구조화된 환경에 작용하는 방식으로 다룬다. 색은 물리주의자가 연구하는 것처럼 물체가 빛에 영향을 미치는 방식이 아니며 (브록스 1992; 웨스트팔 1987; 퍼트남 1992이 주장한 것처럼) 심지어 **현상적인 것으로서의** 빛도 아니다. 색은 빛으로 가득 찬 환경에 영향을 미치는 방식이다.

이 설명은 지금까지 고려했던 것과는 다른 종류의 상대성을 색에 대한 설명에 도입한다. 생태학적 접근 방식에 따르면 색과 외관의 다른 유형들은 환경의 진정한 특징이다. 그러나 톰슨(1995)이 설명한 것처럼 환경은 중립적인 물리적 영역이 아니다(Gibson 1979도 참조). 환경은 환경의 거주자들이 함께 결정한다. 환경은 **동물이 서식하는** 물리적 세계다. 지각 세계(환경)는 분리된 장소나 세계가 아니다. 지각 세계는 우리의 입장(또는 동둘의 입장)에서 생각되는 세계다. 그것은 우리의 세계다.

이는 중요한 개념이며 특히 객관성에 대한 앞선 논의에 비추어 볼 때 제대로 이해할 필요가 있는 개념이다. 지각 세계는 주관적인 세계가 아니다. 지각 세계는 실제세계가 우리 안에, 즉 우리 마음속에 생성한 효과의 세계가 아니다. 지각 세계는 **우리를 위한** 세계다. 우리를 위한 세계는 물리 이론에서 도입되고 목록화된 항목들의 세계가 아니라는 점에서 물리적 세계가 아니다. 그러나 그것은 자연계(그리고 아마도 문화계)다. 감각, 운동, 인지 능력을 갖춘 생물은 주변 광배열을 활용할 수 있다. 지각 세계의 **존재**는 우리의 생물학적 본성에 의존하지 않는다. 이 세계가 **우리를 위해** 존재한다는 것, 그리고 우리가 이러한 양상으로 세계에 접근할 수 있다는 것은 우리의 생물학적 본성에 주어진 것이다.

이것의 한 가지 결과는 상이한 동물들이 같은 물리적 세계에 서식하더라도 서토 다른 지각 세계에 서식한다는 것이다. 우리가 활용할 수 있는 모습, 소리, 냄새 등이 어떤 생물에게는 활용 가능하지 않을 수 있다. 마찬가지로 우리도 지각할 수 없는 특질이 많은데, 이러한 특질을 접하기 위한 감각운동적 조율과 이해력이 없는 경우 그렇다. 특질 자체는 감각처럼 주관적인 것이 아니다. 그 존재를 우리가 창출하는 것이 아니다. 하지만 아주 특별한 종류의 생물에게만 그것을 **행위로 생성**할 수 있는 생물학적 역량이 있다.[9]

4.9 새로운 색상?

색 경험이 감각운동 의존의 법칙으로 결정된다면, 감각운동 의존 패턴을 실험적으로 조작함으로써 새로운 색 경험을 일으킬 수 있을 것이다.

현재 케빈 오레건, 제임스 클라크, 알런 봄파스 등이 활발히 연구 중인 이 가능성은 이보 콜러(1951)의 연구에서 제시되었다. 그는 각 렌즈의 오른쪽은 노란색, 왼쪽은 파란색인 분할 렌즈가 있는 안경을 설계했다. 그 결과 오른쪽을 보면 사물이 노란색으로 보이고 왼쪽을 보면 사물이 파란색으로 보였다. 콜러는 피험자들이 적응 기간이 지난 후 시선의 방향에 관계없이 사물의 색이 어떻게 보이는지에 대해 어떤 뚜렷

---

[9] 번과 힐버트(2003, 2장 5절)는 톰슨의 생태학적 접근 방식(1995)이 사실상 전통적인 성향주의의 한 버전이라고 비판한다. 그러나 톰슨의 접근 방식과 여기에서 발전된 접근 방식은 크게 세 가지 점에서 전통적인 성향 이론과 다르다. 첫째, 전통적인 관점에 따르면 색은 가령 표면과 지각자 (또는 지각자의 마음) 사이의 관계다. 생태학적 관점에서 색은 표면과 환경 사이의 관계다. 둘째, 전통적인 관점은 색이 현상적이라는 사고를 색이 감각이라는 사고로 설명한다. 이와 대조적으로 생태학적 관점에서는 색이 외관이라는 의미에서 색을 현상적인 것으로 다룬다(Thompson 1995). (내가 보기에 외관은 실재한다.) 셋째, 생태학적 접근 방식에 따르면 색은 세계의 속성, 즉 저기 바깥에 존재하는 것이며, 자연적인 속성이긴 하지만 물리적 속성은 아니다. 색은 환경의 속성이다.

한 차이도 보고하지 않는다는 사실을 발견했다. 뇌는 새로운 상황에 적응하는 것으로 보이며, 결정적으로 눈 움직임의 방향에 의존하는 방식으로 적응하는 것으로 보인다. 나중에 안경을 벗으면 피험자들은 뚜렷한 후유증을 보고한다. 렌즈를 착용하지 않았는데도 오른쪽 사물은 푸르스름하게 보이는 반면 왼쪽 사물은 노랗게 보인다. 이 경우 색 경험의 질적 특성을 결정하는 것은 눈에 들어오는 빛 또는 이 빛이 광수용체를 자극하는 방식의 본질적 특성이 아니라 움직임의 감각적 효과에 대한 지각자의 기대로 보인다.[10] 이 연구는 단순한 자극만으로는 내용을 결정하는 데 불충분하다는 것을 보여 주는 놀라운 예다. 경험에는 자극, **그리고** 감각운동적 이해가 필요하다.

이러한 개념을 시험하기 위해 오레건, 클라크, 봄파스와 그 동료들은 최근 실험실에서 감각운동 상호의존성을 조작하여 새로운 색 경험을 생성하는 실험을 시도했다. 시선추적 컴퓨터와 디스플레이를 사용하여 모니터에서 지각된 물체의 색이 눈 움직임의 방향이나 위치에 따라 달라지고, 수동 작업에 지각자가 적극적으로 참여하면 지각된 색이 달라지는 인공적인 조건을 설계했다. 예를 들어 한 실험에서 피험자는 작은 사각형으로 화면 위 큰 사각형을 따라갈 것을 시도한다. 큰 사각형은 무작위로 움직인다. 작은 사각형은 피험자가 제어할 수 있다. 화면 오른쪽에 있을 때 사각형은 언제나 빨간색이다. 화면 왼쪽에 있을 때에는 언제나 초록색이다. 나중에 피험자에게 화면 왼쪽 또는 오른쪽에 회색 사각형을 제시하고 사각형이 더 붉은지 혹은 더 초록색인지 판단하

---

[10] 콜러의 색 렌즈 연구는 색에 대한 철학적 이론에 매우 중요하다. 이에 대해 논의한 철학자는 거의 없는데, 예외적인 논의로 다음이 있다. Hurley 1998; O'Regan and Noë 2001a; Petit 2003a.

도록 요청했다. 연구진은 적응 과제 후 몇 분 동안 피험자들이 화면의 "빨간색" 쪽에 있는 사각형들이 더 붉다고 판단하고 그 반대의 경우도 마찬가지라는 사실을 발견했다. (이 결과는 발표되지 않았다.)

이러한 예비적인 발견에도 불구하고 이러한 연구가 결국 견고하고 **새로운** 색을 만들어 낼 수 있을지 의심스러운 몇 가지 이유가 있다. 첫째, 색 특질은 숫자와 마찬가지로 구조적으로 자리매김된다. 색이나 색의 변화는 조금씩 일어나는 것이 아니라 한꺼번에 일어난다. 감각운동 상호의존성이 유발한, 색 경험의 흥미로운 변화를 얻으려면 체계적 관계에 영향을 미치는 변화를 생성해야 한다. 컴퓨터 모니터에 제시된 자극들의 집합에 영향을 미치는 고립된 변화들은 너무 작고 국소적이어서 체계를 특정한 방향으로 전환시키지 못한다. 성공하기 위해서는 사실상 가상 환경을 구축해야 한다.

둘째, 움직임에 의존하는 감각운동 상호의존성은 일반적으로 우리의 눈, 신경 체계 등 세밀한 세부 사항에 따라 낮은 수준에서 나타난다. 감각운동 의존의 패턴의 변화가 이러한 낮은 수준의 의존성을 변화시키지 않는다면 그것은 경험에 차이를 가져오기에 충분할 만큼 큰 변화는 아닐 것이다.

셋째, 이 장의 앞부분에서 강조했듯 색은 **환경의** 현상이며, 색 경험은 움직임에 의존하는 감각운동 상호의존성뿐만 아니라 대상에 의존하는 감각운동 상호의존성에 따라서도 달라진다. 따라서 색을 흥미로운 방식으로 조작하려면 물체의 외관이 조명 조건, 주변 물체의 색 등과 상호작용하는 방식을 조작해야 한다.

색이 인간의 광범위한 감각운동 및 인지적 삶과 매우 밀접하게 연관되어 있다는 사실은 봄파스, 오레건, 클라크의 색 연구의 결과에 대해 회의를 품게 한다. 색 경험은 우리의 체화된 존재의 복잡한 얽힘에 기반을 두고 있다. 피터 마이어의 **더 보이스**(The Voice)나(**더 보이스**에 대해서는 10절에서 간략히 논의한다) 바흐-이-리타의 TVSS 같은 새로운 인공 기관 체계 안에 "색 경험"을 생성하려고 시도할 때 성공 가능성이 더 높을지도 모른다. 이 경우 우리는 색 자극을 특정 종류의 인공 "눈" 움직임과 특정 종류의 환경 조건 변화에 따라 달라지는 바로서 정의할 수 있을 것이다. 그렇다면 이러한 조건을 조작함으로써 맹인이 일종의 원시적인 색 경험을 하게 할 수 있다는 가설을 세울 수도 있다.[11]

이 분야의 실험 연구가 직면한 가장 심각한 문제는 아마도 새로운 색의 미심쩍은 지위일 것이다(자세한 논의는 Thompson 1995 참조). C가 새로운 색이라고 가정해 보자. C는 색조, 채도, 명도의 세 가지 차원에 따라 익숙한 색상과 유사한 관계에 있거나 그렇지 않다. 그렇다면 C는 사실상 **새로운** 색이 아니다. 기껏해야 임의로 선택한 다른 색보다 더 밝거나, 더 어둡거나, 더 붉은 색일 뿐이다. 결정적으로 이 색은 우리에게 익숙한 색 공간에서 한 위치를 차지한다.

C가 익숙한 색과 이러한 종류의 친숙한 관계, 즉 색조, 채도, 명도의 세 가지 차원에 따라 알려진 색과 유사하거나 다른 관계에 서 있지 **않다고** 가정해 보자. 그렇다면 우리는 다음과 같이 합리적으로 질문할 수 있다. C를 가령 소리 등 다른 지각적 특질이 아닌 색이라고 생각할

---

[11] 저스틴 브록스(1992)는 맹인의 색 경험 가능성에 대해 낙관적으로 전망할 수 있는 관찰 결과를 제시한다. 그는 정상적인 이색(가령 빨강-초록) 색맹인 피험자는 일반적으로 빨간색과 초록색을 시각적으로 추적하고 선별할 수 있다고 밝혔다. 색을 추적할 때 우리는 무엇을 추적하는 것일까? 우리가 추적하는 것은 움직임과 환경 변화에 따른 변화의 패턴이다. 이색형 색각은 매우 제한적인 경우에만 변화를 추적하는 능력에 영향을 미치는 것으로 밝혀졌다.

만한 어떤 이유가 있을까?

그렇다면 새로운 색을 발견하기 위해서는 (Thompson 1995의 주장대로) 새로운 색 **체계**, 즉 색의 다른 **종**으로 간주할 수 있을 만큼 기존의 색들 사이에 유지되는 관계 체계와 충분히 유사한, 특질들 사이의 관계 체계를 발견해야만 할 것이다. 이 영역에는 (생물학에서 종을 개별화할 때와 마찬가지로) 어느 정도 자의성이 존재한다. 수 체계와 비교해 보자. 자연수의 관점에서 보면 0이 아니거나 0의 후속 숫자가 아니거나 0의 후속인 어떤 숫자의 후속 숫자가 아닌 숫자 등은 존재할 수 없다. 0.5는 어떨까? 자연수의 관점에서 볼 때 0.5는 숫자가 아니다. 유리수들은 상이한 규칙이 지배하는 상이하고 자율적인 체계를 형성한다. 이 체계를 **숫자** 체계라고 말하는 것이 합리적이지만, 그렇게 말하도록 강요하는 것은 분명 아무것도 없다. (비트겐슈타인이 수 개념을 가족유사성 개념이라고 말할 때 염두에 둔 것이 바로 이것이다.) 그렇다고 해서 가령 허수나 초한수(transfinite number)가 정말로 수인지 아닌지가 자의적이라는 뜻은 아니다. 전혀 자의적이지 않다. 그러나 이러한 분류의 합리성은 자연수, 초한수 등의 본질적인 속성보다는 우리의 관심사와 분류 목적을 더 많이 반영한다.

부분적으로 어울리지 않는, 다른 색 체계들이 존재할 수 있을까? 결과물인 "색" 공간이 우리의 색 공간과 전혀 같지 않더라도 그 특질들 사이의 관계 체계가 **색과 같은** 체계가 있을 수 있을까?

이것은 경험적인 질문이지만 앞서 제시한 이유 때문에 개념적이고 방법론적인 문제들로 매우 복잡하게 얽혀 있는 질문이다. 간단한 해결책이 있다고 보기 어렵다.

비교를 위해 두 개의 서로 다른 생물학적 지각 체계가 실제로 시각적인지 여부에 대한 질문을 생각해 보자. 종들이 진화적 공간에서 밀접한 관련이 있다면 이 질문은 매우 간단할 수 있다. 하지만 가령 영장류와 벌, 문어의 지각 체계처럼 좀 더 먼 혈통의 경우를 고려할 때는 어떨까? 지각 양상의 기반을 특이한 체계에 두는 감각 대체 체계를 고려할 때도 같은 문제에 직면하게 된다. 어떤 체계가 시각 체계인지 아닌지에 대한 명확한 사실이 있을까?

3장에서 나는 (오레건[O'Regan and Noë 2001a,b,c; Noë and O'Regan 2002], 헐리[Hurley and Noë 2003a; Noë and Hurley 2003]와 수행한 연구를 바탕으로) 어떤 체계가 우리의 시각 체계와 동일하거나 감각운동 패턴과 관련하여 적절히 유사하다면 그 체계는 **시각적**이라고 제안했다(Noë 2002a도 참조). 이는 사례들의 연속체가 실제로 존재함을 의미한다. 우리 같은 몸이 있는 생물에게는 우리의 시각 체계가 시각적인 방식으로 시각적인 체계가 있을 것이다. 그러한 체계만이 우리가 참여하는 감각운동 상호작용의 동일한 범위에 참여할 수 있다. 하지만 매우 다르게 구현된 지각 체계 역시 어느 정도는 시각적일 수 있음을 인정할 수 있다. 결정적인 것은 그러한 구현이 관련 감각운동 동형성을 어느 정도 허용하는가이다. 행위 기반 접근 방식이 옳다면, 구현 방식에 상당한 차이가 있는 생물, 심지어 인공 체계도 우리처럼 볼 수 있고 시각 내용이 있는 지각 경험을 누릴 수 있다.

하지만 인간과 이런 생물 사이에는 경험적 차이가 있을 것이다. 그들과 우리 사이에는 제거 불가능한 불일치가 있을 것이다. 이것은 우리가 새로운 색 체계에 대한 문제에 어떻게 접근해야 하는지를 보여 준다.

새로운 색 공간이 있는 생명체를 상상하는 것은, 차이는 있지만 대략적으로 인간의 정상적인 색 지각에서 흔히 볼 수 있는 감각운동 의존의 특질, 즉 움직임에 의존하며 환경에 관련된 법칙들로 지배되는 특질을 지각적으로 알아차리는 생물을 상상하는 것이다. 문제의 지각된 특질은 올바른 추상화 수준에서 우리의 색과 동일한 일반적인 종류의 감각운동 윤곽이 있는 한 색으로 간주된다.

4.10 소리 및 다른 특질: 확장된 설명

색 및 색 경험에 대한 이러한 설명을 다른 감각 양상들에서 지각할 수 있는 다른 특질로 확장할 수 있다. 여기에서는 소리의 경우 어떤 방식으로 진행할 수 있는지 간략하게 설명하겠다.

시각이나 촉각과 마찬가지로 청각도 세계에 대해 배우는 방식이라는 사실을 상기하는 것이 유용하다. 차의 백파이어 소리를 듣는다. 차의 백파이어 소리를 듣고, 그 차가 가령 그 방향에서 한 블록 정도 떨어진 곳에 있는 것으로 듣는다. 시각 경험과 마찬가지로 청각 경험은 사물이 어떠한지를 표상할 수 있으며 사물이 자신과 관련하여 어떻게 소리 나는지 표상할 수 있다. 이를 염두에 두고 사물 및 사건과 우리 사이의 청각적 관계를 지배하는 감각운동 법칙은 시각이나 촉각을 지배하는 감각운동 법칙과 현저하게 다르다는 점을 생각해 보자. 우리는 어떤 사건에 속하는 소음을 더 잘 받아들이기 위해 지속적으로 머리를 조정하는데, 우리가 이렇게 한다는 사실은 사건에 대한 우리의 관계의 변화가 우리의 감각 자극을 변화시키는 방식에 우리가 암묵적으로 친숙하다는 것을 보여 준다. 뚜렷하게 **들리는**, 사건의 질적 특성을 결정하는 것은 감각 자극의 내재적인 본성, 또는 자극이 달팽이관과 청각 피질에서 신경 활동을 활성화한다는 사실이 아니다. 그러한 특성을 결정하는 것은 청각적인 감각운동 법칙들이 자극을 지배한다는 사실이다. 이 주장에 대한 증거로 최근 개발된 피터 마이어의 청각-시각 대체 시스템인 **더 보이스**를 생각해 보자. 카메라가 받아들인 시각 정보는 음높이와 같은 가청 특성에 따라 달라지는 소리를 생성하도록 설계되어 있다. 한 장기 맹인 피험자는 일정 기간 훈련한 후 다시 볼 수 있게 되었다고 보고한다. **더 보이스** 지각의 신경적, 기계적 토대는 시각과 같지 않지만 **시각** 특질적 특성이 있는 경험을 (어느 정도는) 불러일으킨다. 이렇게 할 수 있는 것은 시각과 유사한 감각운동 규칙성이 이것을 지배하기 때문이다(O'Regan and Noë 2001a,b; Noë 2002a; Hurley and Noë 2003a,b).

소리는 색과 유사하고 소리 지각은 색 지각과 유사하다. 앞서 살펴본 것처럼 색 지각의 독특한 특징은 (외관상 및 실제) 색이 일종의 외관이라는 점이다. 색은 물체가 환경에 영향을 미치는 시각적으로 두드러진 방식이다. 이에 비해 소리는 사건(O'Callaghan 2002 참조)이 환경에 영향을 미치는 청각적으로 두드러진 방식이다. 자동차의 백파이어를 들을 때, 우리가 듣는 것은 사건(백파이어)이 주변 음향 배열에 영향을 미치는 방식, 즉 매질로 가득 찬 환경이 매질에 대한 이러한 종류의 교란으로 구조화되는 방식이다. 따라서 자동차가 한 블록 정도 떨어진 저쪽에서 내는 백파이어 소리를 듣는다는 것은 교란을 듣고, 그 교란 소리가 우리와 음원 간 공간적 관계가 변함에 따라 변한다는 사실을 암묵적으로 이해하는 것이다.

청각 영역에도 항등성 효과가 있다. 우리가 사이렌에 다가갈수록 사이렌 소리는 더 크게 들리는데, 사이렌 소리가 실제로는 더 커지지 않았다는 것을 청각으로 알 수 있는데도 그렇다. 사이렌 소리에 대한 우리의 관계가 변화했기 때문에 사이렌 소리를 더 크게 듣는 것이다. 마찬가지로, 더 가까이 있는 사람이 저쪽에 있는 사람의 소리를 듣지 못하게 하더라도(한 사람이 다른 사람의 소리를 가리는 청각적 가림) 가까이 있는 사람과 저쪽에 있는 사람이 거의 같은 음량으로 이야기하고 있음을 지각할 수 있다. 듣원과 관련하여 움직임에 따라 소리가 들리는 방식이 달라진다. 움직임에 따른 변화 패턴은 세계를 지각할 수 있게 해 준다.

5 내용의 관점

> 우리가 알다시피 자극에는 무한한 모호성이 있으며 그러한 모호성은 … 볼 수 없다.
> ——에른스트 곰브리치

> 우리가 사는 세계는 감각 자료의 세계지만, 우리가 이야기하는 세계는 물리적 대상들의 세계다.
> ——루드비히 비트겐슈타인

5.1 내용의 이중성

우리는 무엇을 지각하는가? 지각 연구를 어렵게 만드는 부분적인 이유는 우리가 지각하는 것을 정확하게 묘사하는 방법이 하나 이상이라는 사실이다. 한편으로 우리는 대상, 사건, 사태를 지각적으로 경험한다. 길을 건너는 사슴을 보고, 옆방에서 설거지하는 친구의 소리를 듣고, 머리빗을 만지기도 한다. 다른 한편으로 우리가 경험하는 것은 사물의 가시적이고 청각적인, 가령 사물이 여기에서 어떻게 보이거나 들리거나 느껴지는지 등의 사물의 국면들뿐이다.

지각 내용에는 이중적 국면이 있다. 경험이 세계를 우리의 관점에서 벗어나 있는 존재로 제시하는 방식이 있다. 이것이 지각 내용의 한 국면이다. 그리고 세계가 경험 안에서 제시되는 **방식**이 있는데, 이 방식은 우리의 관점에서 사물이 어떻게 보이거나 들리거나 느껴지는지에 대한 참조를 언제나 포함한다. 예를 들어 경험은 접시의 원형성뿐만 아니라 여기에서 볼 때 그것이 제시하는 타원형 모양 역시 제시하며, 벽의 색, 그리고 여기에서 이 조명 아래 볼 때 표면 전체의 색과 관련하여 그것이 보이는 방식도 함께 제시한다.

흄의 현상주의에서 유래한 감각 자료 이론은 더 강력한, 세계 지칭적인 내용에 대한 자격이 우리에게는 없다고 주장한다(Ayer 1955; Price 1948; Hume[1739~1740] 1975). 우리가 경험에서 누리는 것은, 즉 경험이 우리에게 부여하는 것은 외관뿐이다. 칸트, 오스틴(1962), 라일([1949] 1990)의 일상언어 전통은 감각 자료 이론을 뒷받침하는 철학적 순진함을 경멸한다. 이들은 스트로슨(1979)이 말했듯이, 경험이 우리에게 세계를 존재로 (가령 사슴에 대한 경험으로서 경험과 같은) 제시하는 방식이야말로 우리에게 주어진 대로 경험을 묘사하는 유일하게 진실한 방식이라고 주장한다.

앞 장들에서 이루어진 논의가 제시하듯 진실은 그 중간 어딘가에 있다. 접시는 원형으로 보이며(정말로 그렇다), **또한** 여기에서 보면 타원형으로 보인다(정말로 그렇다). 벽은 표면 전체에 걸쳐 균일한 색으로 보이며, **또한** 직사광선이 비치는 곳에서는 더 밝게 보인다. 지각 내용에 관한 이론은 지각 내용의 이러한 이중적인 국면을 인정하고 설명해야 한다.

행위 기반 관점은 그렇게 할 수 있다. 3장과 4장의 지각 내용에 대한 설명에서 전개된 핵심은 지각 경험은 사물이 외관상 어떠한지와 접촉함으로써 사물이 어떠한지와 접촉하는 방식이라는 것이다. 사물이 (단지) 외관상 어떠한지에 감각운동 지식이 더해지면 사물의 본모습을 알 수 있다. 이 "2단계" 설명이 감각소여 입장으로 귀결되는 것을 막는 것은 외관, 즉 사물이 어떻게 보이고, 들리고, 느껴지는지가 감각이나 심적 항목이라고 생각할 이유가 없다는 사실이다. 가령 사물이 어떻게 보이는지는 바로 사물이 존재하는 방식의 한 특징이다. 겉모습은 사물의 진정한 관계적 속성이다. 그러나 겉모습은 사물과 우리 마음 사이의 관계가 아니라 우리가 지각자로서 처한 환경과 사물 사이의 관계다. 예를 들어 모양과 관련하여 사물이 어떻게 보이는지는 사물과 특정 지점, 즉 우리가 우연히 점유할 수 있는 지점에 관한 사실이다.

요약하자면 다음과 같다. 사물이 어떠한지 지각하는 것은 사물이 외관상 어떠한지를 탐구하는 양상이다. 그런데 사물이 외관상 어떠한지는 사물이 어떠한지의 한 국면이다. 따라서 외관을 탐구하는 것은 환경, 즉 세계를 탐구하는 것이다. 사물이 외관상 어떠한지에서 사물이 어떠한지를 발견해 내는 것은 사물의 외관에서 질서 또는 패턴을 발견해 내는 것이다. 사물이 어떠한지를 지각하는 과정, 알아내는 과정은 세계를 만나는 과정이며, 숙련된 탐구 활동이다.

5.2 외관의 발견

우리는 사물이 어떻게 보이는지를 봄으로써 본다. 이 주장은 대부분의 지각자가 주변 사물의 관점적 모양과 크기를 거의 설명할 수 없다는 사실과 맞지 않는 것처럼 보일 수 있다. 현상학에 대한 민감성, 즉 우리가 경험할 때 경험에 대해 자연스럽게 생각하고 액면 그대로 받아들이는 방식에 대한 민감성은 지각적 알아차림이란 무엇보다 지각적 특질에 대한 알아차림이라는 생각을 버릴 것을 요구하는 것처럼 보일 수 있다.[1]

---

[1] 반대의 이러한 일반적인 노선은 스크븐 화이트에 의해 개진되었다(개인적인 소통).

사고의 이러한 노선에 따르면 지각 경험은 (2장 9절에서 논의한 것처럼) **투명하다**. 경험을 성찰하는 것은 경험에 주어진 그대로의 세계를 성찰하는 것이다.

우리가 관점적 속성을 알아차린다는 것은 무슨 뜻일까? 의자를 볼 때 그 의자의 관점적 모양과 크기를 알아차린다는 것일까? 곰브리치(1960~1961)가 제시하는 예는 시사적이다. 샤워 후 김이 잔뜩 서린 욕실 거울 앞에 서 보라. 손가락으로 거울에 비친 자신의 머리 윤곽을 그려 보자. 머리에 대한 시각 이미지가 얼마나 작은지 놀랄 것이다. 하지만 이것이야말로 거울에 비친 머리의 관점적 크기다. 거울에 비친 자신의 모습을 볼 때마다 머리를 이 정도 크기로 본다고 말할 수 있을까?

우리는 여기에서 경험의 진정한 불확정성이라는 문제의 영역에 들어서 있는지도 모른다. 그렇다면 접시가 **정말로** 어떻게 보이는지에 대한 사실이란 것이 있을까? 정말로 타원형으로 보이는가? 아니면 정말로 원형으로 보이는가? 답은 다음과 같아야 한다. 즉 사물이 어떻게 보이는지는 무엇에 관심이 있는지에 따라, 질문 내용에 따라, 조사 방식에 따라 달라질 수 있다는 것이다. 사물이 어떻게 보이는지에 대한, 사고 중립적이거나 관심사 중립적인 사실이란 존재하지 않는다는 의미다. 그것은 상대적이다. 반면 상대적이지 **않은** 것은 접시에 대한 하나의 동일한 경험이 그 안에 (적어도) 이 두 가지 해석의 가능성을 포함해야 한다는 사실이다. 우리는 접시에 대한 우리의 지각적 관계에 관한 이러한 서로 다른 사고방식들 사이에서 전환할 수 있어야 한다.

지각은 사물의 외관이 어떠한지 탐구함으로써 사물이 어떠한지 알아내는 방법이다. 이런 의미에서 외관은 지각의 기초를 이룬다. 3장에서 주장했듯이 이것이 감각 자료 이론에 담긴 진리다. 이것을 받아들인다고 해서 지각적 의식이 감각 자료에 국한된다는 생각을 지지할 필요는 없다. 외관은 그저 감각 자료가 아니기 때문이다. 외관은 사물이 어떠한지의 국면이다. 지각은 세계를 탐구함으로써 세계에 대해 학습하는 활동이다. 이러한 의미에서 외관은 지각을 매개한다. 지각 내용에 대한 설명은 이를 인정해야 한다.

주변을 둘러볼 때 우리는 외관상의 모양, 크기, 색에 대해 일반적으로 성찰하지 않는다. 우리의 주목은 일반적으로 다른 곳, 즉 이런저런 측면에서 사물이 어떠한지로 향한다. 하지만 이것이 우리가 사물이 외관상 어떠한지에 대해 지각적으로 민감하지 않다는 것을 함축하지는 않는다. 실제로 정상적인 지각자들은 원형 접시가 (원형으로 보일 뿐만 아니라) 타원형으로 보이거나, (가까운 나무와 먼 나무의 크기가 같다는 것을 눈으로 보고 알 수 있지만) 가까운 나무가 먼 나무보다 더 커 보인다는 것을, 또는 조명이 변하면 물체의 색이 변한다는 것을 (물론 **실제로는** 색이 변하지 않지만) 설득할 필요 없이 즉각 인정한다는 사실을 생각해 보자. 이는 지각자가 관점적 속성, 그리고 우리가 환경에서 이동함에 따라 이 속성이 변화하는 방식에 암묵적으로 익숙하다는 사실을 보여 준다. 곰브리치의 거울 사례가 다소 놀라운 것은 사실이지만, 이는 관점적 속성보다는 반사의 수수께끼 같은 특성과 더 관련 있을 수 있다. 어릴 때 관점적 그림의 익숙한 "속임수", 가령 간단한 3D 효과를 내는 방법 등을 처음 배울 때 우리는 "아하!" 하는 놀라운 경험, 즉 암묵적인 무언가를 명시적으로 인식하는 만족감을 갖게 된다.

션 켈리와 휴버트 드러 퓌스는 (대화에서) 나의 견해가 현상학적으로 잘못되었다고 비판했다(켈리의 근간 또한 참조). 켈리는 우리가 익숙한 **몰입된 태도**에서 벗어나 사물이 어떻게 보이는지에 대한 관점적 속성에 주목하는, 일종의 분리된 태도를 취할 수 있다는 데에는 의심의 여지가 없다는 입장이다. 분리된 태도에서는 단순히 타원형인 접시의 관점적 모양에 대해 성찰할 수 있다. 반면 켈리와 드레퓌스는 몰입된 태도로 둥근 접시를 경험할 때 동시에 그것을 타원형으로도 경험한다고 생각하는 것은 실수—후설의 실수?—라고 주장한다. 켈리는 색 항등성에 대해서도 비슷한 지적을 한다(4장, 각주 2 참조). 벽을 균일한 색으로 볼 수도 있고 조명 방식의 차이로 인해 색이 변하는 것으로 볼 수도 있지만 벽을 동시에 두 가지 방식으로 볼 수는 없다는 것이다.

이러한 주장은 완전히 잘못된 것 같다. 벽을 볼 때 우리는 벽의 표면 전체에 걸친 색의 분명한 변화 **안에서** 벽의 균일한 색을 본다. 비스듬히 세워진 원형 접시를 볼 때 우리는 타원형 모양 **안에서** 접시의 원형성을 경험한다.[2] 토마토를 볼 때 우리는 토마토의 측면이나 뒷면이 보이지 않는데도 토마토를 전체적이고 입체적인 것으로 경험한다. 지각 연구를 어렵게 만드는 부분적인 이유는 지각 내용의 이러한 이중적인 국면뿐 아니라 일견 지각 내용 안에서 발생하는 것 같은 충돌을 인정해야 한다는 점이다. 이 책에 제시되는 행위 기반 관점은 이 문제를 진지하게 다룬다.

우리가 지각적으로 의식적일 때마다 우리는 (보통 생각하거나 알아차리지 않은 채) 관점적 속성들의 바다에서 이동하며 관점적 속성들을 알아차린다. 사실, 지각적으로 의식적이라는 것은 그것들을 알아차린다는 것이다. 이것이 아마도 비트겐슈타인이 이 장의 시작 부분 명구

---

[2] 3장, 각주 8에서 논의했듯이 볼하임의 "안에서 보기"라는 개념이 여기에서 도움이 된다. 사진 속 사람을 볼 때 우리는 사진과 사람을 동시에 본다.

에서 염두에 두었던 바일 것이다. 인상주의를 대표하여 러스킨([1856] 1971)이 회화에서는 시각적 외관의 **발견**이 필요하다고 주장한 것도 이 사실에 대한 인식 때문이었을 것이다.

지각 내용의 관점적 국면에 주의를 돌리는 것은 세계에 주의를 돌리는 것이며, 따라서 경험이 투명하다고 생각하는 것이라는 점을 강조하는 것이 중요하다. 두 경우 모두 우리는 세계에 주의를 돌리지만, 세계가 생각되는 방식은 다르다. 우리는 우리가 지각하는 세계를 지각 활동의 영역이 아니라 우리의 관심을 끄는 속성과 사실로 구성되거나 이를 포함하는 영역으로 생각하는 데 익숙하다. 우리가 **지각 활동의 영역으로서** 세계에 거의 주의를 기울이지 않는다는 사실이 우리가 지각 활동의 영역으로서 세계 안에 살고 있다는 주장에 반하는 것은 아니다. 지각을 이해하기 위해서는 우리가 지각자로서 거주하고 탐구하는 세계를 우리는 그러한 사실과 속성을 수용하는 바로서가 아니라 (아드리안 커신스의 어구를 빌리자면) 우리의 능동적인 탐구를 **매개하는** 바로서 우선 접한다는 사실에 초점을 맞출 필요가 있다(Cussins 2003). 우리가 우리에게 흥미로운 사실과 속성을 수용하는 바로서 세계를 접하는 것은 우리가 세계를 지각적 활동을 매개하거나 유도하는 바로서 실질적으로 파악하기 때문이다. 이런 의미에서 우리는 세계가 외관상 어떻게 나타나는지, 세계가 우리에게 무엇을 유도하는지 지각함으로써 세계를 지각한다.

다시 한번 강조하지만, 우리가 관점적 속성을 경험한다는 주장은 우리가 사물을 있는 그대로 경험한다는 대립적인 주장에 도전하기 위한 것이 아니다. 왜냐하면 결정적으로, 우리가 세계를 **우리에게 제시되는 대로** 접하는 것은 사물이 외관상 우리에게 지각적으로 어떻게 보이는지와 별개로 사물이 어떠한지와 접하는 것이기 때문이다.

5.3 내용의 두 국면

지각 내용, 즉 철학자들이 표상 내용 혹은 경험이 세계를 존재로 제시하는 **방식**이라고 부르는 것은 이차원적이다. 지각 내용은 사물이 **어떠한지**에 관련해서 **사실적** 차원에 따라 달라질 수 있다. 그리고 사물이 어떻게 **보이는지**(즉 외관상 어떠한지)에 관련해서 **관점적** 차원에 따라 달라질 수 있다. 시각 경험에는 항상 이 두 가지 차원의 내용이 모두 포함된다.[3] 이는 지각이 사물이 어떠한지를 추적하는 방식인 동시에 세계와 우리 사이의 관계를 추적하는 방식이라는 사실과도 일치한다. 따라서 지각은 세계를 향하는 동시에 자기를 향한다.

어떤 경험이 진실한 경험이기 위해서는 반드시 완전히 진실해야만 한다고 일반적으로는 요구되지 않는다. 예를 들어 숟가락이 (가령 물속에 있기 때문에) 사실과는 다르게 구부러져 보이더라도 숟가락을 보는 데 성공할 수 있다. 마찬가지로 지각 경험이 진실한 경험이기 위해서는 그 내용의 두 가지 차원 모두에서 진실해야 한다고 엄격하게 요구되지 않는다. 우리는 종종 관점적으로는 진실하지 않지만 사실적으로는 진실한 시각 경험을 한다. 예를 들어 잠망경을 사용하여 수중에서 누군가를 염탐하는 경우가 이에 해당한다. 잠망경으로 하는 경험은 사물이

---

3   촉각의 경우 "관점"이라는 용어의 개념이 느슨해지긴 하지만 이는 청각과 촉각 같은 감각 양상에서도 마찬가지다.

어떠한지는 제대로 표상하지만, 사물이 어떠한지에 더해 우리가 맺는 관계, 즉 우리 경험의 관점적 내용은 **잘못** 표상한다.[4] 텔레비전으로 실시간 스포츠 경기를 시청할 때, 우리는 무슨 일이 일어나고 있는지 추적할 수는 있지만 관점적으로 진실하지 않은 방식으로 그렇게 한다. 우리는 아마도 하나 또는 그 이상의 카메라의 시점을 채택할 것이다. 결정적으로, 우리는 사건과 우리 사이의 공간적 관계를 진실하게 경험하지 못한다. 스포츠 경기를 진정으로 **본다는** 것, 텔레비전 카메라를 "통해" 또는 텔레비전 카메라에 의해 본다는 것을 부정하는 것은 독단적인 일일 것이다. 그러나 지금 여기에서 일어나는 정상적인 지각과 텔레비전을 통한 지각 사이에 어떤 차이도 없다고 주장하는 것도 마찬가지로 독단적인 일이 될 것이다. 그 차이는 이제 쉽게 설명된다. 사건을 직접 목격할 때, 경험은 사물이 어떠한지뿐만 아니라 사물이 우리와 맺는 관계에서 어떠한지도 추적한다.[5]

그렇다면 경험이 절대적으로(simpliciter) 진실하다는 것은 경험이 사실적 차원과 관점적 차원 모두에서 진실하다는 것이다. 그런데 우리는 진실성만으로는 지각에 충분하지 않다는 사실에 이미 주목했다. 경험이 진실할 수 있는 두 가지 차원이 있는 것처럼 경험이 **진실로 환각적**

---

4 또 다른 예로 거울이 있다. 우리는 백미러로 경찰을 보는데, 경찰을 볼 때 자신을 기준으로 경찰의 위치를 잘못 경험한다. 우리는 이와 같은 경우에 일어나는 관점적 비진실성을 거의 알아차리지 못하는데, 이런 경우에 너무나도 익숙하기 때문이다. 다른 경우 이는 더 분명하게 나타난다. 예를 들어, (적어도 우리 중 일부는) 거울에 비친 차에서 어느 쪽이 운전석 쪽인지 **보기를** 다소 어려워한다. 이 예에 대해 케이시 오캘러한에게 감사한다.

5 TV에서 "실시간"으로 경기를 시청한다는 것이 중요하다. 예를 들어 보안 요원은 폐쇄회로 모니터 상에서 관중들을 주시한다(그리고 본다). 지각 경험에서 시간의 역할을 정확히 파악하기란 까다로운 일이다. 하늘에 있는 별이 더 이상 존재하지 않는다고 해도 그것을 볼 수 있을까?

일 수 있는 두 가지 차원이 있다. 첫째, 사물은 그렇게 보이는 것이 그것이 정말로 그렇다는 사실과 무관한데도 보이는 그대로 드러날 수 있다. 둘째, 사물은 그것이 어떠한지와 우리의 관계가 그것이 어떻게 보이는지에 아무런 영향을 미치지 않는데도 우리와 놓여 있다고 보이는 관계로서 드러날 수 있다.

경험이 단순히 (절대적으로) 진실한 것이 아니라 진정으로 (절대적으로, 또는 말하자면 정상적으로) **지각적**이려면 내용의 두 차원 **모두**에서 올바른 종류의 반사실적 지지에 대한 의존을 유지해야 한다. 사실적 내용에 관한 한 이것이 요구하는 것이 무엇인지는 상당히 분명하다. 즉 사물이 그것이 아니라 다른 사물이라면 다르게 보인다는 것이다. 관점적 내용이 관련될 때 요구되는 것은 무엇일까? (사물 자체가 어떠한지는 변하지 않더라도) 사물이 어떠한지와 우리 사이의 관계가 다르다면, 사물이 다르게 보인다는 것이다. 따라서 사물이 어떻게 보이는지는 세밀한, 그리고 밀접하게 결합된 방식으로 움직임에 의존해야만 한다. 사물이 어떻게 보이는지가 (반사실적 지지의 방식으로) (관련 유형의) 움직임에 의존한다는 의미에서 움직임 의존성이 추가적으로 더 요구된다.

경험을 액면 그대로 받아들이면 사물이 어떠한지에 대해서뿐만 아니라 사물이 어떠한지와 우리 사이의 관계에 대해서도 질문을 제기하는 바로서 경험을 접하게 된다. 따라서 지각자가 되려면 주변 사물이 변화함에 따라 지각 내용이 달라진다는 것, 그리고 주변 사물을 기준으로 우리가 움직임에 따라 지각 내용이 상이한 방식으로 달라진다는 것을 암묵적으로 이해해야 한다.

5.4 지각의 인과관계

철학자들은 지각적(즉 **표상적**) 내용에 대해 다소 지나치게 협소한 개념을 채택하는 경향이 있다. 우리는 이미 3장과 4장에서 이에 대한 한 가지 사례, 즉 관점적 모양, 크기, 색과 같은 관점적 특질을 경험된 세계의 속성이 아니라 경험의 속성으로 생각해야 한다는 가정을 고려했다. 이에 반대하여, 나는 이러한 속성이 경험 안에서 포착될 수 있는 [세계의] 진정한 속성이라도 제안했다. 지금까지 이 장에서는 지각 내용에 대한 이러한 보다 포괄적인 개념이 요구하는 것이 무엇인지 명확하게 설명하고자 했다. 이러한 개념은 지각이 사물이 어떠한지를 접하는 방식일 뿐만 아니라 사물이 지각자**와 관련하여** 어떠한지를 접하는 방식이기도 하다는 점에 대한 인식을 요구한다. 지각 경험은 본질적으로 지각자 중심적이다. 가령 시각 경험은 항상 **어떤 특정 관점에서** 사물이 이러저러하다고 경험하는 것이다. 지각 내용에는 본질적으로 관점적 국면이 있다.

이러한 사실은 지각이 **인과적** 개념인지 여부에 관한 철학의 오랜 수수께끼를 푸는 열쇠가 된다. 그라이스의 원래 제안(1961)에 따르면, S는 o가 F인 시각 경험을 할 때, 오직 그때에만 o가 F임을 본다. o는 F이고, o에 대한 경험은 o가 F라는 사실에 인과적으로 의존한다. 인과적 의존 조항의 요점은 나중에 진실한 환각(veridical hallucination)으로 알려진 사례, 즉 진실한 시각 경험이긴 하지만 진정으로 지각적인 데에는 미치지 못하는 경험의 사례를 배제하는 것이다(Lewis 1980). 그라이스의 예는 다음과 같다. 시계가 선반 위에 있고, 그 시계가 거기에 있다는 진실한 경험을 한다고 가정해 보자. 그런데 그 경험의 원인이 시계가 선반 위에 있다는 사실이 아니라, 가령 최면 후 암시(posthypnotic suggestion)

라고 가정해 보자.[6] 이러한 경우 경험은 진실하지만, 우리는 시계가 선반 위에 있는 것을 보는 데 성공하지 못한다. 이러한 실패는 인과적 의존이라는 요건이 충족되지 않은 탓이라고 그라이스는 설명했다.

그라이스는 분명 뭔가를 파악하고 있었다. 지각은 인과적 개념이다. 그러나 인과 이론은 너무 약하고, 인과 이론을 강화하려는 합리적인 노력은 인과 이론을 너무 강하게 만드는 것 같다는 것이 (그라이스에게도) 곧 분명해졌다. 신경외과 의사가 조작하여 선반 위의 시계와 같은 경험을 산출한다고 가정해 보자. 더 나아가 이 신경외과 의사가 선반 위에 시계가 있는 것처럼 보이게 할 수 있는 것이 선반 위에 시계가 있기 **때문**이라고 가정해 보자. 이 경우 우리의 경험은 인과적 의존 조항을 충족하지만 잘못된 방식으로 충족한다. 표준적인 행보는 올바른 종류의 인과적 의존으로 간주되는 것을 제한하여 이론을 강화하는 것이다(예를 들면 Strawson 1974). 대략적으로 요점은 어떤 경험이 지각의 사례로 간주되려면, 지각 경험이 지각 대상에 의존하는 일반적인 방식으로 그 경험이 그 대상에 의존해야 한다는 것이다. 그밖에 진실이 무엇이든 간에 신경외과 의사의 의도가 매개하는 의존은 정상적인 의존이 아님이 분명하다.

안타깝게도 강화된 인과 이론은 두 가지 문제에 직면한다. 첫째, 지각에 대한 철학적 분석을 올바른 인과관계가 무엇인지에 대한 경험적 발견에 종속되게 한다. 이는 퍼트남 이후의 지적 풍토에서 그리 큰 문제가 되지는 않는다. 이론이 경험과학의 발전가능성을 열어 준다는

---

6 [옮긴이] 최면 후 암시란 최면 상태에서 암시를 걸어 이후 각성 상태에서 암시된 대로 행동하게 하는 것을 말한다.

점은 심지어 미덕일 수도 있다. 반면 두 번째 문제는 더 심각하다. 강화된 인과 이론은 너무 강해서 사물이 어떠한지에 대한 경험의 의존이 비정상적인 모든 경우를 비지각적인 바로서 배제한다. 그러나 그러한 모든 경우를 배제하는 것은 바람직하지 않다. 우리는 매우 비정상적인 형식의 보철 또는 인공 지각의 가능성을 분명 생각할 수 있다.[7]

이러한 어려움에 부딪혀 대부분의 철학자들은 "지각 관계"를 일관되게 분석하려는 시도를 포기하고 다른 문제로 관심을 돌렸다. 나는 철학적 분석 작업을 선호하지 않는다. 철학적으로 흥미로운 개념에 대한 분석(즉 필요충분조건으로 분해)이 있었던 적이 있는지 의심스럽다. 그러나 나는 인과 이론이 어떤 면에서는 분명 옳고 어떤 면에서는 분명 틀렸다고 생각하며, 분석 작업을 거부하더라도 왜 그런지 설명하는 것은 가치 있는 일이라고 생각한다.

여기에서 발전된 지각에 대한 행위 기반 접근은 그러한 설명을 할 수 있다. 인과 이론의 문제점은 올바른 종류의 인과관계를 충분히 상세하게 설명하지 못한다거나 지각이 실제로 무엇인지에 대해 선험적 고려가 아니라 경험적 고려에 의존한다는 데 있지 않다. 문제는 그게 아니라 인과 이론이 지각 경험의 내용에 대해 지나치게 단순한 설명에 의존하고 있다는 점이다. 일단 지각 내용에 대한 설명을 풍부하게 하면 인과 이론에서 무엇이 옳고 무엇이 잘못되었는지, 그리고 이해하기 쉽게 설명하기 위해 인과 이론을 어떻게 수정해야 하는지를 더 잘 이해할 수 있게 된다. 적어도 나는 그렇게 주장한다.

---

[7] 이전 장들에서 살펴본 바와 같이, 지각 및 신경과학에서 인공 지각에 대한 최근의 연구는 이것이 유휴 지점이 아님을 보여 준다. 예를 들면 다음의 Bach-y-Rita 1936 참조.

인과 이론에 담긴 진실은 다음과 같다. 즉 사물이 그러한 방식으로 존재하는 것, 그리고 사물이 그러한 방식으로 존재하는 것으로 사물을 시각적으로 경험하는 것뿐만 아니라, 만약 사물이 그런 방식으로 존재하지 않는다면 그러한 경험을 하지 못할 것이라는 사실이 사물을 볼 때 필요조건이라는 것이다. 인과 이론은 지각 경험, 즉 사물이 어떻게 보이는지가 사물이 어떠한지에 의존한다는 사실을 반영하며, 관련된 반사실적 고려 사항을 지지하는 방식으로 그렇게 한다.

조금만 생각해 보면 사물이 어떻게 보이는지는 사물이 어떠한지**에만** 의존하지 않으며, 바로 앞 단락에서 언급한 조건들의 결합이 진정한 지각을 위한 충분조건이 아닌 것도 이 때문이라는 것을 알 수 있다. 사물이 어떠한지뿐만 아니라 사물이 어떠한지와 지각자 사이의 관계에도 의존하는 지각 내용의 국면, 즉 경험이 사물을 존재로 제시하는 방식의 국면이 있다.

지각은 사물이 어떠한지를 추적하는 방식이기도 하지만, 사물이 어떠한지와 자신 사이의 관계를 추적하는 방식이기도 하다(Hurley 1998; Noë 2002a). 이 점에는 두 가지 측면이 있다. 첫째, 우리는 사물이 어떠한지뿐만 아니라 사물이 여기에서 어떻게 보이는지도 경험한다. 우리는 접시가 둥글다는 경험을 하지만 이와 동시에 여기에서 보면 접시가 타원형으로 보이는 경험도 한다. 여기에서 보이는 접시의 타원형 겉모습은 접시의 진정한 속성이다. 우리는 접시의 모양을 보며 여기에서 접시의 관점적 모양을 본다. 또한 여기에서 보이는 접시의 타원형 겉모습은 "여기"가 어디인지에 의존한다는 점에서 관계적 속성이기도 하다. (타원형 겉모습 같은) 관점적 속성이 경험의 표상 내용에 속한다고 여기는 것은(Harman 1990; Noë 2002a), 경험의 표상 내용에 우리 자신

(또는 적어도 우리의 시점이나 신체적 위치)을 암묵적으로 포함시키는 것이다. 둘째, 지각 경험이 우리가 하는 일에 따라 달라지는 방식을 우리가 추적할 수 없다면 사물이 어떠한지를 우리가 어떻게 추적할 수 있는지 이해하기 어렵다. 우리가 움직이면 접시의 관점적 모양이 달라진다. 내가 주장했듯이, 우리가 움직임에 따라 접시의 관점적 모양이 변화하는 방식을 실용적으로 파악하는 것이야말로 바로 접시가 둥글다고 성공적으로 경험하는 것이다. 보다 일반적으로 말하자면 사물이 어떻게 보이는지(즉 우리가 무엇을 보는지)는 눈을 움직이거나 고개를 돌릴 때마다 달라진다.

핵심은 다음과 같다. 지각 내용의 이러한 **관점적** 국면은 사물이 어떠한지뿐만 아니라 사물이 어떠한지에 대한 우리의 관계에도 의존한다. 지각에 대한 어떤 설명이 사물이 어떻게 보이는지가 우리의 움직임에 의존한다는 점을 무시한다면, 그리고 지각 내용의 독특하게 관점적인 측면을 무시한다면, 그 설명은 지각이 무엇인지에 대한 적절한 설명이 아니다. 이것이 바로 인과 이론의 문제다.

신경외과 의사가 조작하는 경우와 같은 문제 사례를 다시 생각해보자. 270쪽에서 소개된 이 사례의 경우 (선반 위에 시계가 없다면 선반 위에 시계가 있는 것처럼 보이지 않는다는 점에서) 사실적 의존은 유지되지만, 관점적 의존은 실패한다고 가정하는 것이 합리적이다. 이 사례가 기술된 방식을 생각해 보면, 이 사례에서는 사물이 어떻게 보이는지가 지각자의 움직임, 그리고 사물이 어떠한지와 지각자 간 관계의 변화에 미묘하고 세밀한 방식으로 의존하지 않는다고 가정하는 것이 자연스럽다. 관점적 의존이 실패하는 것은 이 때문이다. 그렇다면 신경외과 의사는 어떻게 이러한 종류의 의존을 유지할 수 있을까? 이를 상상하기란 어렵다. 전극이 움직임을 방해하지 않을까? 따라서 우리는 이런 경우 머리와 눈의 움직임이 보이는 것에 아무런 차이도 가져오지 않는다고 자연스럽게 가정한다.[8] 그런데 이것은 곧 관점적 차원에 따른 의존이 실패한다고 말하는 것이며 관점적 차원에서는 경험이 진정으로 지각적이지 않다고 말하는 것이다. 눈과 머리가 움직임에 따라 변하지 않는 경험, 환경과 맺는 관계가 달라짐에 따라 변하지 않는 경험은 그것이 다른 무엇에 대한 경험이건 간에 **시각** 경험은 아니다.

신경외과 의사의 사례를 진정한 지각에 미치지 못하는 바로 간주하는 견해에 대한 이러한 진단이 올바른 노선 위에 있다면, 진정한 지각이지만 마찬가지로 인과적 사슬에서 벗어난 사례를 구성할 수 있어야 한다. 예를 하나 들어 보겠다. 천사가 근처를 맴돌면서 우리의 경험이 사물이 어떠한지와 우리가 하는 일에 반사실적인 방식으로 의존하게 한다고 가정해 보자. 선반 위에 시계가 있는 것처럼 보이는 것은 거기에 시계가 있기 때문이다. 그리고 눈을 조금만 깜빡여도 사물이 어떻게 보이는지에 상응하는 변화가 일어난다. 게다가 천사는 무슨 일이 있어도 이러한 규칙성을 유지하기 위해 최선을 다하고 있다고 가정해 보자. 나는 이것이 보기의 한 방식이라고 말하고 싶다. 물론 확실히 부자연스러운 방식이기는 하지만 이것은 보는 것이다. 그리고 우리가 상상할 수 있듯 이것은 시각 피질과 망막이 손상되어 만약 천사의 개입이 없다면 앞

---

8 사실, 이 사례의 비지각적 특성은 과도하게 결정된 것인지도 모른다. 지각적 의존의 실패만 있는 것이 아니다. 사실적 의존성이 외과의사의 손놀림에 의해 실제로 유지될 거라 상상하는 것 역시 어렵다. 우리는 주변 사물이 어떠한지에 관련하여 일어나는, 거의 눈에 띄지 않는 변화 하나하나에 따라 경험이 달라지지는 않을 것이라고 자연스럽게 가정한다. 철학에서 흔히 그렇듯이, 우리의 직관은 사례를 **충분히 구체적으로 설명되지 않은** 방식에 영향을 받는다.

을 볼 수 없는 경우에도 마찬가지다. 이것은 일종의 신성한 인공 시각일 것이다.

두 번째 예는 데이비드 샌포드가 제시한 것이다(1997). 샌포드는 "놀라운 인간 보청기 크리스"의 경우를 상상해 보라고 한다. 크리스는 초인적인 모방 능력을 가지고 있다. 소리와 대화를 듣고 그 소리를 질적으로 구별할 수 없는 방식으로 반복할 수 있다. 이 능력을 실시간으로 수행할 수 있다고 상상해 보자. 샌포드에 따르면, 일반 보청기를 사용하여 테이블 건너편에 있는 사람의 말을 들을 때 정말 들을 수 있게 되는 것은 그 사람의 말이다. 그러나 크리스를 사용할 때 실제로 듣는 것은 테이블 건너편 사람이 아니라 크리스다. 주관적으로 말하자면 크리스를 사용하는 경험과 최고급 보청기를 사용하는 경험은 구별 불가능하다. 그러나 크리스를 사용하는 경험은 인공적 듣기가 아니다. 샌포드는 크리스 보청기와 기계식 보청기가 반사실적으로는 아주 동등하다는 사실을 곧바로 재확인시킨다.

그러나 이것은 옳지 않다. 반사실적 의존에 관련하여 크리스와 진짜 보청기가 동등하다는 샌포드의 주장은 잘못이다. 이들은 사실적 내용에 관련해서만 동등하다. 이를 이해하기 위해서는 이 사례가 그렇게 기술되어 있듯이 (인간 보청기 크리스의 사용자에게) 소리가 들리는 방식이 가령 테이블 건너편 사람과 크리스 사용자가 맺는 공간적 관계에 의존하지 않는다고 가정하는 것이 자연스럽다는 점을 생각하자. 크리스가 사용자의 귀에 대고 말할 수 있는 한, 사용자의 몸(과 귀)과 테이블 건너편 사람 간의 관계는 사용자가 듣는 것에 아무런 차이도 가져오지 않는다. 이와 대조적으로 정상적인 청력을 가지고 있거나 기존 보청기를 사용하는 경우에는 이처럼 반사실적으로 지지되는 의존이 분명히 드러난다. 즉 예를 들어, 사용자가 고개를 돌리거나 일어나서 방을 가로질러 걸어가면 테이블 건너편 사람에 대한 사용자의 청각 경험은 일반적으로 달라진다. 따라서 나는 크리스가 진정한 인공 지각 수단이 아니라고 제안한다. 이러한 제안은 크리스의 경우 사물이 어떻게 들리는지가 크리스와 사용자 사이의 공간적 관계에만 의존하며 청각 대상과 사용자 사이의 공간적 관계에는 의존하지 않는다는 사실에 기초한다. 사용자는 크리스에게 들리는 소리를 그대로 듣는다. 그러나 크리스의 위치에서 소리가 어떻게 들리는지를 듣는 것은 사용자 자신의 위치에서 소리가 어떻게 들리는지(또는 어떻게 들릴지)를 듣는 것이 아니다. 요컨대 크리스의 경우는 경험이 관점과 움직임에 의존한다는 원칙의 위반을 암묵적으로 전제한다. 이러한 사실은 크리스가 진정한 인공 청각을 가능하게 하지 않는다는 직관에 힘을 실어 준다. 중요한 점은 크리스의 행위주체성에 대한 사실, 즉 듣기의 대상이 (테이블 건너편 사람이 아니라) 크리스라는 사실이 이 사례에 관련된 사실들에 아무런 차이를 가져오지 않는다는 점이다.

우리 귀에 결함이 없다면 우리가 들을 것과 똑같이 들릴 소리를 내는 법을 크리스가 학습한다고 가정해 보자. 크리스는 우리의 움직임과 음원에 대한 공간적 관계의 변화, 그리고 주변 조건을 고려하여 조정된 방식으로 소리를 산출한다. 크리스의 도움으로 우리는 이제 귀가 정상이라면 들을 수 있는 소리를 정확하게 들을 수 있는데 이러한 경험의 사실적 내용과 관점적 내용이 모두 진정으로 지각적인 방식으로 그렇게 한다. (크리스는 고유한 마음이 있는 행위주체이며, 우리는 크리스의 목소리를 들음**으로써** 방 저편에 있는 사람의 소리를 듣지만) 이 경우 크리스는 분명 인공 청각을 가능하게 한다고 나는 생각한다. 이러한 생각은 크리스가 귀에 편안하게 맞을 수 있을 정도로 아주 작다고 상상하면 더욱 직관적으로 받아들일 만하다. 이제 크리스에게는 우리가 주위에서 일어나는 일, **그리고** 그러한 일에 대한 우리의 관계에 반사실적으로 의존하는 청각적 경험을 한다는 사실에 대한 인과적 책임이 있다. 크리스에 의존하는 청각은 필요한 자격을 제대로 갖춘 인공 지각이다.

인과 이론의 문제점은 인과관계를 특정하거나 제한할 수 없다는 데 있지 않다. 신성한 인공 지각과 인간 보청기 크리스 사례가 보여 주듯, 진정한 지각과 양립할 수 없을 정도로 이상하거나 부자연스러운 인과관계란 없다.[9] 문제는 전형적인 까다로운 사례에 대한 설명이 부족하다는 것이다. 이러한 사례의 경우 경험의 전체 내용이 명시되지 않은 채로 제시되기 때문에 관점적 내용이 설명되지 않은 느낌을 준다. 이것은 외과의사의 조작과 같은 사례가 지각의 진정한 사례가 아니라는 판단을 설명해 준다. 이러한 판단은 인과관계와는 아무런 관련이 없다는 점이 중요하다. 관련 있는 점은 지각 경험의 관점적 내용을 수용하지 못하는 점, 지각은 사물이 어떠한지뿐만 아니라 우리가 무엇을 하는지에도 영향을 받는다는 것을 인식하지 못한 점이다.

인과 이론의 문제, 실패는 인과 이론이 지각의 사실적 내용에만 국한된 설명에 의존하는 경향이 있다는 것이다. 인과 이론은 관점적 내용에 아무런 여지를 남기지 않으며 따라서 **지각에서 행위가 담당하는 역할**에도 그렇다.

---

9 그러나 자연계에서는 경험과 세계 간 올바른 종류의 의존관계를 유지하는 유일한 방법이 우리에게 익숙한, 생물학적으로 실현된 표준 방식일 수 있다. 어떤 관점에서 보면 인공 지각 체계는 생물학적 지각 체계와 매우 유사하다. 중요한 점은 이러한 체계의 부적절성이 일반적인 생물학적 체계와 그것이 다른 정도에 정비례한다는 사실이다.

5.5 현상학, 예술, 그리고 경험의 투명성

경험의 투명성 혹은 내비침은 지각 이론에 문제를 제기한다. 감각 경험을 기술하고 성찰하는 것은 경험된 세계**로** 주의를 돌리는 것이다. 경험 자체는 투명하다. 경험을 경험하는 것이란 없다. 세계, 즉 내용과의 만남만이 있을 뿐이다. 그렇다면 경험 자체에 대해서는 성찰할 수 없는 것 같다.

경험에 대한 현상학적 성찰이 있을 수 있을까? 현상학이 존재할 수 있을까? 지각 자체를 우리의 사고와 알아차림의 대상으로 삼을 수 있을까?

이 문제의 역설적 본성을 이해하는 한 가지 방법은 재현적 회화가 직면한 문제와 연관 지어 생각해 보는 것이다. 화가가 어떤 장면을 그리려는 목표를 설정하고 그 장면이 무엇처럼 보이는지를 그림으로 포착하고자 한다면 화가는 (말하자면) 장면 그 자체가 아니라 장면이 여기에서 어떻게 보이는지에 주목해야 한다. 화가는 '편견 없는 눈'으로 장면을 음미해야 한다(Gombrich 1960~1961). 러스킨이 말하듯이 "그림의 모든 기술(技術)적 힘은 **눈의 순수함**이라고 부를 만한 것에 대한 우리의 회복에 의존한다. 즉 색의 이러한 평평한 얼룩을, 마치 맹인이 갑자기 시력을 얻게 될 때 보게 될 것처럼, 그것이 의미하는 것을 의식하지 않은 채 그저 그 자체로 보는, 일종의 어린 아이 같은 지각의 회복 말이다"([1856] 1971, 27).

러스킨이 숙련된 화가의 장면 지각에 어린 아이 같은 것이 있다고 생각한다면 그는 분명 착각하고 있다. 이 점을 이해하고 있던 스트로슨은 감각 자료 이론가들이 주장하듯 지각적 판단을 할 때 우리가 우리의 경험을 "넘어선다"라는 주장은 잘못이라고 말한다. 그는 실제로 "우리는 감각적 경험에 대한 설명의 틀을 잡을 때 지각적 판단에서 (일반적으로) 한 걸음 물러선다"(1979, 46)라고 썼다. 그렇다면 순수한 눈으로 세계를 본다는 것은 우리가 경험을 액면 그대로 받아들일 때 자연스럽게 세계를 바라보는 방식에서 한 걸음 물러나 고도의 소양을 가지고 세계를 바라보는 것이다. 사물이 시각적으로 어떻게 제시되는지에 대한 경험이 아니라 사물이 어떠한지에 대한 지식에 의존하는 고정관념들의 회화적 목록으로 이루어진다는 것이야말로 바로 장면을 그리려는 어린 아이 같은 노력의 특징이다(Gombrich 1960~1961와 비교해 보라). 가령 어린 아이는 풀이 황금빛 갈색으로 보이는 상황에서 풀을 초록색으로 그리고, 사람이 전경에 있고 자동차가 멀리 떨어져 있는데도 자동차를 사람보다 크게 그린다.

역설은 다음에 있다. 사물이 어떻게 **보이는지**, 즉 외관상의 모양과 크기, "색의 얼룩"에 대한 성공적인 묘사는 필연적으로 거기에 무엇이 있는지, 사물이 어떠한지, **그 자체** 그대로의 세계에 대한 성공적인 묘사가 될 것이다. 반면 어린 아이는 거기에 있는 것을 그것이 외관상 어떠한지에 관계없이 그리기 때문에 어떤 의미에서는 그림을 그리는 데 실패한다. 따라서 우리는 우리의 경험이나 생각에 경험 자체를 담아낼 수 없다.

입체파는 행위 기반 직관을 담고 있는 예술 운동이다. 입체파 시대 브라크와 피카소의 그림은 사물이 움직임에 대한 잠재력, 그리고 따라서 감각적 경험을 유도한다는 사실에 주목할 것을 요구한다. 말하자면 사물이 모든 면에서 한꺼번에 드러나기 때문이다. 시각적인 것과 사고가 그림 속에 뒤섞여 있다.

그렇다면 경험에 대한 현상학이 있을 수 있는지에 대한 질문은 경험에 대한 예술이 있을 수 있는지에 대한 질문에 그대로 반영된다.[10]

이 책에서 전개되는 관점에 따르면 현상학과 **경험적** 예술의 과제는 경험을 묘사하거나 표상하거나 기술하는 것이 아니라 세계를 활용 가능하게 만드는 행위 안에서 경험을 보여 주는 것임이 분명하다. 경험은 일종의 활동이며, 이미 살펴보았듯이 지각자가 보유한 감각운동 지식을 적용함으로써 내용을 획득하는 활동이다. 경험적 예술과 현상학의 목표는 우리가 지각할 수 있다는 사실 덕분에 우리가 능숙한 활동에 우리의 주목을 환기하는 것이어야 하거나 환기하는 것일 수 있다(또는 단순히 환기하는 것"이다").

그림, 회화성, 그리고 이들과 지각 사이의 관계에 대한 논의는 상당히 많다. 그런데 이러한 논의들에서는 가령 선그림(line drawing) 같은 그림이 장면을 묘사하는 것은 우리가 묘사된 장면을 볼 때 누리는 표상과 비슷한 표상(가령 망막 이미지)을 그림이 우리 안에 불러일으키기 때문이라는 생각이 반복해서 나타난다. 예를 들어 핑커(Pinker)는 그림은 "실제 물체와 동일한 패턴을 투사하도록 사태를 배열하는 보다

---

10 나는 이 질문을 Noë 2001b에서 다루었다. 이 논문에서 나는 (일부) 예술이 현상학에 기여함으로써 의식의 과학에 기여할 수 있다고 주장했다. 메를로-퐁티도 비슷한 믿음을 가졌다. 그는 예술이 과학보다 현상학적으로 앞선다고 주장했다(Merleau-Ponty 1964; Priest 1998, 206). 메를로-퐁티에 따르면 화가는 눈에 보이는 것을 탐구할 수 있으며, 따라서 세계를 경험된 대로 탐구할 수 있다. 따라서 회화는 우리가 체화되어 있고 "세계 안"에 있다는 사실에 의존하며, 이러한 사실을 조명한다. 메를로-퐁티는 다음과 같이 썼다. "우리는 마음이 어떻게 그림을 그릴 수 있는지 상상할 수 없다. 예술가가 세계를 그림으로 바꾸는 것은 자신의 몸을 세계에 빌려주는 것이다. 이러한 화체설(transubstantiation)을 이해하려면 공간 덩어리나 기능들의 묶음인 몸이 아니라 시각과 움직임이 얽혀 있는, 작동하는 실제 몸으로 돌아가야 한다."(1964, 162; Priest 1998, 210, 프리스트의 번역에서 재인용)

편리한 방식의 문제다"라고 말했다(1997, 216). 우리가 그림을 볼 때 묘사된 장면을 경험하는 것은 그림이 실제 장면이 만들어 낼 바로 그 효과(또는 거의 동일한 효과)를 우리 안에 만들어 내기 때문이다. 핑커는 "뇌가 세계를 번진 안료가 아닌 세계로 보게 하는 가정이 무엇이든 그 가정은 뇌가 **그림을** 번진 안료가 아닌 세계로 보게 할 것"이라고 말한다.(1997, 217)[11]

망막 이미지에서 세계에 대한 기술을 얻기 위해 뇌가 가정을 세워야 한다는 것은 분명하다. 망막 이미지에는 환경 레이아웃을 고유하게 지정할 수 있을 만큼 정보가 충분하지 않다. 핑커는 뇌가 채택하는 몇 가지 유용한 가정을 열거한다.

> 표면은 균일한 색과 질감으로 되어 (즉 규칙적인 결, 직조 또는 얽은 자국으로 덮여) 있으므로 표면 위 표시들의 점진적인 변화는 조명과 관점에 의해 발생한다. 세계에는 평평한 바닥에 평행하고 대칭적이며 규칙적이고 직각인 도형들이 놓여 있는 경우가 종종 있는데, 나란히 놓인 이러한 도형들은 외관상 점점 가늘어지는 것처럼 **보인다**. 이는 관점의 효과로 인한 것이다. 물체의 실루엣은 규칙적이고 조밀하므로 물체 A의 일부가 물체 B로 채워진다면 A는 B의 뒤에 있다. A 앞으로 돌출된 B의 부분이 A의 가려진 부분에 똑바로 들어맞는 우연은 일어나지 않는다. (1997, 217)

---

[11] 핑커의 견해는 볼하임이 회화성의 닮음 견해라고 불렀던 것의 한 예일 수 있다. 이에 대한 논의는 Wollheim 1998 참조. 그는 이러한 종류의 접근 방식의 정교한 예로 Peacocke 1987과 Budd 1993을 인용한다.

회화성 문제에 대한 이러한 접근 방식의 두드러진 특징은 그림의 회화적 힘을 망막 이미지의 회화적 힘으로 설명하는 것이다. 이러한 관점에 따르면 그림을 보는 것은 망막 이미지를 **보는** 것과 같다. 그것은 한 단계 떨어진 시각이다.

헤이즈와 로스도 마의 연구를 바탕으로 비슷한 제안을 했다. 그들은 선그림이 표상을 할 수 있는 것은 그것이 뇌 안에 심리학적으로 실재하는 표상 수단에 상응하기 때문이라고 제안한다. 이들은 "선그림이 시각 체계에 의해 즉각적으로 해석되려면, 시각 체계가 망막에 이미지화된 실제 선그림에서 계산해 낸 선-그림-기술이 선그림 자체와 매우 유사해야 한다"라고 말한다(Hayes and Ross 1995, 344). 즉 시각 체계가 선그림의 회화적 내용을 즉각적으로 해석한다는 사실은 선그림이 묘사된 장면에 대한 뇌 자체의 그림을 닮는다는 사실로 설명된다는 것이다.

이 제안에는 분명히 옳은 부분이 있다. 그림을 캔버스나 종이 등으로 보지 않고 내용이 있는 그림으로 볼 경우 우리는 어떤 의미에서 그림이 묘사하는 것을 **본다**. 따라서 x의 그림을 볼 때의 상태와 x를 실제로 볼 때의 상태 사이에는 어느 정도 유사성이 있어야 한다.

그러나 이전 장들에서 이루어진 논의에 내포된 이유로 나는 이러한 접근 방식의 일반적인 노선에 대해 회의적이다. 지각은 내적 표상을 구축하는 과정이 아니다. 따라서 그림이 어떤 장면을 묘사하는 경우, 그 장면이 실제로 생성하는 종류의 표상을 우리 안에 생성함으로써 그렇게 한다는 것은 타당해 보이지 않는다. (그리고 장면에 대한 경험과 장면의 그림에 대한 경험 사이에는 차이가 있다.)

행위 기반 접근 방식은 회화적 표상에 대해 다소 다른 개념을 제시한다. 그림은 부분적인 환경을 구축한다. 그림은 외관상의 모양과 크기 같은 관점적 속성을 실제로 포함하고 있지만, 실제 사물의 투사로서가 **아니라** 고정적인(static) 요소로서 포함한다. 그림이 무언가를 묘사할 수 있는 것은 그것이 우리가 지각자로서 감각운동으로 파악할 수 있는 실재에 상응하기 때문이다. 그림은 ('단순'의 어떤 의미에서) 매우 단순한 종류의 **가상** 공간이다. 그림과 묘사된 장면의 공통점은 우리가 감각운동 기술의 공통된 집합에 의존하도록 이끈다는 점이다.[12]

이 글에서는 이 생각을 더 자세히 다루지 않겠다. 이것이 올바른 방향인지 아닌지 여부와 상관없이, 내가 여기에서 이 이야기를 하는 이유는 다소간 다른 것으로 주의를 환기하기 위해서다. 지각에서 예술의 중요성을 논하는 대부분의 글은 초점을 **지각 대상**으로서의 사진과 그림에 맞추고, 지각 과정 자체가 회화적 표상(가령 망막 이미지)에 의존하는 방식에 대해 탐구한다. 반면 나는 예술 및 회화성, 그리고 지각 경험 사이의 다소 다른 접점을 제안하고 싶다. 지각에 대해 우리에게 가르침을 줄 수 있는 것은 지각 대상**으로서의** 그림이 아니다. 경험, 또는 경험의 창출 혹은 **행위에 의한 경험의 생성**(enacting)을 조명할 수 있는 것은 **그림 그리기**, 즉 그림의 숙련된 구축이다. 그림 그리기는 경험 그 자체와 마찬가지로 하나의 활동이다. 그것은 세계를 주의 깊게 **바라보는** 활동인 동시에 **우리가 보는 것** 그리고 **우리가 보기 위해 해야 하는 것**을 성찰하는 활동이다.

12 내가 여기에서 간략히 소개하는 회화성에 대한 설명은 재현에 대한 볼하임의 "안에서 보기" 이론과 양립 가능하다. 나는 우리가 그림을 경험하는 동시에 그림이 재현하는 것을 경험한다는 점에서 우리의 경험이 이중적이라는 볼하임의 생각을 지지한다. 우리는 이 두 가지를 동시에 볼 수 있다. 이는 보다 일반적인 지각에서도 마찬가지다. 우리는 사물이 외관상 어떻게 보이는지와 그것이 실제로 어떠한지를 본다. 지각적 의식은 이런 방식으로 접혀 있다. 자세한 내용은 Wollheim 1998 및 [1968] 1980을 참조하라.

인상파 화가들이 생각했던 것처럼 화가는 외관을 발견해야 한다. 하지만 이것이 어떤 종류의 발견인지 이해하려면 세심한 주의가 필요하다. 외관을 발견하는 것은 시선을 감각과 주관을 향해 내부로 돌리는 것이 아니다. 시선을 세계를 향해 바깥으로 돌리는 것이다. 다만 이때 세계는 다소 특별한 방식으로 생각된다. 화가는 세계를 사실과 속성, 사태 등의 영역으로서 주목하는 것이 **아니라** 숙련된 지각 활동의 영역으로서 주목한다.

그림 그리기는 세계에 대해 현상학적 입장을 취한다. 그렇기 때문에 현상학은 그림 그리기 활동에서 현상학 하는 방법에 대한 지침을 얻을 수 있다. 이것은 지각의 투명성이라는 외견상의 역설에 대한 열쇠다. 지각 경험은 투명**하다**. 즉 경험을 성찰하는 것은 필연적으로 우리가 지각하는 주변 세계를 성찰하는 것이다. 하지만 이를 수행하는 방법에는 두 가지가 있다. 하나는 세계를 사실과 상태의 영역으로서 성찰하는 것이다. 그리고 다른 하나는 세계를 활동적인 탐구의 영역으로서 성찰하는 것이다. 세계에 대한 두 가지 사고방식은 경험의 이중적 측면을 반영한다. 현상학은 이 가운데 두 번째 사고방식을 지향한다.

여기에는 두 가지 중요한 함의가 있다. 첫째, 만약 성찰이 일종의 내성이라고 생각한다면 현상학은 성찰이 아니다. 둘째, 행위 기반 관점이 옳다면 현상학에 참여하는 것은 지각 경험(단순한 경험이라고 말하고 싶다면 단순한 경험)이 세계를 제시하는 내용을 획득하는 방식을 연구하는 것이다. 사실 영역으로서의 세계는 우리가 활동 영역으로서의 세계에 거주한다는 사실 덕분에 우리에게 주어지는 것이기 때문이다.

6 경험 속 사고

> 감성이 없다면 어떤 대상도 우리에게 주어지지 않을 것이고, 오성이 없다면 어떤 대상도 사유되지 않을 것이다. 내용 없는 생각은 공허하고 개념 없는 직관은 맹목적이다.
> —임마누엘 칸트

> 이해는 능력과 유사하다.
> —루드비히 비트겐슈타인

6.1 경험은 개념적인가?

지각한다는 것은 단순히 감각 자극을 받는 것이 아니다. 지각한다는 것은 지각자가 이해하는 감각 자극을 받는 것이다. 이러한 칸트식 사고는 이 책의 주요 주제 중 하나다. 칸트와 그의 영향을 받은 최근의 학자들(가령 Sellars 1956, McDowell 1994a)은 이해의 기본 형식이 개념적이라고 본다. 지각 경험은 세계를 이런저런 방식으로 존재하는 바로서 제시한다. 따라서 경험을 하려면 그 경험이 사물을 **어떻게** 존재로 제시하는지 이해할 수 있어야 한다(Peacocke 1983 참조). 그런데 이것은 제시된 특징과 사태에 대한 개념이 있어야 한다는 말과 같다.

일부 지각 내용이 개념적이라는 데에는 의심의 여지가 없다. 적절한 개념적 기술(技術)이 있는 사람만이 그 내용이 있는 지각 경험을 할 수 있다. 발레리나가 무엇인지, 발을 헛딛는다는 것이 무엇인지 모르면 발레리나가 발을 헛딛는 것처럼 보일 수 없고, 뱀파이어가 무엇인지 모르면 뱀파이어처럼 들릴 수 없다. 뱀파이어가 무엇인지 아는 것("트럭은 가끔 쾅 하는 소리를 내는데, 그게 백파이어다")과 백파이어가 무엇인지 **아는** 것("백파이어는 배기 시스템의 공기 누출로 인한 폭발이다")이 있다. 개념 소유에 대한 다양한 기준이 있다고 해서 일부 지각 내용은 지각자가 세계에 관해 아는 것에 따라 정확하게 틀 지어진다는 사실이 바뀌지는 않는다.

모든 지각 내용이 이런 식으로 개념적인가? 이 질문에 대해서는 논란이 좀 더 많다. 지난 몇 년 동안 점점 더 많은 철학자들이 이 질문에 부정적으로 답하는 경향을 보였다. 일부 지각 내용은 **비**개념적이라는 것이다. 예를 들어, 동물에게 '각도' 또는 '중앙에서 오른쪽' 등의 개념이 없더라도 평평하고 회색빛이 도는 표면이 중앙에서 몇 도 오른쪽에 있는 것처럼 보일 수 있다. 이 경험이 세계를 존재로 제시하는 방식을 이해할 수 있는 인지적 기관이 그 동물에게 없더라도, 이 경험은 그 동물에게 세계를 그런 방식으로 존재하는 바로서 진정으로 제시할 수 있다.

근본적으로, 비개념적 지각 내용이 존재한다는 이러한 생각의 기본적인 동기는 모든 지각이 개념적**이라고** 가정하는 것이 지각 경험을 **지나치게 지성화한다**는 비판이다(Hurley 2001). 이러한 비판에 따르면 칸트가 말했듯이 개념이란 가능한 판단의 술어다([1781~1787] 1929, A69/B94). 개념이 있다는 것은 판단할 수 있다는 것이다. 판단은 **이성**을 위한 것이며 **진리**를 목표로 한다(Frege [1918~1919] 1984; Cussins 2003). 진리를 이해하려면 (암묵적으로나마) **진리의 법칙**(즉, 논리)을 파악해야 하며, 사물이 실제로 어떠한지와 단순히 어떠한 것처럼 보이는지 사이의 차이를 파악해야 한다(Davidson 1982). 데이비슨은 언어가 있는 생명체만이 진리 평가가 가능한 사고를 하거나 개념을 가질 수 있다고까지 말했다. 따라서 개념 사용자라는 것은 이러한 모든 것을 할 수 있다는 것을 의미한다. 그러나 문제는 단순히 지각하는 존재가 되는 데에는 이처럼 엄격한 지적 요구가 필요하지 않다는 점이다. 인간이 아닌 비언어적 동물도 지각할 수 있는데, 비언어적 동물은 방금 설명한 복잡한 지적 실천에 분명 참여하지 않는다.

모든 지각 내용이 개념적이라는 논지가 마음을 지나치게 지성화한다는 견해에 대한 두 가지 지속적인 주장이 있다. 첫째, 방금 고려한 기본적인 사고방식이 있다. 동물과 아기는 지각할 수 있지만 개념이 없으므로 지각하기 위해 개념이 필요하지는 않다는 생각이다. 둘째, 지각과 판단의 차이에 근거한 주장이 있다(Evans 1982; Crane 1992). 지각 경험은 판단의 일종이 아니며 판단에 의존하지도 않는다. 즉, p에 대한 지각 경험을 갖기 위해 p라는 판단을 내려야 할 필요는 없다. 그러나 개념은 판단의 산물이다. 즉 칸트가 말한 것처럼 개념은 본질적으로 가능한 판단의 술어이므로 지각 경험을 하기 위해 개념은 필요하지 않다.

2절과 3절에서는 이러한 주장들을 비판적으로 평가한다. 2절과 3절에서 설명하는 이유로 나는 이러한 주장들이 별로 설득력이 없다고 생각한다.

지각 경험의 개념성에 반대하는 세 번째 일반적인 주장이 있다. 경험의 표상적 내용(경험이 사물을 존재로 제시하는 방식)이 완전히 개념적일 수는 없는데, 직설적으로 말하자면 우리가 지각할 수 있는 모든 사물에 대한 개념이 우리에게 있는 것은 아니기 때문이라는 주장이다(Evans 1982; Heck 2000; Peacocke 2001). 이는 엄연한 사실이다. 예를 들어, 우리가 볼 수 있는 모든 색조에 대한 개념이 우리에게 있는 것은 아니다. 경험은 말 그대로 그보다 더 세분되어 있다.

경험의 섬세함에 대한 지적이 타당한 분명한 의미가 있다. 가령 우리에게 색조 **범주**에 대한 개념은 있지만, 어떤 범주에 속하는 **모든** 지각 가능한 색조에 대한 (개별적인 이름이 없는 것처럼) 개별적인 개념은 없다. 마찬가지로, 가령 사람의 얼굴을 볼 때 우리는 다양한 모양과 색상, 질감을 접한다. 그런데 이러한 지각 가능한 특징들 각각에 대한 개념적 지식이 우리에게 있다고 말하기는 어렵다. 하지만 지각 경험을 할 때 우리는 세계에 이러한 모든 특징들이 **있다고** 경험한다. 따라서 비개념적 내용은 분명 존재한다. 다시 말해 지각 경험이 세계를 지각자가 그에 대한 개념을 가지지 않는 존재로 제시하는 방식이 반드시 존재해야 한다.

이러한 결론에 자연스럽게 이르는가? 이는 당연히 "개념"과 "개념적 지식"의 의미에 따라 달라진다.

이 장의 서두에서 언급했듯이, 이 책의 주요 주제 중 하나는 지각하기 위해서는 **우리가 이해하는** 감각 자극이 있어야 한다는 것이다. 하지만 칸트와 그의 영향으로 탄생한 전통과 달리, 내가 기본으로 삼는 이해의 형식은 **감각운동적** 이해다. 단순한 감각 자극은 지각자에게 있는 감각운동 기술 **덕분에** 세계를 제시하는 내용이 있는 경험이 **된다**.

이 장에서 나는 감각운동 기술을 그 자체로 "개념적" 기술, 즉 "원(proto)개념적" 기술로 생각해야 한다고 제안한다.[1] 감각운동 기술은 (맥도웰의 이론과 같은) 칸트식의 지각 경험 이론이 개념에 요구하는 역할 중 많은 것을 수행할 수 있다. 우리가 세계를 제시하는 내용이 있는 경험을 할 수 있는 것은 우리에게 감각운동 기술이 있기 때문이다. 게다가 감각운동 기술은 지각에 대한 설명에서 개념에 의존하는 데 따르는

---

[1] 퍼트남(1992, 1999)은 "원개념"(proto-concept)이라는 이 용어를 동물의 인지능력과 관련하여 사용한다.

반대에 직면하지 않고도 이 역할을 수행할 수 있다. 예를 들어 감각운동 "개념"은 비언어적 동물과 유아도 가질 수 있는 종류의 기술이 분명하기 때문에 동물을 근거로 하는 반론은 성립되지 않는다. 또한 감각운동 개념은 인지적으로 기본적이다. 우리는 이를 자연스럽고 규준적인 개념 사용 관행의 기초로 설명할 수 있다. 이에 대해서는 이 장의 뒷부분에서 다시 다루겠다.

피콕(2001)은 "경험의 세분화된 내용을 특성화할 때, 우리는 특정한 방식으로 주어진 사물이나 사건 또는 장소나 시간을 특정 속성이 있거나 특정 관계에 서 있는 바로서 표상하는 경험 개념이 필요하다. 이때 특정 속성이나 특정 관계 역시 특정한 방식으로 주어진다"(241)라고 말한다. 즉, 그는 "세분화된 현상학을 기술할 때 우리는 어떤 속성이나 관계가 경험 안에 주어지는 **방식**에 대한 개념을 사용해야 한다"(240, 강조는 원작자)라고 말한다. 이는 정확히 맞는 말이며, 이에 따른 구분은 5장에서 도출한 (그리고 관점적 속성에 대한 3장과 4장의 설명에서 예견된) 사실적 내용과 관점적 내용 사이의 차이에 상응한다. 피콕은 어떤 속성이나 특징이 주어졌다는 단순한 사실과 구별되는 바로서 사물이 경험 안에 주어지는 **방식**을 특성화하기 위해서는 비개념적 내용이라는 관념이 필요하다고 생각한다. 사물이 주어지는 방식을 감각운동적 용어로 **이해하는** 것이 이 장과 이 **책**의 과제다. 사물을 이런저런 방식으로 주어진 바로서 경험하는 우리 능력의 기초는 감각운동적이다. 사실 감각운동 용어로 사물을 주어진 대로 파악하는 우리의 능력은 사물을 이런저런 방식으로 주어진 바로서 경험하는 능력뿐 아니라 그렇게 주어진 속성을 표상하는 능력의 기초이기도 하다.

감각운동 기술이 일종의 단순한 개념이라면, 지각 경험은 비록 특별하고 원시적인 종류이기는 하지만 개념적 이해에 의존한다. 여기서 무엇을 말하든, 경험의 비개념적 특성을 옹호하는 많은 주장이 (흥미로운 방식으로) 만족스럽지 않다는 것은 분명해 보인다. 이것이 다음 네 개의 절에서 다룰 주제다.

6.2 동물과 유아를 근거로 하는 반론

앞서 언급했듯이 지각 경험이 개념적이라는 생각에 반대하는 주된 주장 중 하나는 동물과 유아는 지각할 수 있지만 개념성 논제가 지각에 필수적이라고 가정하는 종류의 개념적 기술이 동물과 유아에게는 없다는 사실에 주목한다. 이것이 맞다면 이는 개념성 논제가 지각 경험을 잘못 과장하고 지나치게 "지성화하는" 하나의 방식을 보여 주는 것이다.

인간이 아닌 동물과 인간 유아도 지각 경험을 즐긴다는 것은 의심할 여지가 없다. 또한 아마도 성인 인간에게 있는 "풍부한 규준적 개념 및 추론 능력"이 이들에게는 없는 것도 사실이다(Hurley 1998, 136). 그렇다면 지각 경험은 비개념적이라는 결론으로 이어지는 것 같다. 그러나 이러한 결론은 나오지 않는다. 동물과 유아에게 개념 및 추론적 기술이 전혀 없는지는 결코 분명하지 않기 때문이다.

헐리는 성인 인간의 개념적 기술의 전형적인 특징은 맥락에 구애받지 않고 일반적인 방식으로 개념을 전개하는 능력이라고 주장했다 (Evans 1982에서 논의된 "일반성 제약" 참조). 헐리는 "바나나가 녹색이고 소파가 부드럽다고 판단할 수 있는 개념적 능력이 있는 사람은 원칙적으로 바나나가 부드럽고, 소파가 녹색이고, 모든 바나나가 녹색인 것은 아니며, 바나나가 녹색이면 부드럽지 않다는 등의 판단도 할 수 있다"(Hurley 1998, 133)라고 말한다. 그러나 동물의 개념적 능력도 적어도 어느 정도는 이 "일반성 제약"을 충족하는 것으로 보인다. 예를 들어, 만약 지위를 인식하는 원숭이의 능력이 다른 기회에 마주친 다른 동종의 동물들에게 일반화되지 않는다면, 우리는 원숭이가 다른 어떤 원숭이를 **지위가 높은** 원숭이로 인식한다고 특성화하기를(가령 Cheney and Seyfarth 1990에서처럼 동물행동학자들이 정기적으로 수행하는 작업) 분명 거부해야만 한다. 마찬가지로, 사자가 가젤의 존재에 대체로 반응하지 않거나 나무 그루터기를 대상으로 잠행 행동을 보인다면, 우리는 이를 사자가 특정 상황에서 특정 가젤을 추적하고 있다고 설명하지 않을 근거로 (비록 그 근거가 결정적이지는 않더라도) 삼을 수 있을 것이다. 요컨대, 헐리가 규준성과 전체성의 제약이라고 말하는 것이 동물에게도 영향을 준다고 보는 한, 즉 동물이 의도와 원시적·실용적 합리성에 의해 제약되는 방식으로 환경에 유연하게 반응한다고 보는 한, 우리는 동물이 우리와 단지 정도에서만 다른 개념 및 추론 능력을 어느 정도 가지고 있다고 인정해야 한다.

    아마도 인간이 아닌 동물과 유아에게 "풍부한 규준적 개념 및 추론 능력"을 부여하지 않으려는 욕망의 한 가지 원천은 우리가 우리 자신의 개념적 기술에 대해 지나치게 과장된 개념을 고수한다는 점이다. 우리는 개념 소유를 **사각형**과 같은 개념을 소유하는 모델에 기대어 생각하는데 이러한 개념을 소유하려면, 그 개념의 적용을 지배하고 정당화하는 기준을 알아야 한다. 하지만 모든 개념이 이와 같은 것은 아니다. 규칙 추종에 대한 비트겐슈타인(1953)의 고찰에서 알 수 있듯이, 우리의 개념적 실천의 기저에는 이러한 소크라테스나 프레게 모델에 맞지 않는 개념적 기술이 있다.² 예를 들어 어떤 것을 빨간색이라고 판단할 때, 우리는 기준에 근거해서 그렇게 하지 않는다. 그것이 빨간색이라는 판단의 근거로 우리가 제시할 수 있는 것은 우리가 그것을 볼 수 있다는 사실 외에 없다. 내가 어떤 논증이 타당하다고 판단할 때, 이는 내가 그 논증을 **긍정논법**(modus ponens)의 예로 인식했기 때문일 수 있다. 이 경우 긍정논법을 타당하게 만드는 것이 무엇인지 설명할 의무는 나에게 없다. 타당성에 대한 나의 이해는 이러한 의무를 일반적으로 요구하지 않는다. (이는 가령 **사물을 빨간색으로 만들어 주는 것은 무엇[즉 어떤 물리적 속성]인가? 그리고 긍정논법을 타당하게 만드는 것은 무엇[즉 어떤 메타수학적 속성]인가?**라고 합리적으로 물을 수 있는 입장이 있다고 하더라도 마찬가지다. 왜냐하면 결정적으로, 사물의 색을 결정하거나 논증의 타당성을 평가할 때, 이런 종류의 물리적 입장이나 메타수학적 입장을 취할 것이 요구되지 않기 때문이다.)

여기에서 중요한 점은 이러한 기본적인 개념 기술의 소유가 놀라울 정도로 상황 의존적이고 맥락 한정적이라는 것이다. 우리는 그 이유를 명확히 설명할 수 없더라도 어떤 사물이 빨간색이라거나 어떤 논증이 타당하다는 것을 눈으로 보고 알 수 있다.³ 그런데 이러한 상황 의존

---

2   나는 추가적인 해석 행위에 의존하지 않는 규칙 추종 방식이 있다는 비트겐슈타인의 주장 (1953, sec. 201)이 개념의 적용에 대한 우리의 이해가 종종 이보다 더 즉각적이라는 생각을 표현한 것이라고 본다.
3   일부 사람들은 **빨강**이나 **타당함**과 같은 기본 개념이 비개념적인 근거에 기초하여 적용되는 개념이라고 주장할 수 있다. 이러한 개념을 이해한다는 것은 그 조건 자체에 대한 개념이 없더라도 적절한 조건에서 그것을 적용하는 것을 의미한다. 피콕(1992)이 이러한 견해를 주장한 바 있다. 그러나 이러한 견해는 의심스러워 보인다. 핵심은 이러한 개념이 비개념적인 근거에 기초하여 적용된다는 것이 아니라, 아예 어떠한 근거에도 기반하지 않고 적용된다는 점이다. 비트겐슈타인이 말했듯이, 설명은 결국 끝나는 지점이 있다.

성과 맥락 한정성은 인간의 개념 및 추론 능력이 동물의 훨씬 더 원시적인 기술과 공유하는 것으로 보이는 특징이다.

동물의 특정 인지 기술이 '맥락에 한정된 합리성의 섬'이라는 증거는 동물에게 개념적 기술이 전혀 없다는 주장을 일반적으로 뒷받침하지 못한다. 헐리가 근거로 제시한 예를 생각해 보자.

사라 보이슨의 침팬지 셰바는 일반화되지 않는 도구적 합리성의 섬을 보여 준다. 셰바는 젤리빈이 들어 있는 두 접시 중 더 많은 젤리빈이 들어 있는 접시를 가리킬 수 있었다. 셰바가 가리킨 접시에 담긴 젤리빈은 다른 침팬지에게 가고, 셰바는 다른 접시에 담긴 젤리빈을 얻는 것이 규칙이었다. 그 결과 셰바는 더 적은 젤리빈을 얻게 되더라도 항상 젤리빈이 더 많이 들어 있는 접시를 선택했다. 셰바는 불만스러워 보였지만, 더 많은 양을 얻기 위해 더 적은 양을 가리킬 능력은 없는 것 같았다. 다음에 보이슨은 실제 젤리빈을 접시에 있는 숫자로 대체했다. 그녀는 예전에 셰바에게 1부터 4까지 숫자를 인식하고 사용하도록 가르친 적이 있었다. 셰바는 즉시 더 작은 숫자를 선택하기 시작했고, 그럼으로써 더 많은 수의 젤리빈을 얻었다. 숫자로 대체함으로써 셰바는 젤리빈을 직접 접했을 때는 할 수 없었던 도구적으로 합리적인 방식으로 행동할 수 있는 자유를 한순간에 얻은 것 같았다. 숫자가 다시 젤리빈으로 대체되자 셰바는 다시 더 큰 숫자를 선택하는 쪽으로 돌아섰다. (2001, 426~427)

이 사례가 셰바에게 관련 정량적 개념이 부족하다는 생각을 뒷받침하는가? 그렇지 않다. 이 사례에 대한 기술에 나타나듯 이 사례는 셰바가 성숙한 추론 기술은 부족하지만 한 접시에 다른 접시보다 더 많은 수의 젤리빈이 있다는 것이 무엇인지를 부분적으로는 파악한다는 것을 보여 주는 것 같다. 셰바는 더 많은 수의 젤리빈이 있는 접시를 선택하는데 이것은 그 접시에 더 많은 수의 젤리빈이 있기 때문이며, 셰바는 더 많은 수에 손을 뻗을 수밖에 없기 때문이다(Boyson et al. 1996 참조).

동물과 유아에게 원시적인 개념 및 추론 기술이 있다는 사실을 인정하지 않으려는 두 번째 이유는 사고와 경험에서 개념을 활용하는 것이 무엇인지에 대해 우리가 지나치게 단순화된 개념(실제로는 캐리커처)을 고수한다는 점에 있다. 우리는 개념이 **명시적인 숙고된 판단**(deliverative judgement)이라고 부를 만한 것의 맥락 안에서만 작용한다고 생각한다. 그러나 개념적 기술은 또한 다양한 종류의 추가적인 기술을 소유하기 위한 배경 조건으로 사고에 개입할 수도 있다. 예를 들어, 원숭이에게 친족 집단 구성원이라는 개념이 있다는 것은, 원숭이가 특정 상대를 친족으로 명시적으로 숙고하거나 판단하지 않더라도 친족을 차별적으로 대하는 행동에서 드러난다. 원숭이의 인지적 성취에 대한 이러한 해석은 친족 개념의 소유에 필수적인 것으로 보통 여겨지는 지식(가령 친족 관계의 생물학적 근거에 대한 지식 등)이 원숭이에게는 없다는 사실과 양립 가능하다.

개념 소유에 대한 이러한 사고방식은 개념이 경험에 들어오는 것이 그 개념의 소유자가 그 개념을 적용할 수 있다고 판단했기 때문이 아니라 그 개념을 소유하는 것이 그 경험을 가능하게 하는 조건이기 때문임을 시사한다. 만약 우리가 어떤 사람에게 **개미핥기**라는 개념이 있다고 믿지 않는다면, 우리는 그 사람이 개미핥기에 대한 시각 경험을 한다는 점을 인정하지 않을 것이다.[4] 이는 지각의 맥락에서 숙고된 판단이 이루어지지 않더라도 마찬가지다. 이러한 관점에서 우리는 무엇을 해야 할지에 대한 믿음을 형성하는 이유를 이해하지 못하더라도(즉, 실용적 이유가 완전히 개념화된 이유처럼 추론적으로 자유롭게 적용되지 않더라도) 행동할 이유를 가질 수 있다는 헐리의 생각에 동의할 수 있다. 이러한 가능성은 해당 이유에 개념이 부족하다는 것을 보여 주지 않는다. 왜냐하면 명시적인 숙고된 판단 안에 채택하는 것 외에도 개념을 사고와 추론에 적용하는 방법이 있기 때문이다.

6.3 경험은 판단이 아니다

칸트는 개념이 가능한 판단의 술어라고 주장했다(Kant[1781~1787] 1929, A69/B94). 우리가 개념으로 하는 기본적인 일은 판단에 개념을 적용하는 일이다(즉, 어떤 것이 그 개념에 해당하는지 여부를 결정하는 일이다). 이러한 점을 고려할 때 지각 경험이 개념적이라는 주장은 지각과 판단을 혼동할 위험을 내포하고 있는 것처럼 보인다. 이러한 위험은 실제로 있었다. 적어도 한 명의 뛰어난 철학자는 p를 지각하는 것은 p에 대한 믿음이나 판단을 형성하는 것이라는 견해를 견지했다(Armstrong

---

[4] 이는 개미핥기에 대한 개념이 없더라도 개미핥기를 볼 수 있다는 사실과 양립 가능하다. 드레츠키(1993)를 따라 우리는 명제적 보기(즉 어떤 상황이 그러하다는 것을 보는 것)와 대상 보기(x를 보는 것)를 구별할 수 있다. 지각 경험이 개념적이라는 내 견해가 옳다면, 누군가 x를 보는 경험을 할 때마다, 그는 명제적(따라서 개념적) 내용이 있다고 말할 수 있는 시각 경험을 하는 것이다.

1968).

　이는 명백한 잘못이다. 사물이 항상 본래 모습대로 보이는 것은 아니다. 또한 시각 경험을 할 때, 그 경험이 제시하는 방식대로 사물이 존재한다고 판단하는 **경향이** 우리에게 있는 것도 아니다. 뮬러-라이어 착시의 두 선을 직접 그려 봄으로써 두 선의 길이가 같다는 사실을 알고 있을 때에도 두 선의 길이가 마치 다른 것처럼 보일 수 있다는 점에서 경험은 믿음에 독립적이다(Evans 1982, 123~124).

　그러나 경험이 믿음에 독립적이라는 사실은 개념성 논제를 약화시키지 못하는데, 개념성 논제는 지각 경험이 판단이나 믿음이라는 생각을 지지하지 않기 때문이다. 개념성 논제를 반박하려면 믿음에 대한 독립성이 아니라 믿음에 대한 **무관심**을 입증해야 한다. 이를 입증하려면 지각 경험이 우리가 세계를 어떠한 것으로 여기는지와 아무런 **관련이** 없다는 것을 보여 줘야 한다. 하지만 이를 보여 줄 수 있을 가능성은 거의 없다.

　선의 길이가 같음을 알고 있는데도 선이 같지 않게 보일 수 있다는 사실이 흥미로운 점은 바로 이러한 분리에도 불구하고 경험이 판단에 계속 영향을 미친다는 점이다. 사물이 어떻게 보이는지는 사물이 어떠한지에 대해 어떻게 판단**해야 하는지**와 관련이 있다. 이 점이 중요하다. 우리는 어떤 경험이 p에 대한 물음을 제기한다는 것을 어떤 의미에서 인식하지 않고는 p라는 경험을 할 수 없다. 지각 경험이 믿음에 **비**의존적이라는 점의 중요성은 믿음(또는 판단)과 경험이 체계적이고 합리적으로 연결되지 않는다는 점에 있는 것이 아니다. 사물을 어떤 한 가지 방식으로 표상하는 경험을 하면서 그것을 다른 방식으로 표상하는 믿음을 갖는 것이 **가능하다**는 점에 있다. 즉 판단과 경험은 서로 다를 수 있고 심지어 서로 상충할 수도 있다. 그런데 **상충할 수 있다**고 말하는 것은 그들이 조화로울 **수도 있다**는 것을 의미하며, 이는 이들이 동일한 종류의 내용을 가지고 있음을 시사하는 것으로 보일 것이다. 지각 경험의 내용은 판단**된다는** 의미에서가 아니라 판단**될 수 있다는** 의미에서 개념적이다. 지각 경험은 사물이 경험이 제시하는 대로 존재하는지 여부에 대해 질문을 제기한다. 어떤 경험을 하고 그것을 있는 그대로 받아들이는 것은 사물이 존재할 수 있는 하나의 가능한 방식을 마주하는 것이다.

이런 의미에서 지각 경험의 내용은 프레게([1879] 1980)가 "판단 가능한 내용"(또는 "사고")(Frege[1918~1919] 1984)이라고 불렀던 것이라고 말할 수 있다. 지각에서 우리는 판단 가능한 내용을 "품는데", 지각 경험이 해당 내용이 성립하는지에 대해 물음을 제기한다는 의미에서 그렇다. 경험하는 것은 세계가 존재하는 가능한 방식과 마주하는 것이다. 그렇기 때문에 경험 자체가 곧 판단은 아니지만 경험 자체는 **사고로 가득 차** 있다. 지각은 세계에 대해 **생각하는 방식**이다.

경험이 이런 방식으로 사고로 가득 차 있다고 생각할 만한 근거가 있다. 지각 경험은 (철학자들의 전문적인 의미에서) **지향적**이라는 지각 경험의 기본적 사실 때문이다. 즉 지각 경험은 사물을 이런저런 방식으로 존재하는 바로서 제시한다. 그것에는 내용이 있다. 그것은 세계로 **향하고** 있으며 세계에 **관한** 것이다(Anscombe 1965; Searle 1983). 주어진 지향적 내용이 있는 경험을 어떻게 할 수 있는지 이해하기 위해서는 그 내용을 이해할 수 있는 입장, 즉 그 경험이 세계의 가능한 존재 방식을 어떻게 제시하는지를 이해할 수 있는 입장에 있어야만 한다(Peacocke 1983 참조). 지각 경험이 지향적인 한, 경험은 세계에 **대해 생각하고** 세계**를 이해하는** 우리의 광범위한 역량과 결부되어 있는 것 같다.

이것은 경험이 직접적인가 하는 질문과 관련 있다. 지각에서 우리는 경험이 사물을 제시하는 대로 사물이 존재하는지 항상 질문할 수 있다. 그러나 경험이 사물을 어떻게 존재로 제시하는가 하는 질문은 할 수 없다. 경험은 (적어도 부분적으로는) 그 내용으로 구성되며, 그 내용은 언제나 세계에 **대한** 것이다.

요약하자면, 지각 경험이 개념적이라고 생각하는 한 가지 이유는 경험이 사물을 이렇게 또는 저렇게 존재한다고 제시한다는 사실이다. 경험이 존재로 제시되는 방식에 대한 이해가 필요하다. 지각 경험이 믿음에 의존함을 함의하지 않으며, 경험과 판단을 불합리하게 동화시키지도 않는다. 이러한 가능성이 요구하는 것은 경험의 내용과 사고의 내용이 동일할 수 있다는 것에 대한 인식뿐이다.

6.4 볼 수 있는 모든 것에 대한 개념이 우리에게 있는가?

개념성 논제에 반대하고 비개념적 내용을 옹호하는 가장 설득력 있는 주장 중 하나는 1절에서 간략하게 설명한 경험의 세밀함에 대한 고려에서 시작된다. 이러한 생각은 에반스가 처음 제안했는데, 그는 다음과 같이 썼다. "개념이 끝없이 세분화된다고 가정하지 않는 한, 개념을 적용하는 성향으로 비개념적 정보 상태에 있는 것이 무엇인지에 대한 설명을 할 수는 없다. 그런데 이것이 말이 되는가? 우리가 분별력 있게 결정할 수 있는 색의 색조만큼이나 많은 색 개념이 우리에게 있다는 제안을 정말로 이해하는가?"(1982, 229). 에반스는 우리가 볼 수 있는 모든 사물에 대한 개념이 우리에게 있는 것은 아니며, 경험은 경험에 대한 우리의 생각보다 더 세분화되어 있다고 주장한다. 지각 경험의 풍성함은 우리가 생각으로 포착할 수 있는 바를 훨씬 능가한다. 피콕(1992, 2001) 역시 이 점을 강력하게 주장했다.

1절에서 언급했듯이, 우리가 지각할 수 있는 모든 색조에 대한 개념이 우리에게 있는 것은 아니라는 것은 어떤 의미에서 분명 참이다. 예를 들어 색조 범주에 대한 개념이 있는 것과 같은 방식으로 색조에 대한 개념이 있지는 않다. 앞서 언급했듯 색조 범주(빨강, 노랑, 파랑, 초록)에 대한 이름은 있지만 각 범주에 속하는 모든 다양한, 확정적 사례들에 대한 이름은 없다는 사실이 이를 반영한다. 이러한 사실은 맥도웰이 개진한 주장, 즉 우리는 '개념적 사고 안에 색조를 포용할 준비가 되어 있으며"(1994a, 56), 실제로 "색조가 시각 경험에 제시될 때와 동일한 확정성으로" 그렇게 할 수 있다는 주장에 장애가 될까?

나는 이 질문에 부정적으로 답해야 한다고 생각한다. 다음 절에서 이러한 결론을 뒷받침하는 논거를 제시하겠다. 이에 앞서 무엇이 문제인지 이해하는 데 도움이 될 두 가지 예비 사항을 고려하고 싶다.

첫째, 우리는 개념성 논제를 설명할 때 맥도웰이 어떤 단어를 선택했는지 주의 깊게 살펴봐야 한다. 그는 "우리가 볼 수 있는 모든 색조를 개념적 사고 안에 포용할 준비가 되어 있다"라고 주장한다(1994a, 56). 그는 우리에게 모든 지각 가능한 특징(이 경우에는 색조)에 대한 개념이 (우리에게 어휘가 있는 것과 같은 방식으로) 미리 주어져 있다고 말하지 **않는다**. 따라서 지각 내용이 개념적이라는 주장을 우리가 지각 어휘를 암묵적으로 숙달하고 있다는 주장으로 이해해서는 안 된다. 맥도웰의 주장을 모든 것에 대한 이름이 우리에게 실제로 있다는 주장으로 여길 필요는 분명 없다. 대신 경험이 개념적이기 위해 필요한 것은 경험이 사물을 존재로 표상하는 방식이 바로 **사물이 존재할 수 있는 하나의 방식**임을 이해하거나 인식하거나 인정할 수 있는 능력이라고 생각할 수 있다. 1절에서 언급한 얼굴에 대한 시각 경험을 생각해 보자. 나는 우리에게 얼굴의 지각 가능한 특징들(가령 모양과 질감, 색상) 각각에 대한 개념적 지식이 있다고 말하기 어렵다고 썼다. 하지만 이것이 사실일까? 우리는 이러한 특질들 각각을 (고유명사를 각각 적용하여) 추상적으로 파악하는 것이 아니라 얼굴에 있을 수 있는 특징 또는 얼굴이 보이는 방식으로 생각한다는 의미에서 파악한다고 말할 수 있을 것이다. 이는 보는 것을 사고 안에서 파악하는 한 가지 방법이 될 것이다.

둘째, 지각 내용의 "풍부함"을 잘못 특성화하는 경향이 있다. 지각 내용은 철학자들이 생각하는 것만큼 풍부하지 않을 수 있다. 예를 들어, 시각 경험에 대한 리처드 헥(Richard Heck)의 글을 생각해 보자.

> 바람이 그 위로 지나갈 때 창밖의 나무에 달린 잎들이 내가 보기에는 무작위로 앞뒤로 펄럭이고 있다. 이런 것들에 대한 나의 경험은 그것보다 훨씬 더 정확하게, 그리고 내가 현재 내게 있는 개념을 바탕으로 나 자신이나 다른 이들을 위해 기대할 수 있는 어떤 특성화보다 훨씬 더 뚜렷하게 그것들을 표상한다. 문제는 시간의 부족이 아니라 설명 자원의 부족, 즉 적절한 개념의 부족이다. (2000, 489~490)

헥의 말처럼, 우리의 지각 경험이 내가 "기대할 수 있는 어떤 묘사보다" "훨씬 더 정확하게", "훨씬 더 뚜렷하게" 내 앞에 있는 장면의 세부 사항을 표상한다는 것이 정말 사실인가?

2장에서 검토한 경험적 고려는 이에 대해 의문을 제기한다. **변화맹**(O'Regan, Rensink, Clark 1996, 1999; Rensink, O'Regan, Clark 1997, 2000; Simons and Levin 1998), **부주의맹**(Mack and Rock 1998) 현상은 우리의 경험 내용이 중요한 측면에서 헥의 설명보다 훨씬 덜 상세하고 덜 확정적일 수 있음을 시사한다. 이제는 특히 주변 장면의 시각적 변화가 경험의 특성에 차이를 가져오지 않으면서도 주변 장면이 실제와 시각적으로 다를 수 있는 방식이 매우 광범위하게 존재한다고 믿을 만한 충분한 이유가 있다. 눈을 깜빡일 때마다 누군가(악의적인 조작자)가 책상 위의 서류, 선반 위의 책, 방의 의자, 창밖 나뭇잎의 배열에 변화를 준다고 상상해 보자. 변화맹에 관한 연구에 따르면 이런 일이 발생하는 경우 사람들은 변화를 알아차리지 못할 수 있다. 나중에 이러한 변화를 알아차리게 될 때 자신이 이러한 변화를 놓쳤다는 사실에 충격을 받을 정도로 변화가 클 때조차 말이다. 이 경험적 연구의 결론은 우리가 현전하는 모든 세부 사항을 실제로 경험하고 모니터링하지는 못한다는 것이다. 실제로는 모든 세부 사항을 보지 못한다. 경험, 즉 한순간에 주의 깊게 보는 것의 실제 내용은 훨씬 더 좁고 훨씬 더 빈약하다.

현상학적 고려도 '풍부함'에 대한 헥의 지적을 반대하는 데 힘을 실어 준다. 확실히 우리는 우리 자신이 세부적인 장면을 경험한다고 여긴다. 하지만 우리 자신이 모든 세부 사항을 한순간에 의식 안에 확정적으로 표상한다고 여긴다는 제안은 잘못이다. 세부적인 세계의 현전에 대한 우리의 감각은 우리 돈의 움직임이나 주의의 변화를 통해 그 세부에 접근할 수 있는 우리의 능력에 근거를 둔다. 세계는 지금 우리에게 표상되는 것이 아니라 접근 가능한 바로서 현전한다. (이것이 2장의 주요 주제다.)

그렇다면 시각적 현상학의 특성에 대한 헥의 기술은 신뢰할 수 없는 것 같다. 헥은 가령 "바람이 그 위로 지나갈 때 창밖의 나무에 달린 잎들이 내가 보기에는 무작위로 펄럭이는"(Heck 2000, 489) 방식과 같은, 세부 세계가 경험 안에 시각적으로 주어지는 방식의 확정성을 말이나 생각으로는 특성화할 수 없다는 사실을 고려하도록 한다. 이러한 무능력은 경험이 우리의 개념적, 언어적 자원을 능가한다는 사실을 보여준다고 헥은 생각한다. 그러나 이러한 무능력을 설명할 수 있는 또 다른 방법이 있다. 우리가 경험의 세부 내용을 사고 안에 포착하지 못하는 것은 아마도 경험이 그 모든 세부를 확정적으로 표상하지 않기 때문일 것이다. 시각 현상학의 특성에 대한 헥의 기술은 2장에서 고려되고 거부된 마흐식의 스냅샷 개념과 같은 것에 영향받은 것 같다.[5]

헥은 우리가 경험할 수 있는 모든 특징에 대한 개념을 갖고 있지는 않다는 기본적인 지적을 다른 방식으로도 하고 있다. 가령 그는 (앞서 인용한 구절 바로 앞에서) 이렇게 쓴다. "예를 들어, 지금 내 앞에는 다양한 모양과 색의 다양한 물체들이 놓여 있는데, 나에게는 이들에 대한 개념이 없는 것 같다. 내 책상에는 이름 모를 갈색 색조가 가득하다. 내 컴퓨터 옆 스피커들은 평평하지 않고 곡면으로 되어 있는데 나는 이 형태를 적절한 용어로 설명할 수 없다."(Heck 2000, 489) 헥의 생각에 따르

---

5 피콕(1992)이 제안한 '시나리오 내용' 개념은 이러한 마흐식 사고를 지지하는 것으로 보인다. 지각 경험의 시나리오 내용이란, 경험이 진실하다고 여겨지도록 개인 주변의 공간을 채우는 방식을 가리킨다. 이 관점에 따르면, 시나리오 내용은 비개념적이다. 지각자가 경험을 하기 위해, 그 경험이 진실한 것이 되도록 공간을 채우는 방식을 사고 안에 포착하는 데 필요한 개념을 소유할 필요는 없기 때문이다. 문제는 우리가 실제로 한번에 장면의 모든 것이 채워진 세부 사항을 경험하지는 않는다는 것이다. 따라서 그렇게 채워진 공간이 **경험된 것의 내용**이 된다는 제안은 옳지 않다.

면 우리에게는 이름이 없고 따라서 우리가 시각적으로 지각할 수 있는 단순한 특질조차도 사고 안에 포착할 수 있는 기술(記述)적 또는 개념적 자원이 없다.

이러한 견해는 설득력이 없다. 4장에서 논의한 것처럼 지각 내용은 **처음부터 끝까지 가상적**이라는 사실의 중요성을 명심해야 한다. 한 번에 완전하고 충분하게 주어질 만큼 단순한 특질은 없다. 우리가 주목하는 대상이 아무리 단순하더라도 경험의 장은 한 번에 받아들일 수 있는 바를 능가한다. 이러한 이유로 어떤 지각장(知覺場)도 변화맹으로부터 자유로울 만큼 단순하지 않다. 결론은 **모든** 세부 사항은 표상되는 것이 아니라 접근 가능한 바로서 경험 안에 현전한다는 것이다. 이것의 한 가지 결과는 경험을 그대로 오프라인으로 가져가서 **지금 내 의식 속에 무엇이 있는지**, 즉 현재 고정된 시선에서 접근 가능한 것이 무엇인지 성찰해 보고자 하면, 제거할 수 없는 불확정성에 직면하게 된다는 것이다. 즉 배경이나 시야의 주변부 또는 현전하는 세부의 요소들이 지각에 현전하지만 **불확정적으로만** 현전한다는 사실에 직면하게 된다.[6] 이 책의 일관된 주제인 지각 내용의 가상적 특성은 이러한 불확정성의 특성과 원천을 설명해 준다. 내 앞에 있는 모든 세부 사항은 한순간에 주어지지 **않으며**, 그 모든 것의 현전에 대한 감각은 여기 또는 저기를 바라봄으로써 내가 보는 것을 내가 **결정할** 수 있다는 알아차림에 정초하는 한 필연적으로 불확정적이다. 이렇게 볼 때, 지각자가 경험의 특성을 확실하게

---

6 시야에 대한 마흐의 그림과 관련된 문제 중 하나는 (비트겐슈타인이 지적한 것처럼) 마흐의 그림이 불확정성의 본성을 잘못 나타내고 있다는 것이다. 그는 시야의 극단적인 주변부를 하얗게 사라지는 것으로 묘사하지만, 실제로 주변부는 중심 초점에 있는 것과 연속적으로 경험된다.

기술할 수 없는 것은 필요한 개념적 자원이 지각자에게 없기 때문이 아니며 (오프라인으로 가져온) 경험이 실제로 불확정적이기 때문이다. 헥의 제안은 경험의 세부 사항이나 특질이 사고 안에서 파악될 수 있는 것을 확실히 능가하는 방식으로 주어진다는 사실을 보여 주지 않는다.

6.5 개념적 사고 안에서 행위에 의해 세계 생성하기

이러한 점을 염두에 둘 때 맥도웰의 개념주의적 주장에서 무엇이 문제인지, 이를 어떻게 옹호할 수 있을지 더 잘 파악할 수 있다. 지각 경험을 하는 것은 곧 사고력을 경험하는 것에 향하게 하는 것이다. 즉 경험과 개념화는 **동일한 하나의** 활동이다. 논리적으로나 개념적으로나 어느 쪽도 선행하지 않는다. 칸트가 말했듯이 직관 없는 개념은 공허하고 개념 없는 직관은 맹목적이다. 여기에서 요점은 감각운동 지식의 필요성에 대해 앞 장들에서 지적한 바와 매우 유사하다. 단순한 감각 자극은 경험으로 이어지지 않는다. 우리는 감각운동 지식을 경험**에 적용**하는 것이 아니다. 감각운동 지식을 경험 **안에서** 적용한다. 이러한 방식으로 적용하면, 세계를 제시하는 내용이 없는 단순한 감각 자극에 불과할 수 있는 것을 경험**이 되게** 할 수 있다. 지각 경험은 **곧** 세계를 능숙하게 탐색하는 **양식이다**. 필요한 기술은 감각운동 기술과 개념적 기술이다.

    색들이 공간이나 구조를 형성하는 방식으로 서로 관련되어 있다는 사실을 다시 생각해 보면 이 설명이 어떻게 발전될 수 있는지 알 수 있다(모양과 크기에 대해서도 마찬가지다). 빨강, 초록, 파랑, 노랑, 검정, 흰색 등 색의 기본 요소에 익숙하고 색이 색조, 명도 및 채도의 세 가지

연속적인 차원에 따라 달라질 수 있다는 사실을 이해한다면 색 공간의 한 지점이 주어질 때 다른 지점에 도달하기 위해 필요한 것이 무엇인지 실용적으로 이해할 수 있다. 각 색조에 고유한 이름이 없는 것은 사실이다. 그러나 색 공간의 구조적 균일성은 주어진 색조의 **개념화**를 가능하게 하는데, 이는 이러한 균일성이 **색 개념 공식**을 가능하게 하기 때문이다. 가령 우리는 황록색 색조를 말할 때, 어떤 특정 색조와 비슷한 색조라고 말할 수 있다. 또한 특정 사례에서 우리가 뜻하는 것을 시각적으로 현존하는 특정 색조를 참조함으로써 설명할 수 있다. 맥도웰의 기본 생각은 지각적 지시사(가령 "이 색조", "저 색")를 사용하여 지시사 **개념**, 즉 지각적으로 현존하는 특질로 정의되는 개념을 표현할 수 있다는 것 같다. 우리가 "색조가 시각 경험에 제시될 때와 동일한 확정성으로 색조를 개념적 사고 안에 포용"할 수 있는 것은 이러한 지시사 개념 덕분이다(McDowell 1994a, 56).

이러한 지각적 지시사 개념은 소리테스(Sorites) 역설[7] 문제를 야기했다. 결국, 변별불가능성의 비전이성이라는 익숙한 문제에 비추어 볼 때, "저 색조"를 변별불가능성의 측면에서 정의할 수는 없기 때문이다. 만약 x를 y와 구별할 수 없고 y를 z와 구별할 수 없으며, z를 x와 구별할 수 있다면 y는 두 가지 다른 색조와 동일하다는 결론에 이른다(Peacocke 1992, 83 참조). 그러나 이것은 맥도웰(1994a, 170~171)이 주

---

7 [옮긴이] 연속적인 변화 사이의 불명확한 경계와 모호한 개념을 지적하는 역설로 고대 그리스 철학자 에우불리데스가 처음 제기했다. "소리테스"(Sorites)는 "더미"를 의미하는 그리스어 "σωρίτης"에서 유래한다. 역설의 핵심은 다음과 같다. P1: 모래 한 알은 더미가 아니다. P2: 모래 한 알에 다른 모래 한 알을 더해도 더미가 되지 않는다. Pn: 따라서, 어떤 개수의 모래도 더미가 아니다. 반면 모래더미는 분명 존재한다. 이 경우 몇 알의 모래부터 모래더미로 규정할 것인가? 이에 대한 답은 분명하지 않다.

장했듯 진정한 소리테스 문제가 아니다. 이를 이해하기 위해, 색 견본을 언어의 도구, 상징으로 간주해야 한다는 비트겐슈타인의 발언(1953, 50)을 고려해 보자. 견본은 표준으로서 특정한 역할을 하는 데 사용된다. 견본은 의미를 설명하기 위해 채택되며 따라서 중요한 의미에서 견본에는 그것이 예시하는 데 사용되는 속성이 없다. 예를 들어 빨간색의 견본은 (가령 견본으로 채택된 카드는 빨간색이어야 함에도 불구하고) 그 자체로 빨간색이 아니다. 이런 맥락에서 비트겐슈타인은 표준 미터 그 자체는 1미터가 아니라고 제안했다. 물론 실제 백금 조각(또는 그 무엇이든)의 길이는 1미터다. 금속 조각의 길이는 조건에 따라 변할 수 있다. 그러나 표준 미터의 길이는 변할 수 없다. 해당 막대기의 길이가 변하는 한 그것은 견본으로서 역할을 수행할 수 없다. 견본은 길이가 1미터가 아니다. 길이가 없다. 그것은 지각의 대상이 아니라 설명에 사용되는 상징적 도구다. 1미터라는 것은 미터 표준을 사물에 대었을 때 가장자리가 일치하는 것이다.

색 견본도 마찬가지다. 견본을 참조하여 색 용어를 설명할 때 나는 견본 자체가 내가 정의하는 색 개념의 연장선상에 있다고 말하는 것이 아니다. (색과 관련하여) 견본과 동일한 것은 무엇이든 연장선상에 있다. 그러나 연장의 요소 그 자체는, 말할 필요도 없이, 적합한 견본이 아니다. 따라서 소리테스 문제는 발생하지 않는다. 본질적으로 연장의 요소는 견본으로 사용할 수 없기 때문에 더빙 의식(dubbing ceremony)[8]은 소리테스의 역설 문제를 야기하는 상황과 유사하지 않다. 여기서는 "이

---

8 [옮긴이] 더빙 의식은 기사 작위를 수여할 때 칼로 어깨를 치는 의식을 말한다. 어떤 것을 색의 견본으로 선택하는 행위를 빗대어 표현한 것이다.

것과 이와 비슷한 모든 것은 (색과 관련하여) 빨간색이다"라고 말한다. "이것, 그리고 이것과 같은 모든 것과 같은 모든 것(그리고 무한히 계속되는 이와 같은 모든 것)이 빨간색이다"라고 말하는 것이 **아니다**. 후자의 공식은 연장의 각 요소를 그 자체로 적합한 견본으로 취급하므로 소리테스의 역설 문제를 낳을 수 있다.

우리가 볼 수 있는 모든 색조를 개념적 사고 안에 포용할 수 있는 자원이 우리에게 있음을 이해하기 위한 열쇠는 우리가 접하는 모든 새로운 지각적 특질르 **공식에 따라**(formulaically) 연장될 수 있는 일종의 개념적 역량이 우리에게 있다는 것을 인식하는 것이다. 이것은 합리적인 제안일까?

우리에게 바로 이런 종류의 역량이 있는 것으로 보이는 한 가지 사고 영역을 우리는 잘 알고 있다. 바로 수학 영역이다. 다음을 생각해 보자. 자연수는 무한히 많다. 그런데도 우리에게는 **모든** 자연수에 대한 개념이 있다. 우리의 개념적 범위가 어떻게 이런 식으로 무한대의 대상들로 연장되어 무한대의 대상들을 "포용할" 수 있을까? 답은 수에 구조적 특징이 있다는 사실, 즉 수가 공간이나 체계 안에서 위치를 점유한다는 사실에 달려 있다. 자연수를 이해하기 위해 각각의 자연수에 대한 개념을 미리 개념 창고에 보관하고 있을 필요는 없다. 필요할 때 필요한 개념을 떠올릴 수 있으면 충분하다. 말하자면 우리는 그것을 주문에 따라 만든다. 아마도 우리가 수학적으로 마주칠 수 있는 모든 숫자에 대해 **새로운** 개념을 만들어야 한다고 말하기보다는, 오히려 새로운 숫자를 포용할 수 있도록 익숙한 개념을 연장함으로써 새로운 숫자를 익숙한 개념 아래로 가져올 수 있어야 한다고 말하는 것이 더 적절할 것이다.

우리는 수적 사고가 우리에게 무한히 많은 숫자 개념이나 무한히 다양한 개별 숫자들에 대한 개념이 우리에게 있어야만 한다고 요구하기 때문에 수적 사고가 비개념적이라고 주장하는 논증을 진지하게 받아들이지 않을 것이다. 수학적 사고의 특징 중 일부는 우리가 수학적 이해를 통해 모든 숫자에 대해 미리 만들어진 개별 개념에 접근하지 않고도 "숫자들을 개념적 사고 안에 포용"할 수 있다는 사실이다. 수 개념의 독특한 점은 바로 이러한 공식적인(formulaic) 측면, 즉 수 개념에 해당하는 것이 규칙에서 나온다는 점일 것이다. (비트겐슈타인이 『논고』에서 수란 진정한 개념이 아니라 단지 **형식적** 개념, 즉 형식주의에서 고정된 논리적 구문이 있는 변수에 불과하다고 주장했을 때(명제 4.1272) 그가 의미했던 것이 바로 이것이었을 것이다. 그는 변하는 **수**와 동일한 논리적 구문을 가진 것은 무엇이든 수지만 "___는 수다"라는 것은 사례들의 집합에 적용되는 진정한 술어가 아니라고 생각했다.)

어쩌면 색을 비롯한 다른 지각 가능한 특질들은 수와 같은지도 모른다. 색에 대한 우리의 이해는 이러한 형식적 또는 공식적 측면과 같은 것을 수와 공유할지도 모른다. 우리는 색 공간의 구조적 속성을 이해함으로써 주어진 모든 색조에 대해 그 색조를 이전에 본 적이 없고 따라서 재인식하는 것이 아니더라도 그것을 사고 안에 포용할 수 있다. 이것이 옳다면, 어떤 의미에서 새로운 경험이란 없으며, 또한 그것을 이해하기 위해 완전히 새로운 개념적 장치가 필요한 지각 가능한 특질이란 것도 없다. 마찬가지로 새로운 숫자란 존재하지 않는다. 모든 숫자들의 속성과 모든 경험적 특질들은 체계와 함께 한 번에 주어진다.

숫자와 색의 한 가지 차이점은 언어 용어에 관한 것이다. 우리는 각각의 자연수에 대한 개념을 가지고 있을 뿐만 아니라 각각의 자연수에 대한 용어도 가지고 있다. 우리가 숫자를 표상하는 데 사용하는 상징은 숫자 이름을 무한히 생성하는 재귀적 절차를 포함하고 있다. 이런 종류의 용어가 색에 대해서는 없다는 점은 놀랍다.

하지만 이러한 차이는 외관상의 차이일 뿐이다. 이와 똑같은 방식으로 무한히 확장할 수 있는 상징이 **있다**. 사실, 지각 가능한 모든 색조에 대해 이름이 있는 것은 아니지만, 고정된 시작점(견본)이 주어지면 색 공간에서 어떤 색조라도 정확히 찾아낼 수 있는 언어적 수단이 있다. 따라서 예를 들어 "아니, 이건 내가 원하는 빨간색이 아니야, 이 다른 견본만큼 밝지는 않지만 **더 밝은** 색을 원해" 등과 같은 방식으로 말할 수 있다.

숫자와 색 개념의 두 번째 차이점은 재식별 가능성과 관련된다. 우리는 사고 안에 개별 숫자를 포착해야 할 필요가 있을 때만 필요한 개별 숫자 개념을 구성한다. 하지만 일단 그렇게 하고 **나면**, 어떤 것이 그 숫자**인지**를 결정하는 데 매우 엄격한 기준이 적용되며, 따라서 다른 상황에서 그 숫자를 다시 식별하는 데 문제가 없다. 색의 경우는 다르다. 지각적 지시사 개념은 그 사례에 직면했을 때만, 또는 기껏해야 그 이후 아주 짧은 시간 동안만 파악할 수 있다(McDowell 1994a). 당신이 나에게 색 견본 하나를 보여 주고 다음 날 그것과 약간 다른 견본을 보여 주면 나는 두 번째 견본이 첫 번째 견본과 다르다는 사실을 알지 못할지도 모른다. 이것이 그 개념에 대한 이해가 나에게 없음을 보여 주는가? 사실 나에게는 그 개념이 있었던 적이 없음을 보여 주는가? 이렇게 받아들일 필요는 없다. 그 이유를 알기 위해 두 번째 비유를 생각해 보자.

일부 문제들어는 다음과 같은 특징이 있다. 풀기는 어렵지만 일단 정답을 찾으면 풀었다는 것을 쉽게 알 수 있다는 점이다. 예를 들어 지그소 퍼즐을 생각해 보자. 임의의 조각을 어디에 둘지 결정하는 일반적인 절차를 제시하기 어렵다. 반면 대부분의 조각의 경우, 일단 올바르게 배치하면 그 위치를 분명히 알 수 있다. 이러한 구분은 비결정적 다항식 (또는 NP) 문제라고 알려진 특정 집합의 계산 문제의 특징이다. (비공식적으로 진술되는) NP 함수는 일단 정답을 알면 쉽게 확인할 수 있지만, 일반적이고 비교적 간단한 알고리즘이 없는 함수다. 복잡성 이론의 핵심 이론적 문제는 NP 문제들이 모두 실제로 결정가능한 문제들인지 여부다.

주어진 지각적 지시사 개념이 적용되는지 여부에 관한 질문이 사실상 NP일 가능성에 대해 생각해 보자. 이러한 개념들은 확인 가능하다. 즉 올바른 예가 있으면 해당 개념이 적용되는 것이 분명하다. 그러나 올바른 예가 없는 경우에는 적용 여부를 알기 어렵다.

색에 대한 우리의 개념이 이런 식으로 지각적 지시사 개념으로 채워져 있다면, 주어진 견본이 그 개념의 예가 되는지 여부를 일반적인 규칙으로 결정할 수 없다는 것은 놀라운 일이 아니다. 특히 이 사실은 우리에게 해당 개념이 없음을 보여 주지 않는다. 그것은 단지 이러한 개념이 사용되는 방식이 아닐 뿐이다.

정말로 필요한 것은 제시된 색조가 앞서 본 색조와 동일한지 그렇지 않은지 여부에 대한 질문을 진지하게 받아들이는 것이다. 우리가 알 수 없다는 사실이 그 문제에 대한 사실이 없음을 의미하지는 않는다.

6.6 특질에 대한 감각운동적 이해

우리가 일상생활에서 모양과 색, 질감을 경험할 때 적용하는 지각적 개념은 사실상 숫자가 그런 것처럼 형식적 개념이라고 나는 제안한다. 사고 안에서 "새로운" 숫자를 이해하는 것은 일반적인 구조나 틀 또는 규칙에 대한 이해 덕분에 일반적인 개념을 새로운 숫자로 확장하는 것이다. 앞서 말했듯이 사실상 새로운 숫자란 없다. **모든 숫자는** 체계와 함께 주어진다. 색, 모양, 질감 및 기타 지각 가능한 특질들도 바로 이러한 방식으로 존재한다고 나는 주장한다. 사실상 새로운 경험이란 없다. 모든 것이 익숙하다. 태양 아래 새로운 것은 없다. 모든 것은 우리가 암묵적으로 이해하는 것, 관점적 속성들과 외관상의 색들이 위치한 구조적 공간에 의해 파악된다.

모든 자연수를 개념적 사고 안에 "포용할" 수 있게 해 주는 수학적 원리에 대한 이해가 어떤 종류의 이해인지 어느 정도 명확하다. 그것은 페아노 공리(Peano axiom)[9]에 대한 이해, 또는 흄/칸토르의 등수(equinumerocity) 원리[10]에서 페아노 공리를 프레게식으로 도출한 것에 대한 암묵적인 이해와 같은 것이다. 그렇다면 색과 모양에 대한 우리의 **생성적** 이해는 무엇으로 구성될까? 그것은 (아무리 취약하다 하더라도) **감각운동** 규칙에 대한 우리의 이해로 구성된다.

(3장에서) 나는 모양에 대한 경험은 우리가 물체를 기준으로 움직일 때 관점적 모양이 변하는 방식에 대한 암묵적 이해에 달려 있다고 주장했다. 우리가 접하는 모든 국면에 대한 이름이 우리에게 있지는 않

---

9 [옮긴이] 이탈리아 수학자 주세페 페아노(Giuseppe Peano)가 자연수의 성질을 형식적으로 정의하기 위해 1889년에 제시한 공리 체계다.
10 [옮긴이] "흄의 등수 원리"는 데이빗 흄의 사상에서 영감을 받아 고틀로프 프레게가 발전시킨 개념이다. 이 개념에 따르면 두 집합 사이에 일대일 대응(one-to-one correspondence)이 성립하는 경우 이 두 집합은 "같은 크기"(동등수)다. "칸토어의 등수 원리"는 게오르크 칸토어(Georg Cantor)가 발전시킨 개념으로 흄의 등수원리를 무한 집합에 적용, 확장한 것이다.

지만, 우리는 국면이 변화하는 방식은 파악한다. 이러한 파악은 사실상 어떤 사물이 정육면체 또는 구형**으로서 제시되는** 것이 무엇인지에 대한 파악과 같다. 어깨나 사람의 턱, 엉덩이의 형태에 대한 우리의 파악이 무엇으로 구성되는지 이해하기는 훨씬 더 어렵다. 그러나 이에 대한 이해가 이와 매우 유사한 것으로 구성될 수 없는 이유란 원칙적으로 없다 (이러한 방향의 시도에 대해서는 Koenderink 1984b 참조). 4장에서 주장한 것처럼 색에 대해서도 비슷한 종류의 고려를 할 수 있다. 색에 대한 우리의 이해는 색 결정 조건이 변함에 따라 외관이 변하는 방식에 대한 암묵적인 숙달에 달려 있다.

나는 경험 안에 지각적 특질을 표상할 수 있게 해 주는 이러한 감각운동 기술을 개념적 (또는 원개념적) 기술로 간주해야 한다고 제안한다. 우리는 이러한 기술을 소유함으로써 지각적 특질을 사고 안에 포용할 수 있다. 이러한 숙달은 지금까지 보지 못했던 새로운 것을 익숙하고 통제 가능한 것으로 이해하게 해 준다. 맥도웰이 제안한 것처럼 지각적 특질을 **이해하기** 위해 지각적 지시사 개념을 채택할 때 우리가 활용하는 인식적 역량의 기초는 감각운동 기술이라고 나는 제안한다. 이 제안이 옳다면, 우리가 어떻게 사실상 처음 보는 것에 대해 인식적 역량을 발휘할 수 있는지 이해할 수 있다. 그리고 우리가 그러한 역량을 확실하고 정확하게 적용할 수 있는 범위가 실제로는 매우 좁음에도 (즉, 개념의 사례가 현존할 때만 또는 그 이후 아주 짧은 시간 동안만) 어떻게 우리에게 그러한 역량이 있다고 진정으로 말할 수 있는지 이해할 수 있다.

6.7 감각운동 기술은 정말로 개념적인가?

개념성 논제의 근본적인 문제점은 이것이 경험을 지나치게 지적으로 해석한다는 점이다. 경험의 개념성을 지나치게 지적으로 설명하지 않으려 할 때 가장 큰 걸림돌은 개념 사용 관행에 대한 과도하게 까다로운 설명이다. 2절에서 살펴본 바와 같이, 우리는 모든 개념 사용이 명시적인 숙고된 판단의 형식을 취해야 하고 개념적 기술이 몰맥락적 일반성 수준까지 도달해야 한다는 잘못된 가정을 하고 있다. 개념을 이해하는 것은 실용적인 기술을 소유하는 것과 우리가 생각하는 것보다 훨씬 더 비슷할 수 있다. (이해가 능력과 비슷하다는 비트겐슈타인의 생각은 이렇게 받아들여야 한다.)

개념은 실용적인 기술이며, 일부 실용적인 기술, 즉 감각운동 기술은 단순한 개념이다. 푸앵카레는 내가 염두에 두고 있는 사항의 예를 제시한다.

예를 들어 한 반구는 파란색이고 다른 반구는 빨간색인 구를 생각해 보자. 이 구는 먼저 파란색 반구를 우리에게 드러낸 다음 자전하여 빨간색 반구를 드러낸다. 이제 화학 반응의 결과로 빨간색이 되는 파란색 액체가 들어 있는 구형 꽃병을 생각해 보자. 두 경우 모두 빨간색에 대한 감각은 파란색에 대한 감각을 대체한다. 우리의 감각은 동일한 순서로 서로 이어지는 동일한 인상을 경험했지만, 우리는 이 두 가지 변화를 매우 다른 것으로 간주한다. 첫 번째는 이동으로, 두 번째는 상태 변화로 여긴다. 왜 그럴까? 첫 번째 경우에는 내가 구 주위를 돌아 파란색 반구 맞은편으로 이동하여 원래의 파란색 감각

을 다시 경험하는 것으로 충분하기 때문이다. ([1905] 1958, 49)

구의 회전 및 실제 색 변화에 대한 경험의 차이는 동반되는 감각의 차이에 있지 않다고 푸앵카레는 주장한다. 동반되는 감각의 차이란 결국 없다. 그러한 경험의 차이는 (구뿐만 아니라 우리의) 움직임의 결과로 감각이 달라지는 (또는 달라질) 방식의 차이에 대한 우리의 암묵적인 인식에 있다. 푸앵카레는 이러한 인식 또는 이해가 관찰된 이동과 관찰된 상태 변화 사이의 차이에 대한 파악과 같다고 말한다. 이러한 생각은 다음의 두 번째 예에서 확장된다.

한 물체가 내 눈앞에서 이동한다. 처음에는 망막 중심에 형성되었던 이미지가 이제는 가장자리에 형성된다. 이전의 감각은 망막 중심에서 끝나는 신경 섬유가 전달했으며, 새로운 감각은 망막 가장자리에서 시작되는 **다른** 신경 섬유가 전달한다. 이 두 감각은 질적으로 다르다. 그렇지 않다면, 어떻게 내가 그것들을 구별할 수 있겠는가? 그렇다면 왜 나는 질적으로 다른 이 두 감각이 이동한 동일한 이미지를 표상한다고 판단하는가? 그것은 내가 **눈의 움직임으로 물체를 따라갈 수 있기** 때문이며, 의지적인, 근육 감각을 동반하는 눈의 움직임으로 그 이미지를 망막 중심으로 다시 가져와 처음의 감각을 되찾을 수 있기 때문이다. (푸앵카레[1905] 1958, 49)

여기에서 푸앵카레는 대상과 맺는 지각적 관계가 감각운동 의존의 뚜렷한 패턴에 의해 매개되는 방식을 지각자가 암묵적으로 이해할 때만 시각 경험이 대상을 움직이는 것으로 제시할 수 있다고 설명한다.

이것이 (3장에서 자세하게 살펴본) 이 책의 핵심 주제다. 나는 지각자가 경험 안에 대상의 이동을 표상할 수 있는지에 대한 질문은 지각자가 관련 감각운동 지식을 보유하고 있는지에 대한 질문과 거의 같다고 제안하고 싶다. 그런데 그렇다면 이러한 감각운동 지식이 이동이라는 관찰 개념의 소유를 구성한다고 인정해야 하지 않을까? 감각운동 기술이야 말로 이러한 개념의 소유를 구성하는 기술로 보인다.

이러한 감각운동 기술이 관련 관찰 개념에 대한 이해를 구성한다고 인정하지 않는 한 가지 이유는 해당 기술이 부분적으로 혹은 완전히 전인격적일 수 있다는 점이다. 망막의 신경 섬유 자극 패턴은 지각자의 심리가 아니라 그러한 심리를 인과적으로 가능하게 하는 조건에 속한다. 또한 이러한 패턴은 의식의 역치 아래에서 발생할 수 있다.

감각운동 능력 중 적어도 일부가 전인격적이라는 이러한 사실을 감각운동 능력이 개념적이라는 생각을 결정적으로 반박하는 근거로 삼아야 할 이유를 모르겠다. 이러한 기술이 전인격적이라 하더라도, 이러한 기술의 귀속은 개념적인 것의 영역을 특징짓는 전체성과 규준성에 대한 고려에 따라 결정된다. 다음과 같은 추가 조건이 충족되지 않는 한 대상이 시각적으로 이동하는 경험을 했다고 인정하지 않는다. 즉 대상이 시각적으로 이동했다고 경험할 수 있는 지각자는 가령 눈을 감으면 대상이 시야에서 사라질 것을 예상하고, 대상의 움직임을 대상을 기준으로 한 자신의 움직임과 구별할 수 있다. 여기에서 감각운동 기술을 갖는 것은 관련 관찰 개념을 갖는 것과 같다.

6.8 맥락 의존성: 켈리에 대한 답

켈리(2001)는 개념주의 논제에 반대하는 또 다른 주장을 제시한다. 켈리는 반개념주의자가 우리가 경험할 수 있는 모든 특질에 대한 개념이 우리에게 있지는 않음을 입증하는 데 성공하지 못할 수도 있음을 인정한다. 그러나 그는 여전히 경험의 차이에는 표상적(경험이 세계를 존재로 제시하는 방식의 차이)이지만 개념적이지 않은 방식이 있을 수 있다고 주장한다. 켈리는 색 항등성 현상으로 이를 설명한다. 예를 들어, 우리는 벽의 직사광선이 비치는 부분을 그림자가 진 부분보다 더 밝게 경험하지만, 여전히 벽을 균일한 흰색 색조로 본다. 켈리가 강조하는 중요한 점은 우리가 벽의 색을 경험하는 방식에 차이가 있지만, 이 차이가 우리가 벽을 어떤 색으로 경험하는지의 차이는 **아니라는** 점이다. 색 항등성은 경험이 사물을 (색과 관련하여) 제시하는 방식에 차이가 있더라도, 그 차이가 어떤 (색) 개념이 적용되는지에는 영향을 미치지 않음을 보여 준다.

켈리가 색 항등성 현상에서 주목하는 더 큰 의미는 이 현상이 지각 경험이 맥락에 따라 달라질 수 있음을 보여 준다는 점이다. "물체의 색을 지각하는 경험을 완전하고 정확하게 설명하기 위해서는 그 색이 지각되는 조명 맥락을 언급해야 한다."(2001, 607) 색 개념이 아무리 세분화되더라도, 동일한 색에 대한 경험이 다르게 나타나는 방식을 포착할 수는 없는데, 이러한 차이는 색의 차이가 아닐 수 있기 때문이다. 우리가 볼 수 있는 모든 색에 대한 개념이 실제로 있다고 하더라도, 여전히 분명한 점은 색과 관련된 방식에서 색 경험이 다를 수 있지만 이러한 차이가 색 개념을 적용하는 방식의 차이와 반드시 일치하지는 않는다는 점이다.

　이에 대한 한 가지 반응은 켈리가 염두에 둔 색 경험의 맥락에 따른 차이는 모두 조명의 역할에 달려 있다고 보는 것이다. 그러나 개념주의자는 경험에서 나타나는 이러한 차이가 개념적 내용의 차이이며, 관련 개념은 색 개념이 아니라 조명 개념이라고 답할 수 있다(Peacocke 2001).

　두 번째 반응은 더 예리하다. 켈리는 "모든 지각 심리학자들이 동의하듯 이러한 변화가 색의 변화가 아니라는 것이 옳다면(따라서 "색항등성"이라는 이름이 옳다면), 어떤 색 개념도, 심지어 지시사 개념도, 색 경험의 내용을 완전히 포착할 수 없을 것이다"(2001, 607)라고 썼다. 모든 지각 심리학자들이 (적어도 일정한 범위 안에서는) 색 항등성이 있다는 데 동의하는 것이 사실일 수 있지만, 이는 켈리의 주장을 뒷받침하는 데 큰 도움이 되지 않는다. 문제는 켈리가 색 항등성 현상을 급진적으로 해석한다는 점이다. 4장에서 주장했듯이 (특히 켈리의 견해에 대해 논의하는 각주 2 참고), 상상된 시나리오에서 우리가 벽의 색이 균일하다는 것을 볼 수 있음은 사실이다. 그러나 이러한 사실이 우리가 벽의 색이 표면 전체에 걸쳐 다르다는 것 또한 볼 수 없음을 함의하지는 않는다. 색은 분명하고 확정적인 의미에서 눈에 띄게 불균일할 수 있다. 예를 들어, 이쪽 벽의 색은 먼셀 색상표의 한 조각과, 저쪽 벽의 색은 다른 조각과 일치할 수 있다. 따라서 벽의 그늘진 부분의 색과 직접 조명을 받은 부분의 색에 대한 경험의 차이가 벽의 색에 대한 경험의 차이가 아니라는 말에는 오해의 소지가 있다. 행위 기반 관점은 벽의 실제 색은 바로 색 임계 조건(가령 조명)이 변함에 따라 벽의 외관이 변화하는 방식이라고 제안함으로써 이를 설명한다.

5장에서 논의했듯 지각 내용에는 두 가지 측면이 있다. 사실적 내용(경험이 사물을 존재로 제시하는 방식)과 관점적 내용(사물을 특정 지점에서 보이는 바로서 제시하는 방식)이다. 켈리가 주의를 환기하는 차이는 관점적 내용에서 나타나는 차이인데, 정확히 말하면 **색** 경험에서 나타나는 관점적 차이다. 이러한 특징은 실제로 맥락 의존적이다(결국, 이러한 특징은 시점 의존적이며, 관련 의미에서 시점은 대체로 맥락을 확정하는 요소다). 그러나 이러한 맥락 의존성, 그리고 여기에서 차이는 외관상의 **색**(또는 외관상의 모양 등)에서 나타나는 차이라는 사실은 서로 충돌하지 않는다. 따라서 이러한 고려 때문에 이러한 맥락적 요소를 비개념적 용어로 이해해야 한다는 생각은 타당하지 않다.

6.9 활동 궤적

아드리안 커신스(2003)는 여기에서 논의하는 문제와 밀접하게 관련된 문제를 고려하면서 오토바이를 얼마나 빨리 운전하는 중인지 알 수 있는 두 가지 방법을 생각해 보기를 권한다. 얼마나 빨리 운전하는 중인지 아는 한 가지 방법은 가령 시속 55마일로 운전하고 있다는 사실을 아는 것이다. 이 경우, 커신스가 설명한 것처럼, 이때 속도는 진리 메이커로서, 즉 우리가 55마일로 가는 중이라는 것을 진리로 만든다. 속도가 주어질 수 있는 (얼마나 빨리 달리는 중인지 알 수 있는) 두 번째 방법은 진리 메이커가 아니라 "조절판 손잡이를 잡은 오른손에 느껴지는 회전 압력, 브레이크 페달이나 레버와 접촉하는 손가락과 발의 긴장감, 도로의 진동감과 바람의 돌진, 표면의 시각적 돌진, 목전의 환경이 특정 동작들을 **유도하고** 다른 동작들에 **저항하는** 방식에 대한 감각 등 세계와의 숙련된 상호작용의 요소, 즉 이러한 압력감과 민감성을 조정하는 데 필요한 것에 대한 **체화된 그리고 환경에 관련된 지식**이다"(Cussins 2003, 150).

커신스는 이 예로써 그가 **객관적** 지식과 경험적 지식이라고 부르는 것을 구분하고, 이 둘 사이의 차이가 크다고 제안한다. 객관적 지식에서 세계는 속성과 사태의 독립된 영역(참조 영역)이다. 세계에 대한 이런 방식의 사고는 진리 규준의 지배를 받는다. 반면 경험적 지식에서 세계는 독립된 영역이 아니라, 움직임과 행위, 경험의 가능성을 유도하는 영역, 커신스의 용어로 달하자면 "중개 영역"이다. 도시를 가로질러 운전할 때의 빠르기에 대한 지식은 상호작용의 요소에 대한 지식이며, 운전할 때 도시에 대한 지식은 산책로와 길, 장애물과 로터리로 구성된 도시에 대한 지식이다. 커신스는 객관적 지식은 진리와 명제적 표상을 지향하는 개념적 지식이며, 경험적 지식은 표상과 진리가 아닌 행위와 경험을 지향하는 비개념적 지식이라고 생각한다.

따라서 커신스에게 개념적 내용과 비개념적 내용의 구분은 표상을 위한 지식과 행위를 위한 지식의 구분과 같다. 경험은 세계를 사고의 영역이 아니라 활동의 영역으로 제시한다. 활동의 구조는 활동의 환경을 통과하면서 우리를 안내하거나 이끄는 **활동 궤적**(trail)으로 구성된다(고 커신스는 설명한다).

이러한 문제에 대한 커신스의 접근 방식은 깊이 있고 독창적이다. 그는 진리의 인도와 활동의 인도, 두 가지 형식의 인도가 모두 우리의 인지적 삶에 기본적이고 본질적이라고 강조한다. 철학적 오류는 어느 한쪽에 특권을 부여하는 데서 비롯된다고 주장한다. 나는 이러한 견해에 공감한다. 그러나 나는 객관적 지식과 경험적 지식을 그렇게 깔끔하게 구분할 수 있다고 생각하지 않으며, 경험적 앎을 비개념적으로 생각해야 한다는 주장에 동의하지 않는다.

사고와 진리 추구 역시 행위의 궤적과 가능성으로 구조화된 **활동**이다. (커신스는 실험실의 궤적을 이야기할 때 이를 암묵적으로 인식하고 있다.) 그리고 경험은 이중 구조 때문에 더 복잡할 수 있다! 경험 자체는 행위의 기회를 유도하는 세계로 향하는 동시에 사고의 기회를 유도하는 세계로 향한다.

이를 이해하는 한 가지 방법은 오토바이 예로 돌아가는 것이다. 여기서 중요한 사실은 자신이 얼마나 빨리 달리는 중인지 아는 두 가지 방법 모두 정확히 말하면 "아는 방식"이며, **자신이 얼마나 빨리 달리는 중인지**, 즉 상황이 어떤지를 아는 방식이라는 점이다. 그런데 이를 인식한다는 것은 어느 수준에서는 이러한 알아차림의 양상들 모두가 동일한 방식으로 알려진 세계를 구조화한다는 사실을 인식하는 것이다. 그리고 이것은 실용적인 것과 이론적인 것에 대한 우리의 상식적인 생각과도 일치한다. 예를 들어 자신의 지식 주장의 근거가 객관적인 것이 아니라 경험적인 것일 때 자신이 얼마나 빨리 운전했는지에 대해 증명할 것을 요청받는 사람을 쉽게 상상해 볼 수 있다. 음악은 이 두 가지 형식의 지식이 만나는 것으로 보이는 영역이다. 음악 이론을 전공하지 않았더라도 음악적 사실과 관계들을 이해할 수 있다. 객관적 지식은 음악 활동에 대한 숙달을 바탕으로 한다. 운전도 마찬가지다.

커신스에 대한 나의 반대는 다음과 같은 점에서 중요하다. 지식의 종류에서 중요한 구분을 사고(객관적인 것, 참조 영역으로서 세계)와 지각(경험, 매개 행위로서의 세계)의 구분에 두는 것은 잘못이다. 가장 중요한 구분은 지각 경험 **안**에서 이루어져야 하는데, 이 구분은 5장에서 논의한 내용의 사실적 차원과 관점적 차원의 구분이다. 경험은 상황이 어떠한지를—예를 들면 사슴이 초원에서 풀을 뜯는 중인 상황—제시한다. **그리고 여기에서 세계가 어떻게 보이는지**를 제시한다. 이 책의 주장이 옳다면, 경험이 **사물이 어떠한지**를 제시하는 것은 사물이 어떠한지와 우리의 움직임에 따라 사물이 보이는 방식이 변화하는 것 사이의 관계를 우리가 이해하기 때문이다. 이러한 이해는 감각운동적인데, 이것이 이해의 한 형식이라는 점이 중요하다.

커신스의 구분은 수영, 게임 플레이 등 실용적인 노력과 이론적 탐구 사이의 차이를 잘 보여 준다. 그러나 경험 자체는 이러한 범주 중 어느 하나에 쉽게 자리매김할 수 없다. 실제로 경험은 두 가지를 모두 포괄한다. 나는 경험이란 **사고로 가득 찬 활동**이라고 주장했다.

6.10 자연세계 속 이해

이 마지막 절에서는 개념적 기술의 기초를 생각해 보겠다. 지금까지 언급하지 않은, 비개념적 내용을 옹호하는 주장이 있다. 이 주장의 기본 형식은 경험주의인데, 여기에서 개념들은 비대칭적인 관계에 서 있는 것으로 간주된다. 어떤 개념은 그 개념을 이해하려면 그 개념을 구성하는 더 간단한 개념을 이해해야 한다. 따라서 예를 들어, 기하학적 개념인 **정사각형**을 이해하려면 **선**과 **각도** 개념을 이해해야 한다. 그러나 선이 무엇인지 이해하기 위해 사각형이 무엇인지 알아야 할 필요는 없다. 그렇다면 어떤 개념은 그 적용이 매우 기본적이어서 다른 개념에 의존하지 않는다는 결론이 나오는 것 같다. 이러한 개념을 이해하는 사람은 이러한 개념을 구성하는 개념들이 적용되는 특정한 상황에서가 아니라, 단순히 이러한 개념이 적용될 수 있을 때 그것을 적용한다. 따라서 이러한 개념의 기초는 비개념적임이 분명하다.

피코크(Peacocke 1992)는 지각 개념(**관찰** 개념)이 원시적일 수 있으며, 바로 이런 방식으로 비개념적인 기초에 의존할 수 있다고 말했다. 예를 들어, **빨간색**이라는 개념을 이해하려면 올바른 종류의 경험(올바른 종류의 질적 특성이 있는 경험)에 직면할 때 그 개념이 올바르게 적용된다는 것을 알아야 하는데, 스스로 이러한 종류의 경험을 하기 때문에 알아야 한다. 그러나 해당 경험의 질적 특성에 대한 개념이 반드시 있어야 할 필요는 없다. 이러한 경험을 통해 이미 기초에 도달한 것이므로 이해에 더 이상 필요한 것은 없다. 피코크가 이러한 주장을 한 이유는 부분적으로 우리가 어떤 것을 빨간색으로 경험하는 근거가 되는, 경험을 개념화하는 데 사용할 수 있는 후보 개념이 당장 존재하지 않는다는 인식 때문이다. 경험 자체를 개념화하려면 어떤 종류의 개념을 사용해야 할까? 역사적으로 표준적인 행보는 경험을 가령 무언가가 **빨갛게 보임**에 대한 경험으로 특성화하는 것이다. 하지만 여기에는 분명한 문제가 있다. **빨간색**에 대한 이해가 무엇으로 구성되는지가 **빨간색으로 보임**에 대한 우리의 앞선 이해로 구성된다고 가정할 경우, **빨간색**에 대한 우리의 이해가 무엇으로 구성되는지에 대한 설명은 성공하지 못한다. 왜냐하면 우리는 **빨간색**과 구별되는 **빨간색으로 보임**을 독립적으로 또는 미리 앞서서 이해하지 않기 때문이다.

피코크는 단순한 추론의 논리적 개념 같은 비지각적 개념의 원시성에 대해서도 비슷한 주장을 한다. 가령 긍정논법(modus ponens)을 이해하는 사람은 "만약 p이면 q이고, p이다"로부터 q를 추론하는 경향이 있다. 피코크는 이러한 추론은 긍정논법보다 더 원시적인 어떤 것이 아니라 바로 긍정논법에 대한 원시적인 이해에 기초한다고 주장한다.

　　이제 우리는 지각 개념에 대한 피코크의 설명을 비판할 수 있는 입장에 서 있다. 첫째, 우리는 이미 4장에서 단순한 감각질이 존재하며, 그 현존이 색 개념의 적용을 결정한다는 생각을 거부했다. 둘째, 이 장의 주제와 더 직접적으로 관련된 점은 지각적 개념 또는 관찰 개념의 근거가 비개념적이 아니라 감각운동적이라는 점이다. 관찰에 기초하여 어떤 것을 정육면체로 경험하는 것은 그것을 실제의, 그리고 가능한 움직임에 따라 특별한 방식으로 변화하는 경향이 있는 어떤 것으로 경험하는 것이다. 감각운동 상호의존성의 이러한 원리 또는 법칙은 **정육면체** 개념에 대한 사전 지식에 의존하지 않으며, 오히려 이 개념을 부분적으로 구성한다.

　　감각 자료 문제에 대한 익숙한 대립을 다시 한번 생각해 보자. 감각 자료 이론가는 우리가 정육면체 전체를 정말로 본다는 사실을 부정하며, 경험을 **정육면체에 대한** 경험으로 묘사할 때 우리는 경험 안에 주어진 것을 **넘어선다**고 주장한다. 정육면체의 3차원성은 **주어진** 것이 아니기 때문이다. 직접적 실재론자는 바로 정육면체의 현존이라는 면에서 경험은 실제로 우리에게 주어진다고 답한다. 경험에서 정육면체의 현존을 추출한다고 해서 순수한 감각 자료에 대한 경험이 남지는 않는다. 경험과 유사한 어떤 것도 남지 않는다. **정육면체**라는 개념이야말로 경험에 **내용**을 부여하기 때문이다.

　　우리는 직접적 실재론자가 전적으로 옳을 수는 없음을 보았다. 우리는 정육면체 전체를 볼 수는 **없고** 마주 보는 면만을 볼 수 있기 때문이다. 그러나 결정적으로, 정육면체 전체의 현존에 대한 느낌은 **감각적**

6 경험 속 사고

이며, 바로 이 점에서 직접적 실재론자는 다시 앞선다. (물론 정육면체 전체를 보는 것은 불가능하지만) 우리는 **마치** 정육면체 전부를 보는 것만 같다는 것이다. 우리가 정육면체의 3차원적 현존을 감각할 수 있는 것은 일종의 **감각운동적** 이해 덕분이다. 이런 식으로 감각운동 지식은 관찰 개념 **정육면체**의 기초를 이룬다.

2장에서는 토마토의 가려진 부분에 대한 우리의 감각이 옆방의 현존에 대한 우리의 감각과 대조되는 것을 관찰했다(이러한 관찰은 O'Regan and Noë 2001a, b를 기반으로 했다). 우리가 토마토와 맺는 관계는 감각운동적 관계로 매개되는 (가령 눈을 깜박이거나 고개를 돌리면 관계에 차이가 발생) 반면, 옆방과 맺는 관계는 단순히 생각으로 매개된다(눈을 깜박이거나 고개를 돌린다고 해서 차이가 발생하지 않음). 토마토 측면의 현존이 **감각적**이라는 점은 옆방의 경우 그 현존은 그저 생각될 뿐이라는 점과 대비될 때 잘 설명된다.

물론 여기에서 경계는 분명 선명하지 않다. 2장에서 언급했듯 결국 감각운동적 관계는 옆방과의 관계도 매개한다. 나는 일어나서 몸을 움직이고 고개를 돌려서 옆방을 시야로 가져올 수 있다. 이런 의미에서 **사고로서** 사물의 현존과 **경험되는 바로서** 사물의 현존은 종류가 아니라 정도에서만 다르다.

이는 세계와 사고로 맺는 관계와 경험으로 맺는 관계가 종류가 아니라 정도에서 차이가 있을 가능성이 더 크다는 점을 시사한다. **절대** 공간에 대한 이해의 기초가 신체적·자기중심적 공간에 대한 이해라고 푸앵카레가 주장했을 때 아마도 그는 이러한 점을 염두에 두고 있었을 것이다. 흄, 카르납, 비엔나 학파 같은 경험론자들이 세계에 대한 경험이 세계에 대한 사고의 근거라고 본 것은 옳았다. 그러나 우리의 생각이 옳다면 그들은 이 사실의 중요성을 잘못 이해했다. 원초적인 것은 (감각, 관념 등) 감각적 특질이 아니다. 감각운동적 이해야말로 원초적이다. 감각운동적 이해는 일종의 이해다. 세계에 대해 사고하는 능력의 뿌리는 세계를 경험하는 능력이며, 경험은 숙련된 만남의 양식이다.

7 마음속 뇌: 결론

> 우리는 시력이 뇌와 연결된 눈에 의존현다고 들었다.
> 자연시력은 땅이 지탱하는 몸 위에 있는 머리의 눈에 의존하며,
> 뇌는 완전한 시각 체계의 중심 기관일 뿐이라고 나는 제안한다.
> —제임스 J. 깁슨

7.1 설명의 공백

대부분의 인지과학자들은 모든 경험에는 그 활성화로 해당 경험을 일으키기에 충분한 신경 구조 또는 기층이 존재한다고 주장한다. 이러한 사고방식에 따르면 경험은 소화나 호흡에 필적하는 내부 생물학적 과정으로, 우리 내부에서 일어난다. 철학자들은 기본 생각을 이렇게 표현하기도 한다. 즉 경험은 뇌 상태에 **수반하기** 때문에 신경 복제는 필연적으로 경험 복제라는 것이다.

    이 마지막 장에서는 이러한 교리적 합의에 이의를 제기하고자 한다. 이렇게 하는 것조차 일부 독자에게는 어리석은 시간 낭비라고 느껴질 것이다. 세계가 우리에게 영향을 미치는 방식의 결과로 경험이 일어난다는 사실은 너무도 당연하지 않은가? 예를 들어, 의식에 대한 행위 기반 접근법을 논의하면서 크리스토프 코흐(Christof Koch)는 "과학자들이 합리적으로 확신하는 한 가지가 있다면, 그것은 뇌 활동이 생물학적 지각력에 필요충분하다는 것이다. … 행위는 의식에 필요하지 않다.

… 감각질이 발생하는 데 행동이 반드시 필요한 것은 아니다"(2004, 1장 2절)라고 썼다. 비슷한 맥락에서 존 설은 심신 문제에 대한 해결책은 단순하다고 보았다. 그에 따르면 이러한 해결책은 "생물학 및 세계가 작동하는 방식에 대해 우리가 알고 있는 모든 것과 일치한다. 바로 이것이다: 의식 및 다른 종류의 심적 현상은 뇌의 신경생물학적 과정에 의해 발생하며 뇌 구조 안에서 실현된다. 한마디로 요약하면, 의식적 마음은 뇌 과정에 의해 야기되며 그 자체 뇌의 상위 수준의 특징이다"(2000, 556).

　　이러한 주장에 대한 확신은 "의식이 머릿속에 있다"라는 교리가 실제로 작동하는 가설이 아니라 가정된 출발점이라는 것을 은연중에 보여 준다. 그러나 지금 이 논의를 하는 것은 시기상조다. 신경 활동만으로도 경험을 하기에 충분한지 여부는 경험적 질문이거나 적어도 경험적 질문으로 간주되어야 한다. 그렇다면 어떤 경험적 근거에 기초하여 이 문제가 해결되었다고 여겨지는지 질문해 보자.

　　이 질문에는 동기가 없지 않다. 현재까지는 뇌가 어떻게 의식을 생성하는지에 대해 대략적인 개요조차도 밝혀진 바가 없다. 이는 신경생물학자 프랜시스 크릭과 크리스토프 코흐와 같이 "의식은 머릿속에 있다"라는 관점을 지지하는 주요 학자들도 널리 인정하는 사실이다. 그들은 이렇게 말한다. "빨간색의 빨간색임에 대한 경험이 뇌의 작용에서 어떻게 일어날 수 있는지에 대해 그럴듯한 설명을 내놓은 사람은 아무도 없다."(Crick and Koch 2003, 119) 이러한 "설명의 공백"에 비추어 볼 때 경험의 신경적 기층에 대한 이야기는 공허해 보일 수 있다. 단순한 상관관계 외에는 신경 기층과 경험 사이에 이해할 수 있는 연결고리가 없기 때문에 특정 신경 구조가 경험의 기층이거나 기층일 수 있다고 믿

을 만한 충분한 이유가 부족한 것 같다.[1]

이 마지막 장에서는 지각과 의식에 대한 행위 기반 접근이 경험의 신경적 기초를 이해하는 데 어떤 함축을 지니는지 살펴본다.[2] 특히 지각 경험에 대해 "내재주의", 즉 "의식은 머릿속에 있다"라는 모델을 채택하는 많은 이유는 약하고 설득력이 없다고 주장할 것이다. 나는 잘못된 현상학에 대한 의존이 내재주의적 "차선책"의 가장 강력한 동기일 수 있다고 주장한다. 경험이 머리 안에 있지 않은 물리적 기층(가령 신경 과정, 몸, 환경 간 상호작용의 역동적 패턴)에 구성적으로 의존할 가능성에 대한 선험적 장애물은 없다. 마지막으로, 나는 이것이 때때로 사실일 가능성을 수용할 만한 충분한 이유가 사실상 있을 수 있다고 주장할 것이다. 신경 활동은 **일부** 경험의 특성(또는 많은 경험의 일부 측면)을 설명하기에는 충분하지 않을 수 있다.

---

1 Noë and Thompson 2004a,b 및 Pessoa, Thompson, and Noë 1998에서 논의하고 있듯이 많은 과학자들이 기층의 속성과 그 결과로 나타나는 경험의 속성 간에 일종의 상응 또는 "설명적 동형성"이 있어야 한다는 생각에 암묵적으로 의존하는 것은 바로 신경 체계와 경험 사이의 관계를 이해 가능한 것으로 만들어야 할 필요성에 반응한 결과다. 아무리 추상적인 관계라 하더라도 단순한 상관관계를 넘어서는 어떤 관계도 없다면, 신경 기층에 대한 경험의 의존은 여전히 수수께끼로 남을 것이다. 본문의 주장을 포착하는 한 가지 방법은 신경 체계가 경험의 기층(경험에 대한 충분한 기초)이 될 수 있다고 생각할 만한, **단순한 상관관계를 넘어선** 이유가 현재 우리에게는 없다고 말하는 것이 될 것이다.
2 이 주제는 내가 수전 헐리와 진행하고 있는 공동연구의 주요 초점이다. 이 장은 우리의 공동연구에 의존한다.

7.2 경험은 머릿속에 있는가? 첫 번째 패스

신경과학자들이 뇌를 직접 자극하여 감각을 일으킬 수 있다는 사실은 의식이 머릿속에서만 일어나는 일이라는 것을 보여 준다는 주장이 종종 제기된다(가령 Koch 2004, 1장 2절). 하지만 이를 의심할 만한 두 가지 이유가 있다.

첫째, 공상과학 소설에 지나치게 의존하지 않도록 주의해야 한다. 우리는 이제 직접적인 신경 자극으로 빛의 섬광이 현존한다는 착각("phosphene") 같은 매우 단순한 시각적 감각을 만들어 낼 수 있다(펜필드가 이를 보여 주었다. Penfield and Jasper 1954 참조). 그러나 현재로서는 더 복잡한 경험은 직접적으로 생성할 수 없다. 따라서 가장 먼저 지적해야 할 점은 **일부** 경험을 생성할 수 있다고 해서 **모든** 경험을 생성할 수 있지는 않다는 점이다. 더 이상의 논의 없이 언젠가 모든 지각 경험을 직접적인 신경 자극을 통해 생성할 수 있게 될 것이라거나 그렇게 하는 것이 원칙적으로 가능하다고 가정하는 것은 지나치게 많은 것을 가정하는 것이다. 이는 경험에 대한 내재주의를 가정하는 것에 가깝다.

둘째, 아직 발명되지 않은 어떤 기술이 언젠가 직접적인 신경 개입을 통해 **모든** 지각 경험을 생성하게 해 줄 것이라고 가정하더라도, 이 자체가 신경 상태가 경험에 충분하다는 것을 보여 주지는 못한다. 다음 비교를 생각해 보자. 자동차 엔진의 상태는 운전 활동의 필수 조건이며, 더 나아가 특정 조건에서는 엔진의 상태를 직접 조절하여 자동차의 운전 행동을 바꿀 수 있다. 그러나 엔진의 상태만으로 주행에 충분하다고 생각하는 것은 터무니없는 일이다! 엔진이 차량에 제대로 구현되어 있어야 하고, 자동차 자체가 적절한 환경에 있어야 한다. 고리에 매달려

그림 7.1 자동차가 시속 70마일로 주행할 수 있는 능력은 그것이 환경에 놓여 있는 방식에 따라 달라진다.

있거나 창문까지 진흙탕에 빠진 자동차는 엔진의 상태와 상관없이 주행할 수 없다(그림 7.1 참조).

  일반적으로 자동차 엔진을 조작하여 자동차의 행동을 조작할 수 있다는 사실이 엔진만으로 자동차의 행동에 충분하다는 것을 보여 주기에 충분하지 않은 것처럼, 뇌를 조작하여 경험을 조작할 수 있다는 사실만으로는 뇌가 경험에 충분하다는 것을 보여 주기에 충분하지 않다.

기껏해야 탐구하는 과학자와 건강한 동물 사이의 상호작용을 통해 경험이 생성될 수 있다는 것을 보여 줄 수 있을 뿐이다. 우리는 아직 신경 활동의 인과적 효과만으로 경험이 일어나는 경우를 상상하지 못했다.

사실 우리가 환경(및 다른 사람들)과 긴밀하게 쌍결합된 채 살아간다는 점을 고려하면, 우리의 의식과 같은 의식이 세계와의 활발한 교류와 무관하게 존재할 수 있다는 것을 왜 그렇게 그럴듯하게 여기는지에 대해 합리적인 이의를 제기할 수 있다. 왜 우리는 의식이 우리 내부에서 일어나는 일에만 의존한다고 그렇게 확신하는가?

"의식은 머릿속에 있다"라는 논제를 옹호하는 사람들은 이 단계에서 꿈꾸는 것을 언급할 수 있다(Koch 2004, 1장 2절; Searle, 개인적인 소통). 우리가 꿈꾼다는 사실은 경험이 머릿속에서 일어나는 일에만 의존한다는 사실을 보여 준다고 그들은 말할 수 있다. 꿈을 꿀 때 우리는 세계와의 상호작용의 역동적 패턴에 관여하지 않기 때문이라고 그들은 덧붙일 수 있다.

이것은 내재주의자의 레퍼토리에서 고전적인 수법이다. 이것은 수사학적 행보로서 권위를 지니며 때로는 논쟁을 중단시키는 수단으로 여겨지기도 한다. 그러나 이것이 정말로 입증하는 것은 무엇인가?

우리가 꿈꿀 때 환경과 역동적으로 교류하지 않는다는 것을 확정된 사실로 받아들이고(사실이 아닌 것으로 드러날 수도 있지만), 따라서 신경 상태만으로도 꿈꾸기에 **정말** 충분하다는 것을 받아들여 보자(환경과의 역동적인 교류가 없다는 사실로부터 신경 상태만으로 꿈꾸기에 충분하다는 결론이 나오지는 않지만 말이다. 가령 꿈 상태의 정감적 내용은 깨어 있는 정서적 상태가 그런 것처럼 내분비선 활동에 따라 **달라질 수 있다**. Damasio 1994, 15 참조). 이러한 가정을 고려할 때, 꿈을 꾼다는 사실이 보여 주는 것은 신경 활동단으로 지각 경험이 충분하다는 것이 **아니라 꿈을 꾸는** 경험에 충분하다는 것뿐이다.

이 시점에서 내재주의자는 꿈 경험과 정상적인 지각 경험이 질적으로 동일하거나 적어도 때대로 동일할 수 있다고 주장하면서 이 논쟁에서 이겼다고 기뻐하며 으스댈 것이다. 역사적 권위와 전통은 이러한 현상학적 주장에 힘을 실어 준다. 꿈을 꾸고 있는지 여부를 지각적 의식 안에서 판단할 수 있는 방법은 없다고 데카르트 이래 널리 가정되어 왔다. 꿈을 꾸는 의식과 꿈을 꾸지 않는 의식 사이에는 아무런 차이가 없다고 여겨졌다.

나는 외부 세계 회의론을 옹호하는, 꿈에 근거한 데카르트의 주장에 만족스러운 답을 할 수 있다고 주장하지 않는다. 하지만 그럴 필요는 없다. 결정적으로 데카르트의 주장은 꿈꾸는 상태와 꿈꾸지 않는 상태 사이에 질적인 동일성이 있다는 것이 아니라, 일인칭 시점에서 자신이 꿈과 같은 환각의 피해자가 아님을 확신할 방도가 없다는 사실에 근거하고 있다. 중요한 점은 꿈을 꾸는 것인지 보는 것인지 확실히 알 수 없다는 사실로부터 꿈꾸기와 보기 사이에 경험적 차이가 없다는 결론이 나오지는 않는다는 점이다(Austin[1962, 48~49], 그리고 최근에는 퍼트남[1999, 153]이 지적한 바 있다). 두 쌍둥이를 구별할 수 없다는 사실이 그들의 외모에 가시적인 차이가 없음을 뜻하지 않듯이 꿈꾸는 사람이 자신이 깨어 있다고 생각할 수 있다는 사실이 깨어 있는 경험과 꿈꾸는 경험 사이에 차이가 없다는 증거는 아니다.

회의적인 맥락은 제쳐 두고, 꿈의 시각 경험과 꿈이 아닌 시각 경험 사이에 차이가 존재한다고 믿을 만한 이유가 **있다**. 현상학적으로 볼 때 가장 큰 차이는 세부 사항 및 안정성과 관련 있다. 꿈의 시퀀스는 세부 사항이 빈약한 경향이 있으며, 장면마다 세부 사항이 불안정하게 변하는 경향이 있다.[3] 이는 아마도 신경과학적으로 뇌가 장면의 상세한 표상을 저장하는 데 능숙하지 않다는 사실로 설명할 수 있다. 정상적인 지각에서는 세계가 그 자체에 대한 정보의 저장소로 활용될 수 있기 때문에 세부 정보를 저장할 필요가 없다. 이것은 한 가지 가설을 제시한다. 꿈 상태는 꿈이 아닌 정상적인 지각 상태와 달리 신경 활동만으로 생성**되기** 때문에 불안정하고 세부 사항이 빈약하다는 가설이다. 실제 지각적 의식은 우리가 환경과 상호작용하고, 환경을 참조하고, 환경에 접근할 수 있다는 사실에 기반을 두고 있다. 환경의 안정성은 우리 경험에 친숙한 안정성을 부여한다. 정상적인 경험의 안정성은 세계가 우리의 경험에 관여한다는 사실로 설명된다.

이러한 추측을 제쳐 두고라도 꿈에 대한 호소가 내재주의자에게 유리한 방식으로 **확정하는** 것은 아무것도 없다. 그러나 이러한 호소는 "의식은 머릿속에 있다"라는 교리 도처에 데카르트식 지문이 있다고 의심할 만한 추가적인 이유가 된다. 다시 말하지만, 우리는 내재주의가 실제로 작동하는 가설이 아니라 철학적 선입견에 불과한 것은 아닌지 의심할 수 있다. 우리가 이에 대해 뭐라고 말하든, 논쟁은 끝나지 **않았다**.

내가 내재주의의 **독단적 신조**로 점점 더 생각하는 경향이 있는 견해의 옹호자는 신경 상태가 경험의 충분한 기초라는 생각에 대한 대안은 이원론 또는 단순한 신비라고 경고하고 싶은 마음이 들 수 있다. 그러나 이원론 카드를 사용하는 것은 부당하다. 자동차의 예를 다시 생각

---

3 이 주장을 뒷받침하는 경험적 연구가 있다. 스티븐 라버지는 (개인적 소통에서) 자각몽을 꾸는 사람들에 대한 연구가 이러한 사실을 뒷받침한다고 주장했다.

해 보자. 자동차 엔진의 상태가 자동차의 주행 행동에 충분하지 않다는 사실로부터 자동차의 주행이 비물질적 매체의 부자연스러운 과정에 의존한다는 결론에 이르지는 않는다! 신경 활동만으로는 의식에 충분하지 않다는 인식 역시 비과학적인 심령론으로 후퇴하라고 요구하지 않는다. 자동차의 엔진이 엔진, 운전자, 차량 및 환경 설정으로 구성된 체계 안의 한 요소인 것처럼 뇌는 뇌, 몸 및 환경과 관련된 복잡한 네트워크의 한 요소일 뿐이다.

데카르트는 마음은 조종사가 배에 머무는 방식으로 몸에 머무는 것이 아니라(Descartes[1641] 1988a), 그보다 더 긴밀하게 몸에 연결되어 있다고 썼다. 그러나 데카르트는 그 연결이 무엇인지어 대해서는 만족할 만한 설명을 내놓지 못했다. 의식을 연구하는 현대 신경과학자들은 더 나은 성과를 거두고 있을까? 그들이 데카르트가 경그했던 잘못을 하고 있지는 않은지 생각해 볼 필요가 있다. 그들은 마음과 몸 사이의 관계를 조종사와 배 사이의 관계처럼 다루고 있으며, "마음"이라는 단어를 뇌를 지칭할 때 사용한다는 이유로 자신들이 신비를 제거했다고 스스로를 속이고 있다. 이런 식으로 생각되는 뇌는 물질적 마음보다는 정신화된 물질에 더 가깝다. 현대 신경과학자들은 심적인 것에서 신비를 제거하는 대신 단순히 신체적인 것에 대한 신비한 설명을 만들어 냈을 뿐이다.

다음 절에서는 경험에 대한 그럴듯한 외재주의가 어떤 것일 수 있는지 보여 주고자 한다. 나는 이 책에서 발전시켜 온, 지각 경험의 특성을 이해하는 행위 기반 방식의 함축에 관해 주장할 것이다.

7.3 가상적 내용

2장과 4장에서 나는 지각 내용이 철저하게 가상적이라고 주장했다. 이 주장의 결론은 경험을 현재 발생하는 국면과 단지 잠재적이거나 성향적인 국면으로 구분하는 것은 잘못이라는 것이다(4장 참조). 이제 나는 지각 내용과 특질의 가상적 특성이 적어도 때때로 "환경이 우리의 지각 경험을 주도하고 부분적으로 구성할 수 있다"라는 주장의 근거가 된다고 제안하고자 한다(Clark and Chalmers 1998).

지각 경험이 가상적이라는 개념을 다시 한번 살펴보자.

2장에서 논의했듯이 지각 경험의 내용은 그림의 내용이 그림 안에 한꺼번에 주어지는 방식처럼 한꺼번에 주어지지 않는다. 나는 세부적인 장면을 모두 보지는 않지만 (또는 내가 모두 볼 수 있다고 생각하지는 않지만) 내 앞의 세부적인 장면이 시각적으로 현존한다는 감각을 갖는다. 현상학적으로 볼 때, 세부 사항은 **표상된** 것이 아니라 **접근 가능한** 것으로서 현존한다. 경험은 내용을 잠재력으로서 갖는다. 이런 의미에서 세부 사항이 나의 경험 안에 지각적으로 현존하는 것은 **가상적**이다. 감각운동 기술과 인지적 기술이 있는 덕분에 나는 가까운 세부 사항에 접근할 수 있다.

경험의 내용이 이런 방식으로 가상적이라면, **어떤 의미**에서 경험의 내용은 머릿속에 있지 않다. 또한 세계에도 있지 않다. 경험은 우리 안에서 일어나는 어떤 것이 아니다. 경험은 우리가 하는 일이며, 시간적으로 확장된 숙련된 탐색의 과정이다. 세계는 우리의 손이 닿을 수 있는 곳에 있다. 경험은 마음과 세계로 구성된다. 경험에 내용이 있는 것은 지각자와 세계 사이에 확립된 상호작용의 역학 덕분이다.

그러나 이것은 "의식은 머릿속에 있다"라는 독단적 신조에 반대하는 주장으로는 너무 성급하다. "가상적" 내용이라는 은유야말로 컴퓨터에 현존하는 모든 것은 **실제로** 이미 다운로드된 것이라는 반론을 불러일으킨다. 네트워크에 있는 정보는 접근 가능하지만 실제로는 현존하지 않는다. 현존한다는 착각은 로컬 컴퓨터의 현재 상태에만 의존한다. 지각에 대해서도 비슷한 주장을 할 수 있다. 지각 경험은 움직임이 감각에 미치는 효과에 대한 기대에 따라 달라진다고 하자. 이것은 단지 이러한 기대를 뇌의 현재 상태 안에서 설명할 필요가 있음을 보여 줄 뿐이라고 주장할 수 있다. 이러한 주장에 따르면 당신과 동일한 뇌가 있는 사람은 그의 환경이 당신의 환경과 근본적으로 다르더라도 동일한 특징들이 현존한다는 감각을 가질 것이다!

이것은 설득력 있는 반론이다. 내가 생각하는 대응 방법은 다음과 같다. 첫째, 4장에서 설명했듯이 현상학적으로 볼 때, 가상적 현존은 현존의 일종이며 비현존이나 착시적 현존의 일종이 아니다. 내 시야의 주변부에 있는 사물들, 또는 부분적으로 가려진 사물들의 지각적 현존에 대한 나의 감각은 내가 실제로 이러한 특징을 본다는 감각이 아니라 내가 그것과 맺는 관계가 감각운동 상호의존성의 패턴에 의해 매개되는 덕분에 내가 그것에 접근할 수 있다는 감각이다.

둘째, 4장에서 주장했듯이 경험적 현존은 **모든 면에서** 가상적이다. 경험은 프랙털적이고 밀도가 높다. 시야에서 어디를 보든, 어떤 범위를 선택하든 간에, 항상 초점이 맞는 요소, 주변 요소, 둘러볼 수 있는 요소, 숨겨진 요소를 모두 포함하는 전체 시야가 주어진다. 잠재력과 가상적 현존의 층을 벗겨 낼 때, 순수한 현상적 내용, 즉 지금 우리 마음에 현존하는 것은 남지 않는다. 우리에게는 언제나 특질이 제시되는데, 이 특질은 또 다른 특질을 지니며 구조화된 배경을 바탕으로 제시된다.

이것은 컴퓨터 사례와 다른 중요한 차이점이다. 토마토를 다시 생각해 보자. 우리는 토마토의 마주 보는 면을 본다. 먼 쪽의 면은 볼 수 없지만, 우리와 그것 사이의 관계를 매개하는 감각운동 패턴에 대한 실용적인 이해 덕분에 그것의 현존에 대한 지각적 감각을 가진다. 뒷면은 가상적으로 현존하지만, 마주 보는 면은 정말로 현존한다. 그러나 사실상 토마토의 마주 보는 면 **전체**를 한 번에 의식 속에 담을 수는 없다는 점에 주목해야 한다. 마주보는 면은 크기와 모양, 색이 있는데, 전체 세부 장면을 한번에 아우를 수 없는 것처럼 이 모든 세부 사항을 한 번에 의식 속에 담을 수는 없다. 이는 신중하게 생각해 보면 분명하다. 토마토를 하나 꺼내서 보자. 물론 우리는 토마토의 마주 보는 면이 한꺼번에 모두 거기에 있다고 느낀다. 하지만 주의를 기울여 보면, 토마토의 보이는 표면조차도 실제로 그 모든 부분을 한꺼번에 경험하지는 않는다는 사실을 인정하게 될 것이다. 눈은 표면을 스캔하고, 주의를 이쪽저쪽으로 돌린다. 추가적인 증거로 변화맹이 있다. 2장과 4장에서 논의했듯이 우리가 색 자체에 주의를 기울이지 않는 한 우리가 바라보는 물체의 색이 우리가 알아차리지 못한 채 바로 우리 눈앞에서 변할 수 있다!

앞서 설명했듯이 이는 경험을 현재 발생하는 부분과 단지 잠재적인 부분으로 나눌 수 없다는 것을 보여 준다. 현재 발생하는 요소의 후보로 아무 후보나 선택해 보라. 이제 그것에 대해 생각해 보자. 그것 역시 구조화되어 있으며, 숨겨진 면이나 국면이 있다. 그것은 잠재적으로만 현존한다.

특질들은 가능성으로서, 잠재력으로서 경험 속에서 활용 가능하지만 완성된, 주어진 것으로서 활용 가능하지는 않다. 경험은 이러한 가능성의 경로를 탐색하는 역동적인 과정이다. 경험은 이러한 가능성의 경로를 따라 나아가는 데 필요한 기술에 의존한다.

이로부터 우리는 적어도 현상학에서는 지금 우리 의식 속에 현존하는 바로서 우리에게 주어진 것이 우리의 현재 의식 경험의 특성을 남김없이 모두 설명하기에 충분하다고 생각할 근거가 없다는 결론을 얻을 수 있다. 우리의 현상적 경험은 우리의 즉각적인 지평을 확장하고 우리를 넘어 세계로 우리를 데려다 준다. 이는 역설적으로 들릴 수 있지만, 역설적이지 않다. 2장에서 논의했듯이, 부재중의 현존은 우리의 지각적 삶에 널리 퍼진 특징이다. 현상학은 지각 경험에 대한 외재주의와 (적어도) 양립 가능하다.

7.4 경험은 머릿속에 있는가?

"경험은 뇌의 내부 상태에 수반하는가?" 이에 대한 올바른 답은 "아마도"여야 한다. 나는 우리가 경험하는 것이 의식 안에 표상된 것을 능가한다고 주장했다. 그러나 이것이 우리가 경험하는 것이 우리 뇌에 표상된 것을 능가함을 함의하는 것은 **아니다**. 그러나 이것은 경험이 뇌에 수반하는 것이 아니라 뇌-동물-세계 체계에 수반할 가능성을 수용하고자 할 때 직면하는 주요 이론적 장애물을 제거한다. **우리가 행위에 의해 가상세계를 생성하는 데 필요한 작업을 뇌가 수행할 수 있는지 여부는 실증적 질문이다.** 예를 들어, 뇌가 세계에 대한 정보를 저장하고 조직하여 경험의 내용을 형성할 수 있는지 여부는 실증적 질문이다. 이러한 질문이 이미 해결되었다고 생각하는 것은 실수이며, 실제로 편견이다.

"내 신경 복제자는 나와 동일한 경험을 하지 않을까?" 아마도 그렇겠지만, 당신의 신경 복제자는 거의 확실하게 당신의 환경 복제본에 착근되어 있고 그것과 상호작용할 것이다. 그렇지 않다면 무엇이 신경적 동일성을 설명할 수 있겠는가?(이 점은 Hurley[1998]에 의해 논의되었다; Hurley and Noë 2003a도 참조) 하지만 **내 신경 복제자의 환경과 내 환경 사이에 차이가 있더라도** 내 신경 복제자는 나와 동일한 경험을 하지 않을까? 이것이 경험이 뇌에 수반한다는 주장의 핵심이다.

다시 말하지만, 이것은 실증적인 질문이다. 내가 제안한 바와 같이 경험이 자주 시간적으로 확장된, 역동적인 방식으로 세계에 접근한다면, 세계 자체를 실제로 참조하지 않은 채 뇌만으로 충분할 수 있는가 하는 질문에 결국 이르게 된다. 뇌로 충분하지 않다고 생각할 만한 이유가 있다. 이것은 변화맹 실험 결과를 해석하는 한 가지 방법이다. 주변의 세부 사항에 신뢰를 갖고 접근할 수 없으면 우리는 세부 사항을 놓치게 된다. 머릿속에서는 세계 모델에 접근할 수 없다.

우리는 실제로 더 강한 주장을 할 수 있다. 즉 만약 경험이 내가 제안한 방식으로 시간적으로 확장된다면, 지금 이 순간의 나와 동일한 신경 복제자는, 지금 나의 신경 복제자라는 이유로, **아무런** 경험도 하지 않을 것이다(이 점은 마크 롤랜즈가 서신에서 내게 주목시킨 것이다). 만약 그 복제자가 경험을 한다면, 그것은 그 복제자가 환경과 역동적이고 시간적으로 확장된 상호작용을 하는 덕분일 것이다. 그러나 다시 말하지만, 그 복제자의 환경이 내 환경과 비슷하지 않다면 그 복제자의 경험이 내 경험과 비슷할 것이라고 생각하거나 비슷할 수 있다고 생각할 이유는 거의 없다.

이 시점에서 합리적인 추측은, **일부** 경험이나 일부 경험의 어떤 특징들의 인과적 기초는 오직 신경적이지만, 인간의 완전하고 성숙한 경험은 그렇지 않다는 것이다. 이는 지금까지 신경과학자들이 대뇌 피질을 직접 자극하여 만들어 낼 수 있었던 경험은 비교적 원시적인 경험뿐이라는 사실 등으로 뒷받침된다(Koch 2004). 더 중요한 점은, 지각 내용의 가상적 특성을 고려할 때, 내부 표상이 세계 자체에 대한 접근보다 더 나을 것이라는 이유가 명확하지 않다는 점이다. 이는 비트겐슈타인의 "머릿속 그림이 할 수 있는 모든 것은 손이 든 그림으로도 할 수 있다"라는 생각을 상기시킨다. 우리는 한 걸음 더 나아가 묻는다. 도대체 왜 우리는 그림이 필요할까? 결국 세계는 바로 거기에 있다. 우리는 **세계 안에** 있다. 우리는 행위에 의해 지각 경험을 생성하는 데 필요한 기술을 가지고 있다.[4]

컴퓨터와 비교하는 것이 다시 도움이 될 수 있다. 내 데스크톱은 『뉴욕 타임스』 온라인 버전 전체를 한 번에 다운로드할 수 있을 만큼 충분한 메모리를 가지고 있을지도 모른다. 역동적인 네트워크 접근을 사용할 필요가 없다. 하지만 나는 그 방법을 모를 수도 있고, 내 데스크톱의 용량이 그만큼의 다운로드를 허용할 정도로 충분히 크지 않을 수도 있으며, 그렇게 할 경우 내 컴퓨터의 다른 성능에 지장이 생길 수도 있다. 또는 그렇게 **할 수 있음**에도, 그렇게 하면 온라인에서 제공되는 지속적인 업데이트를 놓치게 되기 때문에 그렇게 하지 않기로 선택할 수도 있다.

(인지와 대조적으로) 의식이 두개골의 한계를 넘어 확장될 수 있다는 생각에는 항상 장애물이 있는 것처럼 보였다. "경험은 그냥 머릿속

---

4 이 중요한 생각에 대한 출처는 1장, 각주 16 참조.

에 있는 것처럼 느껴진다." 하지만 나는 이것이 잘못된 현상학이며, 아마도 잘못된 과학이라고 주장했다. 우리가 살펴봤듯이 세부 사항은 의식 속에 아마도 오직 가상적으로만 현존한다. 따라서 우리는 세부 사항이 머릿속에 한꺼번에 표상되지 않는다는 사실과 일관되는, 지각 경험에 대한 설명의 가능성을 열어 둔다. 그러한 설명은 물론 **있을 수 있다**. 결론은 경험이 머리 없이 일어난다는 것이 아니라 머리 없이 일어날 수도 있다는 것이다. 우리가 시간에 걸쳐 감각운동 기술을 발휘함으로써 행위에 의해 지각 내용을 생성하는 것을 허용하는 외재주의에 세계는 열려 있다.

7.5 설의 반론

지금까지 논의의 요지는 경험이 머릿속에 있지 않을 수 있다는 것이다. 경험이 머릿속에 있는지 여부는 사실 경험의 인과적 기초가 뇌, 몸, 환경 사이의 지속적인 인과적 상호작용에 의존하는지 여부에 달려 있다. 나는 이 문제에 대해 내재주의적 입장을 받아들이도록 우리를 이끄는 것이 우리의 현상학에는 아무것도 없다고 주장했다.

설(2004)은 내재주의와 외재주의 간의 논쟁이 종종 경험을 기술하는 다양한 방식을 구별하지 못하는 데서 비롯된다고 주장했다. 우리는 가령 숙소에서 친구들과 함께한 기분 좋은 저녁 식사에 대한 경험을 반추할 때처럼 경험을 공공장소, 속성, 행위 등에 호소하는 관용어로 기술할 수 있다. 그러나 숙소, 음식, 함께했던 사람들을 괄호친 채 언급하지 않고, 대신 음식과 와인, 대화를 즐기는 동안 우리 내부에서 발생한 경험된 특질과 내적 사건들에만 집중하는 방식으로 동일한 경험을 다시 기술할 수도 있다. 설은 내부 사건이 외부에 있는 것으로 구성된다고 생각하는 것은 소화 과정에 음식의 현존이 필요하다고 해서 소화가 외부적이라고 가정하는 것과 같은 일이 될 거라고 말한다. 우리는 소화를 음식을 포함하는 방식으로 기술할 수 있지만, 음식이 섭취되어 내부로 들어간 후에 전개되는 내부 과정으로 기술할 수도 있다. 설의 견해에 따르면, 경험은 소화가 내부적인 것과 동일한 방식으로 내부적이다(그리고 동일한 방식으로 세계 관여적이라고 여겨질 수 있다). 또한 설은 경험이 내부적이라는 생각에 대한 옹호가 오래된 감각 자료 이론과 같은 것과 혼동되기를 원하지 않는다고 빠르게 덧붙인다. 특히 그는 내부 상태 그 자체가 감각 자료 언어로 기술될 수 있다는 생각을 지지하지 않는다. 우리가 내부 경험의 특성을 묘사하는 유일한 방법, 이를 자기 자신에게 묘사할 때조차 유일한 방법이 공공의, 공유된 언어를 사용하는 것임은 우연한 사실일 뿐이다.

설의 주장은 경험이 내가 말하는 의미에서 외부적이라는 사실, 즉 경험은 동물과 그 환경 사이의 인과적 상호작용에 의존한다는 사실과 양립 가능하다. 설의 관찰은 현재 맥락에서는 기본적인 질문인 "와인 맛에 대한 경험의 인과적 기층은 무엇인가?"를 다루지 않는다. 아마도 이 기층은 단지 신경적일 수도 있지만, 아닐 수도 있다. 예를 들어, 와인을 한 모금 마실 때 즐기는 바로 그 맛의 감각을 만들어 내는 유일한 방법, 혹은 생물학적으로 가능한 유일한 방법은 액체를 혀 위에서 굴리는 것이다. 이 경우 액체, 혀, 그리고 굴리는 행위는 그러한 경험을 발생시키는 물리적 기층의 일부가 될 것이다.

비교가 도움이 될 것이다. 우리는 때때로 "머릿속에서" 계산을 하지만, 때로는 연필과 종이를 사용해서 계산을 한다. 실제로 우리가 수행할 수 있는 많은 계산에 연필과 종이가 필수적이다. 만약 연필과 종이가 계산에 필수적이라면, 왜 그것들을 계산 활동에 필수적인 기층의 일부로 보지 않는가? 비트겐슈타인(1958)이 이 점을 고려했고, 최근에는 클라크와 차머스(1998)가 이 생각을 정교화했는데, 그들은 그들이 "능동적 외재주의"(active externalism)라고 부르는 것을 옹호했다. 어떤 인지 상태, 가령 사고, 계산, 길 찾기 같은 인지 상태는 부분적으로 외부적일 수 있는데, 왜냐하면 이러한 상태는 때때로 몸 밖에 있는 기호와 인공품의 사용에 의존하기 때문이다. 지도, 표지판, 필기도구는 때때로 신경 구조나 내부적으로 실현된 기호(만약 그런 것이 있다면)만큼이나 인지 작용과 불가분하게 얽혀 있을 수 있다. 능동적 외재주의에 따르면, 환경은 인지 과정을 주도할 수 있고 따라서 부분적으로 인지 과정을 구성할 수 있다. 마음은 어디에서 멈추고 세계의 나머지 부분은 어디에서 시작되는 걸까? 능동적 외재주의가 옳다면, 그 경계는 두개골이 될 수 없다. 마음은 몸의 한계를 넘어 세계로 확장되며, 적어도 **때때로 그럴 수 있다**.

능동적 외재주의는 상태의 내용과 그 내용의 **매개체**(vehicle)에 대한 데닛(Dennett 1991; Hurley 1998, 1장)의 구분에 의존한다. 데닛은 결과적으로 형성된 상태의 내용에서 내용을 담은 매개체의 속성(예를 들어 신경 구조 및 체계 또는 문장)을 읽어 내는 것은 일반적으로 잘못이라고 주장한다. 정육면체에 대한 경험이 반드시 정육면체의 신경 구조로 전달될 필요는 없다. 능동적 외재주의의 주장을 표현하는 한 가지 방식은 이것을 내용의 매개체나 운반체에 관한 외재주의의 한 형식으로 표현하는 것이다(Hurley 1998). 클라크와 차머스는 일부 경우에 내용의 매개체는 머리 부 세계로 고리를 만들면서 경계를 넘는다고 주장한다.

이 장에서 내가 옹호하는 것은 경험 내용의 매개체에 대한 외재주의다.[5] 나는 최소한 일부 경험에서는 그 경험의 물리적 기층이 경계를 넘어 신경, 몸 및 환경의 특징을 포함할 **수 있다**고 주장했다. 클라크와 차머스가 일부 **인지** 과정의 매개체가 두개골의 경계를 넘어설 수 있다고 생각하는 데 이론적 장애물이 없다고 주장했듯이, 나는 일부 **경험**의 매개체 역시 세계로 확장될 수 있다고 주장한다(그러나 반드시 그래야 한다는 것은 아니다). 먼 원인에서 괄호치는 방식으로 자신의 경험을 고찰할 수 있다는 사실에 대해 설이 말한 것은 이 주장에 대한 반박이 되지 않는다. 중요한 점은 내가 여기에서 옹호하는 외재주의에서는 내재주의의 여러 진리들이 흔들리지 않는다는 사실이다. 예를 들어 내가 여기에서 옹호하는 **행위 기반 외재주의**는 세계가 동물의 의식에 변화를 일으키는 유일한 방법이 뇌에 변화를 일으키는 것이라는 사실, 환경이 변하지 않는 경우에도 뇌의 적절한 변화는 의식의 변화를 일으킬 것이라는 사실과 양립 가능하다. 사실 내가 여기에서 옹호하는 외재주의는 신경 복제자는 의식에 관해서도 복제자가 될 것이라는 사실과 양립 가능하다. 이 마지막 주장이 참이라는 것이 아직 밝혀지지 않았다는 점이 중요하다. 만약 이것이 참이라 하더라도 이것이 신경 상태만으로 경험에 **충분하다**는 것을 함의하지는 않을 것이라는 점에 주목해야 한다. 환경과의 상호작용 패턴의 중복 없이도 신경 복제자가 존재할 수 있다는 가정이 아직 충분히 검토되지 않았기 때문이다.

설은 (대화와 그의 저작에서) 특정 환경에 착근되어 있는 어떤 생

---

[5] 지각 경험에 대한 매개체 외재주의(vehicle externalism)는 소수의 입장이다. 헐리(1998)와 롤랜즈(2002, 2003)를 제외하고 이를 진지하게 받아들이는 철학자를 나는 알지 못한다. 헐리와 나는 지금 이 주장을 더 발전시키는 책을 쓰고 있다.

명체가 왜 정확히 그러한 경험을 하는지 더 깊이 알고 싶다면, 그 경험을 가능하게 하는 내부 신경 구조를 살펴보는 것이 이치에 맞다고 강조했다. 나는 이에 동의한다. 그러나 그 신경 구조가 세계와 어떻게 연결되어 있는지 외부를 살펴보는 것도 이치에 맞다. 우리가 찾고 있는 종류의 설명을 얻으려면 이러한 더 넓은 관점을 취해야만 할지도 모른다.

설은 이와 관련하여 또 다른 중요한 점을 지적했는데, 나도 동의한다.

> 내가 본 대부분의 NCC[의식의 신경 상관물] 논의는 연구자들이 의식 장(場)의 특정 요소, 가령 빨간색 경험의 NCC를 찾으려 하는 탓에 혼란을 초래한다. 그러한 경험은 이미 의식 상태에 있는 주체에게 발생한다. 따라서 해당 NCC가 특정한 지각 경험을 일으킬 수 있으려면 주체가 이미 의식 상태에 있어야 하기 때문에, NCC는 의식의 충분조건이 될 수 없다. 핵심 통찰은 다음과 같다. 즉 우리는 지각이 의식을 창출한다고 보아서는 안 되며, 이미 존재하는 의식 장을 수정한다고 보아야 한다. 그렇기 때문에 내가 본 대부분의 연구는 실제로 NCC를 제시하지 못하고, **주체가 이미 의식 상태에 있다는 점에서 NCPP**, 즉 특정 지각의 신경 상관물(Neural Correlate of a Particular Perception)이라 부를 수 있는 것을 제시할 뿐이다. (Searle 2004, 80~81)

여기에서 설은 특정 지각 경험의 신경적 기층은 주체의 의식을 배경으로 할 때라야만 그 경험을 발생시키기 때문에 그 경험의 발생에 법칙적으로 충분하지 않을 것이라고 주장한다. 이 주장은 정확히 옳다. 그러나 내가 볼 때 설은 이것의 가장 중요한 결과를 인식하는 데까지는 나아가지 못했다. 그 결과란 의식은 동물의 능동적인 삶이 배경이 될 때만 발생하는 현상이라는 것이다. 뇌의 활동만이 유일하게 관련 있는 배경이라고 가정할 만한 충분한 이유는 없다.

7.6 수반과 시간

행위 기반 관점에서 볼 때, 보기는 그림 그리기와 같다(이 점은 5장에서 분명히 제시했다). 화가가 실물을 보고 작업할 때, 그는 끊임없이 계속해서 세계를 참조한다. 화가는 세계를 보고, 캔버스로 돌아가고, 다시 세계를 보고, 다시 캔버스로 돌아간다. 눈, 손, 캔버스, 페인트, 세계가 그림을 구성하는 과정에서 작용한다. 보기는 그림 그리기와 마찬가지로 장면에 다가가 장면을 탐색하는, 시간적으로 확장된 과정에 관여한다. 그림 제작에 인과적으로 충분한 기층은 화가의 내부 상태가 분명 아니다. 화가, 장면, 캔버스가 서로 관여하는 역동적 패턴이다. 보기에 대해서도 같은 말을 할 수 있지 않을까? 이 접근에 따르면, 보기는 뇌, 몸, 세계에 의존한다.

내재주의자는 내가 보여 준 것은 지각 경험이 시간적으로 확장된 과정이라는 것뿐이라고 반박할 수 있다. 또한 지각 경험은 뇌 상태의 시간적으로 확장된 연속에 의존할 수 있다고 주장할 수 있다. 내재주의자는 내가 경험의 인과적 기층이 머리 밖에 있으며, 경험이 신경 외부 세계에 관여하는 물리적 과정에 인과적으로 의존한다는 것을 보여 주지 않았다고 주장할 것이다.⁶ 내재주의자의 논리는 다음과 같다. 경험이 시간적으로 확장된다면, 경험은 뇌 상태의 시간적 연속에 수반해야 한다. 뇌 상태의 그 시간적 연속이 발생하는 모든 가능한 세계는 바로 그 경험이 있는 세계일 것이다.

하지만 정말 그런가? 뇌 상태의 그러한 시간적 연속이 발생할 수 있는 법칙적으로 가능한 유일한 세계는 동물이 정확히 동일한 종류의 환경과 역동적으로 상호작용하는 세계일 것이다! 따라서 뇌 상태의 복제에 대해 상상하는 것은 암묵적으로 그러한 뇌 상태가 놓여 있는 더 확장된 설정에 호소하는 것이다. 경험은 신경 상태에만 수반하지 않으며, 신경 상태에 환경 조건이 더해진 경우에만 수반한다.

내재주의를 옹호하는 사람은 이를 받아들이지 않을 것이다. 신경 활동의 역동적 패턴이 복제될 수 있는 유일하게 가능한 세계가 지역 환경이 복제되는 세계라고 할 수는 없다는 것이다. 반대자는 지각자가 어두운 방에서 고글을 쓰고 앉아 있음에도 불구하고 정상적인 환경에서와 동일한 감각 입력과 감각운동 되먹임을 받는 "가상현실" 세계를 상상할 수 있다고 주장한다.⁷ 이는 지역 환경은 완전히 다르지만 유기체의 내부 상태는 동일한 세계일 것이다. 이 상상된 시나리오에서 경험이 동일할 것이라고 인정한다면, 경험을 결정하는 것이 세계에서 일어나는 일이 아니라 머릿속에서 일어나는 일이라는 것을 인정하는 셈이 된다. 반대자는 이와 같은 경우 경험이 동일한 이유를 설명할 수 있다고

---

6 나는 Noë 2001에서 이러한 가능성을 고려한다. 이러한 가능성이 현재의 맥락에서 중요하다는 점을 강조해 준 벤스 나네이에게 감사를 표한다.

7 스티븐 화이트는 개인적인 소통에서 이에 대해 이의를 제기한 적이 있다. 또한 이 주제에 대해 휴버트 드레퓌스 및 존 설과 토론하면서 많은 도움을 받았다.

주장한다. 두 가지 다른 환경 모두가 뇌에 동일한 내부 효과를 생성하며, 뇌는 동일한 경험을 일으키기 때문이다.

그러나 이는 너무 성급한 결론이다. 행위 기반 외재주의자는 (비록 실제 가상현실 체계는 현실의, 체화된 움직임을 사용하며, 따라서 뇌 이외의 몸을 제거하지 않는다는 점을 주목할 가치가 있지만) 가상현실의 불가능성을 지지할 필요가 거의 없다. 또한 극단적 환각이나 오인(misperception)의 불가능성을 지지할 필요도 없다. 외재주의자가 지지하는 것은 신경 상태만으로는 경험에 충분하지 않을 가능성뿐이다. 사실 적어도 경험의 일부 측면에서는 이 가능성이 현실이라고 생각할 이유가 있다. 가상세계 반례는 이러한 지지에 효과적으로 도전하지 못한다.

그 이유를 이해하려면, 가상세계 시나리오에서 신경 상태가 고립된 채로 경험을 유발한다고 간주하지 않는다는 점을 생각해 보자. 우리는 신경 체계가 그 체계의 설계자들이 신중하게 제작한 입력 네트워크에 착근되어 있고 그것과 상호작용한다고 (따라서 출력을 이끌어 낸다고) 생각한다. 주어진 내용의 경험이 가능한 것은 이러한 역동적인 인과적 상호작용 덕분이다. 이를 신경 상태만으로 경험에 충분함을 보여 주는 사례로 다룰 방법은 없다.

이에 대해 내재주의자는 내재주의가 요구하는 것은 신경 복제자가 **다른** 환경에서도 동일한 경험 상태에 놓이는 것뿐이라고 주장할 것이다. 경험의 동일성을 결정하거나 설명하는 것이 환경의 동일성일 수 없으며 신경 상태의 동일성임에 틀림없다는 것을 보여 주기에 그것으로 충분하다는 주장이다.

행위 기반 외재주의자는 이에 대한 답으로 몇 가지를 지적할 수 있다. 첫째, 우리가 고려하는 사례에서 가상세계와 실제세계는 유사하다. 이는 부분적으로 가상세계가 실제세계를 닮도록 설계되었기 때문이다. 특히 가상세계는 개념 및 감각운동 기술이 쉽게 작용할 수 있는 환경이다. 이러한 기술을 즉각 적용할 준비성이 가상 시나리오로 확장된다. 이러한 이유에서 가상현실 시나리오는 환경의 차이(또는 환경의 부재)에도 경험이 동일한 사례가 되지 못한다. 가상세계는 정확히 가상적 **세계**다. 즉, 비가상적 세계를 닮도록 설정된 환경이다.

두 번째로, 서로 다른 (가상적 또는 기타) 환경에 처한 신경 복제자가 질적으로 동일한 경험 상태에 놓일 수 있는지 여부를 선험적으로나 다른 어떤 근거로도 알 수 없다. "가상현실"이 아닌 경우, 상상되는 방식으로 신경 상태가 환경과의 역동적인 상호작용으로부터 절연된 세계에서 사물들이 주체에게 어떻게 경험될지 알기란 불가능하다. 앞서 언급했듯이, 우리 세계에서는 신경 복제자가 경험 복제자일 것이라고 말하는 것이 합리적이지만, 이는 부분적으로 우리 세계에서 신경 복제자는 (적어도 관련된 측면에서) 복제된 환경에 놓일 것이기 때문이다.

가상현실의 경우에도 경험의 동일성을 얻을 수 있는지 여부를 알기란 불가능하다. 현재의 가상현실 체계에서는 확실히 그렇지 않다. 여기에서 우리는 보르헤스가 상상한 종류의 퍼즐에 부딪힌다. 그는 그 지도를 만들고자 하는 세계와 같은 축척으로 만들어진 지도를 고민했다. 그러한 지도는 지도**로서** 무용지물일 것이다. 여기에서 관련된 점은 진정한 가상현실을 정말 만들어 낼 수 있을지 여부에 대해 합리적으로 이의를 제기할 수 있다는 것이다. 그렇게 하려면 실제 현실의 움직임의 자유, 사고, 그리고 기대 정도를 복제해야 할 텐데 이것은 실현 불가능할 수도 있다. 어쨌든, 앞서 고려한 이유들로, 가상현실의 가능성이 실제로 외재주의의 주장을 약화시키는지 여부는 명확하지 않다. 관련된 측면에서 가상세계는 단지 하나의 세계, 즉 살아 있는 존재 외부의 정보를 담고 있는 저장소, 진정한 내용이 있는 경험을 할 수 있으려면 그 현존과 활용가능성이 필요한 저장소일 것이기 때문이다.

신경 복제자가 환경에 착근했는지 여부와 **상관없이** 동일한 경험을 할 것이라는 것이 사실이라면, 신경적 충분성 논제는 상당 정도 참인 것으로 여겨질 것이다.[8] 하지만 그것이 사실이라고 생각할 만한 어떤 이유가 주어졌는가? 아무것도 주어지지 않았다! 경험적 복제자가 가능할 것이라고 주장하는 것은 "의식은 머릿속에 있다"라는 독단적 신조를 다시 한번 주장하는 것일 뿐이다. 그리고 이것은 우리를 처음으로 되돌아가게 한다. 우리가 왜 이 독단적 신조를 받아들여야 할까?

7.7 지각에 대한 행위 기반 신경과학을 향하여

행위 기반 접근은 두 가지 다른 수준에서 작동한다. 한편으로, 내가 이 책 전반에서 발전시켜 온 접근 방식은 지각 경험이 왜 그와 같은지 설명하는 것을 목표로 한다. 우리가 보았듯이, 감각 양상들 사이의 유사점과 차이점, 그리고 하나의 양상 속 지각 내용의 차이점은 지각자가 탐색 활동에서 사용하는 다양한 종류의 감각운동 기술로 설명된다. (이러한 생각은 O'Regan and Noë 2001a,b, 그리고 Hurley and Noë 2003a,b, Noë and

---

[8] 신경 복제자들이 환경에 상관없이 항상 경험이 일치하는 것이 사실이라면, 나는 왜 이 경우 신경 충분성 논제가 확고히 성립한다고 인정하지 않는가? 신경 체계가 올바르게 작동하려면 **일부** 비신경적 맥락이 필요할 가능성이 여전히 열려 있기 때문이다.

Hurley 2003의 중심 주제다.) 이러한 의미에서 이 이론은 지각적 의식을 **설명할** 것을 목표로 한다. 즉 설명적으로 적절할 것을 목표로 한다.

다른 한편으로, 이 이론은 현상학적으로 적합할 것을 목표로 한다. 즉 이 이론은 우리의 현상학을 제대로 담아내고자 한다. 가령 모양에 대한 시각 경험, 세부 사항에 대한 경험, 색 경험 같은 지각 현상을 직관적으로 그럴듯하고 만족스러운 방식으로 설명하고자 한다. 예를 들어, TVSS에 대해 행위 기반 접근이 무엇을 말하는지 생각해 보자. TVSS는 시각과 감각운동 구조를 공유하므로 준-시각 양상이다(O'Regan and Noë 2001a; Noë 2002a; Hurley and Noë 2003a,b).

행위 기반 접근은 가령 TVSS와 시각의 질적 유사성 등 신경적 설명만으로는 부족한 부분을 설명한다. 이러한 방식으로 행위 기반 접근은 우리가 의식을 설명하고자 하는 기층의 개념을 확장하여 설명의 간극을 줄이려고 한다(Hurley and Noë 2003a). 이 관점은 신경 용어로 설명을 구상하는 대신 신경 체계가 체화되고 착근된 동물의 활동을 보조하는 방식을 그찰하도록 이끈다. 이 장의 서두에 명구로 제시된 깁슨의 글처럼, 행위 기반 접근은 신경 활동을 뇌, 몸, 그리고 세계를 포함하는 체계의 한 가지 중요한, 그리고 실로 핵심적인 요소로 본다(Gibson 1979, 1).

예를 들어 헐리와 나는 신경 재배선은 감각운동 재통합 과정에서 일익을 담당할 때만 경험의 가소성(경험의 특성 변화)을 초래한다고 주장했다(Hurley and Noë 2003a,b; Noë and Hurley 2003). 경험의 질적 특성을 결정하는 것은 자극이 한 영역 또는 다른 영역에 유발한 신경 활동의 본질적 속성이 아니라 그러한 신경 활동이 감각운동 고리(looping)의 역동적인 패턴에 통합되는 방식이라는 점이 중요하다(Hurley and

Noë 2003a,b,c). 따라서 행위 기반 접근은 (시각 피질의) 후두엽의 신경 활동이 맹인 점자 독자들의 촉각 경험을 보조할 수 있는 이유를 설명하며(Pascual-Leone and Hamilton [2001]; Sadato et al. 1996, 1998; Buchel 1998; Buchel et al. 1998), 맹인 독자들의 후두엽에 적용된 TMS(경두개 자기 자극)가 **촉각** 환각을 일으킬 수 있는 이유(Cohen et al. 1997)도 설명한다. 행위 기반 접근은 또한 체성감각 활동이 TVSS에서 준-시각 경험을 보조할 수 있는 이유를 설명한다. 사실 헐리와 나는 TVSS에서 체성감각 피질에 TMS를 적용하면 준-시각적 공간 왜곡을 생성할 것이라고 예측한다(Hurley and Noë 2003a). 우리가 선호하는 종류의 행위 기반의, 역동적 감각운동 접근은 므리강카 수르와 동료들이 족제비의 청각 재배선에 대해 수행한 연구를 이해하는 데 적합한 틀을 제시한다(Roe et al. 1990, 1992; Pallas and Sur 1993; Sur, Angelucci, and Sharma 1999; Sharma, Angelucci, and Sur 2000; Merzenich 2000). "시각적" 감각운동 역동성에 적절하게 착근된 경우, 어린 족제비의 "청각" 피질의 신경 활동은 "시각적" 기능을 갖게 된다.[9]

이들은 모두 완전한 지각 가소성의 사례들이다. 그러나 신경 재배선이 항상 이런 식으로 가소성으로 귀결되지는 않는다. 예를 들어, 절단 수술을 받은 사람의 "얼굴 피질"의 뉴런이 보통 손에 전용(專用)된 인접한 피질 영역을 침범하는 경우, 많은 피험자들은 얼굴이 접촉될 때 (환

---

[9] 신경과학에서 행위 기반 접근을 지지하는 사례로 알바로 파스쿠알-레오네의 연구를 들 수 있다. 그는 메타양상격 뇌 이론을 발전시켰다(Pascual-Leone and Hamilton 2001). 파스쿠알-레오네는 특정 감각 양상에서 일어나는 감각 처리와 뇌 영역의 활동 패턴을 동일시하는 것 자체에 의문을 제기한다. 뇌에는 특정 양상에 특화된 영역이 없다. 예를 들어, 정상적인 촉각은 "시각" 피질의 신경 활동에 의존한다고 밝혀졌다.

상) 손이 접촉되는 느낌을 보고한다. 왜 여기서는 가소성이 마찬가지로 발생하지 않는 것일까? 왜 "손 피질"은 예를 들어 시각 피질이 촉각 기능을 맡거나 체성감각 피질이 시각 기능을 맡는 것처럼 "얼굴에 대한 접촉" 속성을 띠면서 그 질적 효과를 조정하지 않는 것일까? 헐리와 나는 다음과 같은 설명을 제안한다. 재배선 결과 손 피질에서 발생하는 신경 활동 패턴이 동물의 활동을 매개로 확립된 감각운동 의존의 역동적 패턴에 통합되지 않았기 때문이다.[10] 일반적으로 현상학을 결정하는 것은 자극이 유발한 신경 활동 자체가 아니라, 신경 활동이 감각운동 역동성에 착근되어 있는 방식이다.[11]

행위 기반 접근은 (Searle 2004가 주장하듯이) 지각적 의식의 특질을 뇌가 야기하고 뇌에서 실현되는 신경 기능으로서 설명하는 대신, (Searle 2004가 주장하듯이) 능숙한 활동의 패턴과 구조 측면에서 설명하려고 한다. 행위 기반 접근에서는 뇌, 몸, 그리고 세계가 함께 작용하여 의식을 형성한다고 본다(Thompson and Varela 2001). 행위 기반 관점에서 보면 이것이야말로 어떤 접근이 진정으로 **신경생물학적인** 접근으로 간주되기 위해 필요한 것이다. 경험은 비록 뇌에 인과적으로 의존하

---

10 환상지 환자들이 라마찬드란의 "거울 상자" 요법을 사용할 때처럼, 이렇게 통합될 때 잃어버린 사지에 느껴지는 연관 감각의 경험이 줄어든다. Ramachandran and Blakeslee 1998, 47과 그 다음 참조.

11 이와 유사한 사례로 공감각(synesthesia)이 있다. Hurley and Noë 2003a 및 Noë and Hurley 2003 참조. 우리는 이 주제에 대한 연구를 계속하고 있다. 공감각과 환상지 사례는 우리가 "피질 우세"(cortical dominance)라고 부르는 것의 예다. 이 경우 신경 구조는 새로운 입력에 직면할 때 이전의 질적 표현(qualitative expression)을 유지한다. 본문에서 언급된 것과 같은 가소성 사례들(TVSS, 족제비의 시각 청각 경로 변경, 점자의 맹인 독자들)은 우리가 "피질 유연성"(cortical deference)이라고 부르는 것의 예다. 이 경우, 피질 영역은 비표준적 입력 패턴을 수용하기 위해 그 질적 표현을 변경한다.

지만 뇌가 야기하고 뇌에서 실현되는 것이 아니다. 경험은 숙련된 동물의 활동적인 삶에서 실현된다. 지각적 의식의 신경과학은 뇌 활동의 신경과학이 아니라, 행위 기반의 신경과학, 즉 체화된 활동의 신경과학이어야 한다.

7.8 설명의 한계: 에필로그

행위 기반 접근에 따르면, 지각 경험은 감각운동 의존성과 사고에 대한 지식을 활용하여 환경을 탐구하는 활동이다. 이론을 이런 방식으로 제시하면, 이 이론이 현상학적으로 적합하다는 점을 이해하기 쉽다. 예를 들어, 접시의 원형성은 (3장에서 논의했듯) 우리가 접시를 기준으로 움직임(또는 움직이려 함)에 따라 접시의 관점적 모양이 변하는 것을 접하는 과정에서 드러난다는 것이 직관적으로 그럴듯하게 느껴진다.

그러나 이론을 이러한 방식으로 제시하는 것은 의식을 당연하게 여기는 것이다. "감각운동 상호의존성" 패턴을 숙달할 수 있는 사람만이, 즉 자신이 움직임에 따라 외관이 어떻게 변하는지를 추적할 수 있는 사람만이 세계를 제시하는 내용이 있는 지각 경험을 할 수 있다. 그렇다면 지각적 의식에 대한 행위 기반 접근은 이와 같은 방식으로 의식을 전제하는 것인가?

이러한 순환성을 피하기 위해 오레건과 나는 감각운동 상호의존성의 법칙의 특성을 감각이나 외관의 변화가 아니라 감각 자극의 변화 패턴 측면에서 설명하자고 주장했다(O'Regan and Noë 2001a,b). 이러한 **물리주의적** 설명만이 의식 이론의 기초로 작용할 가능성이 있다고 생각했다. 우리는 경험의 질적 특성이 그러한 패턴에 대한 지각자의 실용적 지식과, 이 지식을 사고와 행동을 안내하는 데 사용하는 능력에 달려 있다고 제안했다. 이런 방식으로 우리는 가령 감각운동 의존 패턴에 대한 지식 같은, 인지과학에서 널리 사용되는 종류의 설명적 관행들(가령 정보 처리에 호소한 설명)에 원칙적으로 적합한 인지 형식들로 현상적 의식을 설명하려 했다. 우리는 감각운동 의존성 패턴에 대한 생물체의 실용적 지식으로 현상적 의식을 설명하자고 제안했는데, 이러한 숙달에 대한 비순환적이고 경험적으로 충분한 설명이 가능하다고 여겼다.[12]

이 전략의 주요 문제는 비순환성과 설명력을 얻는 대가로 현상학적 적합성을 포기했다는 점이다.[13] 생명체는 신경 활동이 움직임에 의존하는 관련 패턴에 대한 지식이 있을 때, 현상적으로 의식적인 지각 상태를 누리게 된다. 그러나 어떻게 이런 종류의 현상적으로 무의식적인 상태가 현상적 의식의 기초가 될 수 있을까? 이 질문에 대한 답은 여전히 없다.

나는 이 이론을 진화적 맥락에 놓음으로써 해결의 실마리를 찾을 수 있다고 생각한다. 단순한 유기체들은 완전한 경험은 아닐지라도, 단순한 양식의 의식 비슷한 것이 있다고 이해할 수 있다. 이를 어떻게 입

---

[12] 클라크와 토리비오(2001)는 우리의 견해를 따를 경우 탁구 치는 로봇에게도 시각적 의식이 있다는 결론에 이르게 된다는 점을 인정할 것을 요구했다. 우리는 탁구 치는 로봇에게 관련된 시각적 감각운동 상호의존성에 대한 실제 **지식**(진정한 숙달)이 있다는 사실이 입증되는 경우에만 탁구 치는 로봇에게 지각적 의식이 있을 것이라고 답했다. 우리의 관점은 탁구 치는 로봇이 지각적으로 의식적일 것이라고 단정하지 않았다. 우리가 주장한 것은 그러한 로봇이 관련된 실용적 기술을 습득**한다면** 지각적으로 의식적일 수 있다는 가능성뿐이다. 인지적 행위주체를 우리에게 주면, 우리가 어떻게 그에게 의식을 부여할 수 있는지 보여 주겠다.
[13] 또 다른 문제도 있다. 우리는 인지에 대해 설명하는 것의 어려움을 과소평가했을지도 모른다.

증할지는 모르겠지만, 인지적·현상학적 복잡성을 지닌 우리 자신이 그러한 단순한 유기체의 후손이라는 사실이 이를 그럴듯하게 만든다. 의식적인 마음이 진화의 과정에서 갑자기 완전한 형태로 나타난 것이 아니라, 점진적으로 등장했다고 보는 것이 합리적일 것 같다. 이에 반대하여 누군가는 의식이 정도의 차이를 갖고 단계적으로 나타날 수 있는 것이 아니며, 의식은 전부 아니면 전무한 것이라고 주장할 수도 있다. 주관적인 관점은 있거나 없거나 둘 중 하나라는 것이다. 의식의 복잡성이나 세부 사항, 가령 복잡한 시각적 현상학은 진화할 수 있지만, 의식 자체는 그렇지 않다는 주장이다.

행위 기반 접근에는 이러한 반론에 원칙에 따른 답을 할 수 있는 자원이 있다. 어떻게 그럴 수 있는지 알아보기 위해 진화적 이야기를 하나 해보겠다. 우리는 단순한 생명체들이 단순한 감각운동 체계를 **체화한다**는 합리적인 가정에서 출발한다. 예를 들어 주광성의 박테리아는 일종의 감각운동적 "지식"을 체화한다. 표면의 자극이 운동 반응을 일으키는 식이다. 이러한 단순한 생명체는 자극에 반응할 수 있다. 그것의 존재 자체가 환경에 착근된 감각운동적 순환 고리(looping)를 드러낸다. 이러한 최대한 단순한 존재에게도 행위에 의한 경험의 생성에 필요한 요소들이 이미 있다. 이 유기체는 단순히 기계화학적 과정의 발생장소가 아니라, 반응하고 행동하는 단일한 존재다. 그렇지만 감각운동적 레퍼토리가 고정되고 단순한 경우, 마음이나 경험을 부여할 강력한 이유는 없다. 그러나 감각운동적 레퍼토리가 복잡해질수록 원시적인 의식이 존재할 가능성도 높아진다. 감각운동적 복잡성의 증대는 곧 몸 및 행동적 복잡성의 증대이지만, 감각운동 기술이 일종의 지식이라는 생각을 진지하게 받아들인다면, 인지적 복잡성의 증대이기도 하다. 복잡성의 증대는 다양한 형식을 띨 수 있다. 더 복잡한 몸은 움직임의 자유가 더 크다는 것을 뜻하며, 따라서 감각운동적 상호작용의 패턴 또한 더 많음을 의미한다. 그러나 험프리(1992)가 연구한 바와 같이, 더 큰 정교함은 감각 자극을 운동 반응으로부터 분리하는 능력을 포함할 가능성도 있다. 험프리는 "동물들은 환경 자극이 자신의 몸에 미치는 영향을 행동 기반의 표상으로 저장하고, 아마도 기억하고 재구성할 수 있게 되었을 때 처음 '마음'을 가지게 되었다"라고 썼다(1992, 42). 그리고 그는 "역사상 처음으로, 사실 우주가 시작된 이래 처음으로, 살아 있는 유기체의 표면에서 일어나는 특정 사건들이 누군가에게 의미 있게 존재하기 시작했다"라고 덧붙였다.

감각 자극과 운동 반응의 분리에 대한 험프리의 의견이 옳든 그르든, 그와 내가 제시하는 종류의 설명의 핵심은 감각운동적 복잡성이 증대함에 따라 다음과 같은 생명형식, 즉 자신의 움직임에 따라 환경이 자신을 자극하는 방식이 변화하는 방식에 대해 상당 정도의 민감성을 체화한 생명형식으로 나타난다는 생각을 설득력 있게 만드는 것이다. 추정이 다소 포함되지만, 우리는 이러한 방식으로 생물학적 세계에서 지각적 의식의 출현이 곧 감각운동 역량을 갖춘 인지적 행위 주체의 출현의 문제라는 생각을 설득력 있게 제시할 수 있다. 인지적 행위주체의 출현 이야기와 의식의 출현 이야기가 따로 있는 것이 아니다. 의식과 인지는 생명 발달 과정의 국면들이다.[14]

이 모든 것은 추측에 불과하며, 어쨌든 나는 단지 아주 간략한 개

---

[14] 에반 톰슨은 이러한 문제들에 대한 나의 생각에 영향을 미쳤다. *Mind in life: Biology, phenomenology, and the sciences of mind*(Harvard University Press, 2010)에서 그는 그가 "마음-생명 연속성 가설"이라고 부르는 것을 제안한다.

요만을 제시했을 뿐이다. 이 이야기와 비슷한 것이 닿을 수도 있지만, 그렇다 해도 내가 의식에 대한 이러한 설명에서 생명에 호소하는 것은 양보를 뜻한다. 왜냐하면 생명체는 살아 있다는 사실만으로 이미 **잠재적으로 의식적**이기 때문이다. 즉 살아 있는 존재에게는 그것이 가령 감각운동의 상호변호- 패턴을 "추적"할 수 있을 것이라는 생각을 그럴듯하게 만들어 주는 일종의 통일성이 있다. 반면 로봇이나 "단순한 물질"은 바로 그런 통일성이 부족한 것처럼 보인다. 로봇의 경우, "감각" 자극 패턴이 움직임의 함수로 달라지는 방식을 "알아차릴" 수 있는 것은 누구 혹은 무엇일까? 그리고 주어진, 통일된 주체가 없는 상황에서 우리는 어떻게 의식을 설명할 수 있을까? 의식의 출현에 다한 설명에서 **생명**을 당연한 전제로 삼는 것은, 결국 의식의 **일부 약간**을 이미 당연히 존재하는 것으로 여기는 것일지도 모른다.

아마도 이 양보는 그리 큰 것이 아닐 것이다. 첫째, 우리가 지각적 의식 전체를 단지 아주 작은 조각의 의식만을 전제하여 설명할 수 있다면, 확실히 진전을 이룬 것이다. 당신이 우리에게 의식의 불씨를 준다면, 우리는 당신에게 세계를 주겠다! 둘째, 생물학의 기반은 확고하며, 생명은 100년 전만큼 불가사의하지 않다. 만약 우리가 감각운동 및 인지적 기술이 있는 살아 있는 존재에 호소함으로써 의식(혹은 단지 지각적 의식만이라도)을 설명할 수 있다면, 우리는 진보를 이룬 것이다.

그러나 경고가 필요하다. 생물학의 기반이 확고하다 하더라도, 생명의 기원에 대한 확립된 생물학적 합의는 없다.[15] 따라서 우리는 하나

---

15 이것은 논란의 여지가 없는 진술이다. 예를 들어, 도킨스(1976), 카우프만(1995), 그리고 데닛(1995)은 모두 생명이 어떻게 시작되었을지에 대한 견해는 우리에게 있지만, 그것이 정말로 어떻게 시작되었는지는 아직 알아내지 못했다고 인정한다.

의 설명적 간극을 다른 설명적 간극으로 대체하고 있는 것은 아닌지 의심할 수 있다.

이 책의 끝에서 우리는 어디에 서 있을까? 나는 내용과 감각질 문제에 대해 진전을 이룰 수 있다고 주장했다. 행위 기반 접근은 경험의 질적 특성을 이해하는 방식을 제시한다. 경험의 질적 특성은 자극의 패턴이 유발한 신경 상태만으로 결정되지 않는다. 경험의 질적 특성은 감각운동 기술에 대한 지각자의 숙달과 사용에 의존한다. 왜 어떤 경험은 촉각적이지 않고 시각적인가? 그 경험이 시각적이라면, 왜 그것은 정육면체에 대한 경험이 아니라 구에 대한 경험인가? 이러한 질문에 답하려면 내부의 신경적 활성화가 아니라, 감각운동 의존성에 대한 능숙한 숙달이 어떻게 동물이 환경과 상호작용하는 방식을 조정하는지를 살펴봐야 한다(Hurley and Noë 2003a).

경험은 왜 존재하는 걸까? 나는 의식에 관한 자연철학이 이 질문에 대한 답을 생명의 본질과 기원에 관한 생물학의 문제들 속에서 찾아야 한다는 생각으로 이 글을 마무리 하고자 한다. 모든 생명체에게 마음이 있지는 않을 가능성이 높다. 오직 살아 있는 존재에게만 마음이 있을 수 있다고 믿을 만한 선험적 이유도 분명 없다. 그럼에도 불구하고, 내가 암시한 이유들로, 마음의 문제와 생명의 문제는 중요한 의미에서 하나일 수 있다. 두 문제의 공통된 핵심은 "단순한 물질"이 어떻게 살아 있는 존재와 의식적 관점 모두의 특성인 본질적인 통일성을 획득할 수 있는지를 이해하는 것이다. 최종적으로 이 문제에 대해 우리가 어떤 말을 하든지, 한 가지는 분명하다. 의식에 대한 설명이 설득력이 있으려면, 그것은 의식을 자연 현상으로 설명해야 한다. 의식을 자연 현상으로 설명하는 것은 뇌에 대한 이야기가 아니라 우리의 활동적인 삶에 대한 이야기가 될 것이다.

참고문헌

Albers, J. 1963. *Interaction of Color*. New Haven, CT: Yale University Press.

Angelone, B. L., D. T. Levin, and D. J. Simons. 2003. The roles of representation and comparison failures in change blindness. *Perception* 32: 947~962.

Anscombe, G. E. M. 1965. The intentionality of sensation: A grammatical feature. In *Metaphysics and the Philosophy of Mind: Collected Philosophical Papers*, vol. III, 3~20. Oxford: Blackwell.

Arbib, M. A. 1989. *The Metaphorical Brain 2: Neural Networks and Beyond*. New York: Wiley.

Aristotle. 1984a. *De Anima*. In *The Complete Works of Aristotle: The Revised Oxford Translation*. Oxford: Oxford University Press.

―――. 1984b. *De Sensu*. In *The Complete Works of Aristotle: The Revised Oxford Translation*. Oxford: Oxford University Press.

Armstrong, D. M. 1961. *Perception and the Physical World*. London: Routledge & Kegan Paul.

―――. 1968. *A Materialist Theory of Mind*. London: Routledge & Kegan Paul.

Austin, J. L. 1962. *Sense and Sensibilia*. Oxford: Clarendon Press.

Ayer, A. J. 1955. *The Foundations of Empirical Knowledge*. London: Macmillan.

―――. 1973. *The Central Questions of Philosophy*. New York: Holt, Rinehart, Winston.

Bach-y-Rita, P. 1972. *Brain Mechanisms in Sensory Substitution*. New York: Academic

Press.

———. 1983. Tactile vision substitution: Past and future. *International Journal of Neuroscience* 19, nos. 1~4: 29~36.

———. 1984. The relationship between motor processes and cognition in tactile vision substitution. In *Cognition and Motor Processes*, ed. A. F. Sanders and W. Prinz, 150~159. Berlin: Springer.

———. 1996. Substitution sensorielle et qualia [Sensory substitution and qualia]. In *Perception et Intermodalité*, ed. J. Proust, 81~100. Paris: Presses Universitaires de France. Reprinted in English translation in *Vision and Mind: Selected Readings in the Philosophy of Perception*, ed. A. Noë and E. Thompson, 497~514. Cambridge, MA: The MIT Press, 2002.

Bach-y-Rita, P., and S. Kercel. 2002. Sensory substitution and augmentation: Incorporating humans-in-the-loop. *Intellectica* 2, no. 35: 287~297.

Ballard, D. H. 1991. Animate vision. *Artificial Intelligence* 48: 57~86.

———. 1996. On the function of visual representation. In *Perception: Volume 5, Vancouver Studies in Cognitive Science*, ed. Kathleen Akins, 111~131. New York: Oxford University Press. Reprinted in *Vision and Mind: Selected Readings in the Philosophy of Perception*, ed. A. Noë and E. Thompson, 459~479. Cambridge, MA: The MIT Press, 2002.

———. 2002. Our perception of the world has to be an illusion. *Journal of Consciousness Studies* 9, nos. 5~6: 54~71.

Bennett, M. R., and P. M. S. Hacker. 2001. Perception and memory in neuroscience: A conceptual analysis. *Progress in Neurobiology* 65, no. 6: 499~543.

Berkeley, G. [1709]1975. Essay towards a new theory of vision. In *George Berkeley: Philosophical Works, including the Works on Vision*, ed. M. R. Ayers, 1~59. London and Totowa, NJ: Dent and Rowman and Littlefield.

Bermúdez, J. L. 1998. *The Paradox of Self-Consciousness*. Cambridge, MA: The MIT Press.

Berthoz, A. [1997]2000. *The Brain's Sense of Movement*. Trans. Giselle Weiss. Cambridge, MA: Harvard University Press.

Billock, V. A., G. A. Gleason, and B. H. Tsou. 2001. Perception of forbidden colors in retinally stabilized equiluminant images: An indication of softwired color opponency? *Journal of the Optical Society of America* 18, no. 10: 2398~2403.

Björnbo, A., A. Anthon, and S. Vogl. 1912. Alkindi, Tideus und Pseudo-Euklid. Drei optische Werke. *Abhandlung zur Geschichte der mathematischen Wissenschaften* 26, pt. 3: 1~176.

Blackmore, S. J. 2002. There is no stream of consciousness. In *Is the Visual World a Grand Illusion?*, ed. A. Noë, 17~28. Thorverton, UK: Academic Imprint.

Blackmore, S. J., G. Brelstaff, K. Nelson, and T. Troscianko. 1995. Is the richness of our visual world an illusion? Transsaccadic memory for complex scenes. *Perception* 24: 1075~1081.

Block, N. 1978. Troubles with functionalism. In *Minnesota Studies in the Philosophy of Science*, vol. 9, ed. C. Wade Savage, 261~325. Minneapolis: University of Minnesota Press.

―――. 1990. Inverted earth. In *Philosophical Perspectives 4 Action Theory and Philosophy of Mind*, ed. J. Tomberlin, 53~79. Atascadero, CA: Ridgeview.

―――. 2001. Behaviorism revisited. *Behavioral & Brain Sciences* 24: 977~978.

―――. 2003. Tactile sensation via spatial perception. *Trends in Cognitive Sciences* 7, no. 7: 285~286.

Boghossian, P. A., and D. J. Velleman. 1989. Colour as a secondary quality. *Mind* 98: 81~103.

―――. 1991. Physicalist theory of color. *Philosophical Review* 100: 67~106.

Botvinick, M., and J. Cohen. 1998. Rubber hands 'feel' touch that eyes see [letter]. *Nature* 391, no. 6669: 756.

Boyson, S., G. Bernstor, M. Hannan, and J. Cacioppo. 1996. Quantity-based inference and symbolic representation in chimpanzees (Pan troglodytes). *Journal of Experimental Psychology and Animal Behavior Processes* 22: 76~86.

Bridgeman, B. 1992. Conscious vs. unconscious processes: The case of vision. *Theory & Psychology* 2(1): 73~88.

Bridgeman, B., A. Gemmer, T. Forsman, and V. Huemer. 2000. Properties of the sensorimotor branch of the visual system. *Vision Research* 40: 3539~3552.

Bridgeman, B., M. Kirch, and A Sperling. 1981. Segregation of cognitive and motor aspects of visual function using induced motion. *Perception and Psychophysics* 29: 336~342.

Bridgeman, B., S. Lewis, F. Heit, and M. Nagle. 1979. Relation between the cognitive and motor-oriented systems of visual position perception. *Journal of Experimental Psychology: Human Perception and Performance* 5: 692~700.

Bridgeman, B., A. H. C. Van der Heijden, and B. M. Velichkovsky. 1994. A theory of visual stability across saccadic eye movements. *Behavioral and Brain Sciences* 17, no. 2: 247~292.

Broackes, J. 1992. The autonomy of colour. In *Reduction, Explanation and Realism*, ed. D. Charles and K. Lennon, 421~465. Oxford: Oxford University Press.

Brooks, R. A. 1991. Intelligence without reason. *Proceedings of the 12th International Joint Conference on Artificial Intelligence, Sydney, Australia* (August): 569~595.

Bruce, V., and P. R. Green. [1985]1990. *Visual Perception: Physiology, Psychology and Ecology*. London: Lawrence Erlbaum.

Buchel, C. 1998. Functional neuroimaging studies of Braille reading: Cross-modal reorganization and its implications. *Brain* 121: 1193~1194.

Buchel, C., C. Price, R. S. J. Frackowiak, and K. Friston. 1998. Different activation patterns in the visual cortex of late and congenitally blind subjects. *Brain* 121: 409~419.

Budd, M. 1993. How pictures look. In *Virtue and Taste*, ed. D. Knowles and J. Skorupsky. Oxford: Blackwell.

Byrne, A., and D. Hilbert. 1997. Colors and reflectances. In *Reading on Color, Vol. 1: The Philosophy of Color*, ed. A. Byrne and D. Hilbert. Cambridge, MA: The MIT Press.

―――. 2003. Color realism and color science. *Behavioral and Brain Sciences* 26: 3~21.

Campbell, J. 1993. A simple view of colour. In *Reality, Representation and Projection*, ed. J Haldane and C. Wright. Oxford: Oxford University Press.

Campbell, J. 1994. *Past, Space, and Self*. Cambridge, MA: The MIT Press.

Cassam, Q. 1995. Introspection and bodily self-ascription. In *The Body and the Self*, ed. J. L. Bermúdez, A. J. Marcel, and N. Eilan, 311~336. Cambridge, MA: The MIT Press, 1995. Chalmers, D. J. 1996. *The Conscious Mind: In Search of a Fundamental Theory*. New York: Oxford University Press.

Cheney, D. L., and R. M. Seyfarth. 1990. *How Monkeys See the World*. Chicago: University of Chicago Press.

Chomsky, N. 1965. *Aspects of the Theory of Syntax*. Cambridge, MA: The MIT Press.

―――. 1980. *Rules and Representations*. New York: Columbia University Press.

Churchland, P. S., V.S., Ramachandran, and T. J. Sejnowski. 1994. A critique of pure vision. In *Large-Scale Neuronal Theories of the Brain*, ed. C. Koch and J. L. Davis, 23~60. Cambridge, MA: The MIT Press.

Clark, A. 1997. *Being There: Putting Brain, Body and World Together Again*. Cambridge,

MA: The MIT Press.

_____. 1999. An embodied cognitive science? *Trends in Cognitive Sciences* 3: 345~351.

_____. 2002. Is seeing all it seems?: Action, reason and the grand illusion. *Journal of Consciousness Studies* 9, nos. 5~6: 181~202.

Clark, A., and D. J. Chalmers. 1998. The extended mind. *Analysis* 58: 10~23.

Clark, A., and J. Toribio 2001. Sensorimotor chauvinism? *Behavioral and Brain Sciences* 24: 5, 979~981.

Clark, J. J. 2002. Asymmetries in ecological and sensorimotor laws: Towards a theory of subjective experience. Paper presented at the 3rd Workshop on the Genesis of the Notion of Space in Machines and Humans, Paris, France, October. Available at http://www.cim.mcgill.ca/~clark/publications.html.

Clarke, T. 1965. Seeing surfaces and physical objects. In *Philosophy in America*, ed. M. Black, 98~114. Ithaca: Cornell University Press.

Cohen, L. G., P. Celnik, A. Pascual-Leone, B. Corwell, L. Faiz, J. Dambrosia, M. Honda, N. Sadato, C. Gerloff, M. D. Catala and M. Hallett. 1997. Functional relevance of cross-modal plasticity in blind humans. *Nature* 389: 180~183.

Cole, J. 1991 *Pride and the Daily Marathon*. London: Duckworth.

_____. 2004. *Still Lives: Narratives in Spinal Cord Injury*. Cambridge, MA: The MIT Press.

Cosmides, L. 1989. The logic of social exchange: Has natural selection shaped how humans reason? Studies with the Wason Selection Task. *Cognition* 31: 187~276.

Cotterill, R. M. J. 1995. On the unity of conscious experience. *Journal of Consciousness Studies* 2, no. 4: 290~312.

_____. 2001. Cooperation of the basal ganglia, cerebellum, sensory cerebrum and hippocampus: Possible implications for cognition, consciousness, intelligence and creativity. *Progress in Neurobiology* 64(1): 1~33.

Crane, H., and T. P. Piantinida. 1983. On seeing reddish green and yellowish blue. *Science* 221: 1078~1080.

Crane, T. 1992. The nonconceptual content of experience. In *The Contents of Experience*, ed. Tim Crane, 136~157. Cambridge: Cambridge University Press.

Crick, F., and C. Koch. 2003. A framework for consciousness. *Nature Neuroscience* 6, no. 2: 119~126.

Cussins, A. 2003. Experience, thought and activity. In *Essays on Nonconceptual Content*, ed. Y. Gunther, 133~163. Cambridge, MA: The MIT Press.

Damasio, A. R. 1994. *Descartes' Error: Emotion, Reason and the Human Brain*. New York: Avon Books.

Davidson, D. 1982. Rational animals. *Dialectica* 36: 318~327.

Dawkins, R. 1976. *The Selfish Gene*. New York: Oxford University Press.

Dennett, D. C. 1969. *Content and Consciousness*. London: Routledge & Kegan Paul.

———. [1978]1981. Artificial intelligence as philosophy and as psychology. In *Brainstorms*. Cambridge, MA: The MIT Press.

———. 1981. *Brainstorms*. Cambridge, MA: The MIT Press.

———. [1981]1987. Three kinds of intentional psychology. In *Reduction, Time and Reality*, ed. R. Healey, 37~61. Cambridge: Cambridge University Press. Reprinted in *The Intentional Stance*, 43~68. Cambridge, MA: The MIT Press.

———. 1987. *The Intentional Stance*. Cambridge, MA: MIT Press.

———. 1991. *Consciousness Explained*. Boston: Little, Brown.

———. 1993. Back from the drawing board. In *Dennett and His Critics*, ed. B. Dahlbom, 203~235. Oxford: Basil Blackwell.

———. 1995 *Darwin's Dangerous Idea*. New York: Touchstone Books.

———. 2001. Surprise, surprise. *Behavioral & Brain Sciences* 24: 982.

———. 2002. How could I be wrong? How wrong could I be? In *Is the Visual World a Grand Illusion?* ed. A. Noë, 13~16. Thorverton, UK: Academic Imprint.

Descartes, R. [1637]1902. *La Dioptrique*. In *Oeuvres de Descartes*, vol. 6, ed C. Adam and P. Tannery, 81~228. Paris: Cerf.

———. [1637]1965. *Discourse on Methods, Optics, Geometry and Meteorology*. Trans. P. J. Olscamp. New York: Bobbs-Merrill.

———. [1641]1988a. *Meditations on First Philosophy* in *The Philosophical Writings of Descartes, vol. II*, ed. John Cottingham, Robert Stoothoff, and Dugald Murdoch. Cambridge: Cambridge University Press, 1984.

———. [1641]1988b. *Objections and Replies* in *The Philosophical Writings of Descartes, vol. II*, ed. John Cottingham, Robert Stoothoff, and Dugald Murdoch. Cambridge:

Cambridge University Press, 1984.

Ditchburn, R. W., and B. L. Ginsberg. 1952. Vision with a stabilized retinal image. *Nature* 170: 36~37.

Dretske, F. 1993. Conscious experience. *Mind* 102, no. 405: 263~283.

_____. 1995. *Naturalizing the Mind*. Cambridge, MA: The MIT Press.

_____. 2004. Change blindness. *Philosophical Studies* 120: 1~18.

Dreyfus, H. L. [1972]1992. *What Computers Still Can't Do*. Cambridge, MA: The MIT Press.

Durgin, F. H., S. P. Tripathy, and D. M. Levi. 1995. On the filling in of the visual blind spot: Some rules of thumb. *Perception* 24, no. 7: 827~840.

Edelman, G. 1989. *The Remembered Present*. New York: Basic Books

Euclid. 1945 The optics of Euclid. Trans. H. E. Burton. *Journal of the Optical Society of America* 35: 357~372.

Evans, G. 1982. *The Varieties of Reference*. Oxford: Oxford University Press.

_____. 1985. Molyneux's question. In *Collected Papers*, 364~399. Oxford: Oxford University Press.

Fodor, J. A. 1975. *The Language of Thought*. Cambridge, MA: The MIT Press.

Fodor, J. A., and Z. W. Pylyshyn. 1981. How direct is visual perception? Some reflections on Gibson's "ecological approach." *Cognition* 9, 139~196. Reprinted in *Vision and Mind: Selected Readings in the Philosophy of Perception*, ed. A. Noë and E. Thompson, 167~227. Cambridge, MA: The MIT Press, 2002.

Frege, G. [1879]1980. Begriffsschrift. In *Translations from the Philosophical Writings of Gotlob Frege*, 3rd ed., ed. P. Geach and M. Black. Oxford: Basil Blackwell.

_____. [1884]1950. *The Foundations of Arithmetic*. Trans. by J. L. Austin. Oxford: Basil Blackwell.

_____. [1918~1919]1984. Thoughts. In *Collected Papers on Mathematics, Logic and Philosophy*, ed. B. McGuinness, 351~372. Oxford: Basil Blackwell.

Gallagher, S. 2003. Bodily self-awareness and object-perception *Theoria et Historia Scientarium: International Journal for Interdisciplinary Studies* 7, no. 1: 53~68.

Gibson, J. J. 1979. *The Ecological Approach to Visual Perception*. Hillsdale, NJ: Lawrence Erlbaum.

Gibson, J. J., and D. Wadell. Homogeneous retina stimulation and visual perception. *American Journal of Psychology* 64: 263~270.

Gombrich, E. 1960~1961. *Art and Illusion: A Study in the Art of Pictorial Representation*. Princeton, NJ: Princeton University Press.

Gregory, R. L. [1956]1997. *Eye and Brain: The Psychology of Seeing*, 5th ed. New York: McGraw-Hill.

Gregory, R. L., and J. G. Wallace. 1963. Recovery from early blindness: A case study. *Experimental Psychology Society*. Mongraph no. 2.

Grice, H. P. 1961. The causal theory of perception. *Proceedings of the Aristotelian Society*, suppl. vol. 35: 121~152.

―――. 1962. Some remarks about the senses. In *Analytic Philosophy*, ed. R. J. Butler, 133~153. Oxford: Basil Blackwell. Reprinted in *Vision and Mind: Selected Readings in the Philosophy of Perception*, ed. A. Noë and E. Thompson, 35~54. Cambridge, MA: The MIT Press, 2002.

Grimes, J. 1996. On the failure to detect changes in scenes across saccades. In *Perception: Vancouver Studies in Cognitive Science*, vol. 2, ed. K. Akins, 89~110. Oxford: Oxford University Press.

Hacker, P. M. S. 1987. *Appearance and Reality*. Oxford: Basil Blackwell.

Hardin, C. L. 1986. *Color for Philosophers: Unweaving the Rainbow*. Indianapolis: Hackett.

Harman, G. 1990. The intrinsic quality of experience. In *Philosophical Perspectives 4*, ed. J. Tomberlin, 31~52. Northridge, CA: Ridgeview.

Harris, C. 1965. Perceptual adaptation to inverted, reversed, and displaced vision. *Psychological Review* 72, no. 6: 419~444.

―――. 1980. Insight or out of sight?: Two examples of perceptual plasticity in the human adult. In *Visual Coding and Adaptability*, ed. Charles S. Harris, 95~149. Hillsdale, NJ: Lawrence Erlbaum.

Hayes, A., and J. Ross. 1995. Lines of sight. In *The Artful Eye*, ed. R. Gregory, J. Harris, P. Heard, and D. Rose, 339~352. New York: Oxford University Press.

Heck, R. 2000. Non-conceptual content and the 'space of reasons.' *Philosophical Review* 109: 483~523.

Held, R., and A. Hein. 1963. Movement produced stimulation in the development of visually guided behavior. *Journal of Comparative and Physiological Psychology* 56:

873~876.

Hochberg, J. E., W. Triebel, and G. Seaman. 1951. Color adaptation under conditions of homogeneous visual stimulation (Ganzfeld). *Journal of Experimental Psychology* 41: 153~159.

Hume, D. [1739~1740]1975. *A Treatise of Human Nature*, 2nd ed., ed. L. A. Selby-Bigge, rev. P. H. Nidditch. Oxford: Clarendon Press.

Humphrey, N. 1992. *A History of the Mind*. New York: Simon & Schuster.

Hurley, S. L. 1998. *Consciousness in Action*. Cambridge, MA: Harvard University Press.

―――. 2001. Overintellectualizing the mind. *Philosophy and Phenomenological Research* 63: 423~431.

Hurley, S. L., and A. Noë. 2003a Neural plasticity and consciousness. *Biology and Philosophy* 18: 131~168.

―――. 2003b. Neural plasticity and consciousness: Reply to Block. *Trends in Cognitive Sciences* 7, no. 8 (August): 342

Hurvich, L. 1981. *Colour Vision*. Sunderland, MA: Sinauer.

Husserl, E. [1907]1997. *Thing and Space: Lectures of 1907*. Trans. Richard Rojcewicz. Boston: Kluwer.

Hyman, J. 1989. *The Imitation of Nature*. Oxford: Basil Blackwell.

Ittelson, W. H. 1952. *The Ames Demonstrations in Perception*. Oxford: Oxford University Press.

Jackson, F. 1982. Epiphenomenal qualia. *Philosophical Quarterly* 32: 127~136.

―――. 1986. What Mary didn't know. *Journal of Philosophy* 83: 291~295.

Järvilehto, T. 1998a. The theory of the organism-environment system: I. Description of the theory. *Integrative Physiological and Behavioral Science* 33: 317~330.

―――. 1998b. The theory of the organism-environment system: II. Significance of nervous activity in the organism-environment system. *Integrative Physiological and Behavioral Science* 33: 331~338.

―――. 1999. The theory of the organism-environment system: III. Role of efferent influences on receptors in the formation of knowledge. *Integrative Physiological and Behavioral Science* 34: 90~100.

―――. 2000. The theory of the organism-environment system: IV. The problem of mental activity and consciousness. *Integrative Physiological and Behavioral Science*

35: 35~57.

Jeannerod, M. 1997. *The Cognitive Neuroscience of Action*. Oxford: Blackwell.

Johnston, M. 1992. How to speak of the colors. *Philosophical Studies* 68: 221~263.

Jonas, H. 1966. The nobility of sight: A study in the phenomenology of the senses. In *The Phenomenon of Life*. New York: Harper & Row.

Kant, I. [1781~1787]1929. *Critique of Pure Reason*. Trans. Norman Kemp Smith. London: Macmillan.

Kauffman, S. 1995. *At Home in the Universe*. New York: Oxford University Press.

Kaufman, T., H. Théoret, and A. Pascual-Leone. 2002. Braille character discrimination in blindfolded human subjects. *Neuroreport* 13, no. 16: 1~4.

Keeley, B. 2001. Making sense of the senses. *Journal of Philosophy* 99, no. 1: 1~24.

Kelly, S. D. Forthcoming. Seeing things in Merleau-Ponty. In *Cambridge Companion to Merleau-Ponty*. Cambridge: Cambridge University Press.

―――. 2001. The non-conceptual content of perceptual experience: Situation dependence and fineness of grain. *Philosophy and Phenomenological Research* 62, no. 3: 601~608.

Kelso, S. J. A. 1995. *Dynamic Patterns: The Self-Organization of Brain and Behavior*. Cambridge, MA: The MIT Press.

Kenny, A. [1971]1984. The homunculus fallacy. In *The Legacy of Wittgenstein*, 125~136. Oxford: Blackwell.

―――. 1989. *The Metaphysics of Mind*. Oxford: Oxford University Press.

Kepler, J. 1964. De modo visionis. Trans. A. C. Crombie. In *Mélange Alexandre Koyré, vol. 1, L'aventure de la science*, 135~172. Paris: Hermann.

Koch, C. 2004. *The Quest for Consciousness: A Neurobiological Approach*. Englewood, CO: Roberts & Co.

Koenderink, J. J. 1984a. The concept of local sign. In *Limits in Perception*, ed. A. J. van Doorn, W. A. van de Grind, and J. J. Koenderink, 495~547. Zeist, Netherlands: VNU Science Press.

―――. 1984b. The internal representation of solid shape and visual exploration. In *Sensory experience, adaptation, and perception. Festschrift for Ivo Kohler*, ed. L. Spillmann and B. R. Wooten, 123~142. Hillsdale, NJ: Lawrence Erlbaum.

Kohler, I. [1951]1964. Formation and transformation of the perceptual world.

Psychological Issues 3, no. 4: 1~173.

Krauskopf, J. 1963. Effects of retinal stabilization on the appearance of heterochromatic targets. *Journal of the Optical Society of America* 53: 741~744.

Langer, M. S., and A. Gilchrist. 2000. Color perception in a 3-D scene of one reflectance. *Investigative Ophthalmology & Visual Science* 41: 1254B629.

Lettvin, J. Y., H. R. Maturana, W. S. McCulloch, and W. H. Pitts. 1959. What the frog's eye tells the frog's brain. *Proceedings of the Institute of Radio Engineers.* 47: 1940~1951. Reprinted in *Embodiments of Mind*, ed. Warren S. McCulloch. Cambridge, MA: The MIT Press, 1965.

Levin, D. T. 2002. Change blindness blindness as visual metacognition. *Journal of Consciousness Studies* 9: 5~6: 111~130.

Levin, D. T., N. Momen, S. B. Drwdahl, and D. J. Simons. 2000. Change blindness blindness: The meta-cognitive error of overestimating change-detection ability. *Visual Cognition* 7 (1,2,3): 397~412.

Levin, D. T., D. J. Simons, B. L. Angelone, and C. F. Chabris. 2002. Memory for centrally attended changing objects in an incidental real-world change detection paradigm. *British Journal of Psychology* 93: 289~302.

Lewis, D. 1980. Veridical hallucination and prosthetic vision. *Australasian Journal of Philosophy* 58: 239~249. Reprinted in *Vision and Mind: Selected Readings in the Philosophy of Perception*, ed. A. Noë and E. Thompson, 135~150. Cambridge, MA: The MIT Press, 2002.

Lindberg, D. C. 1976. *Theories of Vision from Al-Kindi to Kepler*. Chicago: University of Chicago Press.

Locke, J. [1689]1975. *An Essay Concerning Human Understanding*. Ed. and with an introduction by Peter H. Nidditch. Oxford: Oxford University Press.

Mach, E. [1886]1959. *The Analysis of Sensation*. Trans. C. M. Williams. New York: Dover.

Mack, A., and I. Rock. 1998. *Inattentional Blindness*. Cambridge, MA: The MIT Press.

MacKay, D. M. 1962. Theoretical models of space perception. In *Aspects of the Theory of Artificial Intelligence*, ed. C. A. Muses, 83~104. New York: Plenum.

―――. 1967. Ways of looking at perception. In *Models for the Perception of Speech and Visual Form*, ed. W. Wathen-Dunn, 25~43. Cambridge, MA: The MIT Press.

―――. 1973. Visual stability and voluntary eye movements. In *Handbook of sensory physiology*, vol. VII/3A, ed. R. Jung, 307~331. Berlin: Springer.

Marr, D. 1982. *Vision*. New York: W. H. Freeman and Sons.

Martin, M. 1992. Sight and touch. In *The Contents of Experience: Essays on Perception*, ed. T. Crane, 196~215. Cambridge: Cambridge University Press.

Martin, M. 2002. *Mind and Language* 17: 376~425.

Maturana, H. R., and F. J. Varela. 1987. *The Tree of Knowledge: The Biological Roots of Human Understanding*, rev. ed. Boston: Shambhala.

McClintock, M. K. 1971. Menstrual synchrony and suppression. *Nature* 229: 244~245.

McDowell, J. 1982. Criteria, defeasibility and knowledge. *Proceedings of the British Academy* 68: 455~79.

McDowell, J. 1986. Singular thought and the extent of inner space. In *Subject, Thought and Context*, ed. P. Pettit and J. McDowell, 137~168. Oxford: Oxford University Press.

———. 1994a. *Mind and World*. Cambridge, MA: Harvard University Press.

———. 1994b. The content of perceptual experience. *Philosophical Quarterly* 44, no. 175: 190~205. Reprinted in *Vision and Mind: Selected Readings in the Philosophy of Perception*, ed. A. Noë and E. Thompson, 443~458. Cambridge, MA: The MIT Press, 2002.

Meijer, P. B. L . 1992. An experimental system for auditory image representations. *IEEE Transactions on Biomedical Engineering* 39, no. 2: 112~121. Reprinted in the *1993 IMIA Yearbook of Medical Informatics*, ed. J. Bemmel and A. T. McCray, 291~300. Stuttgart: Schattauer Publishing House, Inc.

Merleau-Ponty, M. [1945]1962. *The Phenomenology of Perception*. Trans. Colin Smith. London: Routledge Press, 1962.

———. 1964. *L'Oeil et L'Esprit*. Paris: Gallimard.

———. [1948]1973. *The Visible and the Invisible*. Trans. Alphonso Lingis. Evanston, IL: Northwestern University Press.

Merzenich, M. 2000. Seeing in the sound zone. *Nature* 404: 820~821.

Metzger, W. 1930 Optische Untersuchungen in Ganzfeld II. *Psychlogische Forschung* 13: 6~29.

Milner, A. D., and M. A. Goodale. 1998. Precis of *Visual Brain in Action*. *Psyche* 4, no. 12: 515~529. Available at http://psyche.cs.monash.edu.au/v4/psyche-4-12-milner.html. Reprinted in *Vision and Mind: Selected Readings in the Philosophy of Perception*, ed. A. Noë and E. Thompson, 515~529. Cambridge, MA: The MIT Press, 2002.

Minsky, M. 1985. *The Society of Mind*. New York: Simon & Schuster.

Mitroff, S. R., D. J. Simons, and D. T. Levin. Forthcoming. Nothing compares 2 views: Change blindness can occur despite preserved access to the changed information. *Perception and Psychophysics*.

Murakami, I., and P. Cavanagh. 2001. Visual jitter: Evidence for visual-motionbased compensation of retinal slip due to small eye movements. *Visual Research* 41: 173~186.

―――. 1995. Motion aftereffect after monocular adaptation to filled-in motion at the blind spot. *Vision Research* 35 1041~1045.

Nakayama, K. 1994. Gibson: an appreciation. *Psychological Review* 101, no. 2: 353~356.

Neisser, U. 1976. *Cognition and reality: Principles and implications of cognitive psychology*. San Francisco: W. H. Freeman.

Newton, I. [1704]1952. *Opticks*, 4th ed. New York: Dover.

Noë, A. 1995. *Experience and the Mind: An Essay on the Metaphysics of Experience*. Cambridge, MA: Harvard University, UMI Dissertation Services.

―――. 2001. Experience and the active mind. *Synthese* 29: 41~60.

―――. 2001b. Experience and experiment in art. *Journal of Consciousness Studies* 7, nos. 8~9: 123~135.

―――. 2002a. On what we see. *Pacific Philosophical Quarterly* 83: 1.

―――. 2002b. Is perspectival self-consciousness nonconceptual? *The Philosophical Quarterly* 52, no. 207(April): 185~194.

―――. 2002c. Is the visual world a grand illusion? *Is the Visual World a Grand Illusion?*, ed. A. Noë, 1~12. Thorverton, UK: Imprint Academic.

―――. 2002d. Direct perception. *The Macmillan Encyclopedia of Cognitive Science*. London: Macmillan.

―――. 2003. Perception and causation: the puzzle unraveled. *Analysis* 63, no. 2(April): 93~100.

―――. 2005. Experience without the head. In *Perceptual Experience*, ed. T. S. Gendler and J. Hawthorne. Oxford: Oxford University Press.

Noë, A., and S. L. Hurley. 2003. The deferential brain in action. Reply to Jeffrey Gray. *Trends in Cognition Sciences* 7, no. 5(May): 195~196.

Noë, A., and J. K. O'Regan. 2000. Perception, attention and the grand illusion. *Psyche* 6, no. 15. Available at http://psyche.cs.monash.edu.au/v6/psyche-6-15-noe.html.

―――. 2002. On the brain basis of perceptual consciousness. In A. *Vision and Mind: Selected Readings in the Philosophy of Perception*, ed. A. Noë and E. Thompson, 567~598. Cambridge, MA: The MIT Press.

Noë, A., and E. Thompson. 2004a. Are there neural correlates of consciousness? *Journal of Consciousness Studies* 11, no. 1: 3~28.

―――. 2004b. Sorting out the neural basis of consciousness. *Journal of Consciousness Studies* 11, no. 1: 87~98.

Noë, A., L. Pessoa, and E. Thompson. 2000. Beyond the grand illusion: What change blindness really teaches us about vision. *Visual Cognition* 7: 93~106.

Noë, A., and E. Thompson. 2002. *Vision and Mind: Selected Readings in the Philosophy of Perception*. Cambridge, MA: The MIT Press.

O'Callaghan, C. 2002. *Sounds as Events*. Ph.D. diss., Princeton University.

O'Regan, J. K. 1992. Solving the "real" mysteries of visual perception: The world as an outside memory. *Canadian Journal of Psychology* 46, no. 3: 461~488.

O'Regan, J. K., and A. Noë. 2001c. What it is like to see: A sensorimotor theory of perceptual experience. *Synthese* 29: 79~103.

―――. 2001a. A sensorimotor approach to vision and visual consciousness. *Behavioral and Brain Sciences* 24, no. 5: 939~973.

―――. 2001b. Authors' response: Acting out our sensory experience. *Behavioral and Brain Sciences* 24, 5: 1011~1030.

O'Regan, J. K., H. Deubel, J. J. Clark, and R. A. Rensink. 2000. Picture changes during blinks: Looking without seeing and seeing without looking. *Visual Cognition* 7 (1,2,3): 191~212.

O'Regan, J. K., E. Myin, and A. Noë. Forthcoming. Toward an analytic phenomenology: The concept of "bodiliness" and "grabbiness." *Seeing and Thinking: Reflections on Kanizsa's Studies in Visual Cognition*, ed. A. Carsetti. London: Kluwer.

O'Regan, J. K., J. A. Rensink, and J. J. Clark. 1996. "Mud splashes" render picture changes invisible. *Investigative Ophthalmology and Visual Science* 37: S213.

O'Regan, J. K., R. A. Rensink, and J. J. Clark. 1999. Change-blindness as a result of 'mudsplashes'. *Nature* 398: 34.

O'Shaughnessy, B. 1980. *The Will*, vols. 1 and 2. Cambridge: Cambridge University Press.

_____. 2000. *Consciousness and the World*. New York: Oxford University Press. Pallas, S. L., and M. Sur. 1993. Visual projections induced into the auditory pathway of ferrets: II. Coriticocoritical connections of primary auditory cortex. *Journal of Comparative Neurology* 337, no 2: 317~330.

Palmer, S. 1999a. *Vision: From Photons to Phenomenology*. Cambridge, MA: The MIT Press.

_____. 1999b. Color, consciousness, and the isomorphism constraint. *Behavioral & Brain Sciences* 22, no. 6: 923~943.

Paradiso, M. A., and K. Nakayama. 1991. Brightness perception and filling-in. *Vision Research* 31: 1221~1236.

Pascual-Leone, A., and R. Hamilton. The metamodal organization of the brain. In *Vision: From Neurons to Cognition* (Progress in Brain Research, vol. 134.), ed. C. Casanova and M. Ptito, 427~445 Amsterdam: Elsevier Science.

Peacocke, C. 1983. *Sense and Content*. Oxford: Oxford University Press.

_____. 1987. Depiction. *Philosophical Review* 96: 383~410.

_____. 1992. *Concepts*. Cambridge, MA: The MIT Press.

_____. 2001. Does Perception have a nonconceptual content? *Journal of Philosophy* 98: 239~264.

Penfield, W., and Jasper, H. 1954. *Epilepsy and the functional anatomy of the human brain*. Boston: Little, Brown.

Pessoa, L., E. Thompson, and A. Noe. 1998. Finding out about filling: A guide to perceptual completion for visual science and the philosophy of perception. *Behavioral & Brain Sciences* 21, no. 6: 723~802.

Pettit, P. 2003a. Looks red. *Philosophical Issues* 13, no. 1: 221~252.

_____. 2003b. Motion blindness and the knowledge argument. In *The Knowledge Argument*, ed. P. Ludlow, Y. Nagasawa, and D. Stoljar. Cambridge, MA: The MIT Press.

Pinker, S. 1997. *How the Mind Works*. New York: W. W. Norton.

Plato. 1929. *Timaeus. Critias. Cleitophon. Menexus. Epistles*. Trans. R. G. Bury. (Loeb Classical Library, Plato, vol. IX.) Cambridge, MA: Harvard University Press.

Poincaré, H. [1902]1952. *Science and Hypothesis*. Preface by J. Larmor. New York: Dover.

_____. [1905]1958. *The Value of Science*. Trans. G. B. Halstead. New York: Dover.

Price, H. H. 1948. *Hume's Theory of the External World*. Oxford: Clarendon Press.

Priest, S. 1998. *Merleau-Ponty*. London: Routledge.

Ptolemy, C. 1956. *L'Optique de Claude Ptolémée dans las version latine d'apres l'arabe de l'émir eugene de Sicile*, ed. Albert Lejeune. Louvain: Université de Louvain.

Putnam, H. 1963. Brains and behavior. In *Analytic Philosophy*, 2nd series, ed. R. J. Butler, 1~19. Oxford: Basil Blackwell and Mott.

―――. 1992. *Renewing Philosophy*. Cambridge, MA: Harvard University Press.

―――. 1999. *The Threefold Cord: Mind, Body, World*. New York: Columbia University Press.

Pylyshyn, Z. W. 2001. Seeing, acting, and knowing. [Commentary on O'Regan and Noë 2001.] *Behavioral and Brain Sciences* 24, no. 5: 999.

Ramachandran, V. S., and S. Blakeslee. 1998. *Phantoms in the Brain*. New York: William Morrow & Co.

Rensink, R. 2000. The dynamic representation of scenes. *Visual Cognition* 7(1,2,3): 17~42.

Rensink, R. A., J. K. O'Regan, and J. J. Clark. 1997. To see or not to see: The need for attention to perceive changes in scenes. *Psychological Science* 8, no. 5: 368~373.

―――. 2000. On the failure to detect changes in scenes across brief interruptions. *Visual Cognition* 7, no. 1: 127~146.

Riggs, L. A., F. Ratliff, J. C. Cornsweet, and T. N. Cornsweet. 1953. The disappearance of steadily fixated visual test objects. *Journal of the Optical Society of America* 43: 495~501.

Roe, A. W., S. L. Pallas, J-O. Hahm, and M. Sur. 1990. A map of visual space induced in primary auditory cortex. *Science* 250, no. 4982: 818~820.

Roe, Anna W., S. L. Pallas, Y. H. Kwon, and M. Sur. 1992. Visual projections routed to the auditory pathway in ferrets. *Journal of Neuroscience* 12, no. 9: 3651~3664.

Rossetti, Y., C. Pisella, and A. Vighetta. 2003. Optic ataxia revisited: Visual guided action versus immediate visuomotor control. *Experimental and Brain Research* 153: 171~179.

Rowlands, M. 2002. The dogmas of consciousness. In *Is the Visual World a Grand Illusion?*, 158~180. Thorverton, UK: Imprint Academic.

―――. 2003. *Externalism: Putting Mind and World Together Again*. Chesham, UK:

Acumen.

Ruskin, J. [1856]1971. *The Elements of Drawing*. New York: Dover.

Ryle, G. [1949]1990. *The Concept of Mind*. London: Penguin Books.

Sabra, A. I. 1989. *The Optics of Ibn al-Haytham: Books I–III: On Direct Vision*. Trans. with an introduction and commentary by A. I. Sabra. London: Warburg Institute.

Sacks, O. 1995. *An Anthropologist on Mars: Seven Paradoxical Tales*. New York: Knopf.

Sadato, N., A. Pascual-Leone, J. Grafman, M. P. Deiber, V. Ibanez, and M. Hallett. 1998. Neural networks for Braille reading by the blind. *Brain* 121, no. 7: 1213~1229.

Sadato, N., A. Pascual-Leone, J. Grafman, J., V. Ibanez, M. P. Deiber, G. Dold, and M. Hallett. 1996. Activation of the primary visual cortex by Braille reading in blind subjects. *Nature* 380, no. 6574: 526~528.

Sanford, D. 1997. Some puzzles about prosthetic perception. Paper presented at the 1997 meetings of the Society for Philosophy and Psychology, New York.

Scheiner, C. 1919. *Oculus, hoc est fundamentum opticum* . . . Innsbruck: Agricola.

Schone, H. 1962. Optische gesteuerte Lageänderungen (Versuche an Dytiscidenlarren zur Vertikelorientierong.) *Z. Verg. Physiol.* 45: 590~604.

Searle, J. 1983. *Intentionality: An Essay in the Philosophy of Mind*. Cambridge: Cambridge University Press.

―――. 1992. *The Rediscovery of Mind*. Cambridge, MA: The MIT Press.

―――. 2000. *Annual Review of Neuroscience* 23: 557~578.

―――. 2004. Comments on "Are there neural correlates of consciousness?" *Journal of Consciousness Studies* 11, no. 1: 80~82.

Sellars, W. 1956. Empiricism and the philosophy of mind. In *Minnesota Studies in the Philosophy of Science*, vol. 2, ed. H. Feigl and M. Scriven, 253~329. Minneapolis: University of Minnesota Press

Shapiro, L. A. 2000. Multiple realization. *Journal of Philosophy* 97, no. 12: 635~654.

Sharma, J., A. Angelucci, and M. Sur. 2000. Induction of visual orientation modules in auditory cortex. *Nature* 404, no. 6780: 841~847.

Shimojo, S., Y. Kamitani, and S. Nishida. 2001. Afterimage of perceptually filled-in surfaces. *Science* 293: 1677~1680.

Shoemaker, S. 1968. Self-reference and self-awareness. *Journal of Philosophy* 65: 555~567.

———. 1982. The inverted spectrum. *Journal of Philosophy* 79: 357~381.

Siewert, C. 2004. Is experience transparent? *Philosophical Studies* 117: 15~41.

Simons, D. J., and C. F. Chabris. 1999. Gorillas in our midst: Sustained inattentional blindness for dynamic events. *Perception* 28: 1059~1074.

Simons, D. J., and D. T. Levin. 1997. Change blindness. *Trends in Cognitive Sciences* 1, no. 7: 261~267.

———. 1998. Failure to detect change during real-world interaction. *Psychonomic Bulletin and Review* 5: 644~649.

Simons, D. J., C. F Chabris, T. T. Schnur, and D. T. Levin. 2002. Evidence for preserved representations in change blindness. *Consciousness and Cognition* 11: 78~97.

Snowdon, P. 1980~1981. Perception, vision and causation. *Proceedings of the Aristotelian Society* 81: 175~192. Reprinted in *Vision and Mind: Selected Readings in the Philosophy of Perception*, ed. A. Noë and E. Thompson, 151~166. Cambridge, MA: The MIT Press.

Stanley, S., and T. Williamson. 2001. Knowing how. *Journal of Philosophy* 98: 411~444.

Stoljar, D. Forthcoming. The argument from diaphonousness. In *New Essays in the Philosophy of Language and Mind*, suppl. to *The Canadian Journal of Philosophy*, ed. M. Ezcurdia, R. Stainton, and C. Viger. Calgary: University of Calgary Press.

Stratton, G. M. 1897. Vision without inversion of the retinal image. *Psychological Review* 4: 341~360, 463~481.

Strawson, G. 1989. Red and 'red'. *Synthese* 78: 193~232.

Strawson, P. F. 1959. *Individuals*. London: Methuen.

———. 1974. Causation in perception. In *Freedom and Resentment and Other Essays*. London: Methuen.

———. 1979. Perception and its objects. In *Perception and Identity: Essays Presented to A. J. Ayer with His Replies*, ed. G. F. MacDonald, 41~60. Ithaca: Cornell University Press. Reprinted in *Vision and Mind: Selected Readings in the Philosophy of Perception*, ed. A. Noë and E. Thompson, Cambridge, 91~110. Cambridge, MA: The MIT Press, 2002.

Sur, M., A. Angelucci, and J. Sharma. 1999. Rewiring cortex: The role of patterned activity in development and plasticity of neocortical circuits. *Journal of Neurobiology* 41, no. 1: 33~43.

Taylor, J. G. 1962. *The Behavioral Basis of Perception*. New Haven, CT: Yale University

Press.

Thompson, E. 1995. *Colour Vision*. London: Routledge.

―――. Forthcoming. *Radical Embodiment: The Lived Body in Biology, Human Experience, and the Sciences of the Mind*. Cambridge, MA: Harvard University Press.

Thompson, E., and F. J. Varela. 2001. Radical embodiment: Neural dynamics and consciousness. *Trends in Cognitive Sciences* 5: 418~425.

Thompson, E., A. Noe, and L. Pessoa. 1999. Perceptual completion: A case study in phenomenology and cognitive science. In *Naturalizing Phenomenology: Issues in Contemporary Phenomenology and Cognitive Science*, ed. J. Petitot, J-M. Roy, B. Pachoud, and F. J. Varela. Palo Alto, CA: Stanford University Press.

Thompson, E., A. Palacios, and F. Varela. 1992. Ways of coloring: Comparative color vision as a case study for cognitive science. *Behavioral and Brain Sciences* 19: 1~74. Reprinted in *Vision and Mind*, ed. A. Noe and E. Thompson, 351~418. Cambridge, MA: The MIT Press, 2002.

Toombs, S. K. 1992. *The Meaning of Illness: A Phenomenological Account of the Different Perspectives on Physician and Patient*. Dordrecht: Kluwer.

Tye, M. 2000. *Consciousness, Color, and Content*. Cambridge, MA: The MIT Press.

Ullman, S. 1980. Against direct perception. *Behavioral & Brain Sciences* 3: 373~415.

Valvo, A. 1971. *Sight Restoration after Long-Term Blindness: the Problems and Behavior Patterns of Visual Rehabilitation*. New York: American Federation for the Blind.

Varela, F. J., E. Thompson, and E. Rosch. 1991. *The Embodied Mind*. Cambridge, MA: The MIT Press.

von Senden, M. [1932]1960. *Space and Sight*. Trans. Peter Heath. London: Methuen.

Wade, N. J. 1998. *A Natural History of Vision*. Cambridge, MA: The MIT Press.

Weiskrantz, L. 1978. *Blindsight*. Oxford: Oxford University Press.

Westphal, J. 1987. *Colour: A Philosophical Introduction*. Oxford: Basil Blackwell.

Wittgenstein, L. [1930]1975. *Philosophical Remarks*, ed. R. Rhees. Trans. R. Hargreaves and R. White. Oxford: Blackwell.

―――. 1953 *Philosophical Investigations*, 3rd ed. Trans. G. E. M. Anscombe. Oxford: Blackwell.

―――. 1958. *The Blue and the Brown Books*. Oxford: Blackwell.

Wollheim, R. [1968]1930. *Art and Its Objects*, 2nd ed. Cambridge: Cambridge University

Press.

―――. 1998. On pictorial representation. *Journal of Aesthetics and Art Criticism* 56: 217~226.

Yarbus, A. L. 1967. *Eye Movements and Vision*. New York: Plenum.

옮긴이 후기

『지각행위』는 미국 캘리포니아 버클리 대학교 철학과 교수 알바 노에의 대표 저서다. 노에는 흔히 '체화 인지'라고 통칭되는, 인지과학의 최신 조류의 선봉에 서 있는 철학자로 오늘날 그의 이론은 '체화 인지'의 굵직한 한 지류를 형성할 만큼 이 새로운 흐름에서 확고한 위상을 차지하고 있다.

체화 인지라는 조류 속에는 '착근된'(embedded) 인지, '확장된'(extended) 인지, '상황적'(situated) 인지, '분산된'(distributed) 인지 그리고 'enactive' 인지 등 강조점과 관심을 달리하는 다양한 지류들이 있다. 이들은 '체화 인지'라는 공동의 조류 속에 있으면서도 서로 사뭇 다른 주제에 집중하기도 하고 심지어 그 핵심적인 주장의 세목에서 서로 충돌하기도 하는 등 단일한 흐름으로 수렴되기 어려운 면모를 갖는다. 그런데도 이들을 하나의 이름으로 통칭할 수 있는 것은 이들이 1950년대 소위 '인지혁명'을 통해 '인지과학'이라는 학제적 분야가 탄생한 이래 주도권을 행사해 온 '계산적 인지주의'에 반대한다는 점에서 분명한 공통점을 갖기 때문이다.

계산적 인지주의에서는 마음을 일종의 정보 처리 체계로 본다. 즉 감각 기관을 통해 외부로부터 정보가 입력되면 뇌가 이러한 정보를 변환하고 처리하며, 그 결과는 행동으로 산출된다고 본다. 이러한 관점은 뇌의 작동 원리가 근본적인 수준에서 컴퓨터의 작동 원리와 같다고 보는 '컴퓨터 은유'를 바탕으로 하는데, 이때 뇌는 외부 세계를 표상하는 심적 상태의 산출과 변형, 처리를 총괄하는 핵심 기관으로 상정된다. 또한, 계산적 인지주의는 컴퓨터 프로그램이 작동하기만 한다면 그것이 어떤 몸체를 가지고 있건 간에 그리고 어디에 놓여 있건 간에 그 작업에 아무런 영향을 미치지 않는 것처럼 인간의 인지 절차 역시 두뇌 이외 인간의 신체나 환경 및 상황의 영향받지 않는다고 본다. 인지는 오직 뇌의 소관이라는 것이다. 이러한 특징은 흔히 '두뇌 독점주의'로 일컬어지며, 데카르트의 '심신이원론'과 궤를 같이하는 것으로 간주된다. 계산적 인지주의의 이러한 면모는 계산적 인지주의의 초기 모델인 '컴퓨터 은유'의 한계를 극복하고자 1980년대에 신경망 모델을 내세워 대두된 '연결주의'에서도 그대로 유지된다. 그런데 다양한 입장의 체화 인지주의자들이 공유하는 지점이 바로 두뇌 독점주의에 대한 반대다.

체화 인지에 대한 목소리는 1980년대 후반부터 부각되기 시작했는데, 키버스타인(Juliann Kiverstein)과 클라크(Andy Clark)의 추정에 따르면 '체화된 마음'이라는 말은 1990년대 초 널리 읽힌 호글랜드(John Haugeland)의 논문에서 처음 출현했다.[1] 체화 인지를 옹호하는 이들은

---

1 Kiverstein & Clark 2009("Introduction: Mind embodied, embedded, enacted: One church or many?" *Topoi* 28(1), 1~7). 이 논문은 1998년에 출간되었다. Haugeland 1998("Mind embodied and embedded". In *Having thought: essays in the metaphysics of mind*. Harvard University Press, Cambridge, 207~240)[originally appeared in *Acta Philos. Fenn.* 58: 233~267, 1995(a special issue

계산적 인지주의에서 무시되었던 인간의 몸 그리고 환경의 맥락을 인지 작용의 주요 요인으로 간주한다. 인지는 뇌 혼자 할 수 있는 일이 결코 아니며 전체로서 몸과 물리적·사회적 환경 및 상황 사이의 역동적인 상호작용을 통해서만 일어날 수 있다고 본다. 앞서 언급했던 여러 지류의 체화 인지주의자들은 이 점에서 모두 일치한다. 다만 강조점과 세부적 주장에서 차이를 보일 따름이다. 가령 확장된 인지주의의 옹호자들은 인지가 뇌신경계에 한정되지 않으며, 신체 전체, 더 나아가 외부 환경을 토대로 해서도 발생할 수 있음을 강조한다. 그리고 우리의 피부가 인지 과정의 경계가 될 수 없다고 강력히 주장한다. 인지 과정에서 환경의 중요성을 강조하는 것은 착근된 인지로 분류되는 견해의 지지자들 역시 마찬가지다. 그런데 양자 사이에는 차이가 있다. 확장된 인지의 지지자들은 인지 과정의 토대가 되는 외부 환경이 인지 과정의 일부를 이룬다고 주장하는 반면 착근된 인지의 지지자들은 이러한 외적 토대는 인지 과정의 발생을 돕는 인과적 요인일 뿐, 인지 과정 그 자체의 일부는 아니라고 주장한다. 이처럼 양자는 외부 환경 요소들이 인지 작용에서 담당하는 중요성은 모두 강조하지만, 확장된 인지는 외부 환경과 인지 사이의 관계를 '구성'으로, 착근된 인지는 '인과'로 본다는 점에서 분명하게 대립된다.

　　노에는 체화 인지의 여러 지류 가운데 'enactivism'을 대표하는 학자로『지각행위』는 노에의 'enactivism'을 가장 잘 보여 주는 저서다. 역자가 앞서 체화 인지의 다른 지류들은 우리말 번역어로 표기한 반면 'enactivism'은 번역어를 생략한 채 영어로만 표기하는 데에는 그럴 만

on *Mind and Cognition* edited by Haaparanta L and Heinamaa S)].

한 이유가 있다. 이 이유를 설명하려면 오늘날 'enactivism'이라는 이름으로 대두된 견해들이 공동의 입장을 견지하면서도 그 강조점에서는 상당한 차이가 있다는 점부터 짚어야 한다. 이 용어가 처음 출현한 것은 바렐라, 톰슨, 로쉬(이하 '바렐라 등'으로 표기)가 함께 집필하여 1991년에 출간한 *The Embodied Mind: Cognitive Science and Human Experience*에서다.[2] 이 책에서 저자들은 인지가 표상을 조작하고 처리하는 두뇌 독점적인 계산 작용이 아니라 유기체가 온몸으로 주위 환경과 역동적인 상호작용을 하는 가운데 자신의 세계를 몸소 창출하고 의미를 생성해 내는 절차라고 주장한다. 인지의 핵심은 행위라는 것이다.

바렐라 등에 따르면 enactivism 접근 방식의 핵심은 두 가지로 요약된다. "첫째, 지각은 지각에 의해 유도된 행위로 구성되며, 둘째, 인지 구조는 행위가 지각에 의해 유도되도록 해 주는, 재발(再發)하는 감각운동 패턴들로부터 창발한다."(p. 173) 계산적 인지주의는 인지 구조를 외부 세계를 표상하는 내적 상태로 간주하는 반면, enactivism에서는 이를 유기체와 환경 사이의 적응적이며 역동적인 상호작용의 결과로서 자기 조직적으로 생성되는 창발적 구조로 본다. 이러한 관점에서는 계산적 인지주의가 전제하는 인식의 주관과 객관 사이의 명확한 분리가 성립하지 않는다. 바렐라 등은 enactivism을 다음과 같이 정의한다. "우리는 인지가 미리 주어진 세계에 대한 미리 주어진 마음의 표상이 아니라 세계 내 존재가 수행하는 다양한 행위들의 역사에 기초해 있는, 마음과 세계의 'enactment'라는 확신을 강조하기 위하여 'enactive'라는 용어를 제안한다."(p. 9) 인지란 곧 마음과 세계를 enact하는 행위이며, 세계

---

2 Varela, Evan, & Eleanor 1991(MIT Press).

는 객관적으로 주어진 것이 아니라 유기체와 환경 사이의 역동적인 상호작용을 통해 enact된다는 주장이다. 바렐라 등은 객관적 실재론 및 관념적 유아론의 양극을 넘어서는 대안으로 '중간 길'(entre deux) 제시하는데, 이는 메를로-퐁티의 '중간 길' 그리고 용수(龍樹)의 '중도'에 상응한다.

    바렐라 등의 enactivism은 표상주의를 거부하고 세계와의 '직접적인' 상호작용을 강조한다는 점에서 깁슨의 생태주의적 접근 그리고 '세계야말로 그 최선의 모델'이라는 브룩스의 견해와 궤를 같이한다. 또한 세계와의 적극적인 맞물림을 지지한다는 점, 우리 몸의 구조와 특징에 따라 세계에 대한 관여의 양상이 달라짐을 강조한다는 점 그리고 엄격한 실재론을 거부한다는 점 등에서 메를로-퐁티의 현상학적 전통을 계승한다. 유기체가 환경과의 상호작용을 능동적으로 규제하는 방식으로 그 발생과 존속을 위한 내적 요구를 만족시켜 나간다는 점, 즉 *The Embodied Mind*에서 저자들이 '자율성'이라 부르는 유기체의 특성은 바렐라가 스승 마투라나(Humberto R. Maturana)와 함께 주창한 인지생물학과 '자기생성'(autopoiesis) 이론의 직접적인 영향을 받은 것이다.[3] 저자들은 세포 수준의 생명 현상을 대상으로 하는 '자기생성' 개념을 인간의 인지 현상으로 확장했다. 흥미로운 점은 이 책이 불교 철학의 개념들을 통해 enactivism을 제시하고 있다는 사실이다. 이는 저자들이 인지를 세계에 참여하는 실천적·윤리적 행위로 이해하고 이에 대한 해법을 불교 사상에서 찾으려 했기 때문이다.

---

3 Maturana & Varela 1980 (*Autopoiesis and Cognition: The Realization of the Living*, D. Reidel Publishing Company).

Enactivism은 바렐라 등에 의해 처음 주창된 이래 그 핵심 관심과 강조점을 달리하는 새로운 흐름들로 파생되고 발전해 나갔다. 이러한 흐름은 크게 세 갈래로 구분할 수 있는데, 종종 그들 사이의 차이와 각각의 개성을 드러내는 수식어를 동반하여 '자기생성적(autopoietic) enactivism', '감각운동적(sensorimotor) enactivism', '급진적 enactivism'으로 불린다. 노에의 enactivism은 감각운동적 enactivism으로 분류된다.

자기생성적 enactivism은 바렐라 등의 enactivism의 가장 직접적인 계승자라고 할 수 있다. 자기생성적 enactivism은 유기체가 자신의 생존에 유리한 방식으로 환경과 상호작용하며 의미를 생성해 나가는 자기생성적 체계의 자율성을 강조하는데, 이는 인지를 생명 체계의 생체동역학 안에 정초하려는 바렐라 등의 노력을 그대로 반영한 것이다. 바렐라, 베버(Andreas Weber), 톰슨(Evan Thompson), 디파올로(Ezequiel A. Di Paolo), 스테이플튼(Mog Stapleton), 드 예거(Hanne De Jaegher), 콜롬베티(Giovanna Colombetti) 등 오늘날 많은 학자가 자기생성적 enactivism의 노선 위에 있다.

감각운동적 enactivism은 인지를 행위로 본다는 점에서 자기생성적 enactivism과 기본적인 토대를 같이한다. 반면 감각운동적 enactivism은 깁슨과 브룩스, 메를로-퐁티 등이 배경이 되는 enactivism의 뿌리를 공유하면서도 인지의 근본적인 구조가 무엇인지를 형이상학적으로 해명하고자 시도하지 않는다는 점에서 자기생성적 enactivism과 구분된다. 감각운동적 enactivism은 지각이 일어나는 방식과 지각 내용, 지각 경험의 지향적, 현상적 특성을 밝히는 데 주력한다. 자기생성적 enactivism이 강조하는 생명과 마음 사이의 깊은 연계, 의미를 생성해 내는 유기체의 생체동역학에 감각운동적 enactivism은 관심을 두지 않는다. 불교에 대한 실천적, 윤리적 관심도 보이지 않는다. 대신 지각 내용과 현상적 특성을 설명하기 위해 신경과학의 연구 성과들에 호소한다. 그리고 우리의 움직임이나 물체의 움직임이 물체에 대한 우리의 지각에 영향을 미치는 방식, 즉 '감각운동 의존성의 패턴'과 이에 대한 지식을 강조한다. 노에, 오레건, 헐리, 로버츠(Tom Roberts) 등이 감각운동적 enactivism을 대표하는 인물들이다.

급진적 enactivism 역시 자기생성적 enactivism의 형이상학적 성격이나 생체동역학적 면모를 보이지 않기는 마찬가지다. 그렇지만 일차적인 관심을 표상주의에 대한 반대에 두고 있다는 점에서 감각운동적 enactivism과 지향점을 달리한다. 급진적 enactivism의 지지자들은 언어와 같은 명백히 표상적인 인지도 있지만 '기본' 인지는 필연적으로 내용이 있거나 표상적이지 않다고 주장한다. 그리고 자기생성적 enactivism과 감각운동적 enactivism마저도 계산적 인지주의의 그림자를 말끔히 거둬 내지 못하고 있다고 비판한다. 감각운동적 enactivism은 지각이 감각운동 의존성에 대한 암묵적인 '지식'과 '이해'에 의존한다고 본다. 급진적 enactivism은 지식의 매개에 대한 감각운동적 enactivism의 주장이 계산적 인지주의가 지지하는 내적 표상에 의한 설명으로 귀결되기 쉽다고 비판한다. 자기생성적 및 감각운동적 enactivism과 거리를 두기 위해 자신의 입장에 '급진적'이라는 수식어를 붙인 이들 대표적 인물로는 후토(Daniel Hutto), 마인(Erik Myin), 체메로(Tony Chemero) 등이 있다.

Enactivism의 세 흐름 가운데 국내에 가장 많이 알려진 것은 자기생성적 enactivism이다. 이는 자기생성적 enactivism이 바렐라 등에 의해 처음 제안된 enactivism의 원류에 해당하는 것이기 때문일 것이다. 번역의 힘도 무시할 수 없을 것 같다. 바렐라 등의 *The Embodied Mind*의 번역서는 원저 출간 6년 후인 1997년 석봉래에 의해 『인지과학의 철학적 이해』라는 제목으로 출간되었고, 2013년 『몸의 인지과학』으로 재출간되었다.[4] 2013년에는 박인성이 갤러거(Shaun Gallagher)와 자하비(Dan Zahavi)의 공저 *The Phenomenological Mind*(2009)를 『현상학적 마음』이라는 제목으로 출간했고,[5] 2016년에 박인성은 자기생성적 enactivism의 대표적 인물인 톰슨의 *Mind in life: Biology, Phenomenology, and the Sciences of Mind*(2010)를 『생명 속의 마음』으로 출간했다.[6] 또한 다소 뒤늦긴 했지만 2023년에 정현주는 *The Embodied Mind*에 커다란 영향을 끼친 마투라나와 바렐라의 공저 *Autopoiesis and Cognition: The Realization of the Living*를 『자기생성과 인지: 살아 있음의 실현』으로 출간했다.[7] 반면 급진적 enactivism의 대표적 저서가 국내에 번역된 적은 아직 없으며, 감각운동적 enactivism의 경우 노에의 저서가 한 권 번역되어 있을 뿐이다. 번역된 저서는 *Out of Our Heads: Why You Are Not Your Brain, and Other Lessons from the Biology of Consciousness*로 우리말 제목은 『뇌 과학의 함정: 인간에 관한 가장 위험한 착각에 대하여』이다.[8] 이 책은 『지각행위』 출간 5년 후 2009년에

---

[4] 프란시스코 J. 바렐라 등 저. 『인지과학의 철학적 이해』. 석봉래 역. 옥토. 1997. 프란시스코 J. 바렐라 저. 『몸의 인지과학』. 석봉래 역. 김영사, 2013.
[5] Gallagher & Zahavi 2007(*The phenomenological mind. Routledge*). 숀 갤러거·단 자하비 공저. 『현상학적 마음』. 박인성 역. 도서출판 b. 2013.
[6] Thompson 2010(*Mind in life: Biology, phenomenology, and the sciences of mind*). 에반 톰슨 저. 『생명 속의 마음』. 박인성 역. 도서출판 b. 2016.
[7] 움베르또 R. 마뚜라나·프란시스코 J. 바렐라 공저. 『자기생성과 인지: 살아 있음의 실현』. 정현주 역. 갈무리. 2023.
[8] Noë 2009(*Out of our heads: Why you are not your brain, and other lessons from the biology of*

출간되자마자 발 빠르게 우리말로 번역되었다.

*The Embodied Mind*의 번역서『몸의 인지과학』에서 석봉래가 'enactivism'을 '발제주의'로 번역한 이래 'enactivism'은 다양한 우리말로 번역되었다. 외국어로 탄생한 전문학술어의 적절한 우리말 번역어를 찾는 어려움이야 말할 필요도 없지만 'enactivism'의 경우에는 특히 그러하다. 'enactivism' 만큼 우리말 번역어가 다양한 경우가 흔하지 않다. 'enactivism'의 적절한 번역어를 진지하게 논하는 학술논문까지 출간되었을 정도다.[9] 배문정은 「Enactivism을 Enact 하기: 번역의 문제를 중심으로」에서 'enactivism'이 어떤 우리말로 번역되었는지, 그에 담긴 사고와 의도는 무엇인지를 세심하게 분석했다. 배문정이 집중적으로 살펴본 번역어는 '발제', '구성', '행위/행위화'다. '발제'는 앞서 언급했듯이 『몸의 인지과학』에서 석봉래가 선택한 번역어로, 이후 역자를 포함하여 몇몇 학자는 이 최초의 번역어를 존중하여 그대로 사용했다. '구성'은 박충식(2004, 2009), 박충식과 유권종(2004)이,[10] '행위/행위화'는 갤러거와 자하비의 공저를 번역한『현상학적 마음』에서 박인성이 채택한 번역어다.

'enactivism'의 번역어는 이외에도 더 있다. 배문정의 논문 이후 출간된 번역서『생명 속의 마음』에서 박인성은 원래 채택했던 번역어에

---

consciousness, Macmillan). 알바 노에 저.『뇌 과학의 함정: 인간에 관한 가장 위험한 착각에 대하여』. 김미선 역. 갤리온. 2009.
9 배문정(2014).「Enactivism을 Enact 하기: 번역의 문제를 중심으로」. 인지과학 25(4), pp. 303~341.
10 박충식(2004).「구성적 인공지능」『인지과학』 15(4), pp. 61~66. 박충식(2009).「바렐라의 '윤리적 노하우'」,『윤리적 노하우』(역자 해제), 갈무리. 박충식·유권종(2004).「새로운 도덕 심성 모델: 퇴계학, 구성주의, 인공지능」, 한국철학자대회 논문집.

'창출'이라는 수식어를 덧붙여 'enactive'를 '창출행위적'이라고 번역했다. 최근 가장 관행적으로 사용되는 번역어는 '행화주의'다. 이 번역어는 enactivism을 포함하여 체화 인지 전반에 관해 국내에서 가장 활발한 연구를 해 온 이영의가 여러 논문에서 지속적으로 사용한 번역어로(2015, 2018, 2022),[11] 이기홍(2016, 2017)[12] 역시 동일한 번역어를 사용했다. 특히 체화 인지에 관한 단독 연구서로는 국내 최초인 『신경과학철학—뇌중심주의에서 체화주의로』(2021)에서 이영의가 '행화주의'를 번역어로 채택한 이후 다른 학자들이 이를 대체로 따르면서 '행화주의'는 enactivism의 번역어로 자리를 잡아 가고 있는 듯하다.[13] 하지만 'enactivism'의 가장 적절한 번역어가 무엇인지는 여전히 열린 문제다. 번역어 문제를 제기한 논문에서 배문정은 기존의 번역어 외에 가능한 후보로 '실행', '수행' 그리고 '작동/동작'을 제안했다. 이후에 출간된 논문에서 배문정은 '실행'을 채택했는데, 이는 바렐라 등의 enactivism을 번역한 것이다.[14]

우리말 번역서들은 노에의 『뇌 과학의 함정』을 제외하면 대부분 자기생성적 enactivism 계열에 속하며 위에서 언급한 논문들도 모두 마찬가지다. 감각운동적 enactivism을 집중적으로 다룬 국내 논문은 극소

---

11 이영의(2022). 「정신질환에 대한 행화주의적 접근」. 『인문과학연구』 72, pp. 199~223. 이영의(2018). 「행화주의와 창발 그리고 하향인과」. 『철학·사상·문화』 28, pp. 118~137. Rhee Y. E.(2015). 「체화된 인지의 개념 지도: 두뇌의 경계를 넘어서」(A Concept Map of Embodied Cognition: Beyond the Brain). *Trans-Humanities Journal* 8(2), pp. 101~139.
12 이기홍(2017). 「행화주의 마음치유: 시론」. 『철학탐구』 48, pp. 91~129. 이기홍(2016). 「인지행동치료 제3 흐름의 철학사상적 특성 고찰」. 『대동철학』(75), pp. 97~131.
13 이영의. 『신경과학철학 – 뇌중심주의에서 체화주의로』. 아카넷. 2021.
14 배문정(2015). 「체화된 인지와 반표상주의」. 『과학철학』 18(3), pp. 57~87.

수인데 이에 해당하는 논문에서 윤보석은 노에의 enactivism을 '행화이론', '행화주의'로 번역했고,[15] 이경근 역시 '행화주의'로 번역했다.[16] 『뇌과학의 함정』의 역자 김미선은 'enact'를 '상연되다', '행하다' 등 맥락에 따라 다르게 번역했는데, 감각운동적 enactivism이 직접 언급될 때는 '발제'라는 번역어를 채택했다. 체화 인지 전반이나 체화 인지의 다른 조류를 집중적으로 다루는 우리말 저서와 번역서의 경우에는 '행화주의/행화적'[17], '실행/실행적'[18]이 번역어로 채택되었는데, 이 경우 바렐라 등의 enactivism과 노에의 enactivism 모두에 동일한 번역어가 사용되었다. 배문정은 enactivism의 번역어로서 '실행', '수행' 그리고 '작동/동작'을 고려하면서 '실행', '수행'은 바렐라 등의 enactivism에, 그리고 '작동/동작'은 오레건과 노에의 enactivism과 같은, 형이상학적으로 중립적인 감각운동적 enactivism에 적당하다고 보았다. 감각운동적 enactivism은 지각 경험을 신체 행위가 만들어 낸 감각운동적 회로의 기능으로 이해하기 때문이다. 바렐라 등의 enactivism과 오레건과 노에의 enactivism에 다른 번역어를 고려했다는 사실은 양자 간의 차이가 어쩌면 동일한 우리말로 번역되기 어려운 수준일 수도 있음을 시사한다. 실제로 『지각 행위』 제 1장, 각주 1에서 노에는 자신이 'enactive'라는 용어를 바렐라 및 톰슨과 정확히 같은 의미로 사용하지 않는다는 사실을 분명히 밝히

---

15 윤보석(2014). 「지각과 몸: 노에의 이론을 중심으로」. 『인지과학』 25(4), pp. 277~302. 윤보석 (2023). 「지각적 현존에 관한 포용적 이론을 향하여」. 『철학사상』(88), pp. 77~102.

16 이경근(2022). 「(비)개념주의를 위한 개념 세우기 ― (비)개념주의 논쟁에서 새로운 개념성 기준의 제시와 그 철학적 의의」. 『철학』(153), pp. 115~144.

17 이영의. 『신경과학철학―뇌중심주의에서 체화주의로』. 아카넷. 2021. 마크 롤랜즈 저. 『새로운 마음 과학』. 정혜윤 역. 그린비. 2024.

18 앤디 클라크 저. 『수퍼사이징 더 마인드』. 윤초희·정현천 역. 교육과학사. 2018.

고 있다(p. 18). 'enactivism'을 그 분파에 상관없이 동일한 우리말로 번역할지, 아니면 각각의 초점이 분명히 드러나는 다른 말로 번역할지는 학문 공동체의 광범위하고 깊이 있는 논의를 통해 결정되어야 할 과제다. 이 글에서 역자는 노에의 enactivism의 가장 적절한 번역어를 제시하는 데에서 만족하고자 한다.

바렐라 등이 제시한 enactivism의 형이상학적 관심은 『지각행위』에서 나타나지 않는다. 대신 이 책에서 노에는 신경과학의 연구 성과들과 현상학을 접목하여 지각의 본성을 밝히는 데 집중한다. '지각행위'로 번역한, 본서의 제목 'action in percepion'은 "지각에서 행위가 담당하는 역할"(5장 4절의 마지막 문장)을 줄인 말로, 본서 전체의 내용을 함축한다. 노에에 따르면 "이 책의 주된 생각은 지각하기란 행위하기의 한 방식"이라는 것이다. 지각은 계산적 인지주의에서 주장하듯 "우리 안에서 일어나는 일"이 아니라 "우리가 하는 일"이며, "뇌 안에서 일어나는 과정이 아니라 동물이 몸 전체로 수행하는 일종의 숙련된 활동"(p. 19)이다. 노에가 특히 힘주어 강조하는 것은 "지각이 행위를 위한 것이라거나 행위를 인도하기 위한 것"이 아니라는 사실이다(1장 4절). 지각은 "다양한 감각운동 기술의 발휘에 의해 구성된다"(3장 5절). 이처럼 지각이 행위로 '구성'된다는 노에의 핵심 주장을 반영하기 위해서 역자는 'enactivism'을 '행위주의'로, 'enactive'는 '행위 기반'으로 그리고 'enact'는 '행위에 의해 생성하다'로 번역했다. 배문정이 제안한 '작동/동작' 대신 '행위'를 선택한 것은 노에의 이론에서 지각을 구성하는 움직임이 무의식적 움직임뿐 아니라 의식적 움직임까지 포괄하기 때문이다.

『지각행위』는 전통적으로 지각의 핵심 문제로 여겨져 온 문제가 사실은 가짜 문제라는 지적과 더불어 시작한다. 가짜 문제란 망막에 맺히는 2차원의 상은 빈약한데 어떻게 우리는 다채롭고 풍성한 3차원의 세계를 볼 수 있는가 하는 문제다. 전통적인 이론은 우리 뇌가 둘 사이의 간극을 메워 준다고 설명한다. 반면 노에는 이런 문제는 애초에 존재하지 않는다고 본다. 시각은 망막에 맺힌 이미지에서 세계를 읽어 내는 작업이 아니기 때문이다. 지각은 뇌 안에서 일어나는 정보 처리 작업이 아니다. 그것은 우리가 세계와 맞물려 온몸으로 행하는 일이다. 노에의 감각운동적 행위주의의 핵심은 지각과 행위가 쌍결합되어 있다거나 지각이 행위를 인도한다는 주장을 넘어 행위가 지각을 '구성'한다는 데에 있다. 그런 만큼 노에의 이론의 성패는 행위가 지각을 구성한다는 것이 무엇인지, 행위가 지각을 구체적으로 '어떻게' 구성하는지를 얼마나 설득력 있게 해명해 내는가에 달려 있다. 노에에 따르면 지각한다는 것은 움직임이 지각에 영향을 미치는 방식, 즉 감각운동 의존성의 패턴을 이해하는 것이다. 지각은 감각운동 의존성에 대한 지식으로 구성된다. 노에는 이러한 지식이 암묵적이고 실용적인 동시에 원개념(proto-concept)적이라고 주장한다. 이러한 주장은 노에의 이론이 절차적, 실용적 지식과 명제적 지식을 혼동하고 있다는 등 많은 논쟁의 대상이 되어 왔다. 가상적 현존에 대한 노에의 주장도 비판의 표적이 되었다. 이 점에서 역자는 『지각행위』가 지각에 관련된 여러 논제에 대해 해답보다 문제를 더 많이 제기한다고 생각한다. 때로는 명쾌한 해답보다 신선한 문제 제기가 더욱 생산적일 때가 있다. 노에의 경우가 그렇다.

　『지각행위』는 노에의 감각운동적 행위주의를 가장 잘 보여 주는 책이다. 물론 『지각행위』에 앞서 우리말로 번역된 『뇌 과학의 함정』에서도 감각운동적 행위주의가 언급되고 있는 것이 사실이다. 또한 『지각행위』에서 제시되는 몇몇 중요한 연구와 사례들은 『뇌 과학의 함정』

에서도 소개된다. 그러나 두 책은 성격이 뚜렷이 다르다. 『뇌 과학의 함정』에서 노에는 전문용어의 사용을 최대한 배제했다. 서문에서 밝히고 있듯 과학계와 철학계를 아우르는 폭넓은 독자층을 확보하기 위해서다. 『지각행위』에서 상세하게 제시했던 논증과 이론, 연구들은 그 모든 복잡함을 제거하고 최대한 알기 쉬운 형식으로 간명하게 소개했다. 그리고 『지각행위』에서 정교하고 치밀하게 전개해 나간 주장은 이해하기 쉬운 용어로 간단하게, 반복적으로 제시했다. 이러한 면모는 분명 미덕이다. 『뇌 과학의 함정』은 나의 마음, 의식, 나 자신은 결코 나의 뇌가 아니라는 노에의 기본 입장을 매우 명료하게 보여 준다. 그런데 이러한 미덕에는 대가가 따른다. 그림의 윤곽만으로는 그림 전체가 지닌 정교함과 치밀함 그리고 온전함과 풍성함을 체감하기 어렵다. 전문용어의 도전적인 장벽을 넘어 정교하고 치밀하며 풍성한 그림을 온전히 만날 때의 즐거움, 이것이 바로 『지각행위』가 선사하는 지적인 즐거움이다. 『뇌 과학의 함정』이 일반인들에게 알기 쉽게 들려주는 이야기라면 『지각행위』는 동료학자들에게 건네는 진지한 대화다. 이 속에는 전문적인 식견으로 무장한 학자들의 주장, 이들 사이의 치열한 공방이 그대로 생생하게 담겨 있다. 미로처럼 보이는 논증의 숲에서 저자가 안내하는 길을 차근차근 따라가는 도전적인 즐거움이 『지각행위』에는 있다. 이 길을 따라가면서 독자는 노에의 기본 입장의 골자를 전해 듣는 데 그치지 않고 노에가 어떻게 그러한 주장에 이르게 되었는지를 상세하게 볼 수 있다. 무엇보다, 『뇌 과학의 함정』은 계산적 인지주의의 뇌 독점주의에 대한 반대와 체화주의에 대한 옹호에 초점이 넓게 맞추어져 있는 반면, 『지각행위』의 초점은 감각운동적 행위주의에 대한 설명에 정확하게 맞추어져 있다. 『지각행위』가 노에의 감각운동적 행위주의를 대표하는 저서로 일컬어지는 것도 이 때문이다. 물론 전문용어와 치밀한 논증으로 우거진 숲을 뚫고 헤쳐 나가는 인내와 집요함은 독자의 몫이다. 노에의 감각운동적 행위주의를 섬세하고 풍성하게 이해하기 위해서라면 기꺼이 치를 만한 대가다.

역자가 enactivism을 처음 접한 것은 바렐라 등의 『몸의 인지과학』에서였다. 역자는 분석미학, 즉 분석철학 전통의 미학 전공자로서 주로 음악 분야를 집중적으로 연구해 왔다. 20세기 후반 이래 음악에 관한 분석미학의 주류 논의에서 뇌신경계를 제외한 몸은 대체로 무시되거나 소극적으로만 고려되는 경향이 있다. 그리고 온몸이 고려되는 경우에도 통상 몸은 활동하는 몸, 세계를 능동적으로 탐색하고 개척하는 몸이 아니라 외부 자극을 수동적으로 받아들이고 이에 반응하는 몸으로 간주되곤 한다. 또한 대개 음악은 감상자의 관여 이전에 이미 완결되어 주어지는 객관적 대상으로, 그리고 감상자는 관찰자적 시점에서 거리를 두고 이를 받아들이는 주체로 상정된다. 음악이 감각 자극으로서 입력되면 감상자의 두뇌가 이를 처리하고 이에 대한 반응이 산출되는 식의 이러한 그림은 헐리가 '샌드위치 모델'이라고 부른 고전적 인지주의의 삼부구도와 유사하다.[19] 역자는 음악의 표현성, 음악의 의미와 이해 등 분석미학의 전통적 논제들 가운데 많은 것이 이러한 구도 자체를 포기하지 않고서는 해결될 수 없다는 사실을 깨닫고 새로운 방향을 모색하던 중 석봉래의 번역서를 통해 바렐라 등의 enactivism을 알게 되었고, 뒤이어 자기생성적 enactivism의 여러 논의를 거쳐 노에의 행위주의까지 만나게 되었다. 바렐라의 저작에 자주 인용되는 문구가 있다. "걸으

---

[19] Hurley 1998(*Consciousness in action*, Harvard University Press).

면서 길을 내는"(laying down a path in walking)이 바로 그것이다. 학문의 여정에서 묵묵히 부단히 걸으며 자기만의 길을 내 가다가 어느 굽이에서 노에의 행위주의를 맞닥뜨린 이들에게 본 번역서가 작은 디딤돌이자 위로가 되기를 바란다. 석봉래의 번역서가 내게 그러했던 것처럼 말이다.

색인

[ㄱ]

가능한 판단의 술어 286~287, 295

가레스 에반스(Gareth Evans) 43, 150~152, 168, 170, 172, 298

가미타니(Kamitani) 90

가상적 내용 120, 336

가상적 알아차림 95

가상적 표상 95, 121

가상적 현존 115, 121

가상현실 348~350

간츠펠트 22, 218

갈렌 스트로슨(Galen Strawson) 219~220

감각 대체 체계 173, 185, 232~233, 254

감각 이론 191

감각 자료 69, 137, 140~141, 146~148, 323

감각 자료 이론 140~141, 180, 250, 262, 279

감각 피토 36

감각소여 입장 260

감각양상 178, 185

감각운동 개념 289

감각운동 공간 154

감각운동 구조 183, 187, 352

감각운동 기술 35, 41, 46, 58, 65, 68, 115, 119~120, 123, 145, 147, 149, 152~154, 157, 160, 175, 177, 179, 193~194, 196, 202, 247, 288~289, 304, 312~313, 315, 342, 350~351, 357, 394

감각운동 다중성 59

감각운동 상호의존성 이론 18

감각운동 윤곽 135~136, 147, 149, 171, 177, 194, 196, 203, 214, 227, 255

감각운동 의존 패턴 18, 249, 356

감각운동 지식 18, 27, 29, 31~32, 34~35, 37, 40, 42, 44, 58, 120, 131, 134, 137, 151, 154~156, 167, 173, 187, 193~194, 197, 199, 210, 260, 304, 315, 324

감각운동적 구조동형성 59, 191

감각운동적 쇼비니즘 57, 59, 187

감각운동적 신체 기술 33

감각운동적 이해 67, 136~137, 151, 154~155, 170, 250, 289, 310, 324~325

감각질 118, 141, 150, 179, 184, 187, 202, 216~222, 226~230, 238~239, 323, 328, 360

감각질 이론 178, 187, 202~203, 215~216, 218, 220, 222, 228~229, 238

강화된 인과 이론 270

개념 소유 288, 293, 296

개념성 논제 290, 296, 298~299, 313

개념적 기술 65, 111, 285, 289, 290~291, 293~294, 304, 312~313, 321

개념적 이해 67, 290

개념적 지식 288, 300, 319

개념주의 304, 315

개념주의 논쟁 393

개념주의 논제 316

거대한 착각 100, 103, 108, 110, 113, 120

거울 상자 354

겉모습 140, 145~146, 149, 154, 179, 183, 186, 201, 215, 222, 227~229, 246~247, 261, 272~273

경험맹 21~23, 25~29, 31~32, 155

경험의 감각적 속성 141~142, 202, 216, 237

경험의 동일성 349~350

경험적 예술 280

경험주의 191, 321

계산이론 51, 54, 61, 195

계산적 시각 이론 59

고무손 162

고유수용감각 19, 30, 38, 41, 157~158, 160~161, 169

고틀로프 프레게(Gottlob Frege) 143, 238, 291, 297, 311

곰브리치 259, 262~263

공간 반전 가설 159

공간적 내용 30, 43, 68, 131, 149, 153~154, 158, 160~166, 169~172, 183, 193, 195

공감각 232, 354

관점에 기초한 국면 68

관점에 기초한 모양 142

관점에 기초한 속성 142
관점에 기초한 자의식 19
관점에 기초한 크기 142
관점적 국면 69, 265, 269, 273
관점적 내용 267, 276~277, 289, 318
관점적 속성(P-속성) 142, 145, 148, 179, 262~265, 273, 283, 289, 311
관점적 의존 273~274
관점적 차원 266~267, 274, 321
구데일(Goodale) 34, 46
구축 19, 50~51, 53, 74, 76, 78, 95, 114, 118, 174, 195, 251, 282~284
규준성과 전체성의 제약 293
그라이스(Grice) 128, 178, 269~270
그림 오류 76
글리슨(Gleason) 235~236
긍정논법 294, 324~325
깁슨(James J. Gibson) 6, 22, 43, 48~49, 51, 62~63, 71, 145~146, 148, 173~177, 182, 247, 327, 352, 387~388

[ㄴ]

나카야마(Nakayama) 51, 61, 90
내부 표상 19, 49~51, 53, 75~76, 88~89, 95~96, 98, 103, 105, 109, 195, 343

내용의 두 국면 266
내재주의 329~330, 332~334, 342, 348~349
놀라운 인간 보청기 크리스 275
눈의 순수함 278
뉴턴 228, 231
니콜라스 험프리(Nicholas Humphrey) 41, 43, 188~192, 358

[ㄷ]

다나 발라드(Dana Ballard) 43, 52
대규모 중복 53
대니얼 데닛(Daniel Dennet) 6, 60~63, 89~90, 92, 101~103, 105, 107, 240, 342, 359
대상에 의존하는 감각운동 상호의존성 212, 251
더 보이스(The Voice) 252, 256
더긴(Durgin) 122
데니스 디드로 170
데이비드 마(David Marr) 49, 51, 77
데이비드 샌포드(David Sanford) 275
데이비드 차머스(David Chalmers) 7, 196, 344
데이비슨(Davidson) 286
데카르트 79, 81~82, 85~88, 101, 118, 143, 333~335, 384

색인   401

데카르트식 극장 92
데카르트식 유물론 92
도널드 헵 170
도미닉 머피(Dominic Murphy) 6
동시 색상 대비 246
드레츠키(Dretske) 96, 129, 295

[ㄹ]

라마찬드란(Ramachandran) 43, 49, 354
라이프니츠 170
라일(Ryle) 63, 260
레비(Levi) 122
레빈(Levin) 97, 108
레오나르도 다 빈치 78
렌싱크(Rensink) 97, 106
로렌스 바이스크랜츠(Lawrence Weiskrantz) 42
로스(Ross) 282
로크 169~170
루이스 페소아(Luiz Pesoa) 6
리처드 그레고리(Richard Gregory) 23, 25, 73, 83, 170
리처드 헥(Richard Heck) 300~302, 304
린드버그(Lindberg) 78

[ㅁ]

마릴린 먼로 102, 104
마음-생명 연속성 가설 358
마음의 과잉 지성화 118
마크 롤랜즈(Mark Rowlands) 340, 393
마틴(Martin) 180~181
마흐(Mach) 71~72, 74, 76, 93, 95, 105, 108, 122, 127~128, 302~303
망막의 그림 이론 82
맥도웰(McDowell) 62~63, 288, 298, 304~305, 312
맥락 의존성 318, 320
맥캐이(MacKay) 43
맥클린톡(McClintock) 183
맹시 42
맹점 22, 75~77, 89~90, 92, 101, 103~105, 121~124, 139
맹점 채우기 76~77, 89~90, 92, 101
메를로-퐁티(Merleau-Ponty) 17, 43, 71, 280, 387~388
매튜 헨켄(Matthew Henken) 6
명시적인 숙고된 판단 294~295, 312
명제적 지식 33, 194~197, 199, 395
몰리뉴(Molyneux) 169~173, 183
몰양상적 지각 113~114
몰입된 태도 263~264
뮬러-라이어 착시 296
므리강카 수르(Mriganka Sur) 353

민스키(Minsky) 50, 94
밀너(Milner) 34, 46

[ㅂ]

바흐-이-리타(Bach-y-Rita) 57, 173, 185, 188, 252
반 데어 헤이덴(Van der Heijden) 91
반전 스펙트럼 가설 159~160, 202, 239
반전 안경 30, 155, 157, 159, 161, 190~192
발보(Valvo) 24, 26
방법적 지식 33, 198~199
방출설 79
방출적 시각 이론 79
버뮤데즈(Bermúdez) 19
버클리(Berkeley) 43, 163~166, 168~170, 194
번(Byrne) 243, 245, 249
벤스 나네이(Bence Nanay) 7, 343
벨리코프스키(Velichovsky) 91
변화맹 96~99, 101, 103, 106~110, 114, 168, 217, 301, 304, 338, 340
변화맹에 대한 무지 108
보트비닉(Botvinick) 162
볼하임(Wollheim) 145, 264, 281, 283
부재 속의 현존 현상 208

부재중의 현존 339
부주의맹 99, 100, 107, 301
브라이언 오쇼너시(Brian O'Shaughnessy) 19, 41~42, 166, 169
브루스 브리지먼(Bruce Bridgeman) 45~46, 91, 93
브룩스(Brooks) 50, 387~389
블록(Block) 58, 65~66, 159, 188~191, 219, 255
비개념적 내용 288~289, 298, 319, 323
비트겐슈타인(Wittgenstein) 63, 72, 127~128, 221, 253, 259, 264, 285, 291~292, 303, 306, 308, 313, 341, 344
빌록(Billock) 235~236

[ㅅ]

사다리꼴 에임스 방 139
사라 보이슨(Sarah Boyson) 293
사물을 존재로 제시하는 방식 219, 272, 287, 318
사실적 내용 268, 276~277, 289, 318
사실적 의존 273~275
사실적 차원 266~267, 321
사영기하학 83
사이먼스(Simons) 9, 97
색 국면 윤곽 213~214, 224~225, 231,

247
색 렌즈 연구 250
색 물리주의 241, 244
색 실재론자 241
색 임계 조건 207, 210, 214, 230, 317
색 체계 253~254
색 항등성 현상 207~208, 316~317
생태학적 접근 6, 43, 48, 247~249
샤이너(Scheiner) 79
성향주의 228~229, 231~232, 237, 241, 249
세계를 존재로 제시하는 방식 266, 286, 316
세계의 내부 모델 51
세노웍시(Sejnowksi) 43
션 켈리(Sean Kelly) 6, 209~210, 263~264, 316~318
소리테스 역설 305~307
소크라테스 291
숀 갤러거(Shaun Gallagher) 19, 390~391
수반 327, 339~340, 347~348
수전 블랙모어(Susan Blackmore) 100, 106
수전 헐리(Susan Hurley) 5, 18~20, 43, 67, 163, 188, 254, 290~291, 293, 295, 329, 340, 344, 351~354, 360, 389, 397
수직적 환각 56

수학적 광학 79
숙련된 대처 119
숙련된 신체 활동 19
순수 시각 49, 56
순수 시각 이론 49
슈메이커(Shoemaker) 19, 159
스냅샷 개념 71~72, 76, 78, 92~93, 105, 107~110, 114, 168, 302
스탠리 카벨(Stanley Cavell) 7
스탠리(Stanley) 197~200
스트래튼(Stratton) 28
스티븐 팔머(Stephen Palmer) 75, 90, 122, 124, 159, 237
스티븐 화이트(Stephen White) 7, 56, 261, 348
시각 이론의 근본 문제 88
시각실인증 34, 45
시각적 잠재력 134~135, 213
시나리오 내용 302
시모조(Shimojo) 90, 126
시신경 운동실조증 33, 35, 45
신경 가소성 58
신경 복제자 340, 345, 349~351
신경 재배선 352
신경 충분성 논제 351
신경심리학적 환원주의 236
신경적 채우기 102, 123

실용적 지식 33, 67, 151, 153, 197, 199, 356, 395

[ㅇ]

아드리안 커신스(Adrian Cussins) 5, 318~321

아르비브(Arbib) 43

아리스토텔레스 79~83, 178~179

안드레아스 구르스키(Andreas Gursky) 126

안에서 보기 145, 264, 283

알린 봄파스(Aline Bompas) 249~251

알바로 파스쿠알-레오네(Alvaro Pascual-Leone) 353

알킨디(Al-Kindi) 80, 82

알하젠(Alhasen, 이븐 알하이삼) 80~82

암묵적이며 실용적인 지식 29

애꾸눈 시각 83, 87

앤디 클라크(Andy Clark) 43, 57, 344~345, 356, 384, 393

앨런 길크리스트(Alan Gilchrist) 204, 212

에델만(Edelman) 101

에드워드 하코트(Edward Harcourt) 6

에릭 마인(Erik Myin) 6

에릭 슈비츠게벨(Erik Schwitzgebel) 6

에반 톰슨(Evan Thompson) 5, 18, 43, 240, 244, 247~251, 358, 386, 388, 390, 394

에티엔 보노 드 콩디약 170

역광학 47~48

오스틴(Austin) 138~140, 260

올리버 색스(Oliver Sacks) 24, 26, 170

외관 137, 139~141, 144~148, 150, 171, 173, 175~176, 178~179, 184, 186, 188, 192, 194, 196, 201~202, 204~205, 207~210, 213~216, 225, 227, 230~232, 237, 239, 245, 247~249, 251, 256, 260~263, 265~266, 284, 312, 317, 355

외재주의 335, 339, 342, 344~345, 349, 351

요나스(Jona) 180

울만(Ullman) 49

움직임에 의존하는 감각운동 상호의존성 210~213, 251

원개념적 288, 312

원자성 문제 216, 220

월리스(Wallace) 23, 25

윌리엄 제임스(William James) 170

윌리엄슨(Williamson) 197~200

유입설 80

유클리드 79, 131

의식 5, 19, 329

의식의 신경 상관물 346

이븐 알하이삼(알하젠) 80~82

이안 워터맨(Ian Waterman) 37~38, 41
이중적 국면 259
인격적 수준 59, 62~63, 65, 123
인과적·기계적 모델 86
일반성 제약 290~291
일상언어 전통 260
입력-출력 모델 20, 23, 26~27, 32, 44

[ㅈ]

자기중심적 공간 149~150, 324
자빌레토(Järvilehto) 43
자율성 논제 55, 57
장 미셸 로이(Jean Michel Roy) 6
전체론 64
접근 가능 104, 115~116, 178, 301, 303, 336~337
정통 시각 이론 76, 78
제임스 클라크(James Clark) 249
조건등색 쌍 242, 244
조너선 콜(Jonathan Cole) 6, 36~37
조셉 앨버스(Josef Albers) 201, 204~205
존 러스킨(John Ruskin) 205~206, 265, 278~279
존 설(John Searle) 6, 19, 60, 86, 297, 328, 332, 346, 348, 354

존 스튜어트 밀 137, 170
존 하이먼(John Hyman) 5, 86
좀비 논쟁 202
주변 광배열 49, 148, 174~176, 182, 247~248
지각 5, 19, 331
지각 가소성 156, 353
지각 경험 17, 20~21, 30~32, 40~43, 58, 66, 68~69, 74, 78, 103, 107, 109~111, 120~121, 124, 126, 128~129, 131, 133, 135, 137, 141, 149, 154~156, 158, 163, 171, 185, 188~191, 193~195, 210, 218, 254, 260, 262, 266~267, 269~273, 277, 283~284, 285~291, 295~300, 302, 304, 316, 320, 330, 333, 335~337, 339, 341~342, 345~347, 351, 355, 388, 393
지각 경험의 개념성 287
지각 경험의 지향성 191
지각 경험의 투명성 128
지각의 운동 이론 43
지각의 인과관계 269
지각의 인과 이론 68
지각의 현상학 67, 190
지각적 조율 48
지각적 현존 문제 110~111, 114, 118, 121~122, 126, 133, 208
지각적 현존의 퍼즐 68
지각항등성 69, 82

지시사 개념 305, 309~310, 312, 317
지시적 지칭 53
직접 지각 이론 49
진리의 법칙 286
진실한 환각 269

[ㅊ]

차이맹 96~97
착근 52, 106~107, 345, 349, 351~354, 357, 383, 385
착시 논증 138
착시 윤곽 124~125
처치랜드(Churchland) 43
체셀덴(Cheselden) 172~173
초우(Tsou) 235~236
촉각 시각 58, 188
촉각-시각 대체 체계 57, 185

[ㅋ]

카니자 삼각형 112, 122, 124
카삼(Cassam) 19
카일 샌포드(Kyle Sanford) 6
칸트 32, 168, 260, 287~290, 297, 304
컴퓨터 모델 59

케빈 오레건(Kevin O'Regan) 5, 29, 43, 50, 58, 65~66, 68, 94~95, 97, 100, 118, 217, 226, 249~251, 254, 355, 389, 393
케이 툼스(Kay Toombs) 36
케이시 오캘러한(Casey O'Callahan) 267
케플러(Kepler) 78, 82~83, 86, 92
켈소(Kelso) 43
코테릴(Cotteril) 43
코헨(Cohen) 162
쾰러(Kohler) 28, 30~31, 155, 190, 249~250
쾬더링크(Koenderink) 43
크라우스코프(Krauskopf) 235
크레인(Crane) 235~236
크리스토퍼 피코크(Peacocke) 141, 195, 197, 215, 237, 322~323
킬리(Keeley) 183~185

[ㅌ]

테일러(Taylor) 28, 155~156
토르비오(Toribio) 57
토리 맥기어(Tori McGeer) 6
토마스 리이드(Thomas Reid) 41, 191
톰슨 클라크(Thompson Clarke) 132
퇴행 219
트리퍼시(Tripathy) 122

특정 지각의 신경 상관물 346

[ㅍ]

파라디소(Paradiso) 90
판단 가능한 내용 297
페아노 공리 311
포도르(Fordor) 49, 63, 174~175
폰 센덴(von Senden) 168, 170, 180
표면 스펙스럼 반사율 241~242
표상주의 129,143, 387, 389, 392
푸앵카레(Poincare) 43, 131, 165, 313~314, 324
프란시스코 바렐라(Francisco Varela) 6, 18, 43, 386~394, 397~398
프톨레마이오스 79~80
플라톤 79~80
피안티니다(Piantinida) 235~236
피에르 제이콥(Pierre Jacob) 6
피질 우세 354
피질 유연성 354
피터 마이어(Peter Meijer) 252, 256
피터 머레이(Peter Murray) 144
피터 스트로슨(Peter Strawson) 5, 53, 133, 140, 260, 270, 279
피터 해커(Peter Hacker) 5
필리신(Pylyshyn) 33, 49, 174~175

필립 페팃(Philip Pettit) 6, 150, 160, 216, 223, 225
핑커(Pinker) 83, 281

[ㅎ]

하이데거(Heidegger) 119
하인(Hein) 36
해리스(Harris) 157~163, 190
행동주의 65~67, 152~153, 195, 222~224
행위 기반 관점 19, 30~33, 35, 37, 41~42, 44, 55, 58, 61, 66, 137, 145, 153~156, 158, 160~161, 163, 170~171, 177, 187, 193, 230, 260, 264, 284, 317
행위 기반 신경과학 19, 351
행위 기반 외재주의 345, 349
행위 기반 접근 17~19, 21, 23, 27, 29, 33~35, 42~44, 46, 49~50, 55, 57, 59, 66, 68~69, 119~121, 135, 147~148, 171, 176, 179, 190, 196~199, 254, 271, 283, 327, 329, 351~355, 357, 360
행위에 의한 경험의 생성 283, 357
행위유도성 48, 49, 173, 176~177
행위주의 22, 227, 394~398
헤르만 페르디난드 폰 헬름홀츠 170
헤이즈(Hayes) 282

헬트(Held) 36

현상적 객관주의 227, 237, 241, 245

현상주의 137~138, 140, 146, 148, 227, 260

형상 전달 견해 80

호문쿨루스 오류 60, 76, 85, 89~90, 162

환경의 불변 속성 48

환상지 354

회화성의 닮음 견해 281

후설(Husserl) 43, 264

휴버트 드레퓌스(Hubert Dreyfus) 6, 50, 118~119, 263~264

흄/칸토어의 등수 원리 311

힐러리 퍼트남(Hilary Putnam) 6, 270, 288

힐버트(Hilbert) 243, 245, 249

마음학 세미나 02
지각행위 — 감각을 넘어 행위로

초판1쇄 펴냄 2025년 7월 3일

지은이 알바 노에
옮긴이 정혜윤
펴낸이 유재건
펴낸곳 (주)그린비출판사
주소 서울시 서대문구 이화여대2길 10, 1층
대표전화 02-702-2717 | **팩스** 02-703-0272
홈페이지 www.greenbee.co.kr
원고투고 및 문의 editor@greenbee.co.kr

편집 이진희, 민승환, 성채현, 문혜림, 김혜미 | **디자인** 심민경, 조예빈
독자사업 류경희 | **경영관리** 장혜숙

이 책의 한국어판 저작권은 (주)한국저작권센터(KCC)를 통한 저작권자와의 독점계약으로 (주)그린비출판사에 있습니다.
저작권법에 의하여 한국 내에서 보호를 받는 저작물이므로 무단전재와 무단복제를 금합니다.
책값은 뒤표지에 있습니다. 잘못 만들어진 책은 구입처에서 바꿔 드립니다.
ISBN 979-11-94513-16-2 93120

독자의 학문사변행學問思辨行을 돕는 든든한 가이드 _(주)그린비출판사